教育部大学计算机课程改革项目规划教材

数据库技术应用教程

(Access 2010)

Shujuku Jishu Yingyong Jiaocheng

何立群　丁　伟　主　编

魏泽臻　副主编

冯　飞　袁　媛　廖慧芬　等参编

高等教育出版社·北京

HIGHER EDUCATION PRESS　BEIJING

内容提要

本书以 Access 2010 关系数据库管理系统为蓝本，从实际应用的角度出发，采用“案例驱动”的方式编写，系统地介绍了数据库的基本概念，Access 2010 的主要功能和使用方法，数据库及表的基本操作，数据查询，窗体设计，报表制作，Web 数据库，宏的创建和使用，模块和 VBA 编程等，并通过一些实例分析，深入浅出地向读者全面介绍了 Access 的使用方法。

本书由一组系统化、围绕一个数据库应用系统的相关例子贯穿，具有普遍适用性，同时提供了大量的操作示例，有助于读者真正将所学知识运用到实际项目中去。另外，编者同时编写了配套的实践教程，以详尽细致的实验内容辅助读者对有关操作进行系统训练。

本书以实际需求引出功能，内容由浅入深、通俗易懂、图文并茂、实用性强，主要面向初次学习数据库技术的大学本科各专业学生，对于专科和高职学生，以及对数据库技术感兴趣的读者也有一定的帮助。

图书在版编目（C I P）数据

数据库技术应用教程：Access 2010 / 何立群，丁伟主编；冯飞，袁媛，廖慧芬编．—北京：高等教育出版社，2014.2（2017.2 重印）

ISBN 978-7-04-039286-9

Ⅰ．①数… Ⅱ．①何… ②丁… ③冯… ④袁… ⑤廖… Ⅲ．①数据库系统－高等学校－教材 Ⅳ．①TP311.13

中国版本图书馆 CIP 数据核字（2014）第 007737 号

策划编辑 陈 哲　责任编辑 陈 哲　封面设计 于文燕　版式设计 马敬茹
插图绘制 尹 莉　责任校对 陈旭颖　责任印制 刘思涵

出版发行 高等教育出版社
社　　址 北京市西城区德外大街 4 号
邮政编码 100120
印　　刷 肥城新华印刷有限公司
开　　本 787mm × 1092mm 1/16
印　　张 21.5
字　　数 530 千字
购书热线 010-58581118
咨询电话 400-810-0598
网　　址 http://www.hep.edu.cn
　　　　 http://www.hep.com.cn
网上订购 http://www.landraco.com
　　　　 http://www.landraco.com.cn
版　　次 2014 年 2 月第 1 版
印　　次 2017 年 2 月第 4 次印刷
定　　价 30.30 元

物 料 号 39286-00

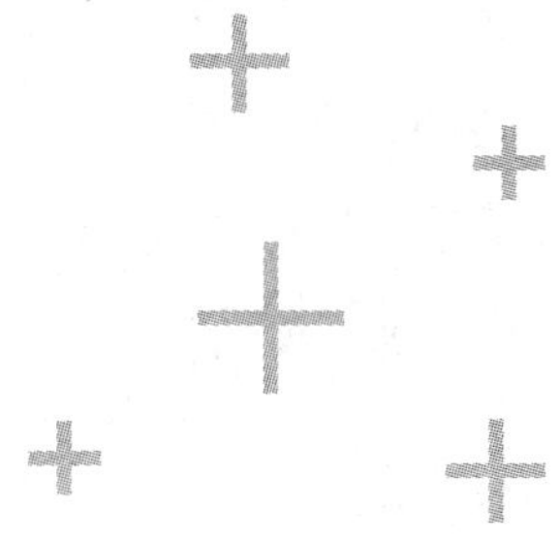

前　言

随着计算机处理信息量的不断增加以及网络应用的不断普及，数据库技术得到了广泛的应用与发展，成为计算机数据处理与信息管理系统的核心。由于存在这种实际需求，社会对高校人才培养模式提出新的要求，特别是计算机素质的培养。本书以教育部非计算机专业计算机公共基础教学基本要求为指导，以改革计算机教学、适应新世纪计算机教育需要为出发点，以培养学生运用数据库技术对数据进行管理、加工的能力为目标，以数据库原理和技术为讲授核心，建构教材体例，实现理论与实践相结合的数据库技术教学的基本目的。

Access 是办公软件 Office 套件中一个重要成员，是一个功能强大、简单易学、可视化操作的关系型数据库管理系统，同时具有强大的数据处理功能，是一种前后台结合的数据库软件，特别适用于小型商务活动，用以存储和管理商务活动所需要的数据，在中小型企业实施办公自动化中得到广泛应用。随着 Office 办公软件的普及，很多非计算机专业数据库应用课程逐步由传统的 FoxPro 转到了 Access 数据库平台上。本书以 Access 2010 为基础，从数据库的基本概念入手，由浅入深、循序渐进地介绍 Access 数据库的基本功能与基本技术，通过操作实例详述创建 Access 数据库对象（表、查询、窗体、报表、宏、模块）、创建 Access 数据库应用系统的方法与技术。

全书共 12 章，第 1 章介绍数据库基础理论方面的知识和 Access 数据库的系统特点；第 2 章介绍 Access 数据库的基本操作；第 3 章介绍数据表的创建、表的使用和操作及表间的关系和创建等；第 4 章介绍各种查询的创建以及查询的使用和操作；第 5 章介绍 SQL 语句及其相关的应用；第 6 章介绍窗体的组成、窗体的创建、窗体的属性、窗体中控件的使用和属性以及窗体的使用；第 7 章主要介绍报表的组成、报表的创建、各类格式不同的报表属性、报表中常用控件的使用和属性以及如何使用报表；第 8 章主要介绍 Web 数据库的创建、兼容性检查、Web 表的创建、Web 查询的创建、Web 窗体的创建以及 Web 数据库的类型说明的内容；第 9 章介绍什么是宏、宏的创建以及宏的运行；第 10 章介绍 VBA 语言的语法特点及 VBA 的数据库编程；第 11 章介绍数据库的安全管理及数据的导入导出操作；第 12 章以一个小型图书管理系统为例介绍设计开发数据库应用系统的一般流程。

本书编写的主要特点是采用任务驱动方式，每章均有一个引例，使读者通过实例对本章内容有个初步了解，并且各章引例最终构成“图书管理系统”这个能够发布应用的数据库应用系统。

本书内容理论联系实际，叙述详尽细致，概念清晰明了，通过实例讲解知识点、介绍操作技能。知识与技能的讲解采用层层递进的方式，既有利于教学组织，又利于一般读者自学。只要读者能够模仿实例完成实践过程，就能够完成“图书管理系统”的设计过程，进而具备应用 Access 2010 开发小型数据库应用系统的基本能力。

本书由何立群、丁伟任主编，魏泽臻任副主编。第 1 章由丁伟编写，第 2 章和第 3 章由魏泽臻编写，第 4 章、第 5 章和第 12 章由冯飞编写，第 6 章和第 7 章由袁媛编写，第 8 章和第 11 章由廖慧芬编写，第 9 章和第 10 章由何立群编写。

由于编写时间仓促以及作者水平有限，书中疏漏之处在所难免，恳请读者批评指正。

编者

2013 年 10 月

目 录

第 1 章 概述 …… 1

引例：创建“图书管理系统” …… 1

1.1 数据库的基本概念 …… 2

1.2 模型 …… 5

1.3 关系数据库 …… 9

1.4 Access 简介 …… 13

本章小结 …… 23

第 2 章 数据库的基本操作 …… 24

引例：创建“图书管理系统”数据库 …… 24

2.1 创建数据库 …… 24

2.2 数据库的使用 …… 28

本章小结 …… 32

第 3 章 数据表的基本操作 …… 33

引例：“图书管理系统”中表的创建和使用 …… 33

3.1 表的组成 …… 34

3.2 表的创建 …… 35

3.3 表字段的操作 …… 40

3.4 表记录的操作 …… 43

3.5 表的外观设置 …… 49

3.6 表的关联 …… 52

3.7 子表的使用 …… 55

本章小结 …… 57

第 4 章 查询 …… 58

引例：统计某出版社图书的数量和平均价格 …… 58

4.1 查询概述 …… 59

4.2 查询视图 …… 64

4.3 使用查询向导创建查询 …… 67

4.4 选择查询 …… 70

4.5 交叉表查询 …… 76

4.6 参数查询 …… 79

4.7 操作查询 …… 81

本章小结 …… 85

第 5 章 SQL 语句 …… 86

引例：子查询 …… 86

5.1 SQL 语言概述 …… 87

5.2 查询与 SQL 视图 …… 88

5.3 数据定义 …… 88

5.4 数据操纵 …… 90

5.5 数据查询 …… 91

本章小结 …… 96

第 6 章 窗体 …… 97

引例：读者管理窗体 …… 97

6.1 窗体概述 …… 98

6.2 创建窗体 …… 100

6.3 窗体设计器 …… 115

6.4 控件及其应用 …… 130

6.5 窗体外观格式设计 …… 164

本章小结 …… 168

第 7 章 报表 …… 169

引例：读者信息标签式报表 …… 169

7.1 报表概述 …… 170

7.2 创建报表 …… 172

7.3 报表高级设计 …………………… 179
7.4 报表打印 ……………………… 201
本章小结……………………………… 205
第8章 Web数据库 …………………… 206
引例：创建Web数据库图书馆管理发布 …………………………… 206
8.1 创建Web数据库………………… 206
8.2 设计Web表 ……………………… 211
8.3 创建Web查询…………………… 216
8.4 创建Web窗体…………………… 219
8.5 Web数据库设计说明 …………… 222
本章小结……………………………… 223
第9章 宏 ………………………………… 224
引例：用宏来建立系统菜单 ………… 224
9.1 宏的概述 ……………………… 225
9.2 创建宏 ………………………… 231
9.3 调试和运行宏…………………… 237
本章小结……………………………… 242
第10章 模块与VBA程序设计 ……… 243
引例：编写代码实现“班级信息维护”功能 ………………………………… 243
10.1 模块 …………………………… 244
10.2 面向对象的程序设计基础 ……… 245
10.3 VBA编程基础 ………………… 253
10.4 VBA程序语句 ………………… 264
10.5 VBA的数据库编程 …………… 276
10.6 VBA程序的调试 ……………… 283
10.7 VBA程序运行错误处理………… 285
本章小结……………………………… 285
第11章 数据库管理与安全…………… 286
引例：利用链接表导入数据 ………… 286
11.1 不同版本Access数据库的转换 … 288
11.2 数据的导入、导出……………… 290
11.3 数据库的备份、压缩和修复 …… 308
11.4 数据库的安全机制……………… 313
本章小结……………………………… 321
第12章 应用系统集成………………… 322
12.1 数据库应用系统开发过程 ……… 322
12.2 系统的分析与设计……………… 323
12.3 窗体设计 ……………………… 326
12.4 系统的调试及发布……………… 333
本章小结……………………………… 336
参考文献 ……………………………… 337

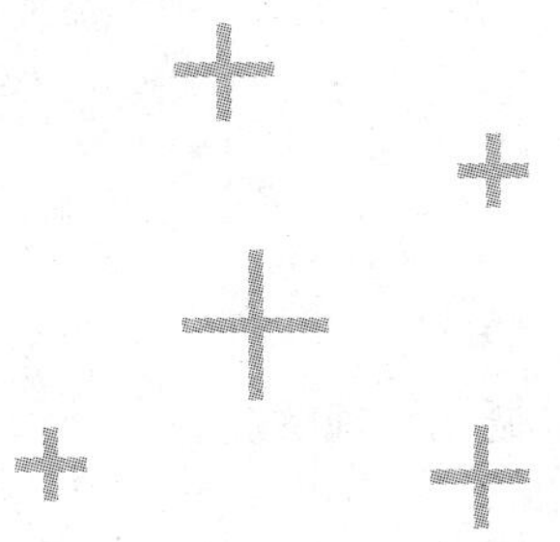

第1章　概　述

数据库是20世纪60年代后期发展起来的一项重要技术，20世纪70年代以来，数据库技术得到了迅速发展和广泛应用，已经成为计算机科学与技术的一个重要分支。在计算机应用的三大领域（科学计算、数据处理和过程控制）中，数据处理约占其中的70%，对一个国家来说，数据库信息量的大小和使用频率已成为衡量这个国家信息化程度高低的重要标准。

引例：

创建“图书管理系统”

图书管理系统是对某一单位内部图书进行全面信息管理的系统，如学校、企业、各类图书馆的图书管理系统，利用它可以有效地管理图书资源，记录各种类型的读者信息、各种书籍信息、读者借阅书籍情况等。此外，根据读者的要求，实现书籍基本信息的输入、查询等几个方面的功能。系统力求为读者提供方便、快捷的途径去及时了解书籍信息，同时实现添加记录、修改记录、删除记录以及查询显示记录等功能，所有的操作方便而快捷。本教材使用的图书管理系统登录界面如图1.1所示。

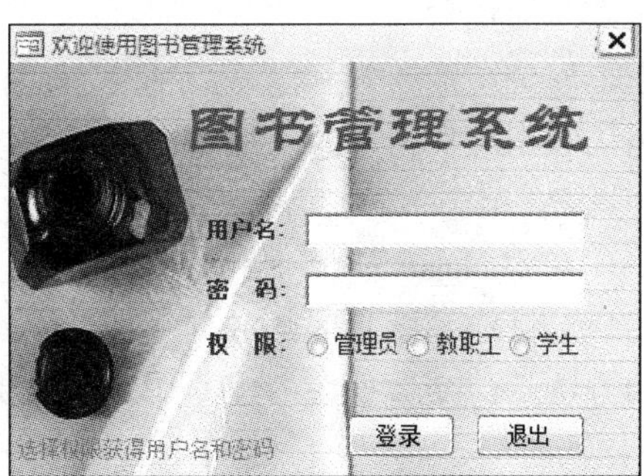

图1.1　图书管理系统登录界面

图书管理系统的开发过程包括调研和计划、需求分析、软件计划、编码和模块测试、总体测试、确认和评审及交付使用等。

1.1 数据库的基本概念

在系统学习数据库知识之前，应先熟悉一些数据库常用术语和基本概念，理解这些术语和概念将对后面数据库的学习带来很大的帮助。

1.1.1 基本概念

1. 数据

数据（Data）是数据库中存储的基本对象，是描述事物的符号。它与传统意义上的数据不同，现实世界中数据可以是数字、文字、图形、图像、声音和语言等，即现实世界中数据有多种形式，但它们都是经过数字化后存入计算机的。例如：吴奇，男，教职工，密码为123456。其中，每个数据都有一定的格式，如姓名一般不超过20个汉字的字符，性别是一个汉字的字符。这些数据格式的规定就是数据的语法，而数据的含义就是数据的语义。

2. 信息

人们通过解释、推理、归纳、分析和综合等方法从数据所获得的有意义的内容称为信息（Information），信息是经过加工处理的有用数据。即数据只有经过提炼和抽象变成有用的数据后才能成为信息，信息仍以数据的形式表示。

3. 数据库

数据库（DataBase，DB）可以直观地理解为存放数据的仓库，在计算机上要占用一定存储空间，遵循一定的存储格式。所以数据库可理解为被长期存放在计算机内的、有组织的、统一管理的相关数据的集合。它能被用户共享，具有最小冗余度，数据间联系密切，有较高的独立性。由此可见，数据库具有以下特点。

（1）结构化：数据有组织地存放。

（2）共享性：可被多用户同时使用。

（3）独立性：数据与应用程序分离。

（4）完整性：多用户访问，数据应保持一致与完整。

（5）安全性：设置不同的用户权限。

4. 数据库管理系统（DataBase Management System，DBMS）

数据库管理系统是位于用户与操作系统之间的数据管理软件，它属于系统软件，它为用户或应用程序提供访问数据库的方法，包括数据库的建立、查询、更新及各种数据控制方法，主要提供以下功能。

（1）数据模式定义。

（2）数据存取的物理构建。

（3）数据操纵。

（4）数据的完整性、安全性定义与检查。

（5）数据库的并发控制与故障恢复。

（6）数据的服务。

Microsoft Access 是一个关系型数据库管理系统，它提供了一个软件环境，利用它用户可以方便、快捷地建立数据库，并对数据库中的数据实现查询、编辑、打印等操作。数据库管理系统一般提供相应的数据语言，有如下几种。

（1）数据定义语言（DDL）：该语言负责数据的模式定义与数据的物理存取构建。

（2）数据操纵语言（DML）：该语言负责数据的操纵，包括查询及增、删、改等操作。

（3）数据控制语言（DCL）：该语言负责数据完整性、安全性的定义与检查以及并发控制、故障恢复等功能。

5. 数据库系统（DataBase System，DBS）

数据库系统通常是指带有数据库的计算机系统，是一个实际可运行的、按照数据库方法存储、维护并向应用系统提供数据支持的系统，它是硬件系统、系统软件、数据库、数据库管理系统和数据库管理员（DBA）的集合。数据库系统构成简图如图 1.2 所示。

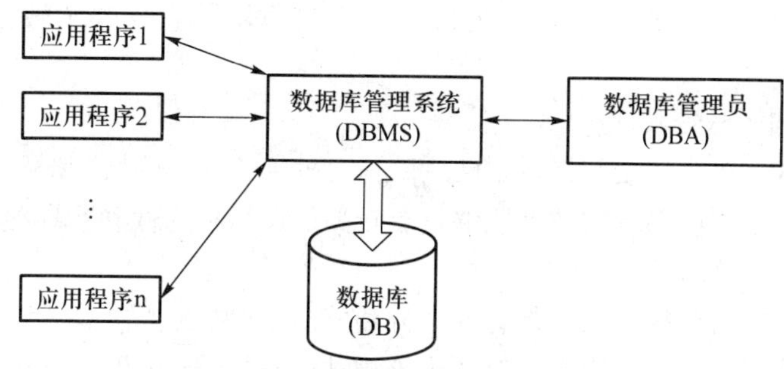

图 1.2　数据库系统简图

数据库系统为数据提供了共享、稳定、安全的保障体系。数据库系统的体系结构包括三级模式和两级映像，三级模式分别为外模式、概念模式和内模式；两级映像分别为外模式与模式间的映像以及模式与内模式之间的映像。

（1）三级模式结构

数据库系统的体系结构分成三级：内模式（内部级）、模式（概念级）、外模式（外部级），即三级模式结构。图 1.3 给出了图书管理数据库系统的三级模式结构。

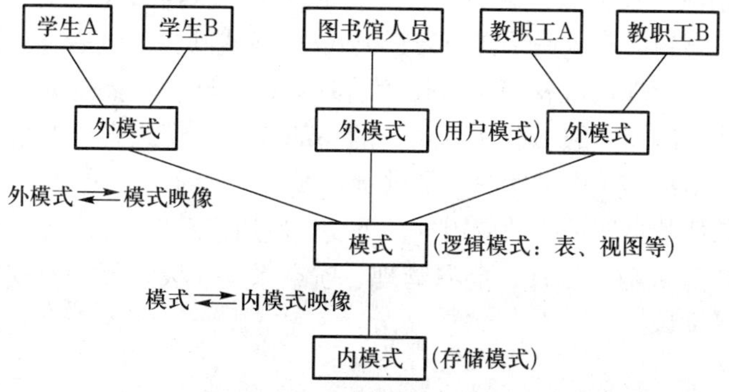

图 1.3　图书管理数据库系统的三级模式结构

三级模式结构的含义：

外模式也称用户模式或子模式，它是从用户角度看到的数据结构的描述，是用户与数据库系统的接口，是数据库用户的数据视图。同一类用户使用同一个外模式，这是保证数据库安全的一个措施。

模式也称概念模式，它是从程序员角度看到的数据结构的描述，是数据库中全体数据的逻辑结构和特征的描述，是所有用户的公共数据视图。一个数据库只有一个模式，在定义数据时应首先定义模式，即定义数据的逻辑结构（如数据项、名字、类型等）和数据之间的联系。模式的一个具体值称为模式的一个实例。模式是相对稳定的，而实例则是变动的，因为数据库中的数据通信是在不断更新的。

内模式也称存储模式，它是从系统分析师或数据库管理员的角度看到的数据结构的描述，它是数据物理结构和存储方式的描述，一个数据库只有一个内模式。

在数据库系统体系结构中，三级模式是根据所描述的三层体系结构的三个抽象层次定义的，外模式处于最外层，它反映了用户对数据库的实际要求；概念模式处于中间层，它反映了设计者对数据全局的逻辑要求；内模式处于最里层，它反映了数据的物理结构和存取方式。

（2）数据库的两级映像功能

数据库系统在这三级模式之间提供了两层映像：外模式/模式映像和模式/内模式映像。正是这两层映像保证了数据库系统的数据能够具有较高的逻辑独立性和物理独立性。

① 外模式/模式映像

对于每一个外模式，数据库系统都有一个外模式/模式映像，它定义了该外模式与模式之间的对应关系。如果模式改变，则需要对各个外模式/模式映像作相应改变，从而使外模式保持不变，且不必修改外模式的应用程序，这样就保证了数据与程序的逻辑独立性。

② 模式/内模式映像

模式/内模式映像定义了数据库逻辑结构与存储结构之间的对应关系，如果数据库的存储结构改变，则对模式/内模式映像作相应改变，使模式保持不变，从而不必修改模式的应用程序，保证了数据与程序的物理独立性。

为了便于理解三级模式的概念，用图书馆的例子来做个比喻。图书馆中的书库是存放各类图书的仓库，这些图书的存放有一定的规则，按照类别摆在书架上，相当于数据库的内模式（存储模式）。为了借阅方便，需要编制一套书目卡片，书卡与书架上的书一一对应，书卡就相当于模式。书卡与书架的对应关系就相当于模式/内模式映像。读者通过图书管理员可以借到所需要的图书，图书管理员就相当于数据库管理系统。读者不需要知道图书的具体存放位置，只需要知道所要借阅图书的书卡（模式）的一部分（外模式）。图书的存放位置改变了，不会影响读者按照书卡借书，而书库的书是供所有读者共享的。

信息需求的增长使数据库系统的应用日益重要，应用范围也日益广泛。目前，数据库系统已经应用到医学、计算机辅助设计、能源管理、航空系统、天气预报、交通、旅游、资料管理、人力资源管理等领域。

1.1.2 数据管理技术的发展

随着计算机软硬件技术的发展，数据管理技术的发展大致经历了人工管理、文件系统和数据库系统3个阶段。

1. 人工管理阶段（20世纪50年代中期以前）

数据与处理数据的程序密切相关，互相不独立，数据不做长期保存，而且依赖于计算机程序或软件。

2. 文件系统阶段（20世纪50年代后期到60年代中期）

程序与数据有一定的独立性，程序和数据分开存储，程序文件和数据文件具有各自的属性。数据文件可以长期保存，但数据冗余度大，缺乏数据独立性，做不到集中管理。

3. 数据库系统阶段（20世纪60年代后期以来）

这个阶段基本上实现了数据共享，减少数据冗余，数据库采用特定的数据模型，数据库具有较高的数据独立性，数据库系统有统一的数据控制和数据管理。

1.2 模　　型

模型是对现实世界的抽象，如一张地图、一架航模飞机等。在数据库技术中，人们对现实世界进行抽象，建立数据模型，用数据模型描述数据库的结构和语义。在这里它描述的是事物的表征及特征。数据库的数据模型应包含数据结构、数据操作及完整性约束三个要素。

1. 数据结构

数据结构用于描述数据库的静态特性，是所研究的对象类型的集合（数据定义），是对实体类型和实体间联系的表达和实现。

2. 数据操作

数据操作用于描述数据库的动态特性，是指对数据库中各种对象的实例允许执行的操作的集合（如查询、插入、更新、删除等）。

3. 完整性约束

数据的约束条件是一组完整性规则的集合，用于确保数据的准确性和一致性。完整性规则是有关给定的数据及其联系所具有的制约和存储规则，数据的完整性就是对数据的准确性和一致性的一种保证。

为了防止不符合规范的数据进入数据库，在用户对数据进行插入、修改、删除等操作时，DBMS自动按照一定的约束条件对数据进行监测，使不符合规范的数据不能进入数据库，用以限定数据库状态以及状态的变化，以确保数据库中存储的数据正确、有效、相容。

要将现实世界的事物转变为机器能识别的形式，必须经过两次抽象，即使用某种概念模型为客观事物建立概念级的模型，将现实世界抽象为信息世界，这一过程所创建的模型称为概念模型，然后再把概念模型转变为计算机上某一DBMS支持的数据模型，将信息世界转变为机器世界，这一过程根据计算机技术的发展可为层次模型、网状模型及关系模型，整个抽象过程如图1.4所示。

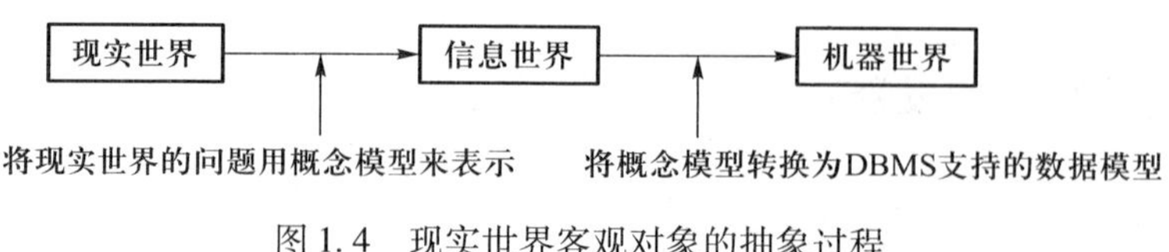

图 1.4　现实世界客观对象的抽象过程

1.2.1　概念模型

概念模型是面向现实世界的，它的出发点是为有效和自然地模拟现实世界，是对给出数据的一种概念化结构描述。长期以来被广泛使用的概念模型是 E－R 模型，它于 1976 年由 Peter Chen 首先提出。该模型将现实世界的要求转化成实体、联系、属性等几个基础概念，以及它们之间的基本联系关系，E－R 模型可用图形直观地表示。根据概念模型创建的数据库称为概念数据库。

1. E－R 模型的基本概念

（1）实体（Entity）

客观存在并相互区别的事物称为实体。实体可以是实际的事物，也可以是抽象的事物。例如，读者、图书等都是属于实际的事物；读者借阅、图书类别等都是抽象的事物。用矩形框表示，框内标注实体名称。

（2）实体集和实体型（Entity Set And Entity Type）

属性值的集合表示一个实体，而属性的集合表示一种实体的类型，称为实体型。同类型的实体的集合，称为实体集。例如，读者（读者编号，姓名，密码，出生日期，权限，借阅类型代码）就是一个实体型。对于读者来说，全体读者就是一个实体集。

在 Access 中，用表来存放同一类实体，即实体集。一个表包含若干个字段，表中的字段就是实体的属性。字段值的集合组成表的一条记录，代表一个具体的实体，即每一条记录表示一个实体。

（3）实体的属性（Attribute）

描述实体的特性称为属性。例如，读者实体用读者编号、姓名、密码、出生日期、权限等属性来描述。用椭圆形表示，并用直线与实体连接起来。

（4）实体之间的联系。用菱形框表示，框内标注联系名称，用连线将菱形框与有关实体相连，并在连线上注明联系类型。

例如读者和图书之间具有联系，读者是一个实体，图书是一个实体，一个读者可以借阅多本图书，一本图书可以被多个读者借阅，两个实体之间是多对多的联系。E－R 图如图 1.5 所示。

2. 实体间的联系

实体之间的对应关系称为联系，它反映现实世界事物之间的相互联系。两个实体集（设 A，B）间的联系有以下 3 种类型。

（1）一对一联系（1:1）。如果 A 中的每一个实体，至多对应 B 中的一个实体，也可以没有，反之亦然，则称 A 与 B 是一对一联系。例如，电影院中电影票与座位之间的关系。

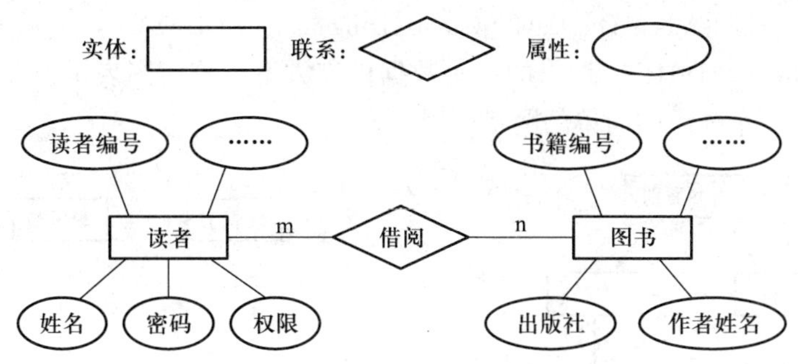

图 1.5 实体与实体 E-R 图

(2) 一对多联系 (1:N)。如果 A 中的每一个实体, B 中有一个以上的实体与之联系, 而 B 中的任一实体至多对应 A 中的一个实体与之联系, 则称 A 对 B 是一对多联系。例如, 学校对院系之间的关系。

(3) 多对多联系 (M:N)。如果 A 中的每一个实体, B 中有一个以上的实体与之联系, 反之亦然, 则称 A 对 B 是多对多联系。例如, 学生与课程之间的关系。

1.2.2 数据模型

数据模型是数据库系统的基石, 任何一个数据库管理系统都是基于某种数据模型的。数据库管理系统支持的传统数据模型分为层次模型、网状模型和关系模型三种。根据以上三种模型创建的数据库分别为层次数据库、网状数据库和关系数据库。其中层次数据库和网状数据库统称为非关系数据库。

1. 层次模型

层次模型是数据库系统中最早出现的数据模型, 它用树形结构表示各类实体以及实体间的联系。层次模型数据库系统的典型代表是 IBM 公司的数据库管理系统 (Information Management Systems, IMS), 这是一个最早推出的数据库管理系统。

在数据库中, 对满足以下两个条件的数据模型称为层次模型。

(1) 有且仅有一个节点无双亲, 这个节点称为 "根节点"。

(2) 其他节点有且仅有一个双亲。

若用图来表示, 层次模型是一棵倒立的树。节点层次 (Level) 从根开始定义, 根为第一层, 根的孩子称为第二层, 根称为其孩子的双亲, 同一双亲的孩子称为兄弟。图 1.6 给出了一个图书系统的层次模型。

层次模型对具有一对多的层次关系的描述非常自然、直观、容易理解, 这是层次数据库的突出优点。

2. 网状模型

在数据库中, 对满足以下两个条件的数据模型称为网状模型。

(1) 允许一个以上的节点无双亲。

(2) 一个节点可以有多于一个的双亲。

网状数据模型的典型代表是 DBTG 系统, 也称 CODASYL 系统, 它是 20 世纪 70 年代数据系统语言研究会（Conference On Data Systems Language，CODASYL）下属的数据库任务组（Data Base Task Group，DBTG）提出的一个数据模型方案。若用图表示，网状模型是一个网络。图1.7给出了一个抽象的简单的网状模型。

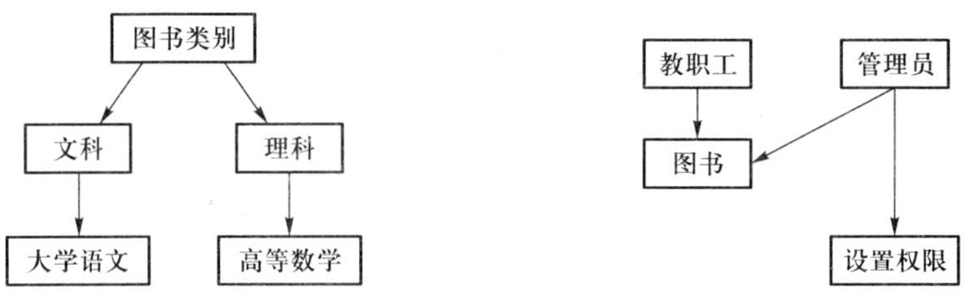

图1.6 简单的层次模型　　图1.7 简单的网状模型

自然界中实体之间的联系更多的表现形式是非层次关系，用层次模型表示非树形结构是很不直观的，网状模型则可以克服这一弊端。

3. 关系模型

关系模型是目前应用最广泛的一种数据模型。美国IBM公司的研究员E. F. Codd于1970年发表题为《大型共享系统的关系数据库的关系模型》的论文，文中首次提出了数据库系统的关系模型。20世纪80年代以来，计算机厂商新推出的数据库管理系统（DBMS）几乎都支持关系模型，非关系系统的产品也大都加上了关系接口。当前数据库领域的研究工作都是以关系方法为基础的。

关系模型用二维表格结构表示实体集，用键来表示实体间联系。这个二维表在关系数据库中就称为关系，见表1.1。

表1.1 读者信息表

读者编号	密码	权限	姓名	性别	出生日期	入校时间
1402001	123456	教职工	吴奇	男	1982/4/19	2003/9/1
1402002	123456	教职工	陆峰	男	1973/7/5	2013/7/22
1402003	123456	教职工	方丽丽	女	1969/6/3	1998/9/1
1402004	123456	管理员	李琼	女	1983/6/16	2004/9/1
1402005	123456	教职工	甄子龙	男	1967/3/4	1998/9/1
1402006	123456	教职工	王颖	女	1972/9/7	1999/9/1
1402007	123456	教职工	马文豪	男	1980/8/31	2003/9/1

关系模型的基本术语如下。

（1）关系（Relation）：二维表结构，如表1.1所示的读者信息表。

（2）属性（Attribute）：二维表中的列称为属性，在Access中称为字段（Field）。

（3）域（Domain）：属性的取值范围称为域。如性别的域是男和女。

（4）元组（Tuple）：二维表中的行（记录的值）称为元组，在Access中称为记录（Record）。

(5) 主码或主关键字（Primary Key）：是表中的一个或多个字段，它的值用于唯一地标识表中的某一条记录。在两个表的关系中，主关键字用来在一个表中引用来自于另一个表中的特定记录。一个表中可以有多个关键字，但只能有一个主关键字，并且主关键字的列不能包含空值。Access 中的主码即是主键。

(6) 外键：如果两个关系具有公共关键字，它在一个关系中是主关键字，那么这个公共关键字被称为另一个关系的外键。由此可见，外键表示了两个关系之间的相关联系。以另一个关系的外键作主关键字的表被称为主表，具有此外键的表被称为主表的从表。外键又称作外关键字。换而言之，如果关系模式 R 中的某属性集不是 R 的主键，而是另一个关系 R1 的主键则该属性集是关系模式 R 的外键，通常在数据库设计中缩写为 FK。

(7) 关系模式：是对关系的描述。一般表示为：

关系名（属性 1，属性 2，…，属性 n）

一个关系模式对应一个关系的结构。例如上面的关系可描述为：

读者信息表（读者编号，密码，权限，姓名，性别，出生日期，入校时间）

关系模型的主要特点如下。

(1) 关系中每一分量不可再分，是最基本的数据单位。

(2) 每一列的分量是同属性的，列数根据需要而设，且各列的顺序是任意的。

(3) 每一行由一个个体事物的诸多属性构成，且各行的顺序可以是任意的。

(4) 一个关系是一张二维表，不允许有相同的属性名，也不允许有相同的元组。

4. 关系模型的优缺点

关系模型与非关系模型不同，它是建立在严格数学概念的基础上的。

关系模型的概念单一，无论实体还是实体之间的联系都用关系来表示，对数据的检索结果也是关系（即表），所以结构简单、清晰，用户易懂易用。

关系模型的存取路径对用户透明，从而具有更高的数据独立性、更好的安全性与保密性，也简化了数据库开发工作。所以关系数据库模型诞生以后发展迅速，深受用户的喜爱。

当然，关系数据库模型也有缺点，其中最主要的缺点是，由于存取路径对用户透明，查询效率往往不如非关系数据库模型。因此，为了提高性能，必须对用户的查询请求进行优化，这增加了开发关系数据库管理系统的负担。

1.3 关系数据库

数据库领域中存在多种组织数据的方式，关系数据库是效率最高的一种数据库系统。常用的数据库基本都是关系型的，关系数据库是用数学方法来处理数据库中的数据，其理论基础是关系代数。这里简单介绍关系数据库的基本原理。

1.3.1 关系运算的基本概念

关系运算的对象是关系，运算结果也是关系，关系的基本运算有两类，一类是传统的集合运算，如并、差、交等，另一类是专门的关系运算，如选择、投影、连接等。关系代数是一种抽象的查询语言，它是通过对关系的运算来表达查询，运算结果也是关系。

假设有两个关系 R 和 S，它们具有相同的结构。

1. 并（Union）

R 和 S 的并是由属于 R 或属于 S 的元组组成的集合，运算符为“∪”，记为 $R \cup S$。

2. 差（Difference）

R 和 S 的差是由属于 R 但不属于 S 的元组组成的集合，运算符为“－”，记为 $R - S$。

3. 交（Intersection）

R 和 S 的交是由既属于 R 又属于 S 的元组组成的集合，运算符为“∩”，记为 $R \cap S$。

4. 广义笛卡儿积（Extended Cartesian Product）

关系 R（假设为 n 列）和关系 S（假设为 m 列）的广义笛卡儿积是一个（n + m）列元组的集合。每一个元组的前 n 列是来自关系 R 的一个元组，后 m 列是来自关系 S 的一个元组。若 R 有 k_1 个元组，S 有 k_2 个元组，则关系 R 和关系 S 的广义笛卡儿积有 $k_1 \times k_2$ 个元组。运算符为“×”，记为 $R \times S$。

给定一组域 R_1，R_2，…，R_n，则 $R_1 \times R_2 \times \cdots \times R_n = \{(r_1, r_2, \cdots, r_n) \mid r_i \in R_i, i = 1, 2, \cdots, n\}$ 称为域 R_1，R_2，…，R_n 的笛卡儿积。其中每个（r_1，r_2，…，r_n）称为一个 n 元组，元组中的每个 r 是 R_i 域中的一个值。

设有域：R_1 = 姓名 = {吴奇，方丽丽}，R_2 = 性别 = {男，女}，R_3 = 政治面貌 = {党员，团员，群众}，则笛卡儿积：$R_1 \times R_2 \times R_3$ = {（吴奇，男，党员），（吴奇，男，团员），（吴奇，男，群众），（吴奇，女，党员），（吴奇，女，团员），（吴奇，女，群众），（方丽丽，男，党员），（方丽丽，男，团员），（方丽丽，男，群众），（方丽丽，女，党员），（方丽丽，女，团员），（方丽丽，女，群众）}，见表 1.2。

表 1.2　$R_1 \times R_2 \times R_3$

姓　　名	性　　别	政 治 面 貌
吴奇	男	党员
吴奇	男	团员
吴奇	男	群众
吴奇	女	党员
吴奇	女	团员
吴奇	女	群众
方丽丽	男	党员
方丽丽	男	团员
方丽丽	男	群众
方丽丽	女	党员
方丽丽	女	团员
方丽丽	女	群众

5. 选择运算（Selection）

选择也称为限制，它是根据某些条件对关系做水平分割，即选取符合条件的元组（行、记录）。经过选择运算选取的元组可以形成新的关系。它是原关系的一个子集，表示为 $\sigma_F(R)$，定义如下。

$$\sigma_F(R)=\{t \mid t \in R \wedge F(t)=\text{True}\}$$

其中，σ 是选择运算符，F 是条件表达式，R 是运算对象即关系。该式表示从 R 中挑选满足条件 F 为真的元组所构成的关系。

6. 投影运算（Projection）

它是对关系进行垂直分割，即选取若干属性（列）。经过投影运算选取的属性可以形成新的关系。它是原关系的一个子集，表示为 $\pi_A(R)$，定义如下。

$$\pi_A(R)=\{t[A] \mid t \in R\}$$

其中，π 是投影运算符，A 是 R 中的属性列，R 是运算对象即关系。该式表示由关系 R 中符合条件的列所构成的关系。

7. 连接运算（Join）

它是从两个关系的笛卡儿积中选取属性间满足一定条件的元组。表示为 $R_1 \bowtie R_2(F)$。其中，⋈是连接运算符，F 是条件表达式，R_1 和 R_2 是运算对象即两个关系。

1.3.2 关系的完整性约束

关系完整性是为保证数据库中数据的正确性和相容性，对关系模型提出的某种约束条件或规则。完整性通常包括实体完整性、参照完整性和用户定义完整性，其中实体完整性和参照完整性是关系模型必须满足的完整性约束条件。

1. 实体完整性

实体完整性是指关系的主关键字不能取“空值”。一个关系对应现实世界中一个实体集，例如，表 1.1 所示的关系就对应读者的集合。现实世界中的实体是可相互区分、识别的，也即它们应具有某种唯一性标识。在关系模式中，以主关键字作唯一性标识，而主关键字中的属性（称为主属性）不能取空值，否则，表明关系模式中存在着不可标识的实体（因空值是“不确定”的），这与现实世界的实际情况相矛盾，这样的实体就不是一个完整实体。按实体完整性规则要求，主属性不能取空值，如果主关键字是多个属性的组合，则所有主属性均不得取空值。

表 1.1 将“读者编号”列作为主关键字，该列不得有空值，否则无法对应某个具体的学生，这样的表格不完整，对应关系不符合实体完整性规则的约束条件。

2. 参照完整性

参照完整性是相关联的两个关系之间主键与外键的关系，是对它们之间关系的约束。具体来说，就是从表中每条记录外键的值必须是主表中存在的，因此，如果在两个表之间建立了关联关系，则对一个关系进行的操作要影响到另一个表中的记录。

关系数据库中通常都包含多个存在相互联系的关系，关系与关系之间的联系是通过公共属性来实现的。所谓公共属性是指一个关系 R（称为被参照关系或目标关系）的主关键字，同时又是另一关系 K（称为参照关系）的外部关键字。如果参照关系 K 中外部关键字的取值，要么与被参照关系 R 中某元组主关键字的值相同，要么取空值，那么，在这两个关系间建立关联的主关键字和外部关键字引用，符合参照完整性规则要求。如果参照关系 K 的外部关键字也是其主关键字，根据实体完整性要求，主关键字不得取空值，因此，参照关系 K 外部关键字的取值实际上只能取相应被参照关系 K 中已经存在的主关键字值。

图 1.8 所示为对应“读者信息”关系与“借阅情况”关系。如果将读者信息表作为参照关系，借阅情况表作为被参照关系，以“读者编号”作为两个关系进行关联的属性，则“书籍编号”是“图书信息”关系的主关键字，是“读者信息”关系的外部关键字。此时修改借阅情况表中的情况将要求满足参照完整性规则。

读者信息

读者编号	密码	权限	姓名
1402001	123456	教职工	吴奇
1402002	123456	教职工	陆峰
1402003	123456	教职工	方丽丽
1402004	123456	管理员	李琼

借阅情况

读者编号	书籍编号	借书日期	应还日期
1402001	9787304903	2013/7/26	2013/9/24
1402001	9787304904	2010/3/5	2010/5/5
1402001	9787304906	2010/3/5	2010/5/5
1402001	9787304908	2013/7/27	2013/9/25

图书信息

书籍编号	书籍名称	出版社	作者姓名
9787304901	Access基础教程(第三版)	中国水利水电出版社	于繁华
9787304902	大学计算机基础教程及实验指导	中国水利水电出版社	杨继
9787304903	Access数据库原理与应用	北京邮电出版社	邹永贵
9787304904	计算机网络基础	厦门大学出版社	许华荣

图 1.8　关系的参照完整性

3. 用户定义完整性

用户定义完整性也称为域完整性，是指属性被有效性约束，保证指定字段具有正确的数据类型、格式和有效的数据范围。例如，性别为字符数据类型，只能取男或女；藏书量为数值类型，取值范围为正整数。

1.3.3　关系数据库设计

数据库设计（Database Design）是数据库应用系统的核心，是指对于一个给定的应用环境，构造最优的数据库模式，建立数据库及其应用系统，使之能够有效地存储数据，满足各种用户的应用需求（信息要求和处理要求）。其最终目标是解决数据共享和安全存取问题。

数据库设计主要分为四个阶段。

1. 需求分析阶段

该阶段主要描述数据和处理过程，调查和分析用户的业务活动和数据的使用情况，弄清所用数据的种类、范围、数量以及它们在业务活动中交流的情况，确定用户对数据库系统的使用要求和各种约束条件等，形成用户需求。

2. 概念设计阶段

该阶段主要建立数据的抽象模型（即 E－R 图）。对用户要求描述的现实世界（可能是一个工厂、一个商场或者一个学校等）通过对其进行分类、聚集和概括，建立抽象的概念数据模型。这个概念模型应反映现实世界各部门的信息结构、信息流动情况、信息间的互相制约关系以及各部门对信息储存、查询和加工的要求等。所建立的模型应避开数据库在计算机上的具体实现细节，用一种抽象的形式表示出来。以扩充的实体联系模型（E－R 模型）方法为例，第一步先明确现实世界各部门所含的各种实体及其属性、实体间的联系以及对信息的制约条件等，从而给出各部门内所用信息的局部描述（在数据库中称为用户的局部视图）。第二步再将前面得到的多个用户的局部视图集成为一个全局视图，即用户要描述的现实世界的概念数据模型。

3. 逻辑设计阶段

该阶段主要将 E－R 图转换成 RDBMS 中的关系模式。将现实世界的概念数据模型设计成数据库的一种逻辑模式，即适应于某种特定数据库管理系统所支持的逻辑数据模式。与此同时，可能还需为各种数据处理应用领域产生相应的逻辑子模式。这一步设计的结果就是“逻辑数据库”。

4. 物理设计阶段

该阶段主要是调整数据物理结构并安排合理的存储路径。根据特定数据库管理系统所提供的多种存储结构和存取方法等依赖于具体计算机结构的各项物理设计措施，对具体的应用任务选定最合适的物理存储结构（包括文件类型、索引结构和数据的存放次序与位逻辑等）、存取方法和存取路径等。这一步设计的结果就是“物理数据库”。

1.4　Access 简介

Access 是一个功能强大、方便灵活的关系型数据库管理系统。使用 Access，用户可以管理从简单的文本、数字字符到复杂的图片、动画和音频等各种类型的数据。在 Access 中，可以构造应用程序来存储和归档数据，并可以使用多种方式进行数据的筛选、分类和查询，还可以通过显示在屏幕上的窗体来查看数据，或者生成报表将数据按一定的格式打印出来，并支持通过 VBA 编程来处理数据库中的数据。

1.4.1　Access 的特点

与其他关系型数据库管理系统相比，Access 具有以下几个特点。

1. 最好上手、最快上手

在 Access 2010 中，用户可以发挥社群的力量。采用其他人建立的资料库范本，并且分享本人独到的设计。使用由 Office Online 预置、针对常见工作而设计的全新资料库范本，或是选择社群提供的范本，并且加以自定义，以符合用户的独特需求。

2. 建立集中化存取平台

使用多种资料连线，以及从其他来源连结或汇入的信息，以整合 Access 报表。用户可以利用改良的“设定格式化的条件”功能与计算工具，建立丰富、动态化、视觉效果良好的报表。Access 2010 报表已可支持资料横条效果，让用户能更容易掌握发展趋势。

3. 在任何地方都能存取应用程序、资料或表单

将用户的资料库延伸到网络上，让没有 Access 客户端的用户，也能通过浏览器查看网络表单与报表。资料库如有变化，将自动进行同步处理。或者，用户也可以将离线处理的网络资料库进行设计与资料更新，然后在重新连线时，将这些变更同步更新到 Microsoft SharePoint Server 2010 上。利用 Access 2010 与 SharePoint Server 2010，用户的资料将可获得集中保护，以符合资料、备份与审核方面的法规需求，并且提高可存取性与管理能力。

4. 专业设计深入用户的 Access 资料库

把 Office 主题，套用到用户的 Access 客户端与网络资料库上。用户可以在多种主题中挑选，或是设计用户自己独特的自定义主题，使表单与报表更加美观。

5. 以拖放方式为资料库加入导航功能

不用编写任何程序代码，或设计任何逻辑，就能创造出具有专业外观与网页式导航功能的表单，让用户常用的表单或报表在使用上更为方便。Access 共有六种预先定义的导览范本，外加多种垂直或水平索引标签可供选择。多层的水平索引标签可用于显示大量的 Access 表单或报表。只要以拖放方式，就能显示表单或报表。

6. 更快、更轻松地完成工作

Access 2010 能简化用户寻找及使用各项功能的方式。全新的 Microsoft Office Backstage 取代了传统的档案功能表，用户只需轻点几下鼠标，就能发布、备份及管理资料库。功能区设计也经过改良，进一步加快用户存取常用命令的速度。用户可以自定义索引标签，或是自行建立索引标签，针对个人的工作方式来打造个人化的体验。

7. 使用 IntelliSense 建立运算式

经过简化的“运算式建立器”可以更快、更轻松地建立资料库中的逻辑与运算式。IntelliSense 的快速资讯、工具提示与自动完成功能，有助于减少错误、省下死背运算式名称和语法的时间，使用户把更多时间用于应用程式逻辑的设计上。

8. 超快速度设计巨集

Access 2010 拥有面目一新的巨集设计工具，用户可以更轻松地建立、编辑并自动执行资料库逻辑。巨集设计工具能提高使用者生产力、减少程序代码编写的错误率，并且轻松整合复杂无比的逻辑，建立起稳固的应用程序。以资料巨集结合逻辑与资料，将逻辑集中在来源资料表上，进而加强程式码可维护性。用户可以透过更强大的巨集设计工具与资料巨集，把 Access 客户端的自动化功能延伸到 SharePoint 网络资料库以及其他会更新用户的资料表的应用程式上。

9. 把资料库部分转化成可重复使用的范本

重复使用由资料库的其他使用者所创建的资料库组件，既省时间又省精力。用户可以将常用的 Access 物件、栏位或栏位集合储存为范本，并且加入现有的资料库中，以提高用户的生产力。应用程序组件可以分享给组件所有成员使用，以求建立资料库应用程序时能

拥有一致性。

10. 整合 Access 资料与即时网络内容

用户可以经由网络服务通信协议，连线到资料来源，可通过 Business Connectivity Services，将网络服务与业务应用程序的资料，纳入到用户建立的资料库中。此外，全新的网页浏览器控制功能，还可让用户将 Web 2.0 内容整合到 Access 表单中。

Access 中嵌入的 VBA（Visual Basic for Application）编程语言是一种可视化的软件开发工具，编写程序时只需要将一些常用的控件摆放到窗体上，即可形成良好的用户界面，必要时再编写一些 VBA 代码即可形成完整的程序。实际上，在编写数据库操纵程序时，类似摆放必要的控件、编写基本的代码这样的工作，也都可以自动进行。

1.4.2 Access 的启动和退出

1. 启动方法

Access 软件的启动方法可以有多种，主要方法如下。

（1）单击屏幕底部任务栏中的“开始”按钮，将鼠标指针指向菜单中的“所有程序”项，再单击“Microsoft Office”中的 Microsoft Access。

（2）在计算机中双击任意扩展名为 accdb（低版本中扩展名为 mdb）的文件，就能够启动 Access 并同时打开该文件。

2. 退出 Access 的方法

与以往版本的 Access 相比，Access 2010 在界面上有所改进，最显著的特征就是去掉了“Access 按钮”，而在 Access 2010 中新增了“文件”选项卡。使用“文件”选项卡中的“退出”命令即可退出程序，也可使用组合键 Alt + F4 退出。若对数据库进行过编辑修改但没有保存，Access 2010 将显示一个信息警告对话框，询问用户是否保存更改后的内容。单击“是”按钮，Access 2010 将保存修改后的文档，然后退出；单击“否”按钮，不保存所做的修改，直接退出；单击“取消”按钮，则继续在 Access 2010 中，既不保存数据库也不退出。

1.4.3 工作界面

从 Office 2007 开始，Office 就摒弃了传统的菜单和工具栏模式，而使用一种称为功能区的用户界面模式，这种改变使软件的操作界面变得简洁且明快，使用户操作更加简单、快捷。Office 功能区实际上是一个常用操作命令的集合体，用户能快速找到相关操作命令。功能区是位于屏幕顶端的带状区域，在程序的主界面中，功能区以菜单及工具栏的样式显示出二维布局模式。功能区中设置了面向任务的选项卡，在选项卡中集成了各种操作命令，而这些命令根据完成任务的不同分为各个任务组。功能区中的每一个命令按钮可以执行一个具体的操作，或进一步显示下一步命令菜单，相当于旧版本中的命令菜单项。

启动 Access 2010 后，屏幕显示的是它的工作窗口，如图 1.9 所示。下面对窗口的组成作一简单的介绍。

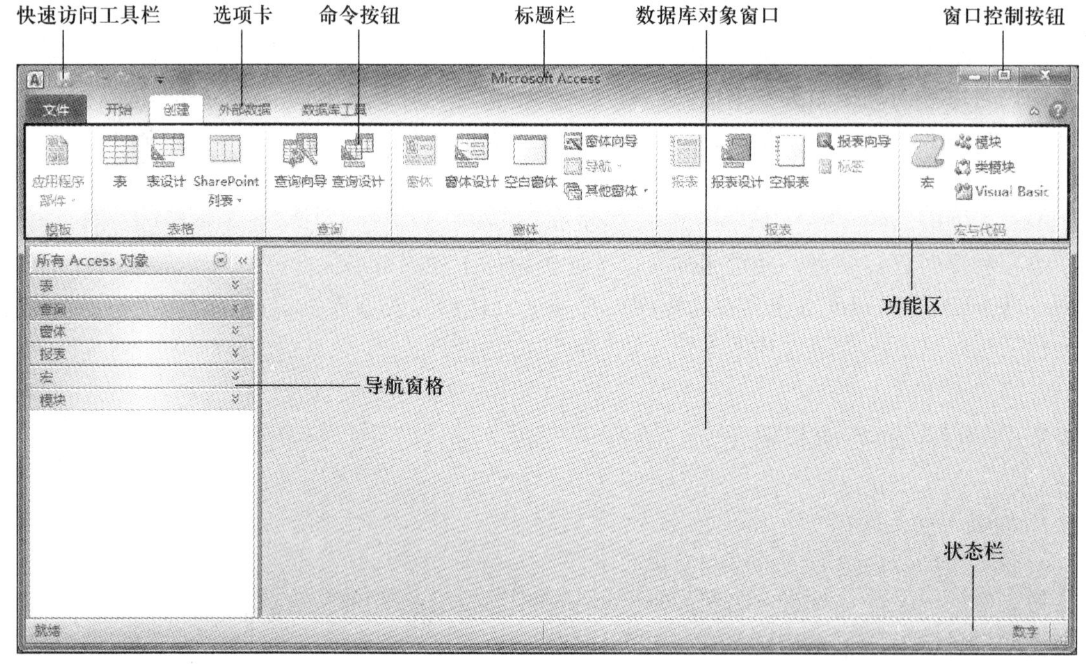

图 1.9 Access 2010 的工作界面

1. 快速访问工具栏

快速访问工具栏位于工作界面的顶部，用于快速执行某些操作。图标为程序控制图标。单击它会出现如图 1.10 所示的快捷菜单，可以通过它完成最大化、最小化、关闭、移动窗口等操作。图标是“保存”按钮，用以保存当前文档。图标是“撤消”和“恢复”按钮，单击“撤消”按钮可以撤消最近执行的一步操作，恢复到执行操作前的状态，而“恢复”按钮的作用跟撤消按钮的作用刚好相反。图标是自定义快速访问工具栏，单击它会出现如图 1.11 所示快捷菜单，它具有高度的可定制性，用户可以将命令按钮添加到快速访问工具栏以方便使用。同时，快速访问工具栏中的按钮也可以随时删除，用户也可以根据需要改变其在主界面中的位置。

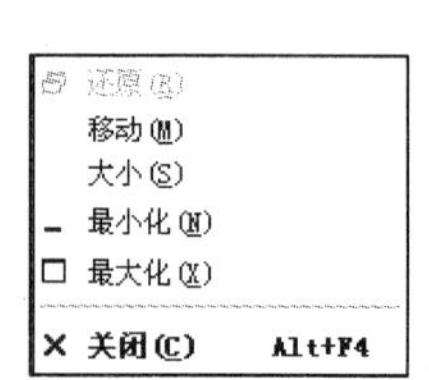

图 1.10 程序控制快捷菜单

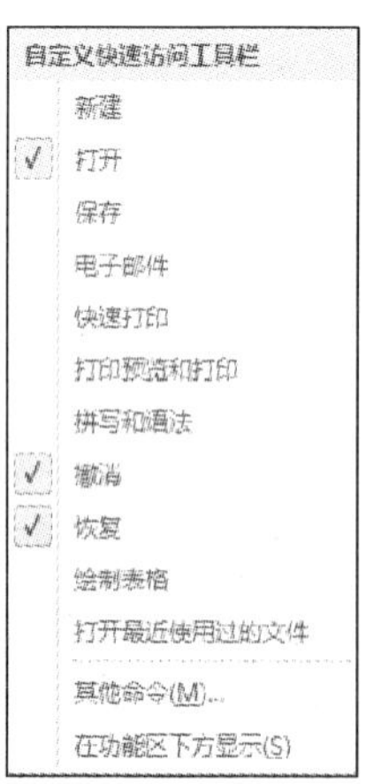

图 1.11 自定义快速访问工具栏菜单

2. 选项卡

选项卡下方集合了与之对应的工具。默认情况下包括文件、开始、创建、外部数据和数据库工具这几个选项卡。在针对具体对象进行操作时还会出现其他的选项卡。例如，当打开一个表准备对其进行操作时，就会出现表格工具下的字段、表选项卡，这些选项卡集合了表操作有关的命令。

3. 标题栏和窗口控制按钮

标题栏用于显示文档和程序的名称。窗口控制按钮可以最小化、最大化/恢复或关闭程序窗口。

4. 功能区

Access 2010 的功能区将命令按逻辑进行了分组，用户可以自由地对功能区进行定制，包括功能区在界面中隐藏和显示、设置功能区按钮的屏幕提示以及向功能区添加命令按钮。

（1）隐藏或显示功能区

要隐藏功能区，可在功能区的任意一个按钮上右击鼠标，选择快捷菜单中的“功能区最小化”命令即可，或单击功能区最小化按钮图标也可隐藏功能区。

（2）设置功能区提示

为了使用户更快地掌握功能区中各个命令按钮的功能，Access 2010 提供了屏幕提示功能，当鼠标停留于功能区的某个按钮上时，系统会弹出一个提示框，框中显示该按钮的有关操作信息，包括按钮名称、快捷键和功能介绍等内容。

单击“文件”选项卡，选择“选项”选项，或在功能区的任意一个按钮上右击鼠标，选择快捷菜单中的“自定义功能区”，将打开“Access 选项”对话框，如图 1.12 所示。在“常规”选项中，通过“屏幕提示样式”下拉列表中的选项进行选择从而设置功能区的提示。

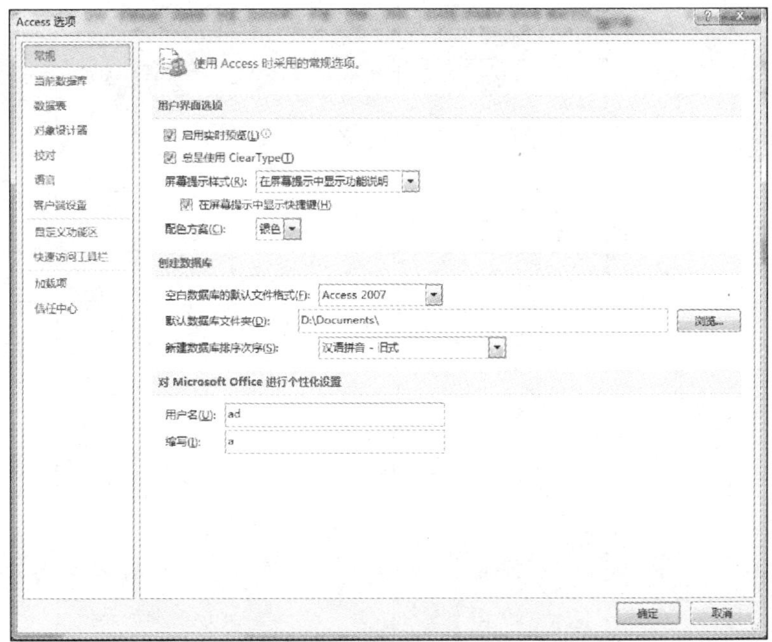

图 1.12　Access 选项

(3) 向功能区添加命令按钮

在 Access 2010 中，用户可能通过“Access 选项”对话框向功能区中添加命令按钮。功能区的自定义分为两种情况，一种是自定义选项卡绑定在文档中，其他文档无法使用，另一种是所有的文档都可以使用。通过对“自定义功能区”选项进行设置，可以确定功能区的自定义方式。

自定义功能区时，命令按钮必须添加到自定义组中，因此，不管是向自定义选项卡还是向功能区中已有的选项卡添加命令，都必须先在该选项卡中创建自定义组，用户添加的命令只能放在这个自定义组中。

5. 组

根据任务的不同，将不同的命令按钮放在不同的任务组中。各选项卡中包含的任务组如表 1.3 所示。

表 1.3　Access 2010 中各命令按钮

命令选项卡	任务组	命令按钮
开始	视图	视图
	剪贴板	粘贴
		剪切
		格式刷
	排序和筛选	筛选器
		升序
		降序
		取消排序
		选择
		高级
		切换筛选
	记录	全部刷新
		新建
		保存
		删除
		合计
		拼写检查
		其他
	查找	查找
		替换
		转至
		选择
开始	文本格式	字体
		字号
		项目符号
		编号
		提高列表级别
		降低列表级别
		从左向右文字方向
		加粗
		倾斜
		下划线
		字体颜色
		以不同颜色突出显示文本
		背景色
		文本左对齐
		居中
		文本右对齐
		网格线
		可选行颜色
	中文简繁转换	繁转简
		简转繁
		简繁转换

续表

命令选项卡	任务组	命令按钮
创建	模板	应用程序部件
	表格	表
		表设计
		SharePoint 列表
	查询	查询向导
		查询设计
	窗体	窗体
		窗体设计
		空白窗体
		窗体向导
		导航
		其他窗体
	报表	报表
		报表设计
		空报表
		报表向导
		标签
	宏与代码	宏
		模块
		类模块
		Visual Basic
外部数据	导入并链接	已保存的导入
		链接表管理器
		Excel
		Access
		ODBC 数据库
		文本文件
		XML 文件
		其他

命令选项卡	任务组	命令按钮
外部数据	导出	已保存的导出
		Excel
		文本文件
		XML 文件
		PDF 或 XPS
		电子邮件
		Access
		Word 合并
		其他
	收集数据	创建电子邮件
		管理答复
数据库工具	工具	压缩和修复数据库
	宏	Visual Basic
		运行宏
	关系	关系
		对象相关性
	分析	数据库文档管理器
		分析性能
		分析表
	移动数据	SQL Server
		Access 数据库
		SharePoint
	加载项	加载项
	管理	复制选项
		切换面板管理器

1.4.4 Access 的数据库对象组成

Access 2010 作为一个数据库管理系统，实质上是一个面向对象的可视化的数据库管理工具，采用面向对象的方式将数据库系统中的各项功能对象化，通过各种数据库对象（表、查询、窗体、报表、宏和模块等）来管理信息，将数据库定义成一个 accdb 文件。

1. 表

表是 Access 数据库最基本的对象，是具有结构的某个相同主题的数据集合。表由行和列组成，如图 1.13 所示。表中的列称为字段，用来描述数据的某类特征。表中的行称为记录，用来记录某一实体的全部信息。记录由若干字段组成。能够唯一标识表中每一条记录的字段或字段组合称为关键字，在 Access 中也称为主键。

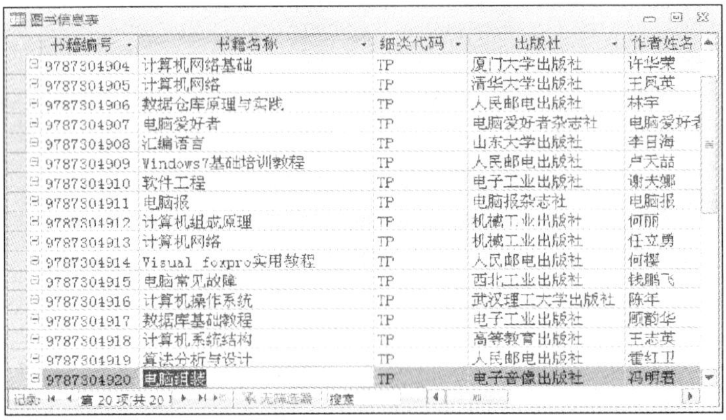

图书信息表

书籍编号	书籍名称	细类代码	出版社	作者姓名
9787304904	计算机网络基础	TP	厦门大学出版社	许华荣
9787304905	计算机网络	TP	清华大学出版社	王凤英
9787304906	数据仓库原理与实践	TP	人民邮电出版社	林宇
9787304907	电脑爱好者	TP	电脑爱好者杂志社	电脑爱好者
9787304908	汇编语言	TP	山东大学出版社	李日海
9787304909	Windows7基础培训教程	TP	人民邮电出版社	卢天喆
9787304910	软件工程	TP	电子工业出版社	谢夫娜
9787304911	电脑报	TP	电脑报杂志社	电脑报
9787304912	计算机组成原理	TP	机械工业出版社	何丽
9787304913	计算机网络	TP	机械工业出版社	任立勇
9787304914	Visual foxpro实用教程	TP	人民邮电出版社	何樱
9787304915	电脑常见故障	TP	西北工业出版社	钱鹏飞
9787304916	计算机操作系统	TP	武汉理工大学出版社	陈年
9787304917	数据库基础教程	TP	电子工业出版社	顾韵华
9787304918	计算机系统结构	TP	高等教育出版社	王志英
9787304919	算法分析与设计	TP	人民邮电出版社	霍红卫
9787304920	电脑组装	TP	电子音像出版社	冯明君

记录: 第 20 项(共 20 项) 无筛选器 搜索

图 1.13 图书信息表

在表内可以定义索引，以加快查找速度。一个数据库中的多个表并不是孤立存在的，通过有相同内容的字段可在多个表之间建立关联。

2. 查询

查询是通过设置某些条件，从表中获取所需要的数据。按照指定规则，查询可以从一个表、一组相关表或其他查询中抽取全部或部分数据，并将其集中起来，形成一个集合供用户查看。将查询保存为一个数据库对象后，可以在任何时候查询数据库的内容，如图 1.14 所示。

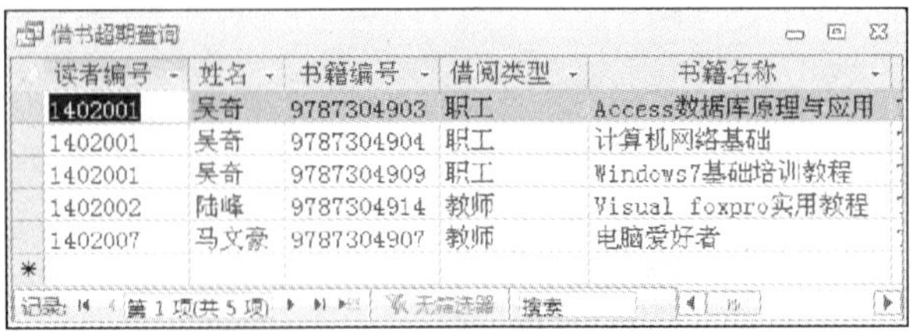

借书超期查询

读者编号	姓名	书籍编号	借阅类型	书籍名称
1402001	吴奇	9787304903	职工	Access数据库原理与应用
1402001	吴奇	9787304904	职工	计算机网络基础
1402001	吴奇	9787304909	职工	Windows7基础培训教程
1402002	陆峰	9787304914	教师	Visual foxpro实用教程
1402007	马文豪	9787304907	教师	电脑爱好者

记录: 第 1 项(共 5 项) 无筛选器 搜索

图 1.14 借书超期查询

在数据库视图中显示一个查询时，看起来很像一个表，但查询与表有本质的区别。首先，查询中的数据本质上是来自于表的，其次，查询结果的每一行可能由好几个表中的字段构成，查询可以包含计算字段，也可以显示基于其他字段内容的一些结果。可以将查询看作是以表为基础数据源的“虚表”。

3. 窗体

窗体是 Access 数据库对象中最具灵活性的一种对象，是数据库和用户进行联系的界面，用于显示包含在表或查询中的数据、操作数据库中的数据。在窗体上摆放各种控件，如文体框、列表框、复选框、按钮等，分别用于显示和编辑某个字段的内容，也可以通过单击、双击等操作来调用与之联系的宏或模块（VBA 程序），完成较为复杂的操作。

在窗体中，不仅可以包含普通的数据，还可以包含图片、图形、声音、视频等多种对象，如图 1.15 所示。

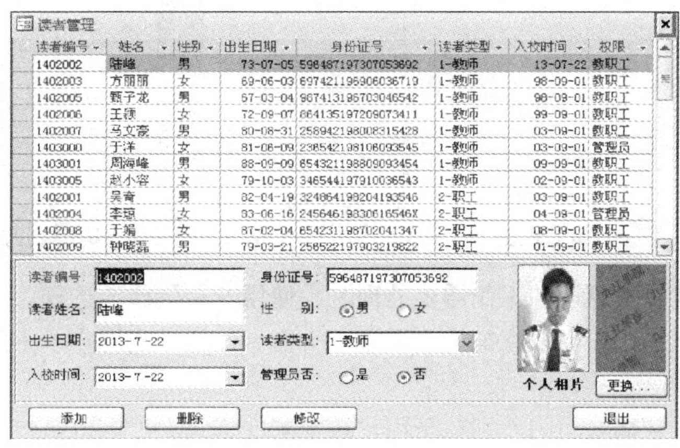

图 1.15 读者管理窗体

4. 报表

报表可以按照指定的样式将多个表或查询中的数据显示（打印）出来。报表中包含了指定数据的详细列表。报表也可以进行统计计算，如求和、求最大值、求平均值等。报表与窗体类似，也是通过各种控件来显示数据的，报表的设计方法也与窗体大致相同，如图 1.16 所示。

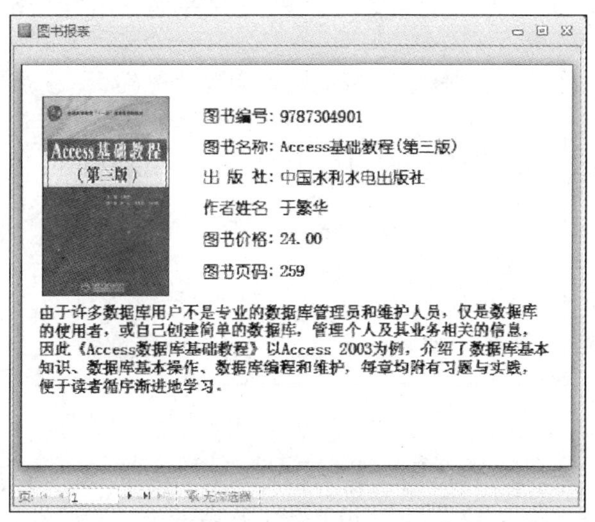

图 1.16 图书报表

5. 宏

宏是若干个操作的组合，用来简化一些经常性的操作。用户可以设计一个宏来控制系统的操作，当执行这个宏时，就会按这个宏的定义依次执行相应的操作，如图 1.17 所示。宏可以完成的操作有打开并执行查询、打开表、打开窗体、打印、显示报表、修改数据及统计信息、修改记录、修改表中的数据、插入记录、删除记录、关闭表等，如图 1.18 所示。

图 1.17 打印管理宏

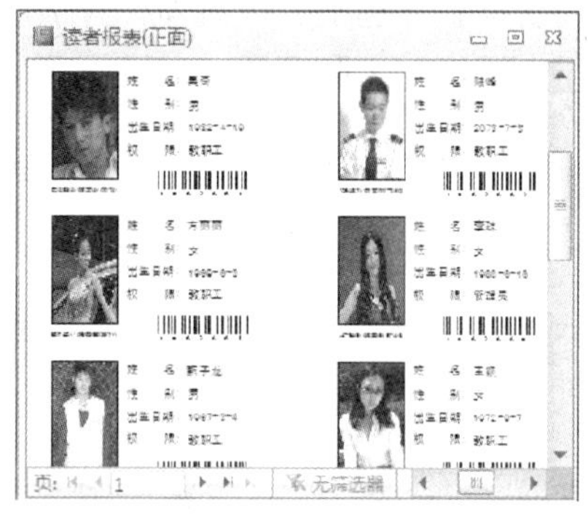

图 1.18 执行打印管理宏

当数据库中有大量重复性的工作需要处理时，使用宏是最佳的选择。宏可以单独使用，也可以与窗体配合使用。用户可以在窗体上设置一个命令按钮，当用户单击这个按钮时，就会执行一个指定的宏。

宏有多种类型，它们之间的差别在于用户触发宏的方式。宏可以是包含一系列操作的一个宏，也可以是由若干个宏组成的宏组。另外，还可以在宏操作中添加条件来控制其是否执行。

6. 模块

模块是用 VBA 语言编写的程序段，它以 Visual Basic 为内置的数据库程序语言。对于数据库的一些较为复杂或高级的应用功能，需要使用 VBA 代码编程实现。通过在数据库中添加 VBA 代码，可以创建自定义菜单、工具栏和具有其他功能的数据库应用系统，如图 1.19 所示。

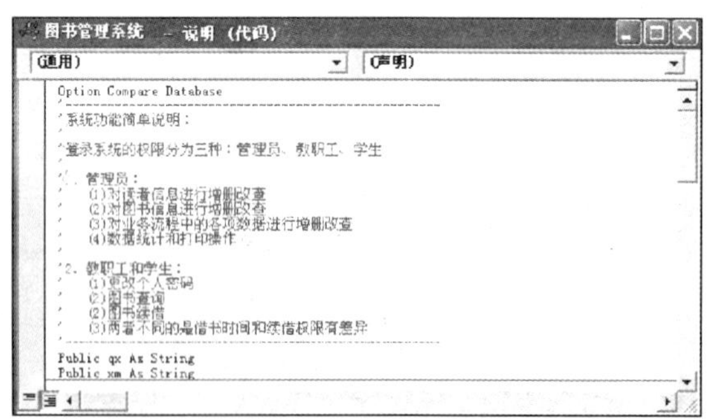

图 1.19 VBA 代码

模块由声明、语句和过程组成。Access 有两种类型的模块：标准模块和类模块。标准模块包含与任何其他对象都无关的常规过程，以及可以从数据库任何位置运行的经常使用的过程。

标准模块和类模块的主要区别在于其范围和生存周期。类模块是一种与某一特定窗体或报表相关联的过程集合，这些过程均被命名为事件过程，作为窗体或报表处理某些事件的方法。

本章小结

本章主要介绍数据库基本概念和分类，数据库系统的体系结构和功能，关系数据库的基本概念、运算和完整性约束，数据库系统的应用结构和本教材的应用案例的简单使用。读者应该认真理解基本概念，加强对数据库系统的认识。

Access 2010 数据库的操作环境是由表、查询、窗体、报表、宏和模块 6 种对象组成，对初学者而言，学习本章是对 Access 2010 的一个熟悉和适应的过程。

第 2 章　数据库的基本操作

根据关系型数据库的理论，一个数据库应用管理系统需要建立多个数据表，当表之间存在复杂的联系时，就需要把它们放到一个数据库中进行集中管理，并且建立各表之间的联系，从而解决复杂的数据处理问题，实现数据库的多重功能。因此设计一个功能强大的数据库，是设计数据库管理系统中必不可少的一个重要环节。

引例：

创建“图书管理系统”数据库

创建数据库是建立一个完整的 Access 数据库系统的第一步，只有先创建了数据库，才能根据需求完成数据库中各对象的创建和操作。在本书中，将以创建一个完整的“图书管理系统”为例，具体讲解 Access 数据库中各对象的用法。在本章中，将完成创建“图书管理系统”的第一步操作，创建“图书管理系统”数据库。

Access 提供了两种创建数据库的方法，即创建空白数据库和使用模板创建数据库，其中使用模板创建数据库又包括了可用模板和 Office. com 模板两大类。

2.1　创建数据库

启动 Access 2010 后，默认将会打开“数据库模板”窗口，用户可以根据需要，选择创建数据库的方式，弹出窗口如图 2. 1 所示。

2.1.1　创建空数据库

在很多情况下，用户新建数据库需要自行设计，这时通常采用创建空数据库的方法来完成，进行数据库的创建。

选择图 2. 1 中的“空数据库”选项，在文件名处输入需要创建的数据库文件名，单击“创建”按钮，即可快速完成数据库的创建。

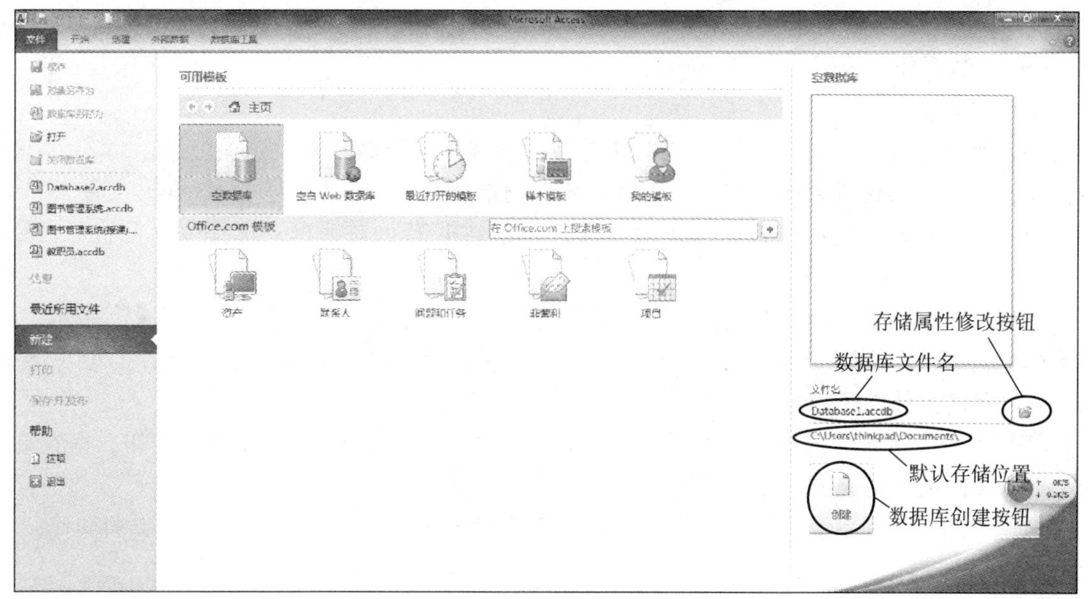

图 2.1 “数据库模板”窗口

新建数据库默认的文件名为“Database1. accdb”，默认的保存类型为“Microsoft Access 2007 数据库（＊. accdb）”，默认的保存位置为“我的文档”。

如需对数据库的存储属性进行修改，则可以单击文件名后的按钮，将弹出“文件新建数据库”对话框，用户可以在左侧的树形结构中选择文件的存储位置，并输入数据库文件名以及选择数据库的保存类型，完成对数据库存储属性的设置。设置完成后，单击“确定”按钮，完成数据库的创建，如图 2.2 所示。

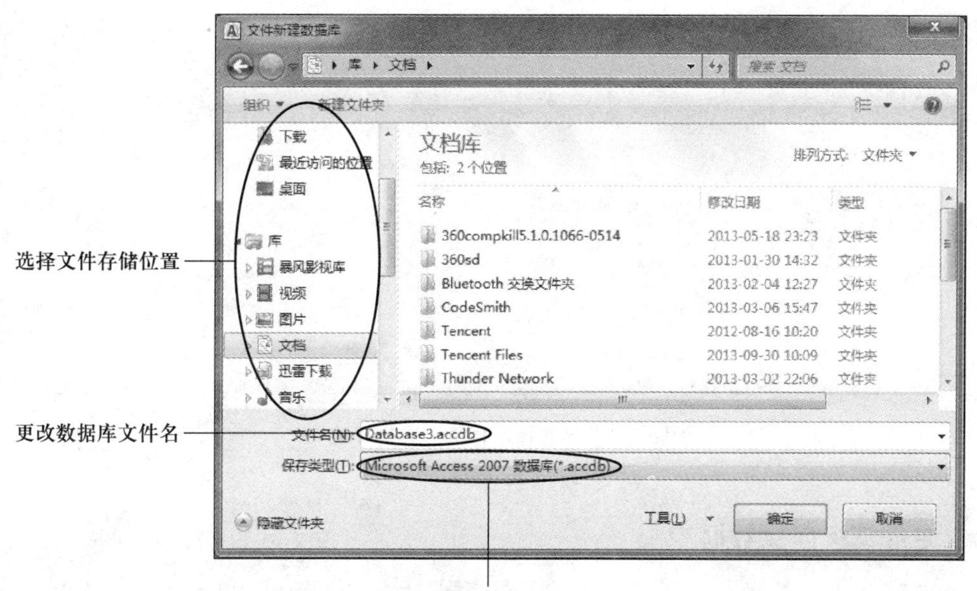

图 2.2 “文件新建数据库”对话框

例 2.1：在 E 盘根目录下有文件夹 Access，在该文件夹下创建一个名为“图书管理系统.accdb”的数据库。

操作步骤如下。

（1）单击“文件”选项卡中的“新建”按钮，选择“空数据库”选项。

（2）在文件名位置处输入“图书管理系统”，保存时会自动保存为“.accdb”文件。

（3）单击存储属性修改按钮，弹出“文件新建数据库”对话框，选择保存位置为“E:\Access”。

注意：保存类型一般不用修改，将默认保存为“Microsoft Access 2007 数据库”版本，如需保存为 2007 数据库版本以前的文件，可以单击“保存类型”下拉列表进行选择。2007 数据库版本以前的文件扩展名为（.mdb）。

（4）单击“确定”按钮，将返回至“数据库模板”窗口，单击“创建”按钮，即在 E:\Access 的文件夹下完成了“图书管理系统”数据库的创建。

创建“图书管理系统”数据库后，数据库会自动打开，等待用户进行下一步的操作，如图 2.3 所示。

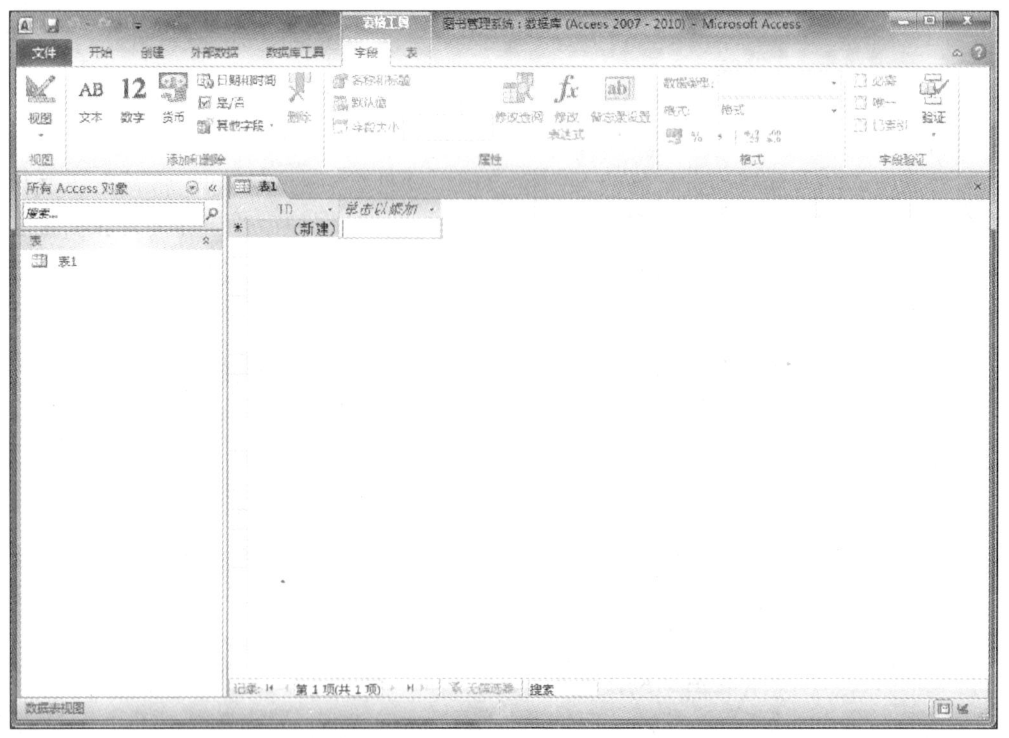

图 2.3　“图书管理系统”数据库窗口

2.1.2　使用模板创建数据库

在 Access 2010 中不仅可以新建空数据库，还给用户提供了多种数据库模板，用户可以通过模板来创建数据库。除了可以使用 Access 系统提供的可用模板外，用户还可以根据自己的需求，在 Office. com 中搜索模板。

下面使用“样本”模板中的“教职员”模板为例，具体说明使用模板新建数据库的过程。

例 2.2：在 E 盘根目录下有文件夹 Access，利用模板在该文件夹下创建一个名为“教职员”的数据库。

操作步骤如下。

（1）单击“文件”选项卡中的“新建”按钮，弹出如图 2.1 所示的“数据库模板”窗口。

（2）在“数据库模板”窗口中，选择“样本模板”，弹出“样本模板”选择窗口，如图 2.4 所示。

图 2.4　“样本模板”选择窗口

（3）选择一个和需要创建的数据库相近的模板，本例中选择了“教职员”模板。在“文件名”框中，输入数据库名称“教职员”，选择存储位置为“E:\Access”，方法同例 2.1。

（4）单击“创建”按钮，系统会自动完成数据库的创建，并打开窗体布局视图，如图 2.5 所示。

（5）此时创建的数据库为根据系统模板创建的数据库，在实际使用过程中，可能和用户的需求不一致，用户可以通过左侧的操作导航栏，选择不同的数据库对象进行操作。

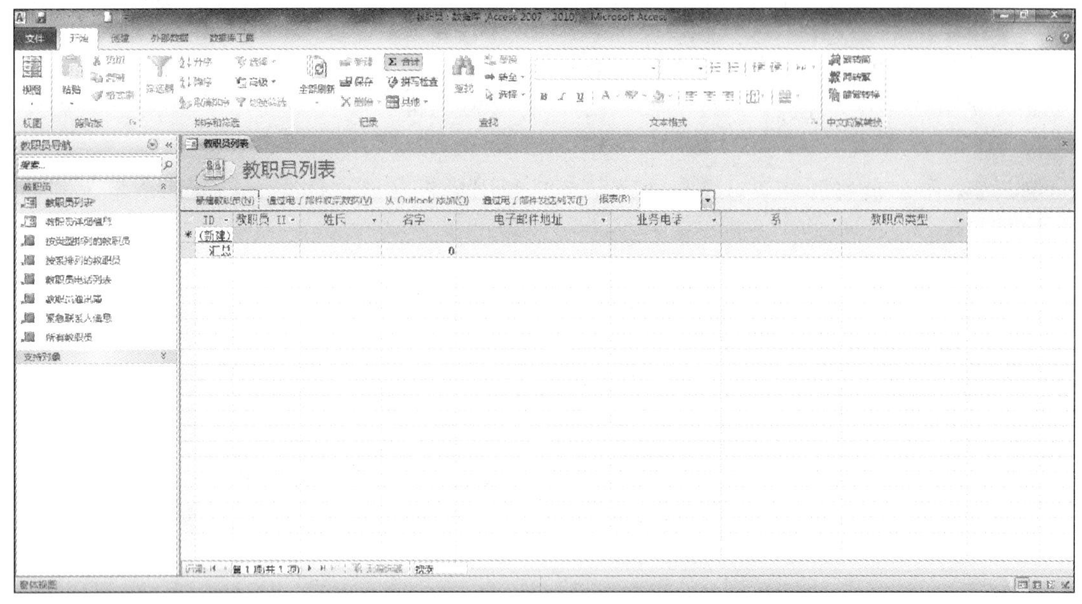

图 2.5　“教职员”数据库窗体布局视图

2.2　数据库的使用

在 Access 2010 中，当创建完成一个数据库后，将有一个以 *.accdb 为扩展名的数据库文件存储到磁盘上。当需要使用该数据库时，只需要打开它就可以了，使用完毕后，需要关闭打开的数据库。

2.2.1　打开数据库

当打开数据库时，根据打开方式的不同，对数据库的操作权限也会不尽相同。Access 2010 提供了 4 种数据库的打开方式。

1. 打开。Access 2010 数据库默认的打开方式。以共享方式打开，网络上的其他用户可以再打开这个数据库文件，也可以编辑这个数据库文件。
2. 以只读方式打开。用户只可查看数据库的内容，不能修改数据库。
3. 以独占方式打开。防止网络上的其他用户同时访问这个数据库文件。
4. 以独占只读方式打开。防止网络上的其他用户同时访问这个数据库文件，而且也不能对数据库进行修改。

打开一个已有数据库的方法如下。

1. 选择“文件”选项卡下的“打开”按钮，弹出“打开”对话框。
2. 在“打开”对话框中选择要打开的数据库所在的文件夹，选择要打开的数据库。
3. 单击“打开”按钮，则数据库便以默认方式打开。如需要以其他方式打开该数据库，则单击“打开”按钮旁的下拉列表，选择要打开的方式即可。

“打开”对话框如图 2.6 所示。

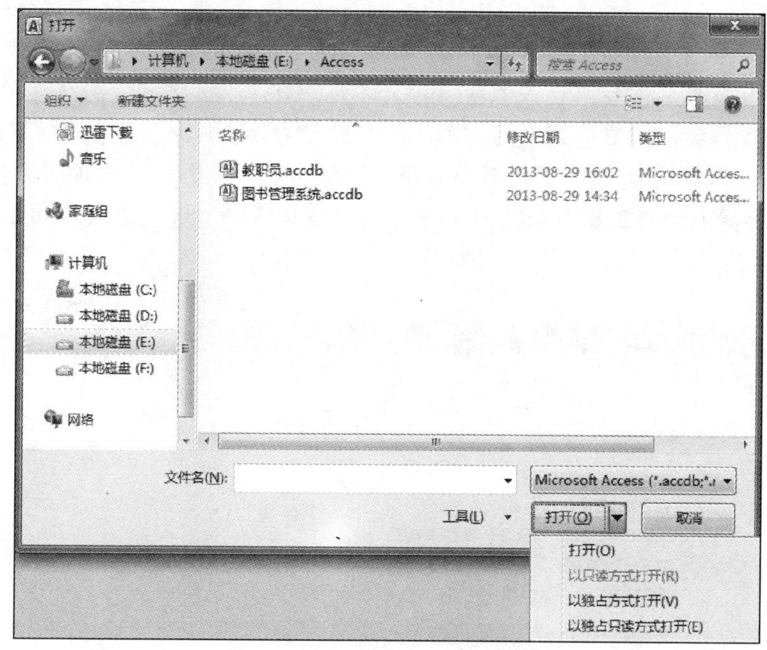

图 2.6 “打开数据库”对话框

Access 2010 不仅支持 .accdb 文件的打开，对于版本较低的 Access 数据库文件也同样支持，并且它还支持其他多种文件格式文件的打开，单击文件名后的文件类型选取按钮 Microsoft Access (*.accdb;*. ▾，即可进行文件类型的选择，如图 2.7 所示。

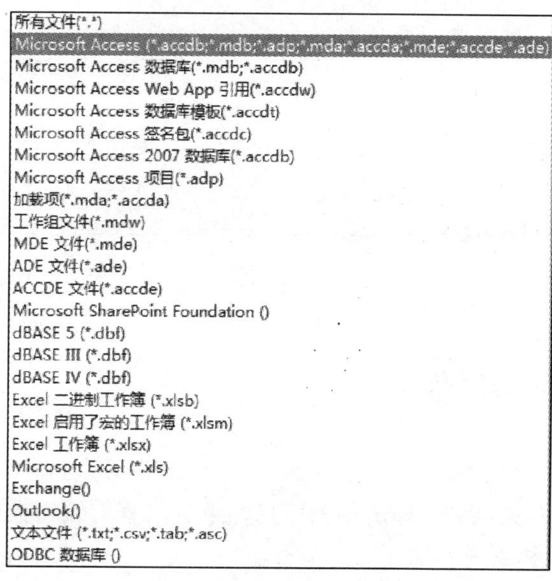

图 2.7 Access 2010 支持的文件类型

2.2.2　设置数据库的默认文件夹

Access 2010 默认保存路径是 C:\My Documents，为了能够和其他的文件进行区分，通常在进行数据库系统开发时，都会建立一个专门的文件夹，来存放程序和数据库等文件，以方便管理。在进行各种操作前，需要将建立的这个文件夹设置为默认目录。

默认保存路径修改方法如下。打开 Access 程序，单击“文件”选项卡，选择左下角的“选项”命令，将弹出如图 2.8 所示的“Access 选项”对话框，将“默认数据库文件夹”改成需要设置的文件夹，然后单击“确定”即可。

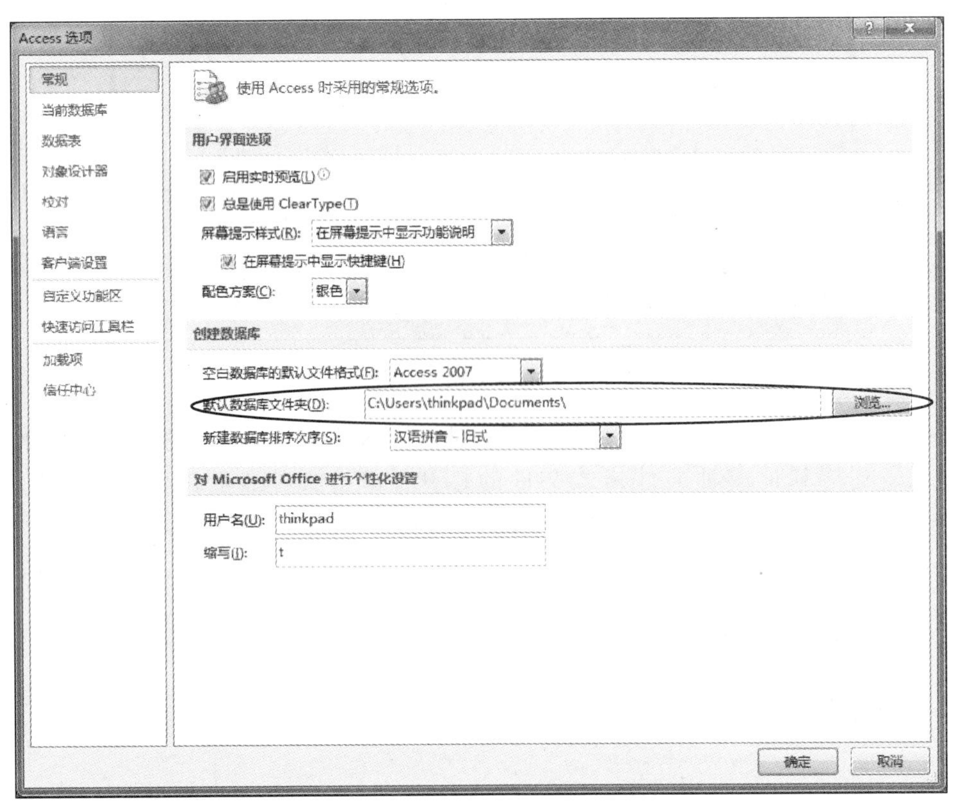

图 2.8　“Access 选项”对话框

2.2.3　查看和编辑数据库属性

建立数据库之后，可以对数据库的属性进行查看和编辑。当打开了某数据库后，单击“文件”选项卡，会显示有关该数据库的相关信息，单击“查看编辑数据库属性”按钮，即可对数据库的属性进行查看和编辑，如图 2.9 所示。

图 2.9 “教职员”数据库属性对话框

2.2.4 保存数据库

当对数据库内容作了修改，就需要对数据库进行保存，Access 2010 提供了很强大的保存功能，不仅可以保存数据库，而且可以对数据库对象进行另存操作。在“文件”选项卡中，提供了 3 个具有保存功能的按钮，分别是：“保存”，“对象另存为”以及“数据库另存为”按钮。

它们的功能分别如下。

保存：将当前打开的数据库内容进行保存。

对象另存为：可以直接将对象进行另存，可以快速地完成从一个数据对象到另外一个数据对象的转换。

数据库另存为：将当前数据库以另外一个文件进行保存。数据库另存的时候，需要关闭当前所有打开的对象。

2.2.5 关闭数据库

当数据库使用完毕后，需要关闭当前的数据库，以进行其他的操作。常用关闭数据库的方法有以下几种。

1. 单击“文件”选项卡下的“关闭数据库”命令，关闭当前数据库。
2. 单击窗口的“关闭”按钮，关闭当前数据库，且退出 Access 程序。
3. 单击“文件”选项卡下的“退出”按钮，关闭当前数据库，且退出 Access 程序。

本章小结

数据库的创建是利用 Access 进行数据库操作的第一步，本章重点介绍了数据库的创建和使用方法。

数据库的创建：

1. 创建空数据库。
2. 使用模板创建数据库。

数据库的使用：

1. 打开数据库。
2. 设置数据库的默认文件夹。
3. 设置数据库属性。
4. 数据库的保存。
5. 数据库的关闭。

通过本章的学习，读者可以独立地完成数据库的创建和基本操作。

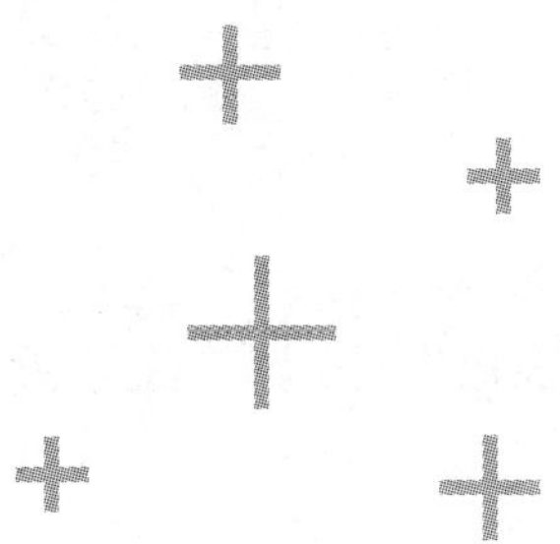

第3章　数据表的基本操作

表是 Access 2010 数据库最基本的对象，数据库中的数据都是存放在表中的，用户对数据的操作也基本上是通过表来完成。表由行和列组成，列称为字段，行称为记录。其中，表中的字段构成了表的结构，而表中的记录构成了表的内容。

对于数据库应用系统，需要建立多个数据表来存储数据。因此，一个数据库中往往包含多个数据表，利用表之间的关联关系能够解决复杂的数据处理问题，实现数据库的多重功能。

引例：

“图书管理系统”中表的创建和使用

在上一章中，讲到了创建“图书管理系统”数据库的操作，本章将以“图书管理系统”数据库为基础，创建该数据库中的表，并建立表之间的联系。

表的创建方法有多种，用户可以根据需要选择最方便的创建方法。创建了各表之后的“图书管理系统”数据库如图 3.1 所示。在该系统中，共包含了读者信息表、借阅信息表等 7 张表，表创建完成之后，用户还可以通过操作实现表之间的联系和其他各种功能。

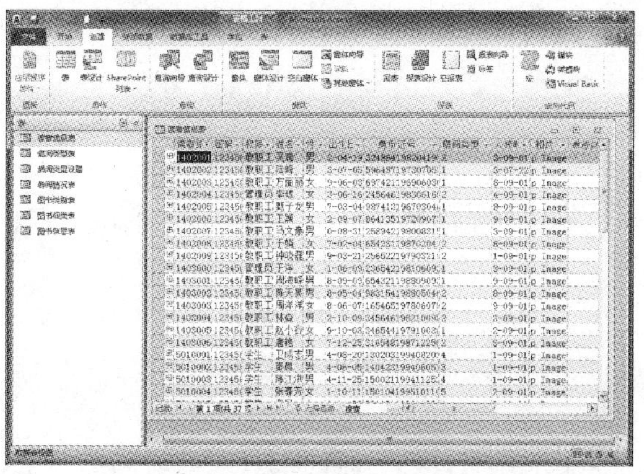

图 3.1　图书管理系统数据库

3.1 表的组成

Access 表由表结构（字段）和表内容（记录）两部分构成。在对表操作时，是对表结构和表内容分别进行的。

3.1.1 表结构的定义

表的结构是指表的组织形式，它包括表中字段的个数，每个字段的名称、数据类型、字段大小、格式、输入掩码、有效性规则等。创建表必须先创建表结构，即说明表的各字段组成。

在 Access 中，字段的命名规则如下。

1. 长度为 1 ~64 个字符。
2. 可以包含字母、汉字、数字、空格和其他字符，但不能以空格开头。
3. 不能包含句号（.）、惊叹号（!）、方括号（[ ]）和单引号（'）。

注意：虽然字段名中可以包含空格，但建议尽量不要使用空格，因为字段名中的空格可能会和 VBA 存在命名冲突。

3.1.2 表的字段类型

根据关系数据库理论，一个表中的同一列数据应具有相同的数据特征，称为字段的数据类型。数据的类型决定了数据的存储方式和使用方式。Access 2010 的数据类型在 Access 2003 的基础上增加了两种，共有 12 种，包括文本、备注、数字、日期/时间、货币、自动编号、是/否、OLE 对象、超链接、附件、计算和查阅向导等类型。

1. 文本

文本型字段可以保存文本或文本与数字的组合。例如，姓名、地址，也可以是不需要计算的数字，例如，电话号码、邮政编码。默认文本型字段大小为最大字符数，即 255 个字符，但一般输入时，系统只保存输入到字段中的字符。设置“字段大小”属性可控制能输入的最大字符个数。如果取值的字符个数超过了 255，可使用备注型。

2. 备注

这是从 Access 2000 之后才有的类型，最多可存储 64 000 个字符，通常情况下，这种字段是用来提供描述性的注释，不具有排序和索引的属性，更不能作为表的主键存在。

3. 数字

这种字段类型主要是为了进行数学计算，由于取值范围不同，又可分为字节型、整型、长整型、单精度型、双精度型、同步复制 ID 和小数等类型。

4. 日期/时间

具有固定的格式，主要用来存储日期、时间或日期与时间的组合，在 Access 中这种字段共占 8 个字节，可分为普通日期（默认格式）、短日期、长日期、中日期、中时间、mm/dd/yy

等几种形式，具体的形式可以在属性中设定。

5. 货币

具有固定的格式，用户不需要输入货币的符号和千位分隔符，Access 会根据用户输入的数字自动地添加货币符号和分隔符。可以存储的小数部分为 4 位，左边可以是 15 位，而且当小数部分的数据多于 2 位时，Access 具有四舍五入的功能。

6. 自动编号

自动编号类型属于数字型数据，以长整型的形式存储，当向表中添加数据记录时，Access 会自动地填写这种字段，可以顺次加 1 或用一个随机产生的长整型数据来填充，具体的做法取决于用户对新值属性的设置。

7. 是/否

这是一种逻辑（布尔）型数据，在 Access 中 -1 为“是”，0 为“否”。主要用来存储那些只有两种可能的数据，如性别、婚姻状况等。

8. OLE 对象

主要用来存储大对象，包括位图图形、矢量类型（绘图、声音文件和其他 ActiveX 组件应用创建的二进制数据等），最大容量可达 1 GB。

9. 超链接

用来存储超链接，单击“超链接”字段，将导致 Access 启动 Web 浏览器并且显示所指向的 Web 页面。

10. 附件

Access 2010 新增的数据类型，主要用于图片、图像、二进制文件、Office 文件的存储。“附件”字段和“OLE 对象”字段相比，有着更大的灵活性，而且可以更高效地使用存储空间，是用于存储数字图像和任意类型的二进制文件的首选数据类型。对于压缩的附件存储空间为 2 GB，对于未压缩的附件存储空间大约为 700 KB。

11. 计算

Access 2010 新增的数据类型，主要实现在 Access 2010 版本中需要在查询、控件、宏或 VBA 代码中进行的计算，表达式或计算结果的类型为小数，占 8 个字节。

12. 查阅向导

查阅向导数据类型的字段允许使用另一个表中某字段值来定义此字段的值。从数据型列表中选择此选项，将打开向导以进行定义。其长度通常为 4 KB。

注意：在 Access 中不论用户将文本字段的长度设为多少，数据库文件总是把它们存储为一个可变长度的记录，所有尾部的空格都将被删去。这在传统的关系型数据库管理系统中是做不到的，传统的 RDBMS 会填入一些空格把记录都变为规定的长度，这样会浪费磁盘的空间。

3.2 表的创建

Access 2010 提供了 3 种在现有数据库中创建表的方法。

1. 使用数据表视图创建表。

2. 使用设计视图创建表。

3. 使用 SharePoint 列表创建表。

其中，使用 SharePoint 列表创建表是通过链接到 SharePoint 网站，实现本地数据库与网站数据之间的导入和链接。另外，还可以通过“导入”和“链接”的方法获取外部数据来创建表。本节中将重点介绍使用数据表视图创建表和使用设计视图创建表两种方法。

3.2.1　使用数据表视图创建表

使用数据表视图创建表，其实质就是在系统给定的表的基础上对表字段增加、修改完成的，用户在创建表的同时可以完成表记录的输入。下面将以“图书管理系统”中的“读者信息表”为例，具体描述使用数据表视图创建表的方法。

例 3.1：在“图书管理系统”数据库中，使用数据表视图创建表的方法，创建一个名为“读者信息表”的表。

读者信息表的表结构为：<u>读者编号</u>，文本（7）；密码，文本（20）；权限，文本（10）；姓名，文本（8）；性别，文本（1）；出生日期，日期/时间；身份证号，文本（18）；借阅类型代码，文本（2）；入校时间，日期/时间；相片，OLE 对象。

1. 创建新表。打开“图书管理系统”，单击“创建”选项卡，单击功能区中“表格”组中的“表”按钮，这时系统将创建一个名为“表 1”的新表，并在数据库对象窗口中打开，如图 3.2 所示。

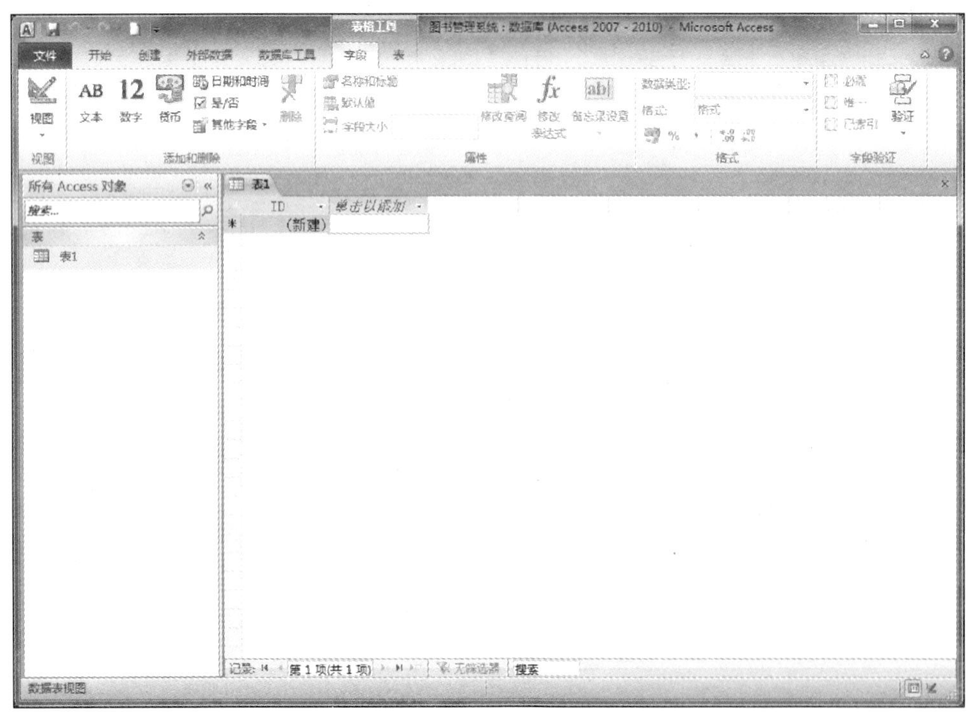

图 3.2　“表格工具”窗口

2. 修改字段名。选中表中的“ID”列，在“表格工具/字段”选项卡的“属性”组中，单击“名称和标题”按钮，弹出“输入字段属性”对话框，如图 3.3 所示。

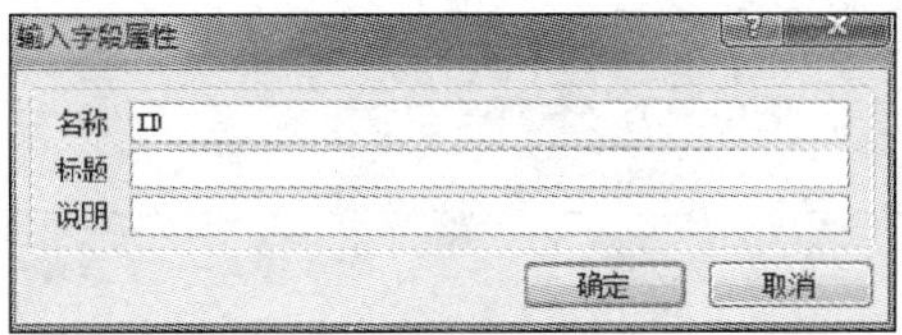

图 3.3　“输入字段属性”对话框

在“名称”栏内输入字段的名称“读者编号”，单击“确定”按钮，即可完成读者信息表中第一个字段的输入。

要修改字段名称，也可以直接右击该字段名，在弹出的快捷菜单中选择“重命名字段”命令，再次输入字段名即可，如图 3.4 所示。

注意：在创建的新表中，“ID”字段默认为主键，所以修改了字段名的该字段，仍被默认为主键，如需修改主键，可以在设计视图中完成。关于主键的设置操作将在后续章节中详细介绍。

3. 设置字段属性。选择“表格工具/字段”选项卡，在“格式”组中，选择“数据类型”为“文本”，在“属性”组中，设置“字段大小”为 7，如图 3.5 所示。

注意：通过“表格工具/字段”选项卡，只能设置部分常用的字段属性，如要设置更多的字段属性，则需要切换到“设计视图”中进行设置。

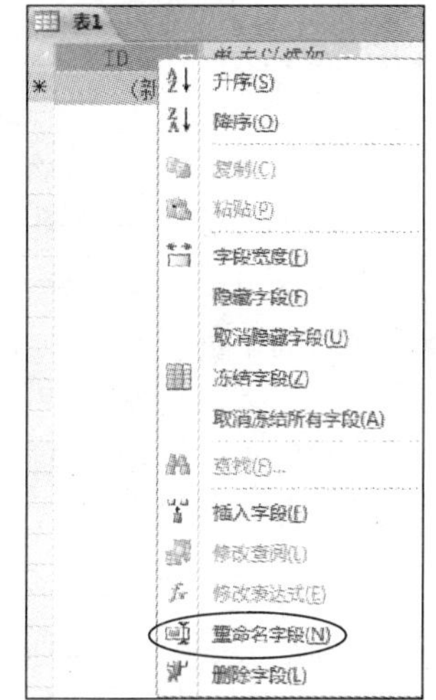

图 3.4　字段操作快捷菜单

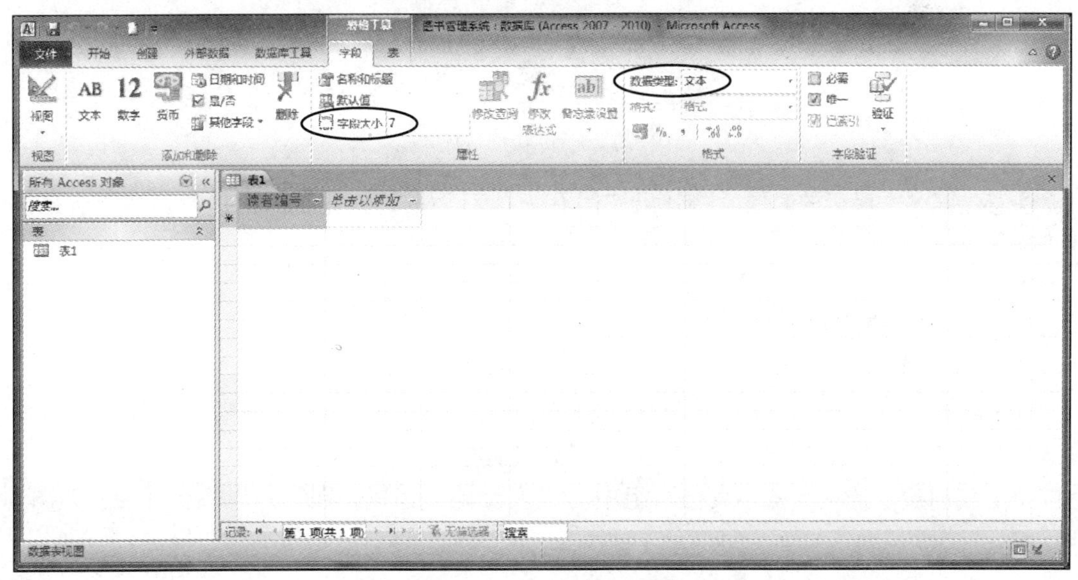

图 3.5　字段常用属性设置

4. 单击数据表视图“读者编号”字段后的“单击以添加”按钮，弹出字段操作的快捷菜单，选择下一个字段的数据类型，然后重复第2、3步骤，即可完成第二个字段的输入。此处，选择数据类型为“文本”，修改字段名称为“密码”，设置字段大小为20（同法，可以完成读者信息表其他字段的输入）。表完成后，效果如图3.6所示。

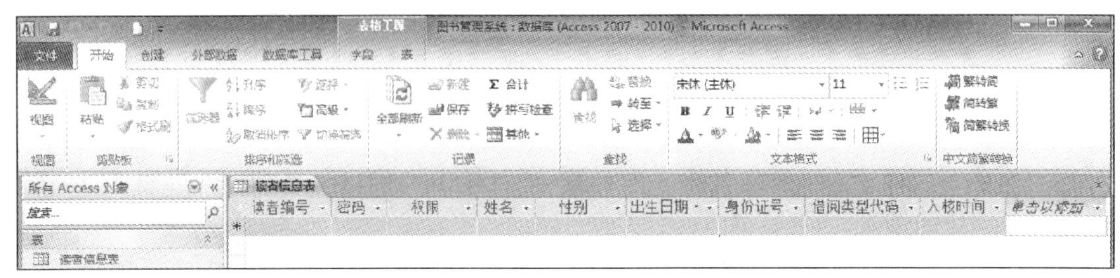

图3.6 “读者信息表”效果图

在利用“数据表视图”创建表时，单击“单击以添加”按钮来增加新的字段，快捷菜单弹出的字段数据类型并不是全部的数据类型，而且在功能区中设置字段属性时，也只能对字段属性进行简单的设置。例如，在读者信息表的创建中，相片字段为“OLE对象”类型，就无法通过数据表视图来创建。如要解决上述问题，则需要用表设计器来创建表。使用表设计器创建表，将在下一节中重点介绍。

创建完表字段后，如需同时输入数据，只需要在标有“*”的行直接输入即可。

5. 保存表。创建表结束后，单击“快速访问”工具栏中的“保存”按钮，将弹出“另存为”对话框，如图3.7所示，输入表的名称，单击“确定”按钮，即完成了“读者信息表”的创建。

图3.7 “另存为”对话框

注意：第一次保存的时候，将弹出“另存为”对话框，如非第一次保存，则表将直接保存于原表中。

3.2.2 使用设计器创建表

在上一节中讲到使用“数据表视图”创建表，但在创建的过程中会存在着操作不方便的问题，因此更多的时候用户会选择用表设计器来创建表。

单击“创建”选项卡，“表格”组中的“表设计”按钮，即可弹出表设计器，如图3.8所示。

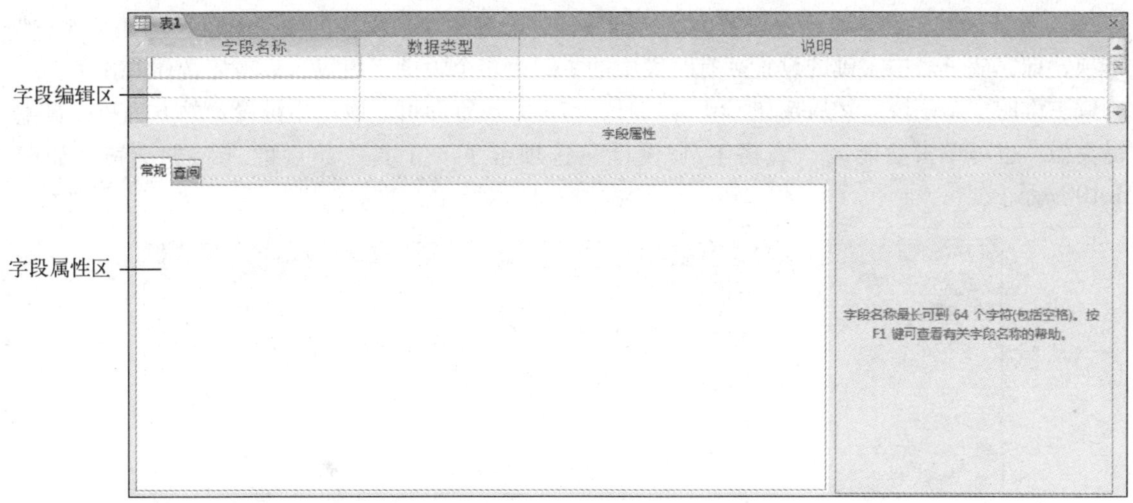

图 3.8　表设计器

例 3.2：在“图书管理系统”数据库中，使用表设计器创建“图书信息表”。图书信息表的表结构为：书籍编号，文本（10）；书籍名称，文本（50）；细类代码，文本（5）；出版社，文本（50）；作者姓名，文本（30）；书籍价格，数字（单精度型）；书籍页码，数字（整型）；参考图，附件；简介，备注；登记日期，日期时间；藏书量，数字（整型）。

1. 打开“图书管理系统”数据库，选择“创建”选项卡下“表格”组中的“表设计”按钮，弹出如图 3.8 所示的表设计器。

2. 在“字段名称”列输入各字段的名称，选择各字段的数据类型，如图 3.9 所示。

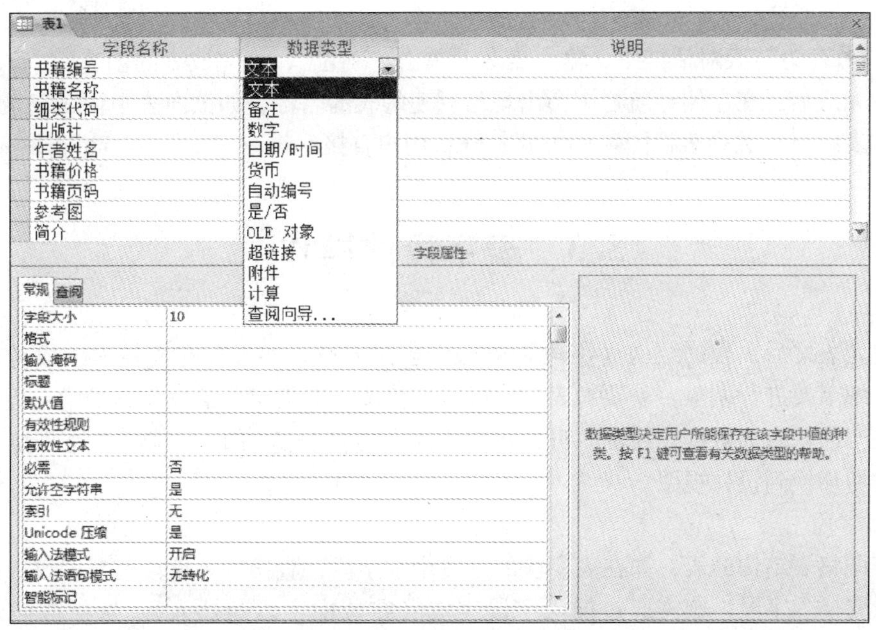

图 3.9　输入字段和数据类型

3. 设置表的主键。右击要设置为主键的字段，会弹出字段操作的快捷菜单，选择“主键”选项，即完成了表中主键的设置。有时表中的主键由多个关键字组成，只需要按住 Ctrl 键选取构成主键的多个字段，然后按住 Ctrl 键同时右击进行设置即可。取消主键设置的方法和设置主键类似。也可单击功能区“表格工具/设计”选项卡下“工具”组中的按钮完成，如图 3.10 所示。

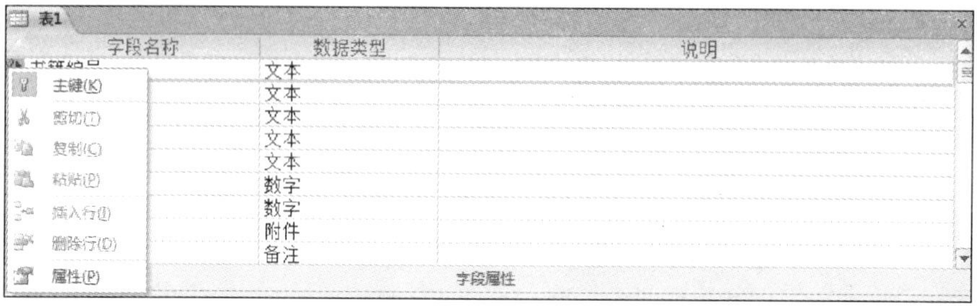

图 3.10　设置主键

4. 输入完成后，单击“关闭”按钮，弹出保存表的对话框。如图 3.11 所示。若单击“是”，则会保存表，弹出存储表的对话框，如图 3.12 所示；若单击“否”按钮，则放弃对表的创建；若单击“取消”按钮，则继续对表结构进行编辑。

图 3.11　另存表对话框

图 3.12　关闭表对话框

5. 在“另存为”表对话框中，输入表名，单击“确定”，即完成表的创建。

表创建完成后，在左侧导航栏中会出现已创建的表的名称，如欲向表中输入记录，只需双击表名称，表将以“数据表视图”的方式打开，用户直接在带有“ * ”的行进行输入即可。

3.3　表字段的操作

在创建完表之后，表的结构（字段）就已经创建完毕。如果存在着错误，或者对于某些字段的属性细节要进行调整，就要对表的字段进行修改。对表字段的操作，通常在设计视图中完成，如果当前状态为数据表视图，可以在功能区“表格工具/字段”选项卡的“视图”组中，单击按钮切换到设计视图。

1. 增加字段

打开需调整表结构的表，如在表字段的末端增加字段，直接输入字段信息即可。如在表字段的中间位置插入字段，则需通过插入字段完成（在选中字段前插入）。选择待插入行的位置，单击功能区“表格工具/设计”选项卡下“工具”组中的插入行按钮，或者直接右击，在弹出的快捷菜单中选择“插入行”命令，在插入的空白行中，进行新字段的设置。

在“数据表视图”中，直接选择待插入行的位置后右击，在快捷菜单中选择“插入字段”命令，也可以在表中插入字段，如在表字段的末端增加，也只需直接输入即可。

2. 删除字段

在“数据表视图”中，选择要删除的字段后右击，在快捷菜单中选择“删除字段”，就可以将不需要的字段删除掉。

在“设计视图”中，选择要删除的字段后右击，在快捷菜单中选择“删除行”，就可以将不需要的字段删除掉。

3. 设置字段属性

（1）字段大小

字段大小是指文本型字段的最大长度或数字型字段的取值范围。只有文本型或数字型字段才有此属性。

另外，对于数字类型的字段，可以根据实际需要，设置不同的字段大小。通过单击“字段大小”属性右侧的下拉列表框可以选择不同类型的数字。常见的数字类型如表 3.1 所示。

表 3.1 数字型字段的字段属性

类 型	取 值 范 围	小数位数	长度/字节
字节	0 ~ 255	无	1
整型	-32 768 ~ 32 767	无	2
长整型	-2 147 483 648 ~ 2 147 483 647	无	4
单精度型	$-3.4\times10^{38}\sim3.4\times10^{38}$	7	4
双精度型	$-1.797\,69\times10^{308}\sim1.797\,69\times10^{308}$	15	8
同步复制 ID	长整型或双精度型	N/A	16
小数	$-10^{38}-1\sim10^{38}-1$ （.adp） $-10^{28}-1\sim10^{28}-1$ （.mdb）	28	12

（2）格式

字段的“格式”决定数据的显示与打印外观，但对数据的输入和存储格式不产生影响。数据类型不同，其格式的选项也各不相同。

例如要将读者信息表中的入校时间改为“××××年××月××日”的格式，只需选中表中的“入校时间”字段，单击“格式”框右侧的下拉按钮，选择合适的数据格式即可（此处选择“长日期”格式），如图 3.13 所示。设置完毕后，数据表中的显示格式将会随之发生改变。

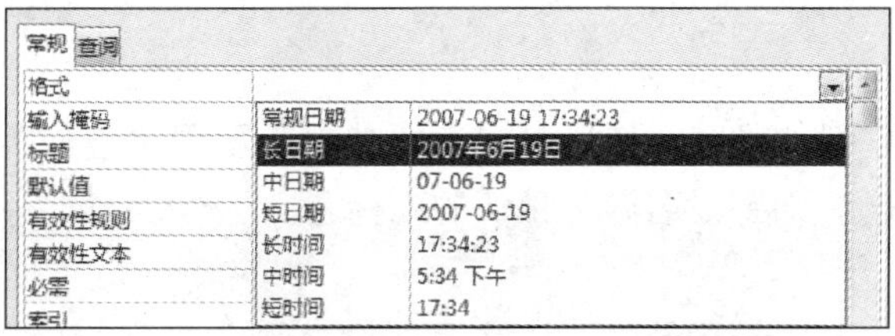

图 3.13 设置“入校时间”字段格式

（3）输入掩码

输入掩码用于控制输入数据时的格式外观以及存储方式，便于统一输入格式，减少输入错误，提高输入效率。主要用于文本、日期/时间类型的字段。

输入掩码和字段格式都对格式产生影响，但两者是有区别的。格式属性定义数据的显示与打印外观，输入掩码属性定义的数据的输入外观，能对数据输入作必要的控制以保证输入数据的正确性。简单来讲，格式属性控制输出格式，而输入掩码属性控制输入格式。

表3.2给出了“输入掩码”格式字符。若要定义字面字符，可输入该表以外的任何其他字符，包括空格和符号。若要将下列字符中的某一个定义为字面字符，则在字符前面加上反斜线“\”。

表3.2 输入掩码格式字符说明

字符	说　明
0	数字（0~9，必选项；不允许使用加号“+”或减号“-”）
9	数字或空格（非必选项；不允许使用加号或减号）
#	数字或空格（非必选项；空白将转换为空格，允许使用加号或减号）
L	字母（A~Z，必选项）
?	字母（A~Z，可选项）
A	字母或数字（必选项）
a	字母或数字（可选项）
&	任一字符或空格（必选项）
C	任一字符或空格（可选项）
. , : ; - /	十进制占位符和千位、日期和时间分隔符（实际使用的字符取决于 Microsoft Windows 控制面板中指定的区域设置）
<	使其后所有的字符转换为小写
>	使其后所有的字符转换为大写
!	使输入掩码从右到左显示，而不是从左到右显示。输入掩码中的字符始终都是从左到右填入。可以在输入掩码中的任何地方包括感叹号
\	使其后的字符显示为原义字符。可用于将该表中的任何字符显示为原义字符（例如，\A显示为 A）
密码	将“输入掩码”属性设置为“密码”，以创建密码项文本框。文本框中输入的任何字符都按字面字符保存，但显示为星号“*”

（4）标题

标题属性可以指定字段的别名，该别名在表的数据表示图中会作为字段列标题显示出来。如果没有为字段设置标题，则字段名即为默认的列标题。

（5）默认值

默认值属性用于指定产生新记录时，该字段自动输入的值，这样可以提高输入效率，默认值为常量、函数或者表达式。

如将读者信息表中性别字段的默认值设为“男”后，每产生一条新记录，性别字段就会自动输入值“男”。

(6) 有效性规则

有效性规则用于检查该字段所输入的值是否满足一定的条件。如不满足条件，则数据无法保存。

如性别字段的值只能是“男”或“女”，为了确保输入的正确性，就可以在有效性规则栏输入“"男"or"女"”，当设置有效性规则限制字段的输入后，性别字段输入的数据将只能是“男”或“女”，否则Access将会报错。

(7) 有效性文本

有效性文本是和有效性规则一起使用的。当输入的数据不满足有效性规则的条件限制时，就会弹出一个提示窗口，显示有效性文本，以提示用户字段的输入规则。

默认值、有效性规则和有效性文本常配合一起使用，以控制数据的输入。设置读者信息表中“性别”字段有效性规则如图3.14所示。

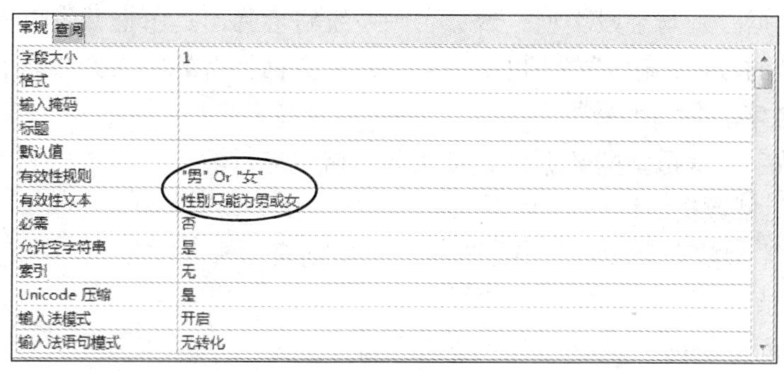

图3.14　“性别”字段有效性规则设置

(8) 必填字段

设置字段的值是否必须填写，系统默认“必填字段”为“否”。如字段的值不能为空(Null)，则需将必填字段属性设为“是”，那么在输入新记录时，必须输入该字段的值。

(9) 索引

索引是一项数据库技术，通过对数据进行逻辑排序，从而实现数据的快速查找。索引内容将在以后的章节中详细介绍。

(10) Unicode 压缩

该属性决定是否对文本、备注等字段的内容进行压缩，以节约存储空间，系统默认选择“是”。

(11) 输入法模式

用于控制不同字段采用不同的“输入法模式”，以减少启动或关闭中文输入法的次数。

3.4　表记录的操作

表一旦设计完成后，结构一般不会发生变化，也就是说很少的情况会改动表的字段，大部

分的操作都是针对表中的记录来进行的。

3.4.1　表记录的编辑

1. 添加记录

创建表的时候，可以直接向表中输入记录。当记录没有输入完毕，需要增加记录时，就需要向表中添加记录了。向表中添加记录的步骤如下。

(1) 打开数据库。

(2) 选择要添加数据的表，双击打开。

(3) 在表的数据表视图中有“*”指示的记录行输入新的记录。

(4) 输入完毕后保存表。

输入记录时，如果输入的数据没有达到字段宽度，按回车键、Tab 键或向右方向键进行下一个字段的输入，如果输入的数据达到数据宽度，该字段将无法继续输入，同时发出提示音提醒用户。输入的数据必须与字段类型一致，否则系统将会弹出提示框并发出提示音。

对于不同类型的数据，输入方法也不一样，各种数据类型的输入方法如下。

(1) 文本、数字、货币型数据

对于文本、数字、货币型的数据，直接在单元格中进行输入。

(2) “是/否”型数据

对于“是/否”型数据会显示一个复选框，选中则表示输入“是”，其值为 -1，否则表示输入了“否”，其值为0。

(3) 日期/时间型数据

输入日期/时间型数据，只按最简单的方式输入即可，无须将整个日期全部输入，Access 会自动按格式属性中定义的格式显示。

(4) OLE 对象型数据

这种字段采用插入对象的方式来输入数据。

选择要添加数据的字段，右击要输入值的字段，在弹出的快捷菜单中，选择“插入对象”命令，打开插入对象对话框，如图 3.15 所示。可以选择新建一个对象，也可以使用已有的对象。

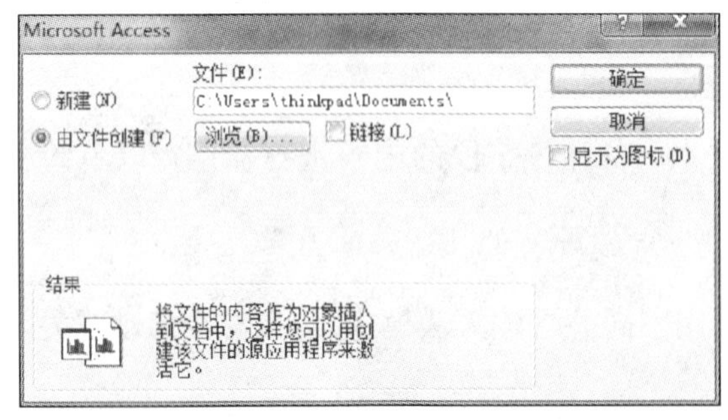

图 3.15　插入对象对话框

以使用现有对象为例，单击“浏览”按钮，选定对象所在的位置，再单击“确定”按钮即可。OLE 对象型数据一般用于存储 BMP 图像数据。

(5) 超链接型数据

超链接型数据的输入，可用“插入超链接”对话框来实现。右击要输入值的字段，在弹出的快捷菜单中，选择“超链接”菜单下的“编辑超链接”命令，将弹出“插入超链接”对话框，输入或选择需要链接的地址即可。

(6) 附件类型

对于附件类型的数据，右击要输入值的字段，在弹出的快捷菜单中，选择“管理附件”命令，或者直接双击要输入值的字段，将打开“附件”对话框，如图3.16所示。

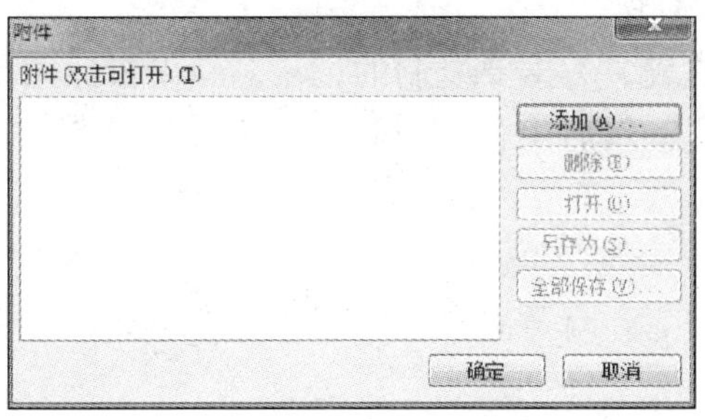

图3.16 “附件”对话框

单击“添加”按钮，即可进入文件选择界面，进行附件的添加。一旦字段被确定为附件类型，将不允许修改数据类型。

(7) 计算类型

计算类型的数据，用户不需要输入，在表的设计视图中，当设置某字段为“计算”数据类型时，将弹出“表达式生成器”对话框，输入计算的表达式，系统将自动完成计算过程。“表达式生成器”对话框如图3.17所示。

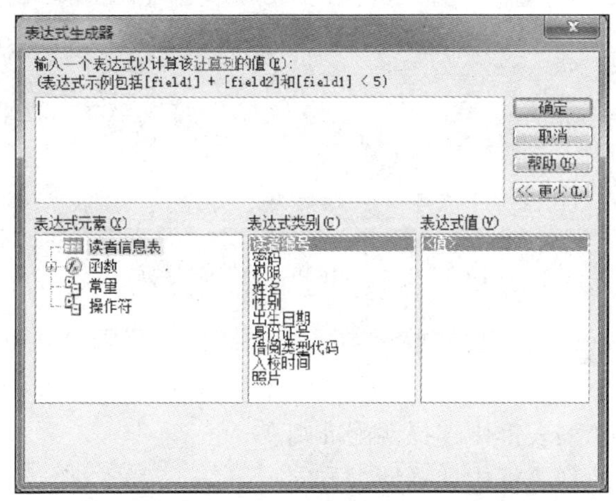

图3.17 “表达式生成器”对话框

(8) 查阅列表字段

一般情况下，表中的大部分字段的内容都来自用户输入的数据，或从其他数据源导入的数据。但在有些情况下，某个字段的内容也可以取自于一组固定的数据或其他表中的某个字段，这就是字段的查阅功能，它使得利用“查阅向导”类型的字段在输入数据时可以从下拉列表中选择，数据输入方便、快捷。

当将字段设置为“查阅向导”时，会弹出“查阅向导”对话框，用户可以根据向导提示完成字段的输入设置。

2. 修改记录

打开需修改的表，在数据表视图下，选择需要修改的记录行，直接对字段的值进行修改即可。对记录做出修改后，如果还没有保存，可以按 Esc 键取消所作的修改。

3. 复制记录

打开要复制记录所在的表，右击要复制的记录，弹出快捷菜单，如图 3.18 所示。选择“复制”，然后定位到目标位置右击，选择“粘贴”命令即可。

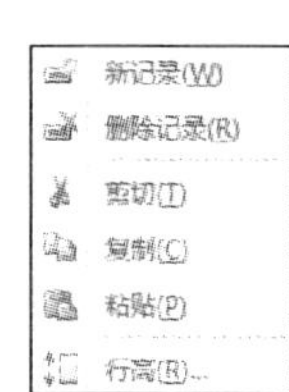

图 3.18　记录操作快捷菜单

4. 删除记录

打开待删除记录所在的表，右击要删除的记录，弹出快捷菜单，选择“删除记录”命令即可。

5. 数据的查找和替换

当表中存储了大量的数据时，用户通过浏览方式查看表中的数据，或对表中的某项数据做相同的修改，会有一定的困难，Access 提供了数据查找和替换功能，可以快速地对所需查找的数据进行定位或修改。数据查找（或替换）的操作步骤如下。

（1）打开数据库及表。

（2）单击“开始”选项卡，单击“查找”组下的“查找”或“替换”，将弹出“查找和替换”对话框，如图 3.19 所示。

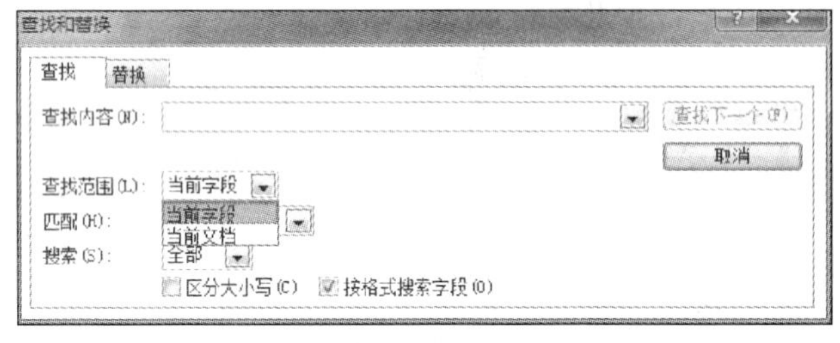

图 3.19　“查找和替换”对话框

（3）在“查找内容”栏输入要查找的数据，选择查找范围是在某个特定的字段中查找，还是在整个表中查找。

（4）在“匹配”下拉列表框中选择匹配准则。

（5）在“搜索”下拉列表框中选择搜索方向。

（6）单击“查找下一个”按钮，将光标将定位到第一个与查找内容匹配的数据项上。

（7）重复第 6 步操作，将会继续查找下一个和查找内容匹配的数据。

数据替换的方法和查找类似，输入查找内容和替换值，单击“查找下一个”按钮，找到待替换的值，再单击“替换”按钮就可以替换当前选定的数据了，如单击“全部替换”按钮，则会将查找范围内的所有该数据全部替换。

如果仅知道要查找的部分内容或要查找符合某种样式的指定内容，可以使用通配符作为其他字符的占位符。通配符使用说明见表 3.3。

表 3.3 通配符使用说明

字符	用 法	示 例
*	与任意个数的字符匹配，它可以在字符串中作为第一个或最后一个字符使用	a * 可以匹配 ab、abc、abcd 等
?	与任意单个字母字符匹配	a?b 可以匹配 aab、abb、acb 等
[ ]	与方括号内任意单个字符匹配	a[ab]c 可以匹配 aac、abc，但不能匹配 acc 等
!	匹配任何不在括号之内的字符	a[!ab]c 可以匹配 acc、adc 等，但不能匹配 aac 和 abc
-	与范围内的任意一个字符匹配（必须按照升序次序来指定区域，如 A－Z）	a[a－c]c 可以匹配 aac、abc、acc，但不能匹配 adc 等
#	与任意单个数字字符匹配	1#3 可以匹配 103、113、123 等

注意：

1. 通配符是专门用在文本数据类型中的，但有时候也可以成功地用在其他数据类型中。

2. 在使用通配符搜索 *、?、#、［或－时，必须将搜索的内容放在方括号[ ]内。如搜索“?”，则需在“查找”对话框中输入[?]。如果同时搜索“－”和其他字符时，则需在[ ]内，将“－”放在所有字符之前或之后，如其他字符内包含“!”，需将“－”放在“!”之后。

3. 如果要搜索“[ ]”，必须将“[ ]”同时放在方括号[ ]内，否则 Microsoft Access 会将这种组合认为是一个空字符串进行处理。

3.4.2 表记录的定位

在 Access 的表中，表中记录的定位可以直接通过鼠标单击完成，也可以通过数据表视图窗口底部的记录定位按钮完成。

记录定位按钮显示在表浏览窗口的底部，如图 3.20 所示。

图 3.20 记录定位按钮

图 3.20 中的前四个按钮从左到右依次表示将表中的第一条记录、当前记录的上一条记录、当前记录的下一条记录、最后一条记录设置为当前记录，最后一个按钮表示添加一条新记录，并将其设置为当前记录。

3.4.3 表记录的筛选

在数据表视图中会显示所有记录的全部内容，根据实际需要，有时仅需显示表中的部分字段或部分内容，Access 提供了筛选功能来完成此种操作。Access 2010 提供了四种筛选方法：“选定内容筛选”、“按窗体筛选”、“使用筛选器筛选”和“高级筛选”。

1. 选定内容筛选

在数据表视图中打开表，选择需筛选的内容，在功能区“开始”选项卡下的“排序和筛选”组中，单击“选择”按钮，从下拉列表中选择命令执行，系统将筛选出满足条件的记录，显示在数据表中。

如果想查看筛选前的全部数据内容，只需单击“排序和筛选”组中的“切换筛选”按钮即可。单击“切换筛选”按钮，将在原数据内容和筛选结果之间进行切换。

2. 按窗体筛选

在数据表视图中打开要进行筛选操作的表，在功能区“开始”选项卡下的“排序和筛选”组中，单击“高级”按钮，将弹出“高级”下拉列表，如图3.21所示，选择“按窗体筛选”命令，将会弹出“按窗体筛选”窗口，如图3.22所示，用户可以在该窗口中输入筛选条件，进行筛选操作。

图3.21 “高级”下拉列表

图3.22 “按窗体筛选”对话框

3. 使用筛选器筛选

筛选器提供了一种灵活的方式，它把所选定的字段列中所有不重复的值以列表显示出来，用户可以逐个选择需要的筛选内容。除了OLE对象和附件字段外，所有的字段类型都可以应用筛选器，具体的筛选列表取决于所选字段的数据类型和值。

4. 高级筛选/排序

当筛选条件不唯一，并对筛选结果在排列顺序上有要求时，可以在功能区“开始”选项卡下的“排序和筛选”组中，单击“高级”按钮，从“高级筛选”下拉列表中选择“高级筛选/排序”命令，将弹出“高级排序/筛选”窗口，如图3.23所示。将需要用于筛选记录的值或条件的相关字段添加到筛选的设计窗格中。当筛选条件设置完毕后，单击“切换筛选”按钮，即可查看筛选的结果。

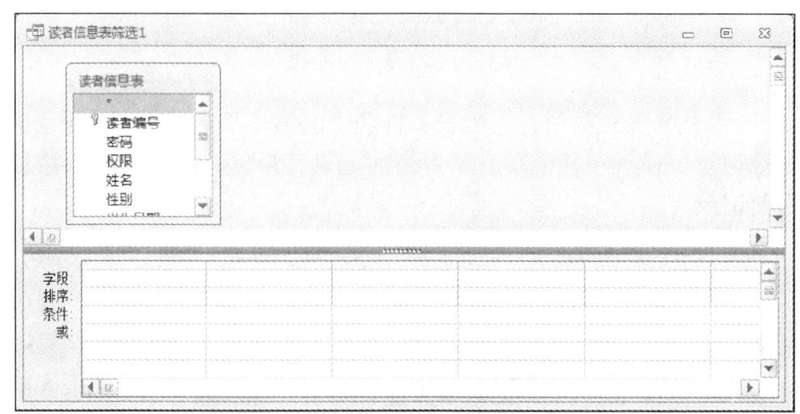

图3.23 “高级筛选/排序”窗口

3.4.4　表记录的排序

对数据表的排序，可以通过“开始”选项卡下的“排序和筛选”组中的“升序”和“降序”按钮完成，也可以通过对数据表视图中的字段名直接操作完成。

例 3.3：对“读者信息表”中的记录按“入校时间”升序排列。

1. 在数据表视图中打开“读者信息表”。

2. 选择“入校时间”字段。

3. 单击功能区“开始”选项卡下的“排序和筛选”组中的“升序”按钮，即可完成按“入校时间”的升序排列（也可以单击字段名旁的下拉按钮，选择“升序”命令，或者右击字段名，在弹出的快捷菜单中选择“升序”命令）。

上面的操作仅适用于按单个字段进行排序的情况，更多时候，对数据表排序的要求会比较复杂，例如，对读者信息表先按“权限”升序排序，再按“入校时间”降序进行排序，这时就需要通过“高级筛选/排序”来完成了。操作窗口和高级筛选在同一窗口完成，在此就不在赘述。

如果想取消排序，只需单击功能区“开始”选项卡下的“排序和筛选”组中的“取消排序”按钮即可。

3.4.5　数据汇总

数据汇总是数据库操作中一种经常性操作，Access 2010 提供了一种新的简单方法汇总行，来实现对数据表项目的汇总。可以向任何数据表中添加汇总行。

汇总行和 Excel 中的汇总操作非常相似。显示汇总行时，可以从下拉列表中选择诸如 COUNT、SUM、AVERAGE 之类的聚合函数，以实现对某组值的计算并返回计算结果。

添加汇总行的步骤如下。

1. 在数据表视图中打开待操作的表。

2. 在功能区“开始”选项卡下的“记录”组中，单击“合计”按钮，在数据表视图中将会出现“汇总”行。

3. 单击需完成汇总操作的字段下的汇总行单元格，会出现一个下拉箭头，单击该箭头，将会出现该字段能够进行操作的聚合函数，选择某一函数，将实现对该字段的汇总。

如果需要隐藏表中的汇总行，只需要再次单击“合计”按钮即可。

3.5　表的外观设置

调整表的结构和外观可以使表更美观，内容显示更清楚。调整表的外观主要包括改变字段顺序、调整表格的宽度和高度、设置字体格式、表格格式、列的隐藏及冻结等操作。

1. 改变字段顺序

在默认设置下，通常 Access 数据表中的字段显示顺序和表字段的建立顺序是一致的。但在使用数据表视图时，往往需要改变某些字段的顺序以满足查看数据的需求，此时可以通过拖动字段的操作来改变字段的顺序。

单击鼠标左键选中需改变位置的字段，直接拖至目标位置后释放鼠标左键，即可改变字段的位置。

改变数据表视图中字段的位置，仅仅只是改变了字段在数据表视图下的显示顺序，不会改变表设计视图中字段的排列顺序。

2. 调整表格的宽度和高度

在数据表视图中，有时候会因为某些原因导致数据显示不完整，用户可以通过调整表格的宽度和高度来保证数据的完整显示。

调整表格的高度和宽度可以通过鼠标拖动或者菜单命令两种方法完成。

通过鼠标调整表格的高度（宽度）的方法如下。

（1）在数据表视图中打开表。

（2）将鼠标放在表中任意两行（两列）选定器之间，鼠标指针将会变成上下（左右）的双向箭头形式。

（3）拖动鼠标上下（左右）移动到所需位置，即可实现高度（宽度）的调整。

使用菜单命令调整表格高度（宽度）的方法如下。

（1）在数据表视图中打开表。

（2）选择要改变宽度的字段（各记录行的行高是保持一致的，改变一行，所有行都会实行相同的设置，因此调整表格高度不需要选中某行，可以跳过该步骤）。

（3）单击功能区“开始”选项卡下“记录”组中的“其他”按钮，将弹出如图 3.24 所示的菜单。

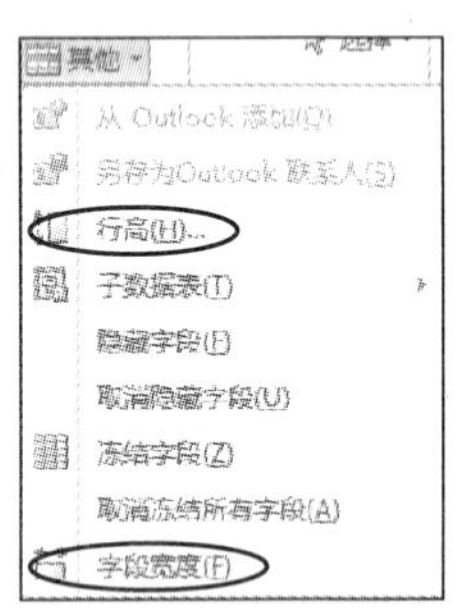

图 3.24　记录“其他”下拉列表

（4）选择“行高”（“字段宽度”）命令，将弹出如图 3.25（图 3.26）所示的对话框，输入行高（列宽）值即可。

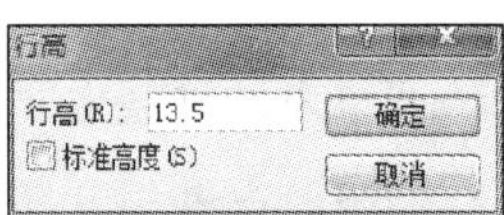

图 3.25　“行高”对话框

图 3.26　“列宽”对话框

行的高度不能设置为0，列宽可以设置为0，当列宽设置为0时，该列将会被隐藏。

3. 隐藏显示列

在数据表视图中，为了便于查看数据，可以将某些不需要查看的数据列隐藏起来，当需要查看该字段时，再将其显示出来。

隐藏列只需选中需要隐藏的字段，单击功能区“开始”选项卡下“记录”组中的“其他”按钮，在“其他”下拉列表中选择“隐藏字段”命令即可。

显示列则可以单击功能区“开始”选项卡下“记录”组中的“其他”按钮，在“其他”下拉列表中选择“取消隐藏字段”命令，将会弹出“取消隐藏列”对话框，如图3.27所示。被隐藏字段前面的复选框是未被选中的，只需选中要显示的字段前的复选框，然后单击“关闭”按钮，被隐藏的字段就会被重新显示出来。

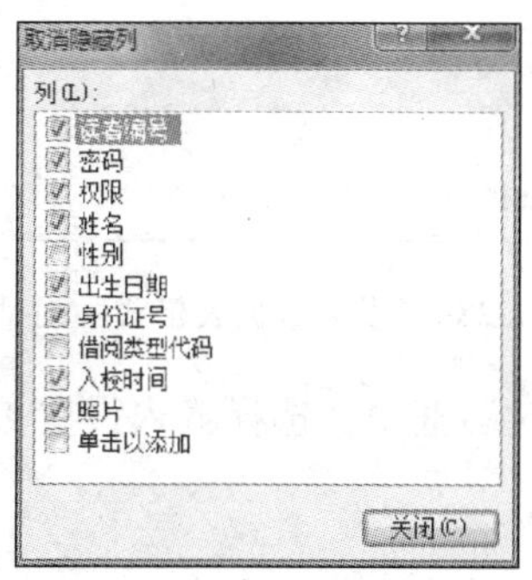

图3.27 “取消隐藏列”对话框

用户也可以右击字段，在弹出的快捷菜单中选择“隐藏字段”或者“取消隐藏字段”进行隐藏显示列的操作。

4. 冻结列

对于字段较多的表，由于表过宽，在数据表视图中，由于水平滚动的原因，可能造成有些重要的字段无法同时显示在屏幕上，影响了数据的查看。Access中可以通过冻结列的方法解决这一问题。

在数据表视图中，当冻结了某些列后，无论用户怎样水平滚动窗口，这些字段总是显示在窗口的左边。

冻结列和隐藏列的操作方法类似。选中字段后，只需选择“其他”下拉列表中的“冻结字段”命令，即可冻结该字段。如欲取消冻结，只需选择“取消冻结所有字段”即可。

同样，也可以通过右键单击字段，在弹出的快捷菜单中选择相应命令以执行操作。

例3.4：冻结图书信息表中的“书籍编号”和“书籍名称”列。

(1) 在数据表视图中打开图书信息表。

(2) 选中表中的“书籍编号”和“书籍名称”列。

(3) 单击“开始”选项卡“记录”组中的“其他”按钮，从弹出的下拉列表中选择“冻结字段”命令，即可完成操作。

5. 设置数据表格式

在数据表视图中，所有数据都由网格线分隔，用户可以通过设置，改变网格线的显示方式、颜色、背景等，操作步骤如下。

（1）在数据表视图中打开需要设置格式的表。

（2）在功能区“开始”选项卡下“文本格式”组中，单击右下角的按钮，将弹出如图3.28所示的“设置数据表格式”对话框。

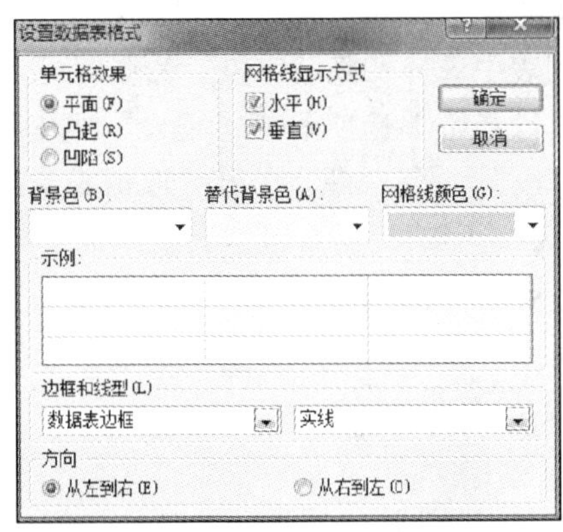

图3.28 “设置数据表格式”对话框

（3）在“设置数据表格式”对话框中，选择输入设置参数，单击“确定”按钮，即完成对数据表的格式设置。

6. 改变字体格式

为了使数据的显示更加美观、清晰，用户可以通过改变字体的格式来实现。

在功能区“开始”选项卡下“文本格式”组中，用户可以选择字体的字体、字形、字号等。“文本格式”组如图3.29所示。

图3.29 “文本格式”组

3.6 表的关联

一个数据库中包含多张表，各表之间可能会存在各种各样的联系，通过建立关系能够将多张表间的数据联系为一个整体。关系由E－R模型中的联系演化而来，关系有3种：一对一关系，一对多关系和多对多关系。Access不支持直接的多对多关系，多对多的关系是通过两个一对多的关系构成。

在Access中，同一个数据库中的多个表，如想建立表之间的关联，必须给表中的某字段建立主键或索引。

建立主键在前面的章节已经讲到，在此就不再叙述，本节将重点讲述索引的操作。

3.6.1 建立索引

索引（Index）是数据库的重要功能，它是按索引字段或字段集的值使表中的记录有序排列的一种技术。索引虽然是能够使记录重新排序，但是并不改变表中数据的物理顺序。索引如同书本的目录一样，可以在大量数据中快速地进行数据检索。

一般情况下，一个表可以建立多个索引，每一个索引可以确定表中记录的一种逻辑顺序。在 Access 中，除了 OLE 对象型、附件型字段不能建立索引外，其余类型的字段都可以建立索引，并且不仅可以利用单个字段创建索引，也可以利用多个字段的组合来创建索引。

索引的类型包括三种。

1. 主索引。Access 将表的主键自动设为主索引，即主键就是主索引，主索引只能有一个。

2. 唯一索引。该索引字段的值必须是唯一的，不能重复。在 Access 中，唯一索引可以有多个。

3. 普通索引。该索引字段的值可以有重复。

创建索引的方法通常有两种，可以通过字段的索引属性来完成，也可以通过打开索引对话框来创建。通过字段的索引属性只能创建单字段索引，多字段的索引必须通过索引对话框才能建立。

通过字段的索引属性创建索引的步骤如下。

1. 打开要创建索引的表，进入表的设计视图。

2. 选择要创建索引的字段，选择索引属性，索引框中有 3 个选项。

无：表示不建立索引。

有（有重复）：表示建立索引，且索引字段值允许重复。

有（无重复）：表示建立索引，索引字段值不允许重复。

选择“有”即可创建索引。

通过索引对话框创建索引的步骤如下。

1. 打开要创建索引的表，切换到表设计视图。

2. 单击功能区“表格工具/设计”选项卡下“显示/隐藏”组中的“索引”按钮，将弹出“索引”对话框。

3. 输入“索引名称”，选择建立索引的字段名及排序次序。

4. 选择索引类型，关闭索引对话框，即完成索引的创建。

主索引：如选择“是”，则该字段被定义为主键。

唯一索引：如选择“是”，该字段的取值不能重复。

忽略 Nulls：如选择“是”，排除带有空值的记录。

例 3.5：为读者信息表创建多字段索引，索引以姓名的升序和出生日期的降序排列。

操作步骤如下。

1. 打开“读者信息表”，切换到设计视图。

2. 单击功能区“表格工具/设计”选项卡下“显示/隐藏”组中的“索引”按钮，将弹出“索引”对话框。

3. 被设置为主键的“读者编号”自动成为主索引。

4. 创建多字段索引，输入索引名称为“姓名+出生日期”，字段名称分别选择“姓名”和“出生日期”，排序次序分别选择“升序”和“降序”。在“索引属性”栏中，选择主索引和唯一索引选项为“否”，完成普通索引的设置，如图3.30所示。

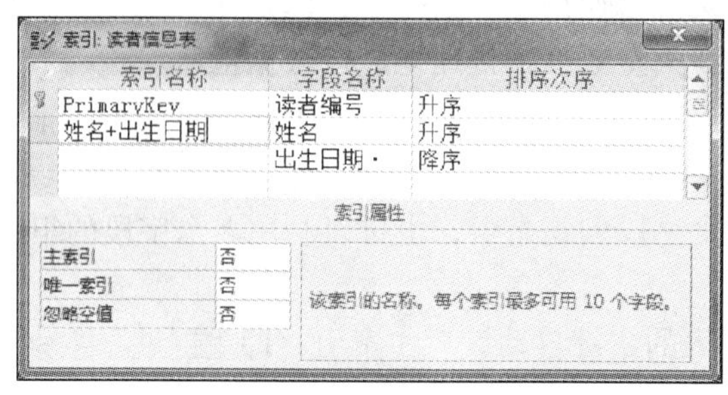

图3.30　设置索引

使用多字段索引时，Access将首先使用定义在索引中的第一个字段进行排序。如果第一个字段中有相同的记录，就用索引中定义的第二个字段进行排序，以此类推。

创建索引后，可以打开“索引”对话框进行修改，若需要删除可以直接右击要删除的索引字段，在弹出的快捷菜单中选择“删除行”即可。删除索引字段不会影响表的结构和数据。

3.6.2　表关联的建立

当两个有关系的表，以某个相关联的字段建立了索引，就可以建立两个表之间的关联了。当创建表之间的关系时，联接字段不一定要有相同的名称，但数据类型必须相同。联接字段在一个表中通常是主键，同时作为外部关键字（外键）存在于关联的表中。

联接字段在两个表中若均为主索引，则两个表之间就是一对一关联；若只在一个表中为主索引，则两个表之间就是一对多关系。关系中处于“一”方的表称为主表或父表，另一个表则称为子表。

建立表之间的关联，步骤如下。

1. 打开数据库。确定数据库中需建立关联的两个表，它们有关联字段，并且分别建立了索引。

2. 单击功能区“表格工具/设计”选项卡下“关系”组中的“关系”按钮，将弹出“关系”窗口。也可单击“数据库工具”选项卡下“关系”组中的“关系”按钮。

3. 选择“关系工具/设计”选项卡下“关系”组中的“显示表”按钮，将弹出“显示表”对话框，如图3.31所示，将表添加到“关系”窗口中。

4. 在“关系”窗口中，将一个表中的相关字段，拖到另一个表中相关字段的位置。

5. 在“编辑关系”对话框中，选择“实施参照完整型”，再单击“创建”按钮，两表中的关系字段就有了一根连线，表之间的关联也创建完成。

创建读者信息表和借阅情况表之间的关系如图3.32所示。

图 3.31　“显示表”对话框

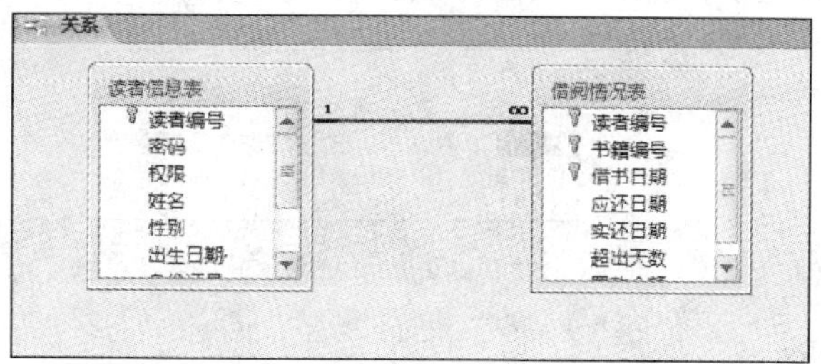

图 3.32　表之间的关系

3.6.3　关系的参照完整性

参照完整性是指“从表”中相关字段的取值范围不能超过“主表”中相关字段的取值范围。在 Access 中的表建立关联后，可以进一步设置关系的参照完整性，来对数据进行限制与约束。

右击表之间的连线，将会弹出关系的快捷菜单，可以对关系作进一步编辑或者删除两表之间的关系。选择“编辑关系”，将会弹出“编辑关系”对话框，可以对关系进行进一步设置。编辑关系对话框如图 3.33 所示。

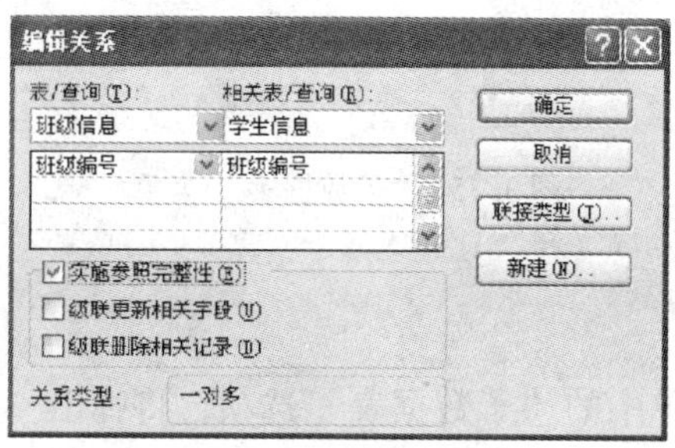

图 3.33　“编辑关系”对话框

选择“实施参照完整性”后，可以进一步设置关系的级联更新与级联删除属性。

1. 级联更新相关字段。当更新“主表”中的主键值时，系统会自动更新“从表”中所有相关记录的外键值。

2. 级联删除相关字段。当删除“主表”中的相关记录时，系统会自动删除“从表”中所有的相关记录。

3.7　子表的使用

子表是相对父表而言的，它是一个嵌在另一个表中的表。当两个表建立了关系之后，主表的数据表视图中的每条记录前都会产生一个“+”符号，单击“+”符号时，会展开从表中相关的记录数据，显示子数据表子窗口，此时“+”符号变成“-”符号，表示从表中数据处于展开状态。当单击“-”符号时，字表中的数据将会折叠起来，“-”符号也变为“+”符号显示，显示子表内容如图 3.34 所示。

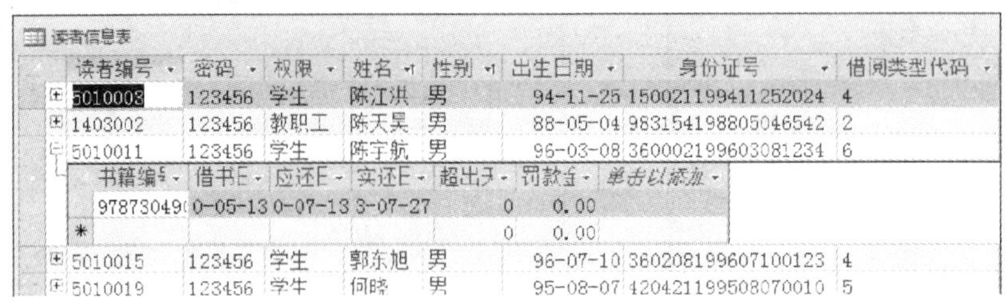

图 3.34　子表的显示

单击功能区“开始”选项卡下“记录”组中的“其他”按钮，从菜单中选择“子数据表”命令，即可对子数据表进行操作。“子数据表”菜单如图 3.35 所示。

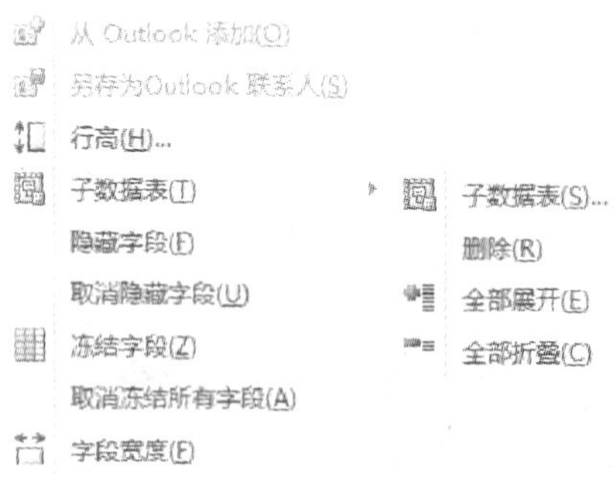

图 3.35　“子数据表”菜单

使用子表的操作步骤如下。

1. 打开数据库，打开父表。

2. 选择“子数据表”菜单中的“子数据表”选项，将弹出“插入子数据表”对话框，如图 3.36 所示。

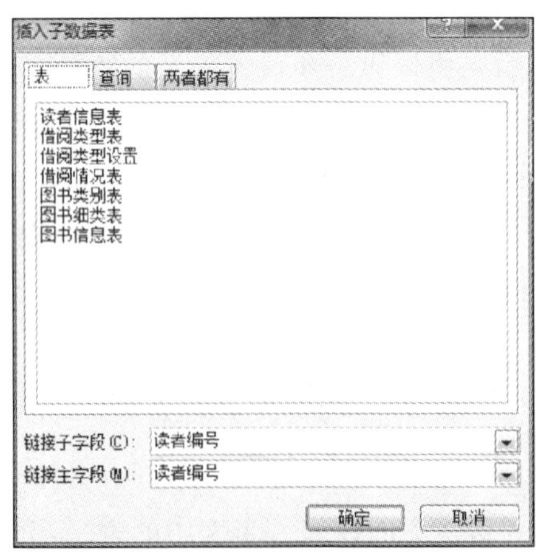

图 3.36　“插入子数据表”对话框

3. 在“插入子数据表”对话框中，选择子表，单击“确定”按钮，将字表添加到附表中。

4. 在表浏览窗口，单击记录前的“+”符号或“-”符号，就可以打开或关闭子表。

5. 选择“子数据表”菜单中的“删除”选项，可以删除子表与父表的嵌套关系，此时父表记录前的“+”符号或“-”符号将会消失。

本章小结

表是数据库的最基本对象，本章重点讲解了表的基本操作。表由表结构和表内容组成，表的操作也分为了对表字段和表记录的操作。

本章首先讲到了表的组成，介绍了 Access 中所用到的数据类型，通过创建表的操作，介绍了数据表创建的两种常见方法，并针对表的组成重点讲解了表字段和表记录的基本操作。在表记录基本操作的基础上，介绍了表记录的排序、筛选等操作。通过表的排序引入索引的概念，并进一步讲解通过索引操作完成的表的关联和子表的应用，实现了对多表的操作。

通过本章的学习，读者将可以在数据库中完成表的创建，并对字段和记录进行各种操作，能够通过建立表之间的关联完成对多个表的同时操作。

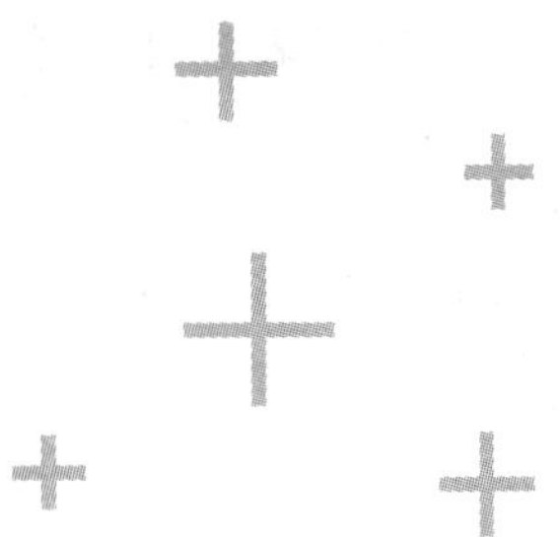

第4章　查　询

在数据库中通常会存储大量的数据，比如要存储一个图书馆全部的图书数据，它可能有几百万条之多，要从这么多的数据中找出某个图书的信息是非常困难的。因此要借助查询这样一个重要工具。查询就是让用户根据指定的条件从数据库中检索出符合条件的记录，以便用户对数据进行查看和分析。但在Access中查询不仅仅实现数据的检索，还可以对查找到的数据进行更改、添加、删除等操作，甚至还可以根据查找出的数据创建一个新的数据表。利用查询可以把存储在多个数据表中的记录按照给定的条件检索出来，而且还可以对检索出来的记录进行排序、求和、求平均、求最大值、求最小值等统计运算。

引例：

统计某出版社图书的数量和平均价格

在图书管理过程中，经常需要对图书信息按照各种方式进行统计。上一章介绍了数据表的建立，以及数据的筛选。通过数据的筛选可以方便地筛选出满足条件的图书信息，比如要统计“人民邮电出版社”出版图书信息，其操作步骤如下。

（1）打开“图书信息表”，选择出版社为“人民邮电出版社”的任意一条记录。

（2）选择工具栏中的“开始”→“选择”→“等于‘人民邮电出版社’”命令，筛选出“图书信息表”中所有含“人民邮电出版社”的图书信息，如图4.1所示。

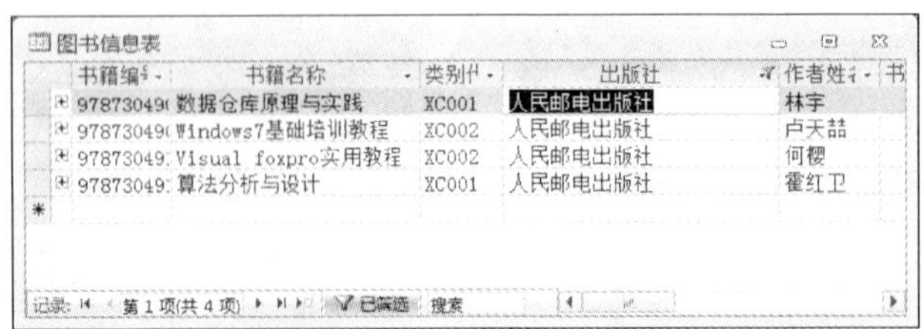

图4.1　筛选出所有人民邮电出版社的图书信息

（3）如果要统计人民邮电出版社出版的图书数量，可以对筛选出的结果进行计数，就可以统计人民邮电出版社出版的图书数量。

重要提示：采用这种方法在表记录不太多的时候进行计数是比较方便的，但如果记录非常多，要数清楚总共有多少记录是一件非常困难的事。

刚才已完成统计人民邮电出版社出版的图书数量，如果要统计人民邮电出版社出版的图书平均价格应该怎么办呢？首先，应该筛选出人民邮电出版社出版的图书，然后计算人民邮电出版社各图书价格总和，并统计出人民邮电出版社出版的图书数量，然后才能计算人民邮电出版社出版的图书平均价格。在这个计算过程中采用前面所学的知识很难快速完成，下面介绍完成这个统计操作的基本过程。

（1）选择工具栏中的“创建”→“查询设计”，添加“图书信息表”。

（2）单击“设计”工具栏中的“汇总”按钮，如图 4.2 所示。

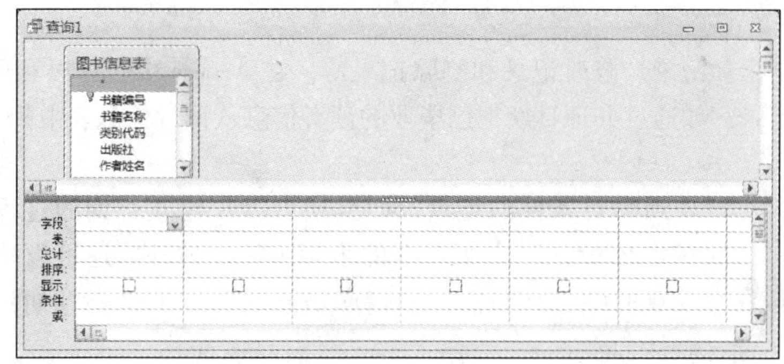

图 4.2 带有总计功能的查询设计窗口

（3）添加“出版社”和“书籍价格”字段，并分别设置字段的总计行为“Where”和“平均值”。

（4）在字段“出版社”的“条件”行输入“人民邮电出版社”，如图 4.3 所示。

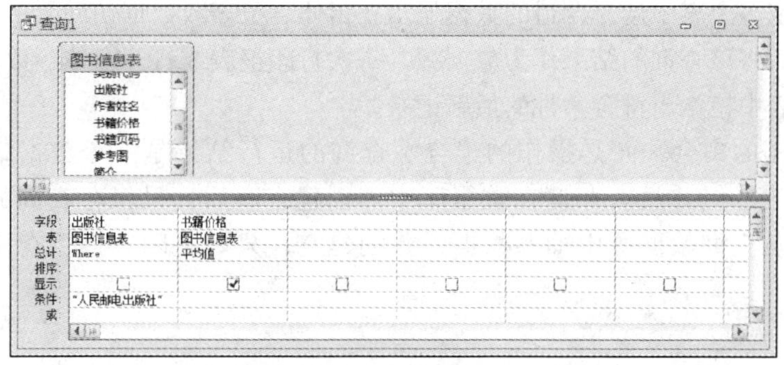

图 4.3 图书平均价格统计

（5）运行查询，就可以方便、快捷地统计“人民邮电出版社”出版的图书数量。

在下几节中将具体介绍通过查询完成数据的统计、分析和计算的基本方法。

4.1 查询概述

4.1.1 查询的功能

查询的最主要目的是根据指定的条件对表或者其他查询进行检索，筛选出符合条件的记录，构成一个新的数据集合，从而方便对数据库表进行查看和分析。在 Access 中，利用查询可以实现多种功能。

1. 选择字段

在查询中，可以只选择表中的部分字段。如建立一个查询，只显示“读者”表中每名读者的读者姓名、性别、办证日期信息。利用此功能，可以选择一个表中的不同字段来生成所需的多个表或多个数据集。

2. 选择记录

可以根据指定的条件查找所需的记录，并显示找到的记录。如建立一个查询，只显示“人民邮电出版社”出版的图书信息。

3. 编辑记录

编辑记录包括添加记录、修改记录和删除记录等。在 Access 中，可以利用查询添加、修改和删除表中的记录。如通过办证日期把已毕业的读者信息从读者信息表中删除。

4. 实现计算

通过查询不仅可以找到满足条件的记录，而且还可以在建立查询的过程中完成各种统计计算，如计算“人民邮电出版社”出版图书的平均价格。另外，还可以建立一个计算字段，利用计算字段保存计算的结果，如根据“借阅信息表”中的借书日期计算每本图书的借阅天数。

5. 建立新表

利用查询得到的结果可以建立一个新表。如将“人民邮电出版社”出版图书信息查找出来并存放在一个新表中。

6. 为窗体、报表或数据访问页提供数据

为了从一个或多个表中选择合适的数据显示在窗体、报表或数据访问页中，用户可以先建立一个查询，然后将该查询的结果作为数据源。每次打印报表或打开窗体、数据访问页时，该查询就从它的基表中检索出符合条件的最新记录。

查询不是数据的集合，而是操作的集合。查询的运行结果是一个数据集，也称为动态集。它很像一个表，但并没有存储在数据库中。创建查询后，只保存查询的操作，只有在运行查询时才会从查询数据源中抽取数据，并创建它；只要关闭查询，查询的动态集就会自动消失。

4.1.2 查询的类型

在 Access 中，提供了5种类型的查询，包括选择查询、参数查询、交叉表查询、操作查询和 SQL 查询。

1. 选择查询

选择查询是最常见的查询类型，它从一个或多个表中检索数据，在一定的限制条件下，还可以通过选择查询来更改相关表中的记录。使用选择查询也可以对记录进行分组，并且可对记录进行总计、计数以及求平均值等其他类型的计算。

2. 交叉表查询

交叉表查询可以在一种紧凑的、类似于电子表格的格式中，显示来源于表中某个字段的合计值、计算值、平均值等。交叉表查询将这些数据分组，一组列在数据表的左侧，一组列在数据表的上部。

注意：可以使用数据透视表向导显示交叉表数据，无须在数据库中创建单独的查询。

3. 参数查询

参数查询会在执行时弹出对话框，提示用户输入必要的信息（参数），然后按照这些信息进行查询。例如，可以设计一个参数查询，以对话框形式提示用户输入两个日期，然后检索这两个日期之间的所有记录。

参数查询可以作为窗体和报表的基础。例如，以参数查询为基础创建月盈利报表。打印报表时，Access 显示对话框询问所需报表的月份。用户输入月份后，Access 便打印相应的报表。也可以创建自定义窗体或对话框，来代替使用参数查询对话框提示输入查询的参数。

4. 操作查询

操作查询是在一个操作中更改许多记录的查询。操作查询又可分为四种类型：删除查询、更新查询、追加查询和生成表查询。

（1）删除查询

从一个或多个表中删除一组记录。例如，可以使用删除查询来删除没有订单的产品。使用删除查询，将删除整个记录而不只是记录中的一些字段。

（2）更新查询

对一个或多个表中的一组记录进行批量更改。例如，可以给某一类雇员增加 5% 的工资。使用更新查询，可以更改表中已有的数据。

（3）追加查询

将一个（或多个）表中的一组记录添加到另一个（或多个）表的尾部。例如，获得了一些包含新客户信息表的数据库，利用追加查询将有关新客户的数据添加到原有“客户”表中即可，不必手工键入这些内容。

（4）生成表查询

根据一个或多个表中的全部或部分数据新建表。

5. SQL 查询

SQL 查询是使用 SQL 语句创建的查询。经常使用的 SQL 查询包括联合查询、传递查询、数据定义查询和子查询等。

（1）联合查询

将来自一个或多个表或查询的字段（列）组合为查询结果中的一个字段或列。例如，如果六个销售商每月都发送库存货物列表，可使用联合查询将这些列表合并为一个结果集，然后基于这个联合查询创建生成表查询来生成新表。

（2）传递查询

直接将命令发送到 ODBC 数据库，如 Microsoft SQL Server 等，使用服务器能接受的命令。例如，可以使用传递查询来检索记录或更改数据。

（3）数据定义查询

用于创建或更改数据库中的对象，如 Access 或 SQL Server 表等。

（4）子查询

包含另一个选择查询或操作查询中的 SQL Select 语句。可以在查询设计网格的“字段”行输入这些语句来定义新字段，或在“准则”行来定义字段的准则。

4.1.3　查询准则

查询通过指定的条件查找满足该条件的数据，该条件称为查询准则。查询准则是运算符、常量、字段值、函数、字段名和属性等的任意组合。想要进行快捷、有效的查询，必须掌握查询准则的书写方法。

1. 准则中的运算符

运算符主要有关系运算符、逻辑运算符和特殊运算符。各运算符的功能如表 4.1 所示。

表 4.1　运　算　符

功　　能	运　算　符
比较	=，>，<，>=，<=，!=，<>，!>，!<，NOT + 上述比较运算符
确定范围	BETWEEN AND，NOT BETWEEN AND
确定集合	IN，NOT LIKE
字符匹配	LIKE，NOT LIKE
空值	IS NULL，IS NOT NULL
多重条件	AND，OR

2. 准则中的函数

Access 提供了大量的标准函数，如数值函数（见表 4.2）、字符函数（见表 4.3）、日期时间函数（见表 4.4）等。利用这些函数可以更好地构建查询准则，方便用户进行查询统计分析。

表 4.2　数 值 函 数

函　　数	说　　明
Abs（数值表达式）	返回数值表达式的绝对值
Int（数值表达式）	返回数值表达式的整数部分
Sqr（数值表达式）	返回数值表达式的平方根
Sgn（数值表达式）	返回数值表达式的符号值。数值表达式 >0，返回 1；=0，返回 0；<0，返回 -1

表 4.3 字符函数

函数	说明
SPACE（数值表达式）	返回数值表达式的值确定的空格个数组成的字符串
STRING（数值表达式，字符串表达式）	返回由字符表达式的第一个字符重复组成的指定长度为数值表达式的值的字符串
LEFT（字符串表达式，数值表达式）	返回字符串左边的数值表达式值个字符
RIGHT（字符串表达式，数值表达式）	返回字符串右边的数值表达式值个字符
LEN（字符串表达式）	返回字符串表达式的字符个数，如字符串为 null，返回 null
LTRIM（字符串表达式）	去掉字符串表达式左边的空格
RTRIM（字符串表达式）	去掉字符串表达式右边的空格
TRIM（字符串表达式）	去掉字符串表达式两边的空格
MID（字符串表达式，数值表达式 1，数值表达式 2）	返回字符串表达式从左边算起第数值表达式 1 开始，截取长度为数值表达式 2 的字符串

表 4.4 日期时间函数

函数	说明
DAY（date）	返回给定日期 1 ~ 31 的值，表示给定日期是一个月中的哪一天
MONTH（date）	返回给定日期 1 ~ 12 的值，表示给定日期是一年中的哪个月
YEAR（date）	返回给定日期 100 ~ 9999 的值，表示给定日期是哪一年
WEEKDAY（date）	返回给定日期 1 ~ 7 的值，表示给定日期是一个周中的哪一天
HOUR（date）	返回给定日期 0 ~ 23 的值，表示给定时间是一天中的哪个钟点
DATE（ ）	返回当前系统日期

重要提示：如果需要测试这些函数可以在 VBA 的“立即窗口”中执行，通过快捷键 Ctrl + G 可以打开“立即窗口”。

在 Access 中建立查询时，经常会使用文本值作为查询准则，表 4.5 给出了以文本值作为准则的示例。

表 4.5 使用文本值作为准则示例

字段名	准则
职称	"教授"
职称	"教授" or "副教授"
课程名称	Like "计算机 * "
姓名	In("李元","王朋")
姓名	Not Like "王 * "
姓名	Left([姓名],1) = "王"

续表

字　段　名	准　　则
姓名	Len([姓名]) < =4
学生编号	Mid([学生编号],3,2) = "03"

在 Access 查询时，有时需要以计算或处理日期得到的结果作为准则，表 4.6 给出了以一些准则的示例。

表 4.6　使用日期作为准则示例

字　段　名	准　　则
工作时间	Between #92 - 01 - 01# And #92 - 12 - 31#
工作时间	< Date( ) - 15
出生日期	Year([出生日期]) = 1980
工作时间	Year([工作时间]) = 1980 And Month([工作时间]) = 4

4.2　查询视图

Access 2010 的查询视图有数据表视图、设计视图、SQL 视图、数据透视表视图和数据透视图五种，本节仅介绍常用的前三种视图方式。

4.2.1　数据表视图

数据表视图主要用于在行和列格式下显示表、查询以及窗体中的数据，例如“还书查询”数据表视图，如图 4.4 所示。对于选择查询，在对象列表下选中“查询”，双击要打开的查询便可以以数据表视图方式打开查询。用户可以通过这种方式进行打开查询、查看信息、更改数据、追加记录和删除记录等操作。

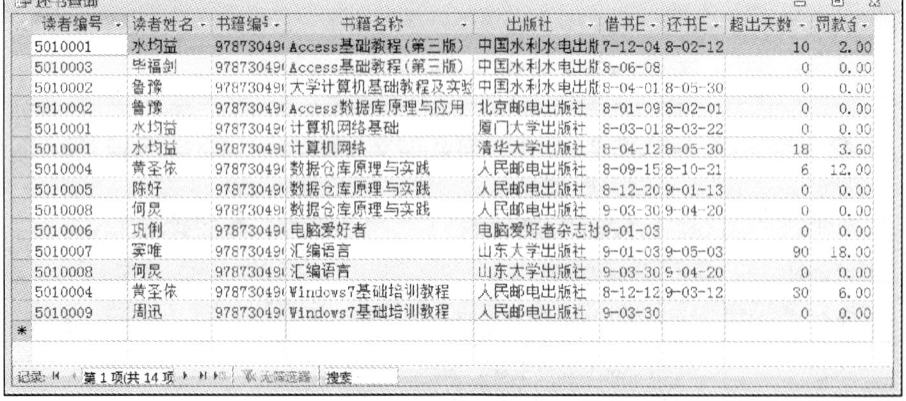

还书查询

读者编号	读者姓名	书籍编号	书籍名称	出版社	借书E	还书E	超出天数	罚款金
5010001	水均益	97873049	Access基础教程(第三版)	中国水利水电出版	7-12-04	8-02-12	10	2.00
5010003	毕福剑	97873049	Access基础教程(第三版)	中国水利水电出版	8-06-08		0	0.00
5010002	鲁豫	97873049	大学计算机基础教程及实验	中国水利水电出版	8-04-01	8-05-30	0	0.00
5010002	鲁豫	97873049	Access数据库原理与应用	北京邮电出版社	8-01-09	8-02-01	0	0.00
5010001	水均益	97873049	计算机网络基础	厦门大学出版社	8-03-01	8-03-22	0	0.00
5010001	水均益	97873049	计算机网络	清华大学出版社	8-04-12	8-05-30	18	3.60
5010004	黄圣依	97873049	数据仓库原理与实践	人民邮电出版社	8-09-15	8-10-21	6	12.00
5010005	陈好	97873049	数据仓库原理与实践	人民邮电出版社	8-12-20	9-01-13	0	0.00
5010008	何炅	97873049	数据仓库原理与实践	人民邮电出版社	9-03-30	9-04-20	0	0.00
5010006	巩俐	97873049	电脑爱好者	电脑爱好者杂志社	9-01-03		0	0.00
5010007	实唯	97873049	汇编语言	山东大学出版社	9-01-03	9-05-03	90	18.00
5010008	何炅	97873049	汇编语言	山东大学出版社	9-03-30	9-04-20	0	0.00
5010004	黄圣依	97873049	Windows7基础培训教程	人民邮电出版社	8-12-12	9-03-12	30	6.00
5010009	周迅	97873049	Windows7基础培训教程	人民邮电出版社	9-03-30		0	0.00
*								

记录：第 1 项(共 14 项　无筛选器　搜索

图 4.4　还书查询数据表视图

4.2.2 设计视图

设计视图是一个设计查询的窗口，包含了创建查询所需要的各个组件。用户只需在各个组件设置一定的内容就可以创建一个查询。查询设计窗口分为上下两部分，上部为表/查询的字段列表，显示添加到查询中的数据表或查询的字段列表，下部为查询的设计网格区，定义查询的字段，并将表达式作为条件，限制查询的结果。窗口中间是可以调节的分隔线，标题栏显示查询名称，如图 4.5 所示，用户只需要在各个组件中设置一定的内容就可以创建一个查询。

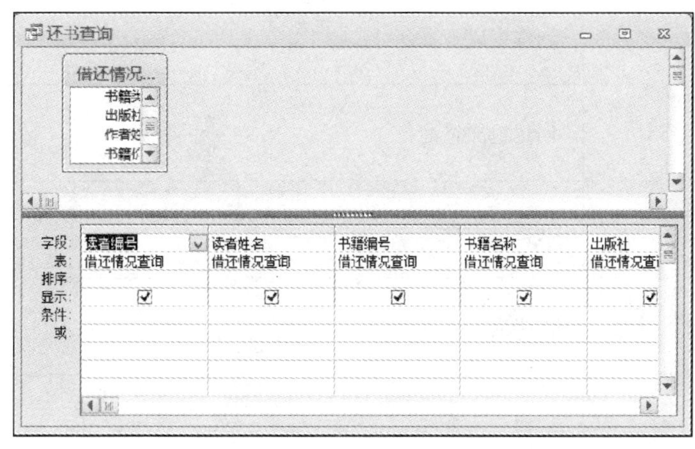

图 4.5 查询设计视图

在查询设计网格中，可以详细设置查询的内容，具体内容的功能如下。

(1) 字段：查询所需要的字段。每个查询至少包括一个字段，也可以包含多个字段。如果与字段对应的“显示”复选框被选中，则表示该字段将显示在查询的结果中。

(2) 表：指定查询的数据来源表或其他查询。

(3) 排序：指定查询的结果是否进行排序。排序方式包括“升序”、“降序”和“不排序”三种。

(4) 条件：指定用户用于查询的条件或要求。

在如图 4.6 所示的“查询工具/设计”选项卡中还包含许多按钮，可以帮助用户方便、快捷地进行查询设计，表 4.7 中对部分按钮功能做了简单介绍。

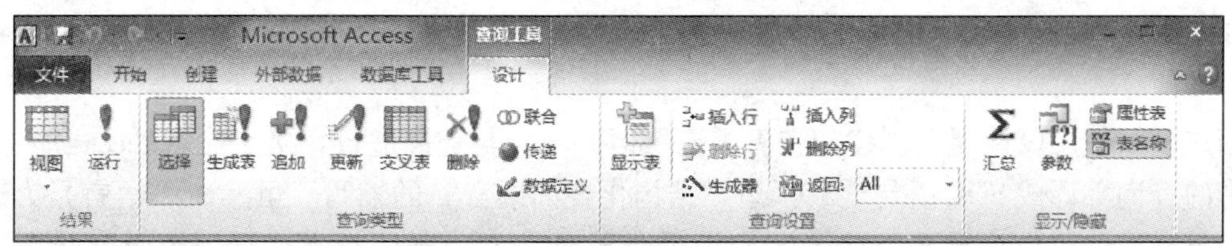

图 4.6 “查询工具/设计”选项卡

表 4.7 “查询工具/设计”选项卡按钮

按　钮	作　用
视图	单击此按钮可以打开一个菜单列表，用于在不同的视图间切换
运行	执行一个查询动作
选择	创建选择查询
生成表	创建生成表查询
追加	创建追加查询
更新	创建更新查询
交叉表	创建交叉表查询
删除	创建删除查询
联合	创建 SQL 的联合查询
传递	创建 SQL 的传递查询
数据定义	创建 SQL 的数据定义查询
显示表	打开“显示表”对话框，用于在查询中添加更多的查询或表
汇总	显示总计行

4.2.3 SQL 视图

用户可以使用设计视图创建和查看查询，但并不能与查询进行直接交互。Access 能将设计视图中的查询翻译成 SQL 语句。SQL 是“结构化查询语言”的缩写。虽然 SQL 语言是大型的、多样的语言，但用户只需要简单了解 SQL 就能够使用它。当用户在设计视图中创建查询时，Access 在 SQL 视图中自动创建与查询对应的 SQL 语句。用户可以在 SQL 视图中查看或改变

SQL 语句，进而改变查询。

打开查询的数据表视图，在功能区“查询工具/设计”选项卡下“结果”组中单击按钮，从列表中选择“SQL 视图”命令执行，打开 SQL 视图，如图 4.7 所示。

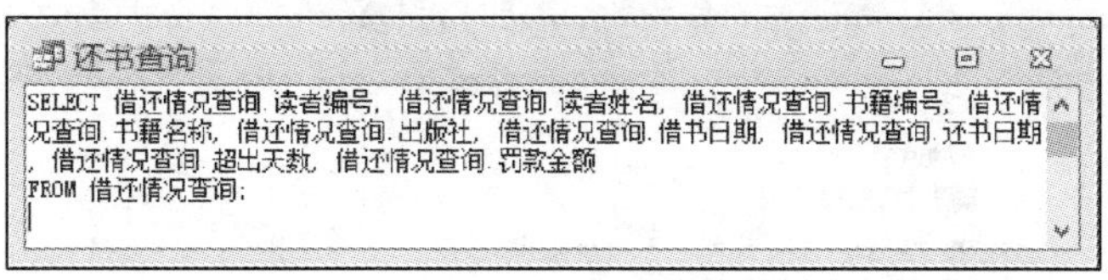

图 4.7　查询的 SQL 视图

4.3　使用查询向导创建查询

可以使用查询向导创建查询，常用的查询向导有简单查询向导，交叉表查询向导，查找重复项查询向导，查找不匹配项查询向导。

4.3.1　简单查询向导

在 Access 中可以利用简单查询向导创建查询，可以在一个或多个表（或其他查询）指定的字段中检索数据。而且，通过向导也可以对一组记录或全部记录进行总计、计数以及求平均值的运算，还可以计算字段中的最大值和最小值等。

下面将以创建“图书借阅信息”为例，创建读者编号、读者姓名、书籍名称、出版社、借书日期信息的简单查询。

(1) 在功能区“创建”选项卡下的“查询”组中，单击查询向导按钮，打开“新建查询”对话框，如图 4.8 所示。

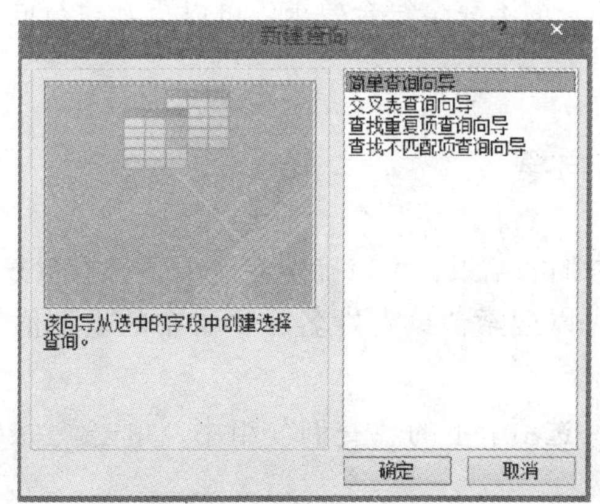

图 4.8　“新建查询”对话框

（2）在“新建查询”对话框的向导列表中选择“简单查询向导”，单击“确定”按钮，打开“简单查询向导”对话框，如图4.9所示。

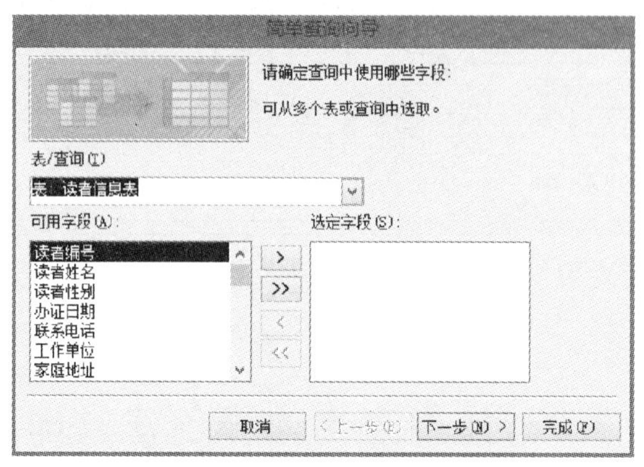

图4.9 “简单查询向导”对话框

（3）在如图4.9所示的“简单查询向导”对话框中，在“表/查询”下拉列表框中可以选择数据源表或查询，“可用字段”列表框用于显示选定表或查询中的可用字段，“选定字段”列表框用于显示用户已经选定用于查询的字段。用户可以在“可用字段”列表中双击需要的字段名，该字段将会自动添加到“选定字段”列表框中。这里，需添加读者编号、读者姓名、书籍名称、出版社、借书日期字段信息到选定字段列表中。

（4）单击“下一步”按钮，选择采用明细查询还是汇总查询，如果是汇总查询，则选中“汇总”单选按钮。单击“汇总选项”按钮，在打开的“汇总选项”对话框中选择需要计算的汇总值。本例选择明细查询，单击“下一步”按钮。

（5）在打开的“简单查询向导”对话框中，可以指定查询的标题，还可以选择完成向导后要做的工作，有“打开查询查看信息”和“修改查询设计”两个选项可以选择。本例中选择“打开查询查看信息”。

（6）单击“完成”按钮，完成该查询的创建过程。

重要提示：如果生成的查询不完全符合要求，可以重新执行向导或在“设计”视图中更改查询。

4.3.2 查找重复项查询向导

根据“查找重复项”查询的结果，可以确定在表中是否有重复的记录，或记录在表中是否共享相同的值。例如，可以搜索“读者姓名”字段中的重复值来确定是否有同名的读者信息。

（1）在功能区“创建”选项卡下的“查询”组中，单击查询向导按钮，打开“新建查询”对话框，如图4.8所示。

（2）在向导类型列表框中选择“查找重复项查询向导”选项，然后单击“确定”按钮，打开“查找重复项查询向导”对话框，如图4.10所示。

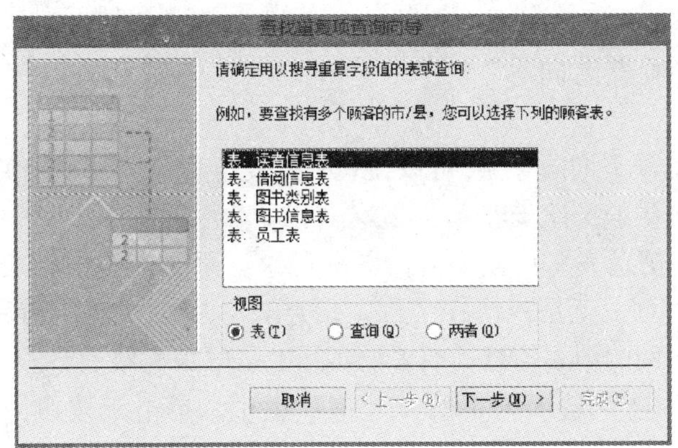

图 4.10 “查找重复项查询向导”对话框（1）

（3）在如图 4.10 所示的“查找重复项查询向导”对话框中，选择用以搜索重复字段值的表或查询，这里选择“读者信息表”，单击“下一步”按钮。

（4）在打开的“查找重复项查询向导”对话框中选择可能包含重复信息的字段，这里选择“读者姓名”，如图 4.11 所示。

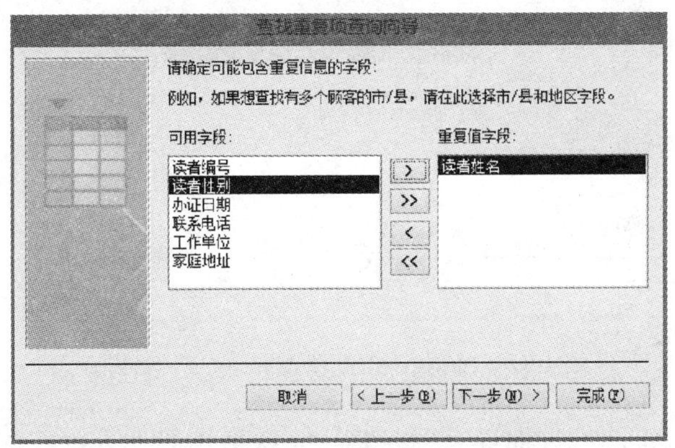

图 4.11 “查找重复项查询向导”对话框（2）

（5）单击“下一步”按钮，确认查询是否还显示带有重复值的字段之外的其他字段，这里选择读者编号、联系电话和工作单位。

（6）单击“下一步”按钮，为查询指定名称，也可以在“查看结果”和“修改设计”两个选项中选择完成后的视图方式。

（7）单击“完成”按钮，在数据表视图中查看查询结果，如图 4.12 所示。

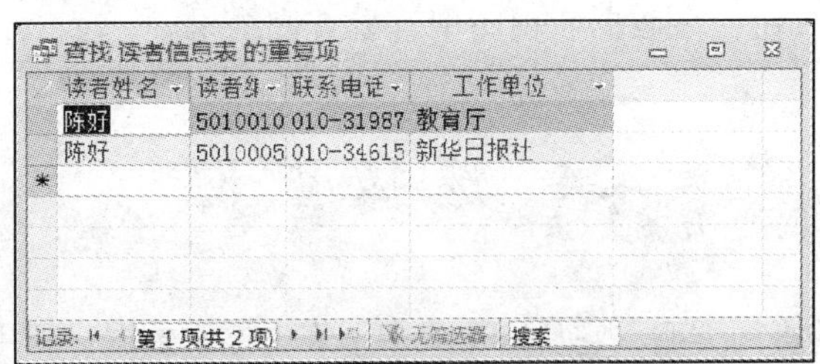

图 4.12 查找重复项查询结果

4.3.3　查找不匹配项查询向导

使用“查找不匹配项查询向导”，可以在表中查找与其他记录不相关的记录。下面以查找未借阅图书为例介绍具体的操作步骤。

重点提示：“图书信息表”中是所有的图书记录，而“借阅信息表”中是借阅图书的记录，两者进行不匹配查询，就是找出在“图书信息表”中而不在“借阅信息表”中的记录，这些记录就是没有被借阅的图书信息，或者说实际上是两张表做了一个差运算。

（1）在功能区“创建”选项卡下的“查询”组中，单击查询向导按钮，打开如图4.8所示的“新建查询”对话框。

（2）在向导类型列表框中选择“查找不匹配项查询向导”选项，然后单击“确定”按钮，打开如图4.13所示的“查找不匹配项查询向导”对话框。

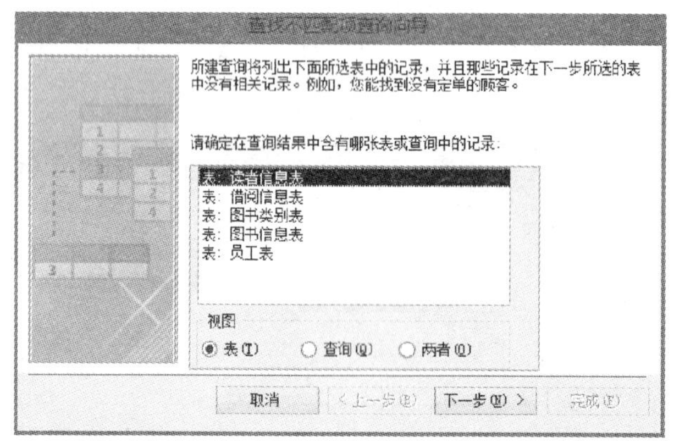

图4.13　“查找不匹配项查询向导”对话框

（3）在“查找不匹配项查询向导”对话框中，选择用以搜寻不匹配项的表或查询，这里选择“图书信息表”。

（4）单击“下一步”按钮，选择哪张表或查询包含相关记录，在这里选择“借阅信息表”。

（5）单击“下一步”按钮，在确认两张表中相互关联的字段。这里选择“书籍编号”建立两张表中字段间的匹配关系。

（6）单击“下一步”按钮，选择查询结果中所需的字段。

（7）单击“下一步”按钮，输入查询名称，选择需要的选项。

（8）单击“完成”按钮，在数据表视图中查看查询结果。

4.4　选择查询

选择查询是最常见的查询类型，它从一个或多个表中检索数据，利用选择查询可以非常方便地查看数据表或已有查询中所需的部分字段的数据记录。选择查询的结果是一个动态的记录集，当基表中数据发生变化时查询结构集中的数据会对应发生改变。通过选择查询可以非常方便地对查询的结构进行排序、分组，并对记录作求和、计数、最大值、最小值、平均值等计算。

创建选择查询有两种方法，一是使用“查询向导”，二是使用查询“设计”视图。与表向导一样，查询向导能够有效地指导操作者顺利地创建查询，详细地解释在创建过程中需要做的选择，并能以图形方式显示结果。而在设计视图中，不仅可以完成新建查询的设计，也可以修改已有查询。两种方法特点不同，查询向导操作简单、方便，设计视图功能丰富、灵活。因此，可以根据实际需要进行选择。前面一节中介绍的“简单查询向导”创建的查询就是选择查询，这里就不再重复讲解。

4.4.1 创建不带条件的查询

在实际应用中，需要创建的选择查询多种多样，有些带条件，有些不带任何条件。使用“查询向导”虽然可以快速、方便地创建查询，但它只能创建不带条件的查询，而对于有条件的查询需要通过使用查询“设计”视图来完成。

下面以创建“借阅情况”为例，介绍利用查询设计器创建不带条件的查询。

(1) 在功能区“创建”选项卡下的“查询”组中，单击查询设计按钮，打开查询“设计”视图，并显示一个“显示表”对话框，如图 4.14 所示。

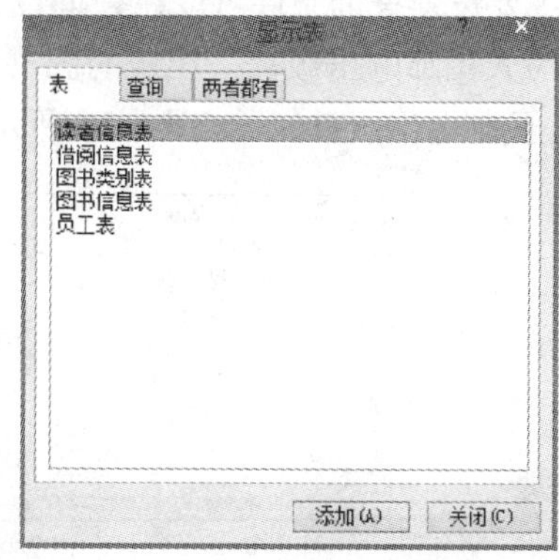

图 4.14 “显示表”对话框

(2) 双击“读者信息表”、“图书信息表”和“借阅信息表”将三个表的字段列表添加到查询“设计”视图上半部分的字段列表区中。单击“关闭”按钮关闭“显示表”对话框。

(3) 在表的字段列表中选择字段并放在设计网格的字段行上，选择字段的方法有 3 种，一是单击某字段，按住鼠标左键不放将其拖到设计网格中的字段行上；二是双击选中的字段；三是单击设计网格中字段行上要放置字段的列，单击向下箭头按钮，并从下拉列表中选择所需的字段。这里选择读者编号、读者姓名、书籍名称、作者姓名、借书日期、还书日期、超出天数和罚款金额字段，如图 4.15 所示。

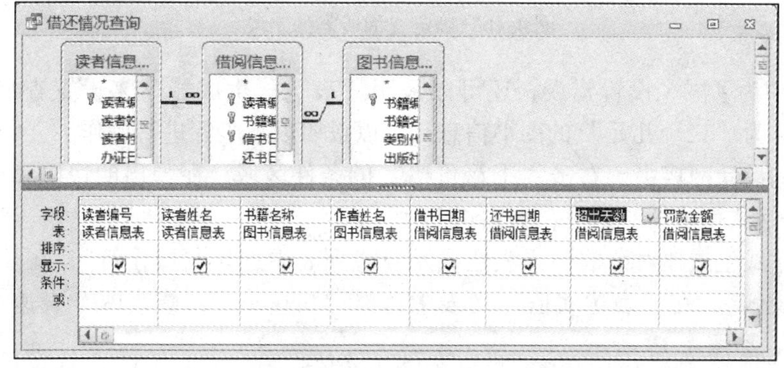

图 4.15 确定查询所需的字段

从图4.15中可以看到，在设计网格中的第4行“显示”行，行上每一列都有一个复选框，用它来确定其对应的字段是否在查询结果中显示。当选中复选框时，表示显示这个字段。如果其中有些字段仅作为条件使用，而不需要在查询结果中显示，应取消选中的复选框，使对应的复选框内变为空白。

(4) 单击“保存”按钮，打开“另存为”对话框，在“查询名称”文本框中输入“借书情况查询”，单击“确定”按钮。

(5) 单击“查询工具/设计”中的“视图”按钮或单击“查询工具/设计”中“运行”按钮切换到“数据表”视图。

4.4.2 创建带条件的查询

上一小节中创建的查询和用简单查询向导创建的查询基本上是一样的，在实际查询操作中经常需要设置查询条件，用来查询满足条件的记录，例如，需要查询出“人民邮电出版社”出版的图书信息。

要设置查询条件可以在查询设计网格相应字段的“条件”中进行设置。例如，要查询所有“人民邮电出版社”出版的图书信息，可以在“出版社”字段对应的“条件”网格中输入“人民邮电出版社”，如图4.16所示。

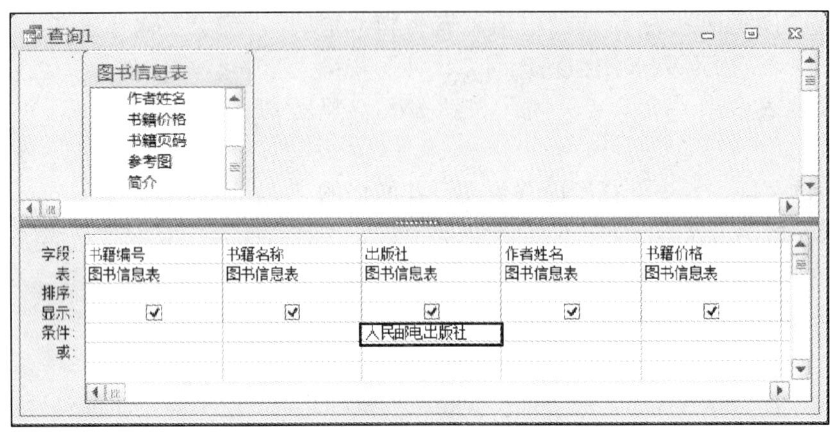

图4.16 确定查询所需的字段

在Access中为了减少设置错误，还可以采用“表达式生成器”来设置查询条件。例如，要检索所有单价为“二十几元”的图书信息，可以按照以下步骤进行操作。

(1) 在查询设计网格中，右击“书籍价格”的条件区域，在弹出的快捷菜单中选择“生成器”，激活表达式生成器对话框，如图4.17所示。

(2) 在表达式生成器对话框的“表达式元素”列表中选择“操作符”，在“表达式类别”列表中选择“比较”，在“表达式值”列表中选择“Between”，修改两个表达式参数分别为“20”和“29”，如图4.18所示。

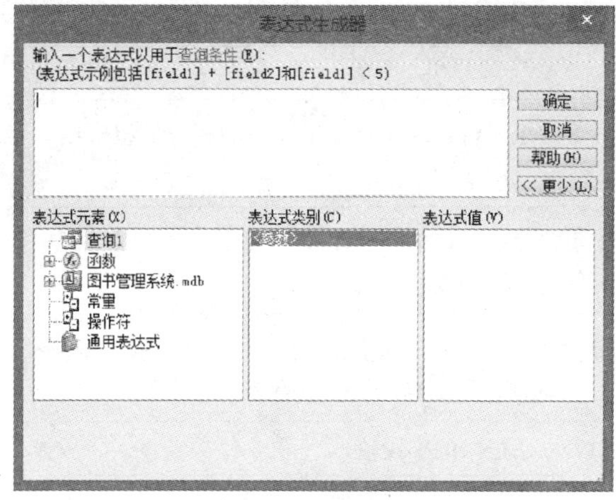

图 4.17　表达式生成器

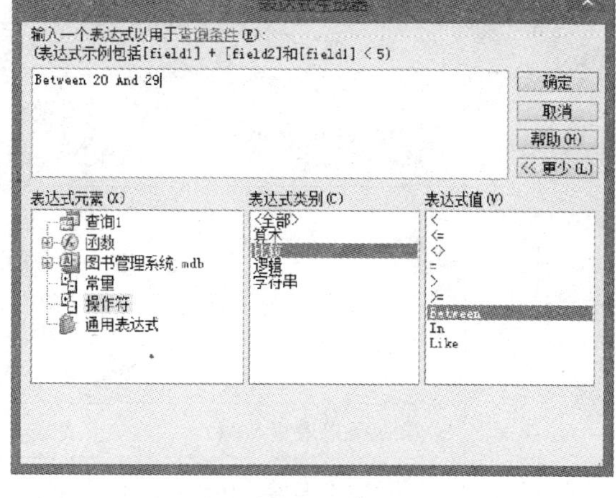

图 4.18　利用表达式生成器设置条件

4.4.3　在查询中进行计算

前面介绍了创建查询的一般方法，同时也使用这些方法创建了一些查询，但所建查询仅仅是为了获取符合条件的记录，并没有对查询得到的结果进行更深入的分析和利用。而在实际应用中，常常需要对查询结果进行统计计算，如求和、计数、求最大值和平均值等。Access 允许在查询中利用设计网格中的“总计”行进行各种统计，通过创建计算字段进行任意类型的计算。

1. 查询计算功能

在 Access 查询中，可以执行两种类型的计算，预定义计算和自定义计算。预定义计算即“总计”计算，是系统提供的用于对查询中的记录组或全部记录进行的计算，它包括总计、平均值、计数、最大值、最小值、标准偏差或方差等。

单击功能区“查询工具/设计”上的“汇总”按钮 Σ，可以在设计网格中显示出“总计”行。对设计网格中的每个字段，都可以在“总计”行中选择总计项，来对查询全部记录、一条或多条记录组进行计算。“总计”行中有 12 个总计项，其名称及含义如表 4.8 所示。

表 4.8　总计项名称及含义

总计项		功能
函数	合计（Sum）	求某字段的累加值
	平均值（Avg）	求某字段的平均值
	最小值（Min）	求某字段的最小值
	最大值（Max）	求某字段的最大值
	计数（Count）	求某字段中记录条数
	标准差（StDev）	求某字段值的标准偏差

续表

总计项		功能
其他总计项	分组（Group By）	定义要执行计算的组，将记录与指定字段中的相等值组合成单一记录
	表达式（Expression）	创建表达式中包含合计函数的计算字段。通常在表达式中使用多个函数时，将创建计算字段
	条件（Where）	指定不用于分组的字段准则。如果选定这个字段选项，Access将清除“显示”复选框，隐藏查询结果中的这个字段
	第一条记录（First）	求表或查询中第一条记录的字段值
	最后一条记录（Last）	求表或查询中最后一条记录的字段值

自定义计算可以用一个或多个字段的值进行数值、日期和文本计算。例如，用某一个字段值乘以某一数值，用两个日期/时间字段的值相减等。对于自定义计算，必须直接在设计网格中创建新的计算字段，创建方法是将表达式输入到设计网格的空字段行中，表达式可以由多个计算组成。

2. 在查询中进行计算

在创建查询时，可能更关心记录的统计结果，而不是表中的记录。为了获取这样的数据，需要创建能够进行统计计算的查询。使用查询“设计”视图中的“总计”行，可以对查询中全部记录或记录组计算一个或多个字段的统计值。

例如要统计“人民邮电出版社”出版图书价格的平均值，操作步骤如下。

(1) 打开查询“设计”视图，将“图书信息表”添加到“设计”视图上半部分的窗口中。

(2) 添加“出版社”和“书籍价格”字段，单击功能区“查询工具/设计”上的“汇总”按钮Σ，在设计网格中显示出“总计”行。

(3) 修改“出版社”字段“总计”行从下拉列表中选择“Where”，修改“书籍价格”字段“总计”行为“平均值”。

(4) 在“出版社”字段的条件行中输入“人民邮电出版社”，如图4.19所示。保存查询，切换到“数据表”视图。

3. 在查询中进行分组统计

在查询中，如果需要对记录进行分类统计，可以使用分组统计功能。分组统计是，只需要在“设计”视图中将用于分组字段的“总计”行设置成“分组”即可。

例如，要计算各出版社出版图书价格的平均值，其操作过程如下。

(1) 打开查询“设计”视图，将“图书信息表”添加到“设计”视图上半部分的窗口中。

(2) 添加“出版社”和“书籍价格”字段，单击功能区“查询工具/设计”上的“汇总”按钮Σ，在设计网格中显示出“总计”行。

(3) 修改“出版社”字段“总计”行从下拉列表中选择“Group By”，修改“书籍价格”字段“总计”行为“平均值”，如图4.20所示。

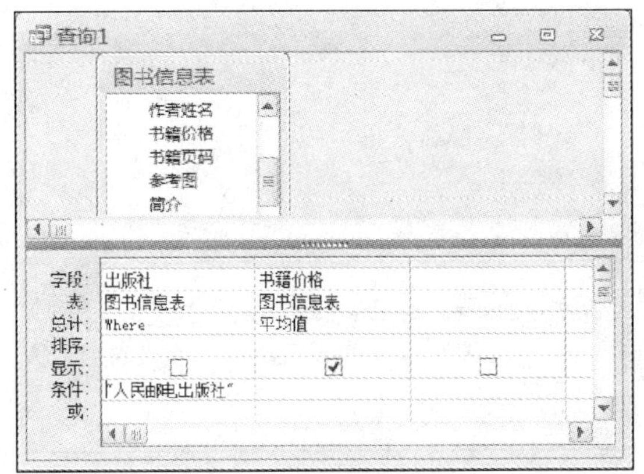

图 4.19 设置查询准则及“总计”项

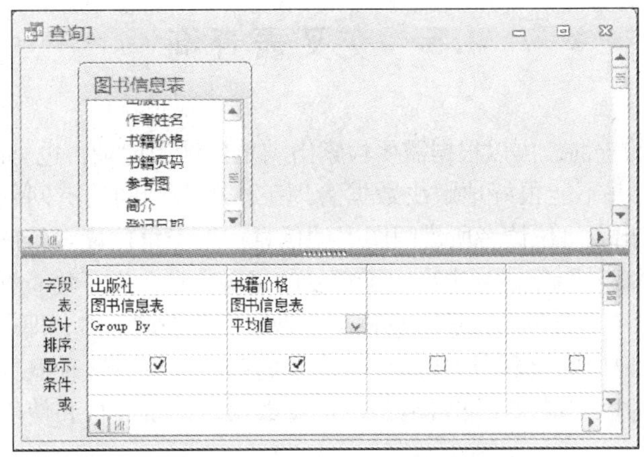

图 4.20 设置分组查询准则及“总计”项

(4) 保存查询，切换到“数据表”视图。

4. 添加计算字段

在统计时，无论是一般统计还是分组统计，统计后显示的字段往往可读性比较差。需要进行调整，调整方法之一是添加一个新字段，使其显示统计后的值。另外，在有些统计中，需要统计的字段并未出现在表中，或者用于计算的数据值来源于多个字段。此时也需要在设计网格中添加一个新字段。新字段的值是根据一个或多个表中的一个或多个字段并使用表达式计算得到，也称为计算字段。

例如，查询每种藏书的总价，其查询过程如下。

(1) 打开查询“设计”视图，将“图书信息表”添加到“设计”视图上半部分的窗口中。

(2) 添加书籍编号、书籍名称、书籍价格和藏书量字段。

(3) 在第 5 列添加一个新字段，字段名为“费用”，表达式为：“费用:[书籍价格] * [藏书量]”，如图 4.21 所示。

重要提示：在查询结果中，字段的标题是可以修改的，修改的方法是在查询设计器的字段行中，在表达式的前面加上“字段名:”。

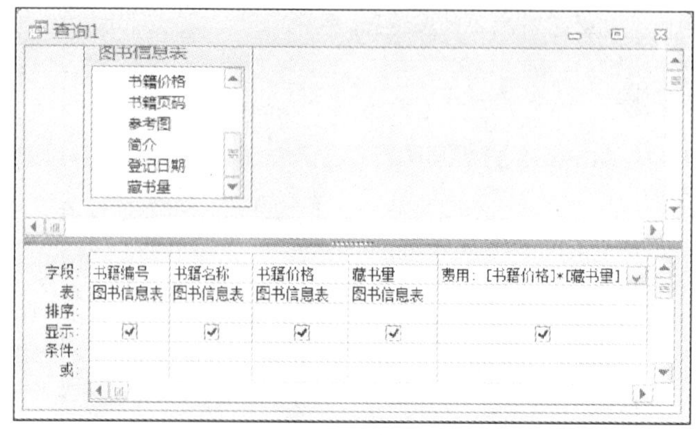

图4.21 计算费用设计

4.5 交叉表查询

使用Access提供的查询，可以根据需要检索出满足条件的记录，也可以在查询中执行计算。但是，这两方面功能，并不能很好地解决数据管理工作中遇到的所有问题。例如，前面建立的“借阅信息查询”中给出了每位读者所借阅图书的信息。由于每位读者借阅了多本图书，因此在“图书名称”和“书籍编号”字段列中出现了重复的书籍信息。为了使查询后生成的数据显示更清晰、准确，结构更紧凑、合理，Access提供了一种很好的查询方式，即交叉表查询。

交叉表查询以一种独特的概括形式返回一个表内的总计值，这种概括形式是其他查询无法完成的。交叉表查询为用户提供了非常清楚的汇总数据，便于分析和使用。

4.5.1 认识交叉表查询

交叉表查询是将来源于某个表中的字段进行分组，一组列在交叉表左侧，一组列在交叉表上部，并在交叉表行与列交叉处显示表中某个字段的各种计算值。

交叉表查询实际上就是将记录水平分组和垂直分组，在水平分组与垂直分组的交叉位置显示计算结果。在创建交叉表查询时，需要指定三种字段。

(1) 行表题：指定一个或多个字段进行水平分组，一个分组就是一行，字段的取值作为行标题，查询结果在左边显示。

(2) 列标题：只能指定一个字段并将字段分组，一个分组就是一列，字段取值作为列标题，在查询结果顶端显示。

(3) 交叉值：只能指定一个字段，且必须选择一个计算类型，如求和、计数、平均值、最小值、最大值等，计算结果在行与列的交叉位置显示。

4.5.2 使用“交叉表查询向导”

使用向导创建交叉表查询，可以将数据组合成表，并利用累计工具将数值显示为电子报表式的格式。交叉表查询可以将数据分为两组显示，一组显示在左边，一组显示在上面，左边和上面的数据在表中的交叉点可以进行求和、求平均值、计数或其他计算。

创建交叉表查询的方法有两种：“交叉表查询向导”和查询“设计”视图。下面介绍如何使用“交叉表查询向导”统计每个出版社出版图书数量，查询结果如图 4.22 所示。其操作步骤如下。

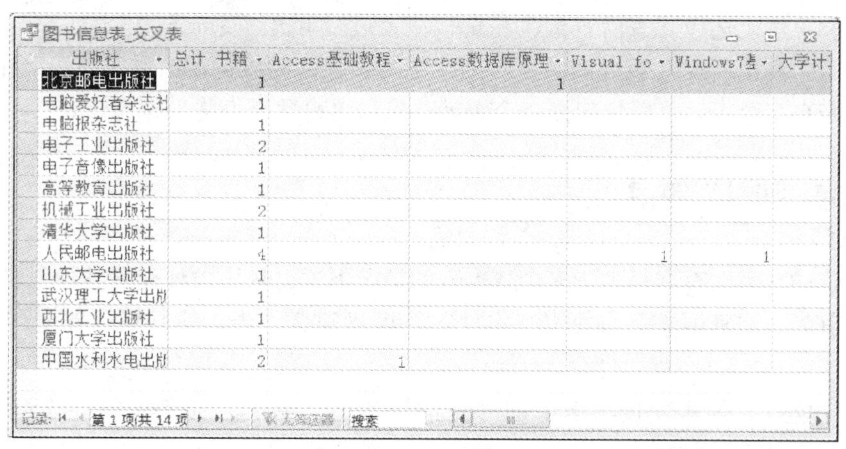

出版社	总计 书籍	Access基础教程	Access数据库原理	Visual fo	Windows7基	大学计
北京邮电出版社	1		1			
电脑爱好者杂志社	1					
电脑报杂志社	1					
电子工业出版社	2					
电子音像出版社	1					
高等教育出版社	1					
机械工业出版社	2					
清华大学出版社	1					
人民邮电出版社	4			1	1	
山东大学出版社	1					
武汉理工大学出版	1					
西北工业出版社	1					
厦门大学出版社	1					
中国水利水电出版	2	1				

图 4.22　交叉表查询

(1) 在功能区“创建”选项卡下的“查询”组中，单击 按钮，打开“新建查询”对话框。

(2) 在“新建查询”对话框的向导列表中选择“交叉表查询向导”，单击“确定”按钮，打开“交叉表查询向导”对话框，如图 4.23 所示。

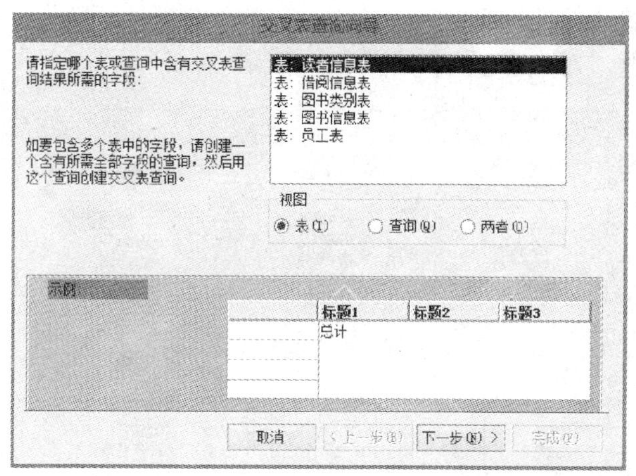

图 4.23　“交叉表查询向导”对话框

(3) 在“交叉表查询向导”对话框中选择“图书信息表”并单击“下一步”按钮。

(4) 选择行标题。行标题最多可以选择 3 个字段，为了在交叉表第 1 列的每一行上显示出版社，这里双击“可用字段”框中的“出版社”字段。

(5) 单击“下一步”按钮，在打开的对话框中，确定交叉表的列标题。列标题只能选择一个字段，为了交叉表的每一列最上端显示图书名称，这里选中“书籍名称”字段。

（6）单击“下一步”按钮，在打开的该对话框中，确定计算字段。为了使交叉表显示每个出版社出版图书的数量，这里选中“字段”框中的“书籍编号”，然后在“函数”框中选中“计数”。若不在交叉表的每行前面显示总计数，应取消“是，包括各行小计”复选框。

（7）单击“下一步”按钮，打开“交叉表查询向导”最后一个对话框，在该对话框中给出查询的名称，然后选择“查看查询”单选按钮，最后单击“完成”按钮。

重要提示：利用“交叉表查询向导”创建交叉表查询的数据源必须来自于一个表或查询。如果数据源来自多个表，可以先建立一个查询，然后再以此查询为数据源。

4.5.3　使用“设计”视图

如果创建的交叉表查询是基于多个数据表的情况下可以采用设计视图进行创建，这样处理就可以避免首先创建查询。下面使用“设计”视图创建交叉表，使其统计各个读者借阅图书的数量。

（1）在功能区“创建”选项卡下的“查询”组中，单击 查询设计 按钮，打开查询“设计”视图，并显示“显示表”对话框。

（2）双击“读者信息表”、“图书信息表”和“借阅信息表”将三个表的字段列表添加到查询“设计”视图上半部分的字段列表区中。单击“关闭”按钮关闭“显示表”对话框。

（3）单击功能区“查询工具/设计”上的“交叉表”按钮 交叉表，更改查询类型为“交叉表查询”。

（4）添加“读者编号”、“读者姓名”、“借阅图书量：书籍编号”、“书籍名称”和“书籍编号”字段，并分别设置总计行为分组、分组、计数、分组、计数，分别设置交叉表行为行标题、行标题、行标题、列标题和值，如图 4.24 所示。

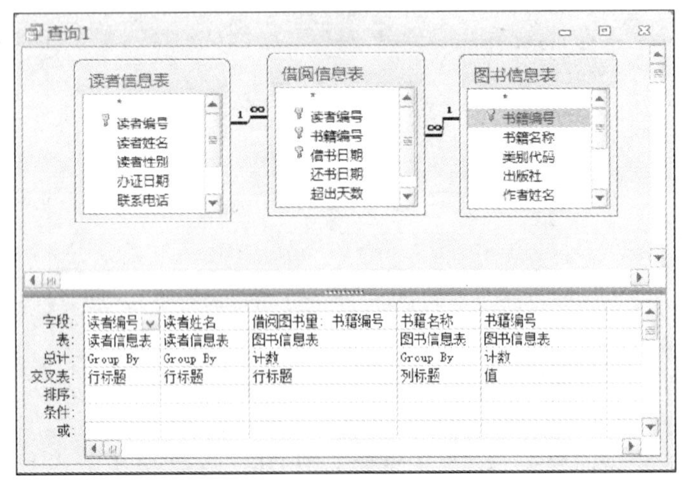

图 4.24　设置交叉表中的字段

（5）单击“保存”按钮，切换到“数据表”视图查看查询结果。

显然，当所建“交叉表查询”数据来源于多个表或查询时，最简单、灵活的方法是使用“设计”视图。在“设计”视图中可以自由地选择一个或多个表，选择一个或多个查询。因此如果所用数据源来自于一个表或查询，使用“交叉表查询向导”比较简单，如果所用数据源来自于几个表或几个查询，使用“设计”视图则更方便。

4.6 参数查询

使用前面介绍的方法创建的查询，无论是内容，还是条件都是固定的，如果希望根据某个或某些字段不同的值来查找记录，就需要不断地更改所建查询的条件，显然很麻烦。为了更灵活地实现查询，可以使用 Access 提供的参数查询。

参数查询利用对话框，提示用户输入参数，并检索符合所输入参数的记录。用户可以建立一个参数提示的单参数查询，也可以建立多个参数提示的多参数查询。

4.6.1 单参数查询

创建单参数查询，就是在字段中指定一个参数，在执行参数查询时，输入一个参数值。下面以建立“出版社馆藏图书信息查询”为例创建一个参数查询，实现输入出版社名称查询该出版社馆藏图书的基本信息。操作步骤如下。

（1）在功能区“创建”选项卡下的“查询”组中，单击 按钮，打开查询“设计”视图，并显示“显示表”对话框。

（2）双击“图书信息表”将表的字段列表添加到查询“设计”视图上半部分的字段列表区中。单击“关闭”按钮关闭“显示表”对话框。

（3）添加“书籍编号”、“书籍名称”、“出版社”、“作者姓名”、“书籍价格”字段到查询设计网格的字段行。

（4）在“出版社”字段对应的条件行中输入“［请输入出版社名称:］”，如图 4.25 所示。

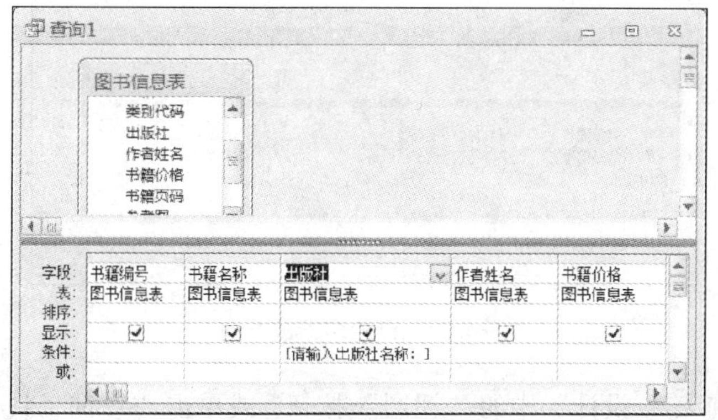

图 4.25 设置单参数查询

（5）单击“查询工具/设计”中的“视图”按钮或单击“查询工具/设计”中“运行”按钮切换到“数据表”视图，屏幕会显示“输入参数值”对话框，在对话框中输入出版社的名称，如图4.26所示。

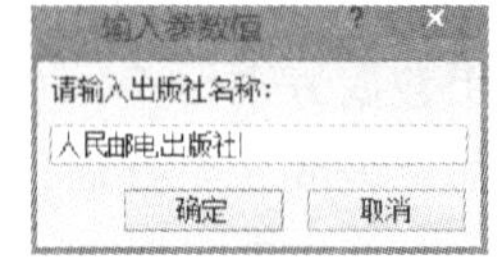

图4.26 运行查询时输入参数值

从图4.26可以看到，对话框中的提示文本正是在查询字段的“条件”行中输入的内容。按照要求输入查询条件，如果条件有效，查询结果将显示所有满足条件的记录，否则不显示任何数据。

（6）单击“确定”按钮，这时就可以看到所建参数查询的查询结果。

4.6.2 多参数查询

创建多参数查询，即指定多个参数。在执行多参数查询时，需要依次输入多个参数值。下面创建一个查询，通过输入“出版社”和“书籍类别”查询满足条件的馆藏图书信息，其操作步骤如下。

（1）在功能区“创建”选项卡下的“查询”组中，单击按钮，打开查询“设计”视图，并显示“显示表”对话框。

（2）双击“图书信息表”和“图书类别表”将表的字段列表添加到查询“设计”视图上半部分的字段列表区中。单击“关闭”按钮关闭“显示表”对话框。

（3）添加“书籍编号”、“书籍名称”、“出版社”和“书籍类别”字段到查询设计网格的字段行。

（4）在“出版社”字段对应的条件行中输入“[请输入出版社名称:]”，在“书籍类别”字段对应的条件行中输入“[请输入书籍类别:]”，如图4.27所示。

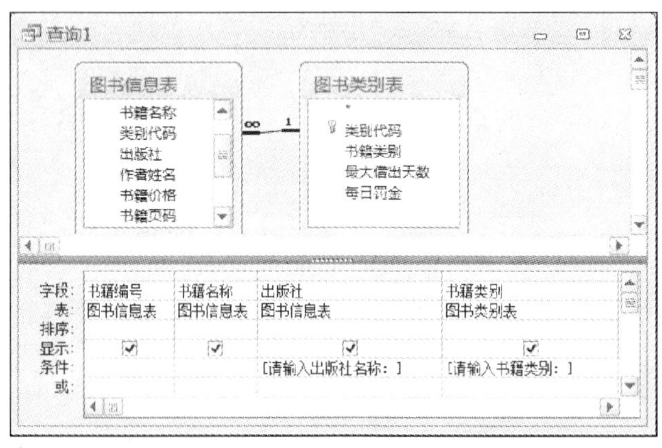

图4.27 设置多参数查询

（5）单击“查询工具/设计”中的“视图”按钮或单击“查询工具/设计”中“运行”按钮切换到“数据表”视图，屏幕会显示“输入参数值”的对话框，在对话框中输入相应的参数即可。

4.7 操作查询

在对数据库进行维护时，常常需要大量地修改数据。例如，删除“人民邮电出版社”出版的馆藏图书信息，将所有图书的登记时间设置为“2012－9－1”，将书籍价格在20元以下的图书记录存储到一个新表中等。这些操作既要检索记录，又要更新记录，操作查询能够实现这样的功能。操作查询是指仅在一个操作中更改许多记录的查询。操作查询包括生成表查询、删除查询、更新查询和追加查询4种。

4.7.1 生成表查询

生成表查询是利用现在已经有的一个或多个数据表生成满足条件的新表查询。利用生成表查询建立新表时，如果数据库中已经存在同名的表，则新表将覆盖该同名的表。利用生成表查询建立新表时，新表中的字段从源表中继承字段名称、数据类型以及字段的大小属性，但字段的其他属性以及主键将不会被继承。

下面创建一个查询，将书籍价格在20元以下的图书记录存储到一个新表中，操作步骤如下。

(1) 在功能区“创建”选项卡下的“查询”组中，单击 按钮，打开查询“设计”视图，并显示“显示表”对话框。

(2) 双击“图书信息表”将表的字段列表添加到查询“设计”视图上半部分的字段列表区中。单击“关闭”按钮关闭“显示表”对话框。

(3) 添加“书籍编号”、“书籍名称”、“出版社”、“作者姓名”、“书籍价格”字段到查询设计网格的字段行。

(4) 在“书籍价格”字段的条件行中输入“<20”。

(5) 单击功能区“查询工具/设计”上的“生成表”按钮，更改查询类型为“生成表查询”，打开“生成表”对话框。

(6) 在“表名称”文本框中输入要创建的表名称，单击“当前数据库”单选按钮，将新表放入当前数据库中，单击“确定”按钮。

(7) 切换到“数据表”视图，预览“生成表查询”新建的表，确认无误。

(8) 切换到“设计”视图，单击功能区“查询工具/设计”上的运行按钮，这时屏幕上显示一个提示框，单击“是”按钮，开始建立新表，生成新表后不能撤消所做的更改，若单击“否”按钮，不建立新表。

4.7.2 删除查询

随着时间的推移，表中数据会越来越多，其中有些数据有用，而有些数据已无任何用途。对于这些数据应及时从表中删除。删除查询能够从一个或多个表中删除记录。如果删除的记录来自多个表，则必须满足以下几点。

(1) 在“关系”窗口中定义相关表之间的关系。

(2) 在“关系”对话框中选中“实施参照完整性”复选项。

(3) 在“关系”对话框选中“级联删除相关记录”复选项。

下面创建一个查询，将书籍价格在20元以下的图书记录删除，操作步骤如下。

因为删除操作会造成数据记录完全删除，并且删除后不能恢复，因此在删除前需要对数据进行备份，然后再运行删除操作。创建表的备份的操作步骤如下。

(1) 单击“导航”窗格中的“表”对象列表下所需要备份的表，按下 Ctrl + C 键复制。

(2) 按 Ctrl + V 键粘贴，Access 会显示“粘贴表方式”对话框，如图4.28所示。

(3) 为备份的表指定新表名。

(4) 选中“结构和数据”选项然后单击“确定”按钮将新表添加到数据库窗口中，此备份的表和原表完全相同。

也可通过鼠标右键的快捷菜单来完成表备份的操作过程。至此对图书信息表的备份完成，下面将图书信息表副本中的书籍价格在20元以下的图书记录删除。

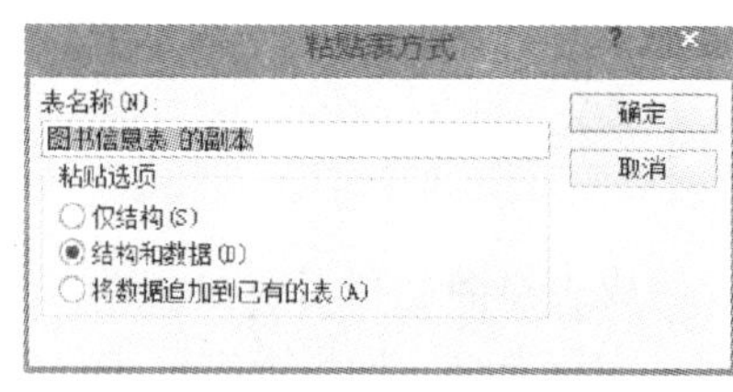

图4.28 “粘贴表方式”对话框

(1) 在功能区“创建”选项卡下的“查询”组中，单击按钮，打开查询“设计”视图，并显示“显示表”对话框。

(2) 双击“图书信息表副本”将表的字段列表添加到查询“设计”视图上半部分的字段列表区中。单击“关闭”按钮关闭“显示表”对话框。

(3) 单击功能区“查询工具/设计”上的“删除”按钮，更改查询类型为“删除查询”，这时查询设计网络中显示一个“删除”行。

(4) 双击“图书信息表副本”字段列表中的“*”符号，将该表中的所有字段放在了设计网格中。同时，在字段“删除”行中显示“From”，表示从何处删除记录。

(5) 双击字段列表中的“书籍价格”字段，将该字段添加到设计网格中字段行中，同时在该字段的“删除”行中显示“Where”，表示要删除哪些记录。

(6) 在“书籍价格”字段的“条件”行中输入条件“<20”，设置结果如图4.29所示。

(7) 切换到“数据表”视图，预览“删除查询”检索到的一组记录，确认无误。

(8) 切换到“设计”视图，单击功能区“查询工具/设计”上的运行按钮，这时屏幕上显示一个提示框，如图4.30所示，单击“是”按钮，将开始删除属于同一组的所有记录，若单击“否”按钮，则不删除记录。这里单击“是”按钮。

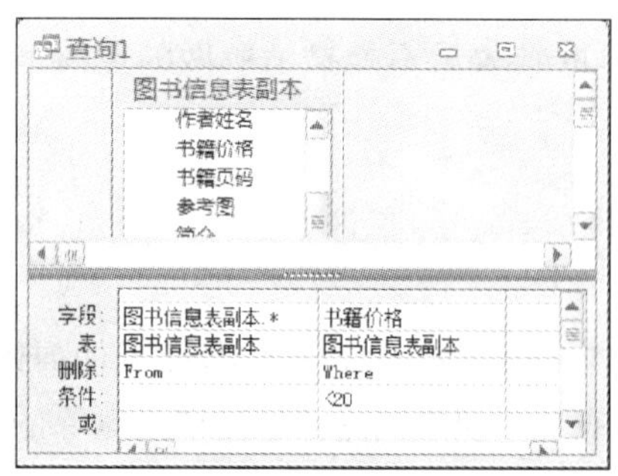

图4.29 设置删除查询

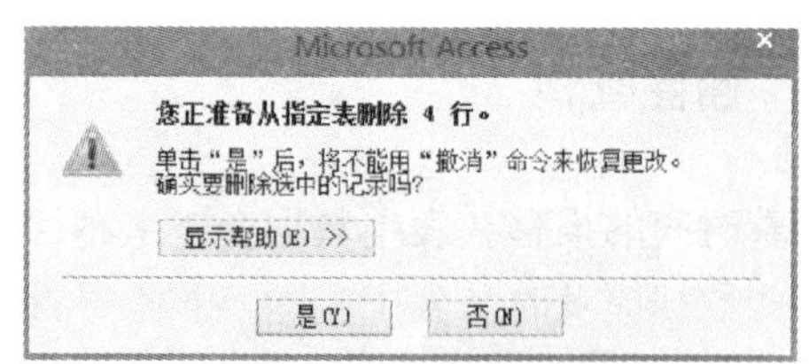

图4.30 删除提示框

4.7.3　更新查询

如果在“数据表”视图中对记录进行更新和修改，那么当要更新的记录较多，或需要符合一定条件时，就会费时费力，而且容易造成疏漏。更新查询是实现此类操作最简单、最有效的方法，它能对一个或多个表中的一组记录全部进行更新。

下面创建一个查询，将“图书信息表副本”中所有“人民邮电出版社”图书的价格设置为 30 元。操作步骤如下。

(1) 在功能区“创建”选项卡下的“查询”组中，单击查询设计按钮，打开查询“设计”视图，并显示“显示表”对话框。

(2) 双击“图书信息表副本”将表的字段列表添加到查询“设计”视图上半部分的字段列表区中。单击“关闭”按钮关闭“显示表”对话框。

(3) 单击功能区“查询工具/设计”上的“更新”按钮更新，更改查询类型为“更新查询”，这时查询设计网格中显示一个“更新到”行。

(4) 双击“图书信息表副本”字段列表中的“出版社”和“书籍价格”，将它们添加到设计网格中“字段”行的第 1 列和第 2 列。

(5) 在“出版社”字段“条件”行中输入条件“人民邮电出版社”，在“书籍价格”字段的“更新到”行中输入“30”，结果如图 4. 31 所示。

(6) 切换到“数据表”视图，预览将要更新的一组记录，确认无误。

(7) 切换到“设计”视图，单击功能区“查询工具/设计”上的运行按钮运行，这时屏幕上显示一个提示框，如图 4. 32 所示，单击“是”按钮，将开始更新属于同一组的所有记录，若单击“否”按钮，则不更新表中记录。这里单击“是”按钮。

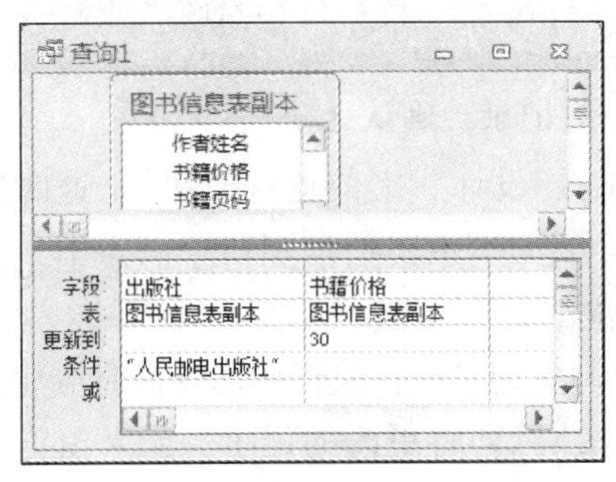

图 4. 31　设置更新查询

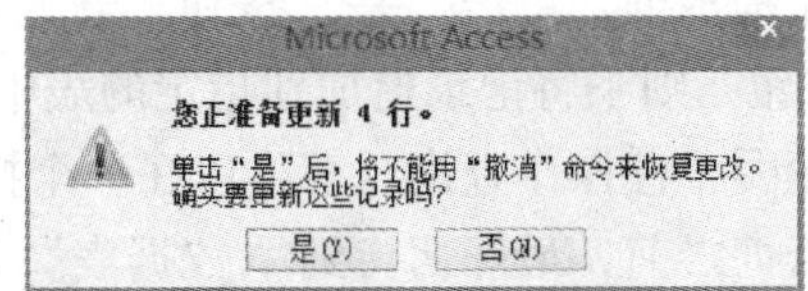

图 4. 32　更新提示框

4.7.4　追加查询

追加查询是将一个或多个表中的一组记录添加到另一个已经存在的表末尾。要被追加记录的表必须是已经存在的表。这个表可以是当前数据库中的表，也可以是另外一个数据库中的表。

下面建立一个追加查询，功能是将“图书信息表”中书籍价格在20元以下的图书记录追加到“数据信息表副本”中，操作步骤如下。

（1）在功能区“创建”选项卡下的“查询”组中，单击 按钮，打开查询“设计”视图，并显示“显示表”对话框。

（2）双击“图书信息表”将表的字段列表添加到查询“设计”视图上半部分的字段列表区中。单击“关闭”按钮关闭“显示表”对话框。

（3）单击功能区“查询工具/设计”上的“追加”按钮 ，更改查询类型为“追加查询”，这时屏幕上显示“追加”对话框。

（4）在“表名称”框中选择“图书信息表副本”，并选择“当前数据库”单选按钮，表示将查询的记录追加到“图书信息表副本”中，如图4.33所示。

（5）单击“确定”按钮，这时查询设计网格中显示一个“追加到”行。双击“图书信息表”中的“＊”符号，并且在“追加到”行中自动填上“图书信息表副本.＊”。

（6）双击“图书信息表”中的“书籍价格”，删除对应“追加到”中的默认内容，在“条件”行中输入“<20”，如图4.34所示。

图4.33　“追加”对话框

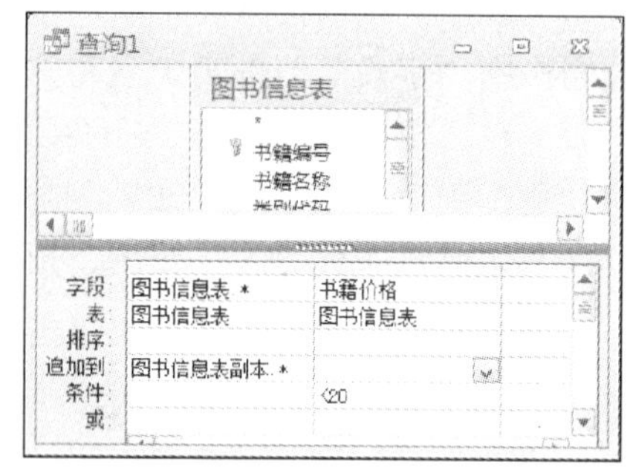

图4.34　设置追加查询

（7）切换到“数据表”视图，预览将要更新的一组记录，确认无误。

（8）切换到“设计”视图，单击功能区“查询工具/设计”上的运行按钮 ，这时屏幕上显示一个提示框，单击“是”按钮，开始将符合条件的一组记录追加到指定的表中。若单击“否”按钮，则不将记录追加到指定的表中。这里单击“是”按钮。

无论哪一种操作查询，都可以在一个操作中更改许多记录，在执行操作查询时应注意在执行操作查询之前，最好切换到“数据表”视图状态，预览即将更改的记录，如果预览到的记录就是要操作的记录，再执行操作查询，这样可防止误操作。另外，在使用操作查询之前，应该备份数据。

操作查询与前面介绍的选择查询、交叉表查询以及参数查询有所不同。操作查询不仅选择表中数据，还对表中数据进行修改。由于运行一个操作查询时，可能会对数据库中的表进行大量的修改，所以为了避免误操作，在数据库窗口中的每个操作查询图标之后显示一个感叹号，以引起注意。

本章小结

本章主要介绍了查询的基本概念、查询的种类以及创建查询的方法。通过本章的学习，读者应该理解 Access 查询对象的作用，掌握 Access 查询对象的创建与设计方法，学习查询对象的应用技术。

应用 Access 查询设计向导不仅可以方便地进行 Access 查询对象的创建，而且使用这个工具还可以非常方便地生成合适的 SQL 语句，方便下一章节对 SQL 语句的学习。

第 5 章　SQL 语句

在 Access 中，创建和修改查询最方便的方法是使用查询“设计”视图。但是，在创建查询时并不是所有的查询都可以在系统提供的查询设计视图中进行，有的查询只能通过 SQL 语句来实现，比如通过命令方式创建数据表等。SQL 查询是使用 SQL 语句创建的一种查询。

SQL 是 Structured Query Language（结构化查询语言）的缩写。SQL 语言集数据定义、数据操纵和数据管理三大功能于一体，是目前关系数据库通用语言。查询是 SQL 语句的重要组成部分，但不是全部。在 Access 中，查询本质上是用 SQL 语言编写的命令。当使用查询设计器窗口可视化地创建查询时，系统将自动把它转换为 SQL 语言编写的语句并保存起来，运行一个查询对象实质上就是执行这个 SQL 命令。

引例：

子　查　询

在前面章节中介绍了通过查询设计视图创建查询的基本方法，下面将新建查询“比《软件工程》贵的图书基本信息”。分析这个查询可以看出，要查询比《软件工程》贵的图书信息，首先需要查询《软件工程》这本书的价格，然后才能查找出比该书贵的图书信息。其操作过程如下。

（1）通过“图书信息表”查询《软件工程》图书的价格，如图 5.1 所示。

（2）通过查询出的书籍价格，查找比该书贵的其他书籍信息，其查询设计如图 5.2 所示。

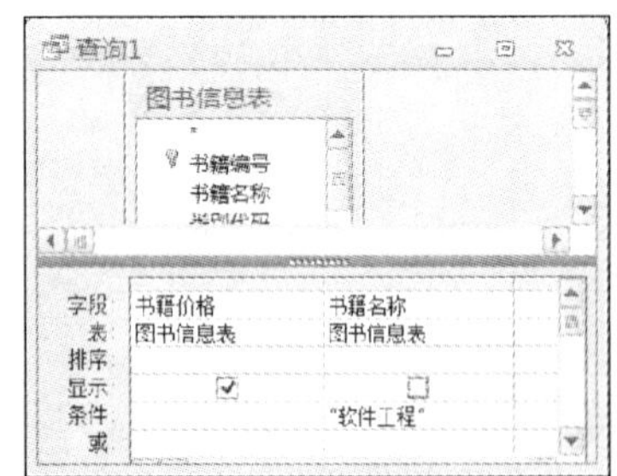

图 5.1　《软件工程》书籍价格查询

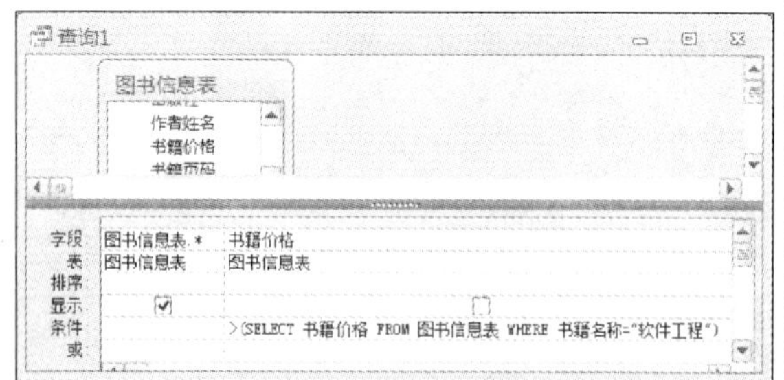

图 5.2　子查询设计

在这个查询中，第二个查询设计的条件是上一个查询设计的 SQL 语句，对于这样的查询仅仅通过查询设计器已经不能完成，因此要完成较为复杂的查询还需要利用 SQL 命令来完成，本章将介绍 SQL 命令的基本语法。

5.1 SQL 语言概述

20 世纪 80 年代初，美国国家标准协会（ANSI）开始着手制定 SQL 标准，最早的 ANSI 标准于 1986 年完成，它也被称为 SQL86。随后，SQL 标准几经修改和完善，其间经历了 SQL89、SQL92，一直到最近的 SQL99 等多个版本，每个新版本都较前面的版本有重大改进。目前，各主流数据库产品采用的 SQL 标准是 1992 年制定的 SQL92。SQL 语句可以用来执行各种各样的操作。目前流行的关系数据库管理系统，如 Qracle、Sybase、SQL Server、Visual FoxPro、Access 等都采用了 SQL 语言标准，而且很多数据库都对 SQL 语句进行了再开发和扩展。SQL 语言具有如下特点。

(1) SQL 是一种一体化的语言。它集数据定义、数据查询、数据操纵和数据控制功能于一体，可以独立完成数据库的全部操作。

(2) SQL 高度非过程化。它没有必要一步步地告诉计算机“如何”去做，而只需要描述清楚用户要“做什么”，SQL 语言就可以将要求交给系统，系统自动完成全部工作。

(3) SQL 语言非常简洁。虽然 SQL 语言功能很强，但它只有为数不多的 9 条命令：CREATE、DROP、ALTER、SELECT、INSERT、UPDATE、DELETE、GRANT、REVOKE。另外 SQL 的语法也非常简单，它很接近英语自然语言，因此容易学习和掌握。

(4) SQL 语言可以直接以命令方式交互使用，也可以嵌入到程序设计语言中以程序方式使用。现在很多数据库应用开发工具都将 SQL 语言直接融入到自身的语言之中，使用起来更方便，Access 就是如此。这些应用方式为用户提供了灵活的选择余地。此外，尽管 SQL 的使用方式不同，但 SQL 语言的语法基本是一致的。

Access 在 SQL 方面支持数据定义、数据查询和数据操纵功能，但在具体实现方面也存在一些差异。在 Access 的查询“设计视图”窗口，为了能够看到查询对象相应的 SQL 语句或直接编辑 SQL 语句，用户只要单击“视图”菜单中的“SQL 视图”命令，就可以直接编辑或者创建 SQL 语句。

前面在查询设计器中创建的查询，Access 将把它们转换为对应的 SQL 命令，更改 SQL 命令后，Access 也会对其相应的视图设计作调整。在学习 Access 的时候不可避免地要用到 SQL 语言，因此有些初学者就会问，学习 Access 是不是要再学 SQL 这个语言，其实读者可以不学 SQL 语言照样用 Access 做一个不错的软件，但是读者如果学了 SQL 将会做得更好，事实上在 Access 中用到 SQL 相对简单，读者只要了解了 SQL 语法就完全可以了。

注意：某些 SQL 查询不能在查询设计视图中进行可视化的创建，这些查询称为 SQL 特定查询。传递查询、数据定义查询和联合查询都属于 SQL 特定查询，它们不能通过查询设计器进行可视化设计，都必须在“SQL 视图”中创建 SQL 语句。

5.2 查询与 SQL 视图

在 Access 中，任何一个查询都对应着一个 SQL 语句，可以说查询对象的实质是一条 SQL 语句。当使用“设计”视图创建一个查询时，就会构造一个等价的 SQL 语句。查询“设计”视图和相应的“SQL”视图如图 5.3 所示。

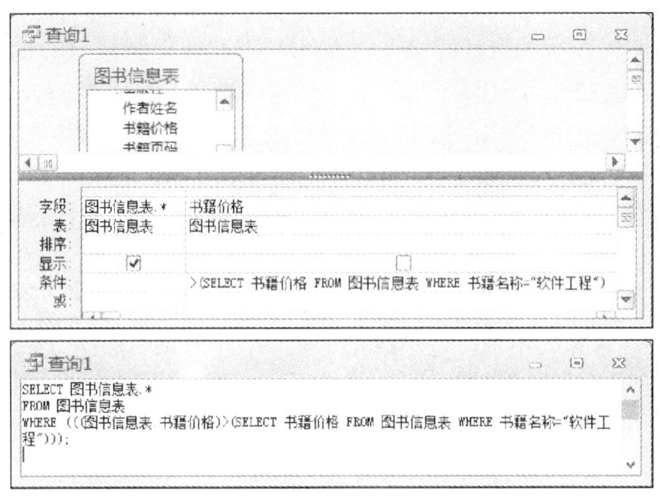

图 5.3　查询设计视图及 SQL 视图

图 5.3 中显示了两个视图，上面是查询的“设计”视图，它反映了某一查询的设计情况。下面是查询的“SQL”视图。视图中显示了一个 Select 语句，该语句给出了查询需要显示的字段、数据源以及查询条件，两种视图设置的内容是一样的，因此它们是等价的。当在“设计”视图中修改了查询，将直接反映到“SQL”视图中，同样在“SQL”视图中修改了查询语句，这种修改也将直接反映到“设计”视图中。

在建立查询的时候可以切换到 SQL 视图中，下面介绍是如何切换的。

在功能区“创建”选项卡下的“查询”组中，单击“查询设计”按钮，打开查询设计视图，并弹出“显示表”对话框，直接关闭“显示表”对话框，在功能区“查询工具/设计”选项卡下的“结果”组中将出现“SQL 视图”按钮，单击该按钮切换到 SQL 视图。如果是已经建好的查询，可以从“结果”组中的视图下拉列表中选项“SQL 视图”进行切换。

5.3 数 据 定 义

数据定义用于定义数据库的所有特性和属性，有关数据定义的 SQL 语言分为三种，它们是建立（CREATE）表、修改（ALTER）表和删除（DROP）表。

5.3.1 定义表结构

(1) 用 SQL 语句创建一个最基本的表结构。

格式：CREATE TABLE <表名>（<字段名 1> <数据类型>[(<宽度>[,<小数位数>])][,<字段名 2>…])

说明：字段的数据类型采用英文表示字段名和数据类型前要有空格。对于固定宽度的类型，如日期型、日期时间型、备注、通用等类型可省略宽度。

例 5.1：创建一个表 Book1（图书信息表 1），它由以下字段组成：编号（字符，10）；名称（字符，30）；类别代码（字符，5）；出版社（字符，30）；作者（字符，8）；备注（备注）。

CREATE TABLE Book1(编号 Text(10),名称 Text(30),类别代码 Text(5),出版社 Text(30),作者 Text(8),备注 Memo)

(2) 创建一个数据库表，并建立主索引和候选索引。

格式：CREATE TABLE <表名>（<字段名 1> <数据类型> [PRIMARY KEY | UNIQUE][,<字段名 2>…])

说明：在字段名后面加上参数 PRIMARY KEY 表示给此字段建立主索引，字段名后加上 UNIQUE 参数表示建立候选索引。

例 5.2：创建一个表 Book2（图书信息表 2），它由以下字段组成：编号（字符，10）；名称（字符，30）；类别代码（字符，5）。给编号字段建立主索引，给名称字段建立候选索引。

CREATE TABLE Book2(编号 Text(10) PRIMARY KEY,名称 Text(30) UNIQUE,类别代码 Text(5))

(3) 通过查询创建表。

格式：SELECT <列表达式>[,<列表达式>] INTO <新表名> FROM <表名>

例 5.3：通过查询“图书信息表”中的书籍编号、书籍名称、类别代码、出版社和作者创建一个表 Book3。

SELECT 书籍编号,书籍名称,类别代码,出版社,作者 INTO Book3
FROM 图书信息表;

5.3.2 修改表结构

(1) 给表增加字段。

格式：ALTER TABLE <表名> ADD <字段名> <字段类型>[(<宽度>[,<小数位数>])]

例 5.4：在 Book1 表中增加一个书籍页码字段变量（整型）。

ALTER TABLE Book1 ADD 书籍页码 Short

(2) 删除表中的字段。

格式：ALTER TABLE <表名> DROP [COLUMN] <字段名>

例 5.5：删除 Book1 表中书籍页码字段。

ALTER TABLE Book1 DROP COLUMN 书籍页码

（3）更改字段的数据类型和宽度。

格式：ALTER TABLE <表名> ALTER [COLUMN] <字段名> <字段类型>[(<宽度>[,<小数位数>])]

例 5.6：修改 Book1 表编号字段的数据类型为整型。

ALTER　TABLE　Book1　ALTER COLUMN 编号 Short

5.3.3　删除表

格式：DROP　TALBE　<表名>

说明：此命令删除的是表文件，而不是仅仅删除表记录。

例 5.7：删除 Book1 表

DROP TABLE STUD1

5.4　数据操纵

数据操纵是完成数据操作的命令，它由 INSERT（插入）、DELETE（删除）、UPDATE（更新）和 SELECT（查询）等命令组成。查询也划归为数据操纵范畴，但由于它比较特殊，所以查询语言将在以后章节单独介绍。

5.4.1　插入记录

（1）通过具体的值向表中插入记录。

格式：INSERT　INTO　<表名>　[(<字段名表>)]　VALUES　(<表达式表>)

例 5.8：Book1 表定义为（编号 Text（10），名称 Text（30），类别代码 Text（5）），写出向该表中插入两条记录的命令。

INSERT INTO Book1 VALUES ("97870001","计算机基础","XC0001")

INSERT INTO Book1（编号,名称）VALUES ("97870002","大学语文")

注意：当需要插入表中所有字段的数据时，表名后面的字段名可以省略，但插入数据的格式及顺序必须与表的结构完全吻合；若只需要插入表中某些字段的数据，就需要列出插入数据的字段名，当然相应表达式的数据位置应与之对应。

（2）通过查询向表中插入记录

格式：INSERT INTO <表名>(<字段名表>)SELECT <字段名表> FROM <表名> [WHERE <条件>]

例 5.9：把图书信息表中，所有“人民邮电出版社”的图书信息插入到 Book2 表中。

INSERT INTO Book2（编号,名称）

SELECT 图书信息表.编号,图书信息表.名称

FROM 图书信息表

WHERE （图书信息表.出版社）="人民邮电出版社"

5.4.2 删除记录

在 SQL 语句中通过 DELETE 命令可以给指定的数据表中的记录予以删除。

格式：DELETE FROM <表名>［WHERE <条件表达式>］

注意：该命令将从表中删除满足条件的记录，当不选择 WHERE 子句时，表示删除表中的全部记录。

例 5.10：删除“图书信息表副本”中“人民邮电出版社”出版的图书记录。

DELETE FROM 图书信息表副本 WHERE 出版社 = "人民邮电出版社"

5.4.3 更新记录

格式：UPDATE <表名> SET <字段名1> = <表达式1>［, <字段名2> = <表达式2> …］［WHERE <条件>］

例 5.11：更改“图书信息表副本”中“人民邮电出版社”出版的图书书籍价格为 30 元。

UPDATE 图书信息表副本 SET 书籍价格 = 30 WHERE 出版社 = "人民邮电出版社"

5.5 数据查询

数据查询是数据库的核心操作。SQL 语言提供了 SELECT 语言进行数据库的查询。该命令的基本框架是 SELECT - FROM - WHERE，SELECT - FROM 是必备结构。

5.5.1 单表的无条件查询

格式：SELECT［ALL | DISTINCT］ <列表达式>［, <列表达式>］
　　　FROM <表名>

说明：(1) ALL：表示显示全部记录，包括重复记录（默认值）。
　　　(2) DISTINCT：表示显示无重复结果的记录。
　　　(3) <列表达式>：可以用 <列表达式> AS <标题> 指定标题。
　　　(4) <列表达式>也可以用“ * ”代替表示显示所有的列。

例 5.12：查询图书信息表如下信息。

(1) 查询图书信息表中全部记录

SELECT * FROM 图书信息表

(2) 查询所有图书书籍名称、出版社且去掉重名项。

SELECT DISTINCT 书籍名称,出版社 FROM 图书信息表

SELECT 命令中的选项，不仅可以是字段名，还可以是表达式，也可以是一些函数。SELECT 命令中可以用到的统计函数如下所述。

① COUNT（＊｜ <列名>）：统计记录个数（及查询结果的行数）。

② SUM（<列名>）：计算一列值的总和。

③ AVG（<列名>）：计算一列值的平均值。

④ MAX（<列名>）：求一列值中最大值。

⑤ MIN（<列名>）：求一列值中最小值。

例 5.13：统计函数的应用。

(1) 求所有图书的平均价格。

SELECT AVG(书籍价格) AS 平均价格 FROM 图书信息表

(2) 求馆藏“人民邮电出版社”出版的图书数量。

SELECT COUNT(＊) AS 藏书量 FROM 图书信息表 WHERE 出版社="人民邮电出版社"

5.5.2 单表带条件的查询

在 SELECT 语句中通过 WHERE 语句指定查询的条件。

格式：SELECT [ALL | DISTINCT] <列表达式>[, <列表达式>]

FROM <表名>

WHERE <条件表达式>

说明：在 SELECT 语句中通过 WHERE 给出查询条件，<条件表达式>由一系列用 AND 或 OR 连接的条件表达式组成，条件表达式的格式可以是以下几种。

(1) <字段名1><关系运算符><字段名2>

(2) <字段名><关系运算符><表达式>

(3) <字段名><关系运算符>ALL(<子查询>)

(4) <字段名><关系运算符> ANY | SOME(<子查询>)

(5) <字段名>[NOT] BETWEEN <起始值> AND <终止值>

(6) [NOT] EXISTS (<子查询>)

(7) <字段名>[NOT] IN <值表>

(8) <字段名>[NOT] IN (<子查询>)

(9) <字段名>[NOT] LINK <字符表达式>

SQL 支持的关系运算符如下。

=、<>、!=、#、>、>=、<、<=

例 5.14：查询图书信息表中所有价格在 30 元以上图书的基本信息。

SELECT 图书信息表.＊

FROM 图书信息表

WHERE (书籍价格)>30;

例 5.15：查询图书信息表中所有价格在 20 元到 30 元的图书信息。

方法一：

SELECT ＊ FROM 图书信息表 WHERE 书籍价格 Between 20 And 30

方法二：

```
SELECT * FROM 图书信息表 WHERE 书籍价格 >20 AND 书籍价格 <30
```

例 5.16：显示图书信息表中书籍名称包含“计算机”三个字的书籍信息。

方法一：

```
SELECT * FROM 图书信息表 WHERE 书籍名称 LIKE "*计算机*";
```

方法二：

```
SELECT * FROM 图书信息表 WHERE InStr(书籍名称,"计算机")>0;
```

5.5.3 分组与计算查询

查询 SELECT 语句不仅可以通过 WHERE 子句查找满足条件的记录，还可以通过聚合函数对满足条件的数据进行求和、计数、平均值、最大值、最小值等运算。标准的 SQL 语句提供了 6 种常用的聚合函数。

1. COUNT ([DISTINCT | ALL] * | 列名):统计元组个数。
2. COUNT ([DISTINCT | ALL] <列名>):统计一列中值的个数。
3. SUM ([DISTINCT | ALL] <列名>)：计算一列值的总和(此列必须是数值型)。
4. AVG([DISTINCT | ALL] <列名>):计算一列值的平均值(此列必须是数值型)。
5. MAX([DISTINCT | ALL] <列名>):计算一列值的最大值。
6. MIN([DISTINCT | ALL] <列名>)：计算一列值的最小值。

这些聚合函数一般用于从一组数值中计算一个汇总值，在 SQL 语句中通过 GROUP BY 子句定义字段值的分组。

重要提示：聚合函数在查询中，如果进行了分组将作用于每一组数据的统计。聚合函数不能使用在 WHERE 子句中。

格式：
```
SELECT 分组表达式,集函数
FROM 表名
WHERE <条件>
GROUP BY <分组表达式>… [HAVING <过滤条件>]
```

说明：

(1) GROUP BY <分组表达式>：表示分组查询，若查询到的数据里有多个记录的指定字段的值相同，只取一条记录作为查询结果。

(2) HAVING <过滤条件>：设置过滤条件，在其后可以使用聚合函数。

例 5.17：统计图书信息表中各个出版社出版图书数量。

```
SELECT 出版社, Count(书籍编号) AS 图书数量
FROM 图书信息表
GROUP BY 出版社;
```

5.5.4 查询结果排序

为了方便按照某个顺序对数据表中的数据进行查找，在查询语句中经常需要进行排序。用

户可以用 ORDER BY 子句指定按照一个或多个属性列的升序（ASC）或降序（DESC）重新排列查询结果，其中升序 ASC 为默认值。

例 5.18：查询图书信息表所有图书信息，并按书籍名称排序。

```
SELECT *
FROM 图书信息表
ORDER BY 书籍名称;
```

例 5.19：查询图书信息表所有图书信息，并按书籍价格降序排序。

```
SELECT *
FROM 图书信息表
ORDER BY 书籍价格 DESC;
```

例 5.20：图书信息表所有图书信息，并按出版社降序排序，对出版社相同的按照书籍名称升序排序。

```
SELECT *
FROM 图书信息表
ORDER BY 出版社 DESC, 书籍名称 ASC;
```

5.5.5 多表连接查询

在 SQL 语句中，在 FROM 子句中提供了一种称之为连接的子句，连接分为内连接、左连接和右连接。

在查询设计窗口中，通过双击两个表连接线的中间部分，可以打开“联接属性”对话框，如图 5.4 所示。通过在此对话框中选择联接的属性的 1、2、3 单选按钮分别实现内连接、左连接和右连接。

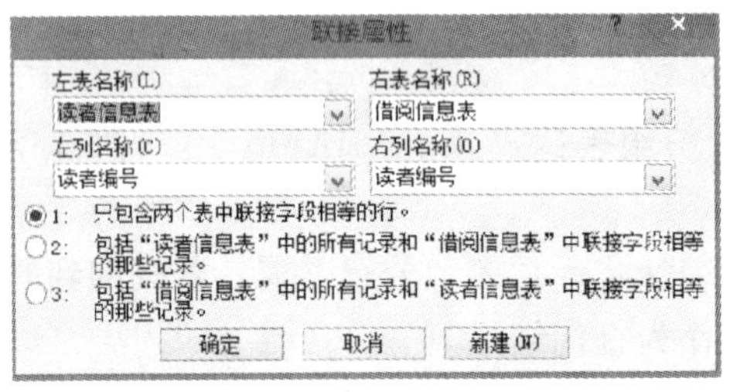

图 5.4 联接属性对话框

（1）内连接

内连接是指包括符合条件的每个表的记录，也就是说两个表中具有相同值的行会在结果表中显示。

例 5.21：查询并显示书籍编号、书籍名称、书籍类别、最大借出天数。

方法一：

SELECT 图书信息表.书籍编号, 图书信息表.书籍名称, 图书类别表.书籍类别, 图书类别表.最大借出天数

FROM 图书类别表 INNER JOIN 图书信息表 ON 图书类别表．类别代码 = 图书信息表．类别代码；

方法二：

SELECT 图书信息表．书籍编号，图书信息表．书籍名称，图书类别表．书籍类别，图书类别表．最大借出天数

FROM 图书类别表，图书信息表

WHERE 图书类别表．类别代码 = 图书信息表．类别代码；

运行查询后可以看到，上边两种方法得到的结果完全相同。因此内连接可以通过 INNER JOIN … ON … 子句实现也可以通过 WHERE 子句实现。

（2）左连接

左连接是指包含左表中的所有记录和右表中与左表相对应的记录。

例 5.22：查询图书信息表中所有图书以及对应图书类别信息。

SELECT 图书信息表．书籍编号，图书信息表．书籍名称，图书类别表．书籍类别，图书类别表．最大借出天数

FROM 图书信息表　LEFT JOIN 图书类别表 ON 图书类别表．类别代码 = 图书信息表．类别代码；

（3）右连接

右连接和左连接刚好相反，它是指包含右表中的所有记录以及与左表相对应的记录。

例 5.23：查询所有图书类别以及对应的图书信息。

SELECT 图书信息表．书籍编号，图书信息表．书籍名称，图书类别表．书籍类别，图书类别表．最大借出天数

FROM 图书类别表 RIGHT JOIN 图书信息表 ON 图书类别表．类别代码 = 图书信息表．类别代码；

5.5.6 嵌套查询

在 SQL 语句中，一个 SELECT … FROM … WHERE 语句称为一个查询块。将一个查询块嵌套在另一个查询块的 WHERE 子句或 HAVING 短语的条件中的查询称为嵌套查询或子查询。

例 5.24：查询比《软件工程》贵的图书基本信息。

SELECT *

FROM 图书信息表

WHERE 书籍价格 >（select 书籍价格 from 图书信息表 Where 书籍名称 = '软件工程'）；

5.5.7 联合查询

每一个 SELECT 语句都能获得一个或一组记录。若要把多个 SELECT 语句的结果合并为一个结果，可用联合查询来完成。

例 5.25：查询所有“人民邮电出版社”出版的图书以及价格在 30 元以下图书的信息。

```
SELECT *
FROM 图书信息表
WHERE 出版社 = "人民邮电出版社"
UNION
SELECT *
FROM 图书信息表
WHERE 书籍价格 <30;
```

如果无须返回重复记录，可以输入带有 UNION 运算符的 SQL 语句，如果需要返回重复记录，可以输入带有 UNION ALL 运算符的 SQL SELECT 语句，并且每条 SELECT 语句必须以相同顺序返回相同数据的字段。

如果要在联合查询中指定排序，可以在最后一条 SELECT 语句的末端添加 ORDER BY 子句，且该字段必须来自第一条 SELECT 语句。

本章小结

本章介绍了 SQL 语言的基本知识、语句的基本功能以及 Access 中查询的实质。通过本章的学习读者应掌握基本的 SQL 语句语法规则，了解数据定义、数据操纵的基本语句格式，重点掌握 SQL 中的查询语句，为创建更灵活的查询语句打下基础。

第 6 章 窗 体

一个好的数据库系统不但要设计合理，满足用户需要，而且还必须具有一个功能完善、操作方便、外观美观的操作界面。一个数据库系统开发完成后，对数据库的所有操作都是在窗体界面中进行的。

窗体又称为表单，是人机交互的一个重要接口，是 Access 2010 数据库的重要对象之一。在 Access 2010 中虽然可以直接使用数据表窗口来输入数据，但不太方便，通过窗体可以方便地进行数据的输入、修改、查看、排序、筛选和显示。

引例：

读者管理窗体

前文中提到窗体是人机交互的一个重要接口，它就是图形化的用户界面。图 6.1 所示的“读者管理”窗体就是一个很好的交互界面。通过此窗体用户可以对数据库中各读者相关信息进行相应的增删和修改，同时系统也可以通过此窗体向管理者展示每个读者的具体信息。

读者管理

读者编号	姓名	性别	出生日期	身份证号	读者类型	入校时间	权限
1402002	陆峰	男	73-07-05	596487197307053692	1-教师	13-07-22	教职工
1402003	方丽丽	女	69-06-03	697421196906035719	1-教师	98-09-01	教职工
1402005	甄子龙	男	67-03-04	987413196703046542	1-教师	98-09-01	教职工
1402006	王颖	女	72-09-07	864135197209073411	1-教师	99-09-01	教职工
1402007	马文骸	男	80-08-31	258942198008315428	1-教师	03-09-01	教职工
1403000	于洋	女	81-08-09	236542198108093545	1-教师	03-09-01	管理员
1403001	周海峰	男	88-09-09	654321198809093454	1-教师	09-09-01	教职工
1403005	赵小蓉	女	79-10-03	346544197910038543	1-教师	02-09-01	教职工
1402001	吴奇	男	82-04-19	324864198204193548	2-职工	03-09-01	教职工
1402004	李琼	女	83-06-16	245646198306165468	2-职工	04-09-01	管理员
1402008	于娟	女	87-02-04	654231198702041347	2-职工	08-09-01	教职工
1402009	钟晓磊	男	79-03-21	256522197903219822	2-职工	01-09-01	教职工

读者编号：　身份证号：
读者姓名：　性　别：男　女
出生日期：　读者类型：
入校时间：　管理员否：是　否
个人相片　更换
添加　删除　修改　退出

图 6.1 “读者管理”窗体

"读者管理"窗体上包含命令按钮、文本框、标签框等多种控件，这些知识点将在本章后面进行具体介绍。要设计一个窗体并不难，但是要使一个窗体完全符合应用程序的要求，还要掌握很多相关知识。

6.1 窗体概述

6.1.1 窗体的概念与作用

窗体是在可视化程序设计中经常提及的概念，实际上就是程序运行时的Windows窗口，在应用系统设计时称为窗体。Access 2010中使用窗体来控制对数据的访问。对用户而言，窗体是操作应用系统的界面，靠菜单或按钮提示用户进行业务流程操作，不论数据处理系统的业务性质如何不同，必定有一个主窗体，提供系统的各种功能，用户通过选择不同操作进入下一步操作的界面，完成操作后返回主窗体。

窗体可以接受数据的输入并检查输入的数据是否有效，也可以根据需要输出各类形式的信息（包括多媒体信息），还可以把记录组织成方便浏览的各种形式。窗体可以根据是否有数据源分为绑定窗体和非绑定窗体。

6.1.2 窗体的相关作用

1. 输入和编辑数据

该功能是窗体最普遍的应用，用来对表和查询进行数据显示、浏览、输入、修改和统计等多种操作。用户可以利用窗体进行数据库中数据的录入、修改、删除，例如图6.1所示的"读者管理"窗体。

2. 交换、显示信息

利用窗体可以显示一些解释或警告消息，以便用户及时了解将要发生的行为信息，窗体也接受用户输入的信息到系统中。一般用户设计的弹出式窗体就是这种用途。另外，通过调用系统函数MsgBox和InputBox也可以实现信息的输入输出。当操作中出现问题时，就会弹出警告消息窗体，如图6.2所示。

显示信息窗体主要以数值或者图表的形式显示信息，如图6.3所示。

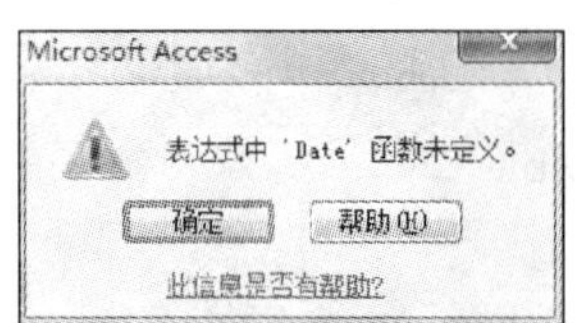

图6.2 警告消息窗体

借阅类型设置查询

读者类型	图书类别	借阅册数	借阅时长	允许续借否
1-教师	S-农业科学	2	60	☑
1-教师	T-工业技术	2	60	☑
1-教师	U-交通运输	2	60	☑
1-教师	V-航空航天	2	60	☑
1-教师	X-环境安全	2	60	☑
1-教师	Z-综合	2	60	☑
2-职工	A-马列毛	2	60	☑
2-职工	B-哲学	2	60	☑
2-职工	C-社科总论	2	60	☑

图6.3 "借阅类型设置查询"窗体

3. 控制程序流程

窗体可以用来操作和控制程序的运行。这类窗体通过“命令按钮”来执行用户请求。此外，还可以通过选项按钮、切换按钮、列表框和组合框等其他控件接受并执行用户的请求。

窗体还可以和宏或者函数一起配合使用，使数据库各个对象紧密地结合起来，实现控制程序流程。例如，图 6.1 中的“删除”按钮，配置代码后，当用户单击这个按钮时，会触发一系列的操作，实现删除数据库中记录信息的功能。

控制程序流程的窗体最典型的例子就是主界面窗体，如图 6.4 所示的“图书管理系统”主界面，该面板对浏览数据库很有帮助。切换面板中有一些按钮，单击这些按钮可以打开相应的窗体和报表（或打开其他窗体和报表的切换面板），退出 Access 2010 或自定义切换面板。

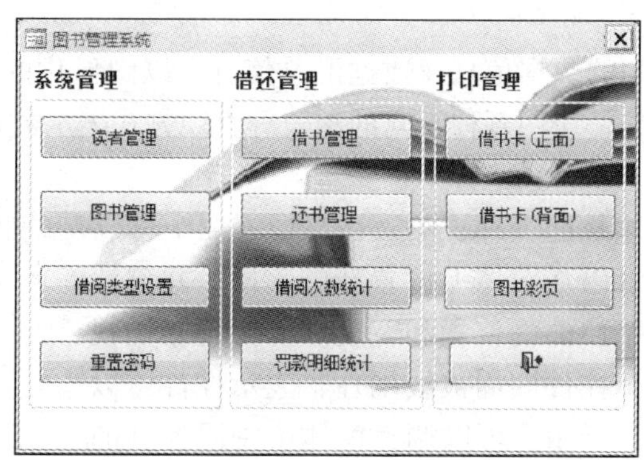

图 6.4 “图书管理系统”主界面

6.1.3 窗体视图

窗体视图以各种不同的角度与层面来查看窗体的数据源。不同视图以不同的布局形式来显示数据源，Access 2010 窗体有 6 种视图：设计视图、窗体视图、数据表视图、数据透视表视图、数据透视图视图和布局视图。

1. 设计视图

设计视图是 Access 数据库对象（包括表、查询、窗体和宏）都具有的一种视图。在设计视图中不仅可以创建窗体，更重要的是编辑修改窗体。窗体视图由五部分组成：窗体页眉、页面页眉、主体、页面页脚和窗体页脚。在设计视图中可以通过“窗体设计”的工具箱和工具栏完成任何类型窗体设计工作。窗体在设计视图中显示时实际并没有运行，因此在进行设计方面的更改时，无法看到基础数据。用户可在窗体视图和布局视图中进行结果查看。

2. 窗体视图

窗体视图是操作数据库时的视图，是完成对窗体设计后的结果。在窗体设计过程中，需要不断地在设计视图和窗体视图之间进行切换，从而完善窗体设计，设计效果参见图 6.1。

3. 数据表视图

数据表视图是显示数据的视图，同样也是完成窗体设计后的结果。窗体的“数据表视图”与表和查询的数据表视图外观基本相似，稍有不同。在这种视图中，是以行和列的二维表格式显示表、查询或窗体数据，可以一次浏览多条记录。在数据表视图中，用户可以编辑、添加、修改、查找或删除数据。Access 中只有基于表和查询的绑定窗体才有数据表视图，如图 6.3 所示。

4. 数据透视表视图

数据透视表视图是用于汇总并分析数据表或数据的视图。这种视图是一种交互式的表，可以不断重新排列行标题、列标题和筛选字段，直到形成所需的版面布置。每次改变版面布置时，窗体会立即按照新的布置重新计算数据，实现数据的汇总、小计和总计。还可以通过拖动字段或项，或通过显示和隐藏字段的下拉列表项，来查看不同级别的详细信息或指定布局。在窗体的数据透视表视图中，可以动态地更改窗体的版面布置，重构数据的组织方式，从而方便地以各种不同方法分析数据。

5. 数据透视图视图

数据透视图视图把表中的数据信息及数据汇总信息，以图形化的方式直观显示出的视图。和数据透视表类似，不同的是使用各种不同的图表等直观方式表示数据。

6. 布局视图

布局视图是 Access 新增加的一种视图。在布局视图中可以调整和修改窗体设计，可以根据实际数据调整列宽，还可以在窗体上放置新的字段，并设置窗体及其控件的属性、调整控件的位置和宽度。切换到布局视图后，可以看到窗体的某个控件四周被线围住，表示控件可以调整位置和大小，如图 6.5 所示，可以调整窗体中密码控件的大小。

图 6.5 “密码修改”窗体

在布局视图中，窗体实际正在运行，因此看到的数据与使用该窗体时显示的外观非常相似。它是用于修改窗体的最直观的视图，可用于在 Access 中对窗体进行几乎所有需要的更改。由于可以在修改窗体的同时看到数据，因此它是非常有用的视图，可用于设置控件大小或执行几乎所有其他影响窗体的外观和可用性的任务。

但如果要创建标准桌面数据库（而不是 Web 数据库），并且遇到无法在布局视图中执行的任务，则可以切换到设计视图。在某些情况下，Access 会显示一条消息，指出必须切换到设计视图才能进行特定的更改。

6.2 创建窗体

Access 2010 功能区“创建”选项卡的“窗体”组中，提供了多种创建窗体的功能按钮，其中包括：“窗体”、“窗体设计”和“空白窗体”三个主要的按钮，还有“窗体向导”、“导航”和“其他窗体”三个辅助按钮，如图 6.6 所示。单击“导航”和“其他窗体”按钮还可以展开下拉列表，列表中提供了创建特定窗体的方式，如图 6.7 和图 6.8 所示。

图 6.6 窗体组

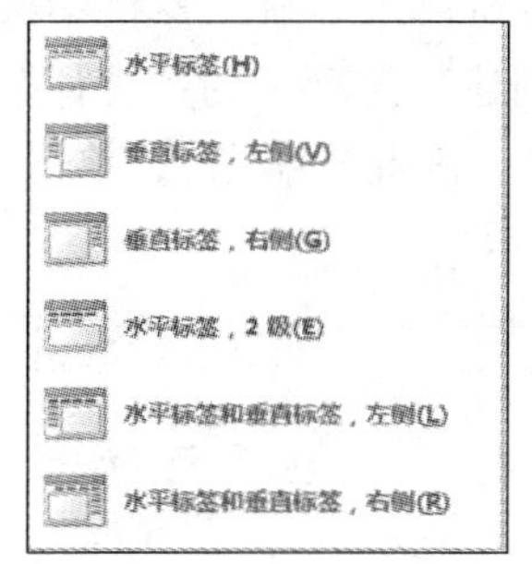

图 6.7 “导航”按钮下拉列表

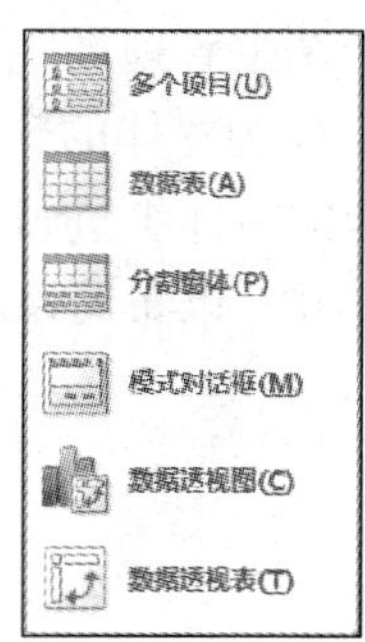

图 6.8 “其他窗体”下拉列表

各个按钮的功能如下。

“窗体”按钮：最快速地创建窗体的工具，只需要单击一次鼠标便可以创建窗体。使用这个工具创建窗体，来自数据源的所有字段都放置在窗体上。

“窗体设计”按钮：利用窗体设计视图设计窗体。

“空白窗体”按钮：这也是一种快捷的窗体构建方式，以建立空白布局视图的方式设计和修改窗体，尤其是当计划只在窗体上放置很少几个字段时，使用这种方法最为适宜。

“窗体向导”按钮：一种辅助用户创建窗体的工具。

“导航”按钮：用于创建具有导航按钮即网页形式的窗体，在网络世界把它称为表单。“导航”工具下又细分为六种不同的布局格式，虽然布局格式不同，但是创建的方式是相同的。导航工具更适合于创建 Web 形式的数据库窗体。

“其他窗体”下拉列表项功能如下。

多个项目：使用“窗体”工具创建窗体时，所创建的窗体一次只显示一个记录。而使用多个项目则可创建显示多个记录的窗体。

数据表：生成数据表形式的窗体。

分割窗体：可以同时提供数据的两种视图，即窗体视图和数据表视图。

模式对话框：生成的窗体总是保持在系统的最上面，不关闭该窗体不能进行其他操作，登录窗体就属于这种窗体。

数据透视图：生成基于数据源的数据透视图窗体。

数据透视表：生成基于数据源的数据透视表窗体。

从以上可以看出 Access 创建窗体的方法十分丰富。

6.2.1 使用“窗体”命令创建窗体

使用“窗体”按钮所创建的窗体，其数据源来自某个表或某个查询段，其窗体的布局结构简单规整。用这种方法创建的窗体是一种单个记录的窗体。

例 6.1：通过在“图书管理系统”数据库中创建“读者信息”窗体，说明利用“窗体”按钮创建窗体的过程与步骤。

具体步骤如下。

（1）首先打开“图书管理系统”数据库，在数据库窗口“导航”窗格中选择“表”一组中的“读者信息表”作为窗体的数据源，在功能区“创建”选项卡的“窗体”组（以下创建窗体都是在该选项卡的窗体组进行操作，如图 6.6 所示，因此省略图），单击“窗体”按钮，窗体立即创建完成，并且以布局视图显示，如图 6.9 所示。

图 6.9　“读者信息”窗体

（2）在快捷工具栏，单击“保存”按钮，在弹出的“另存为”对话框中输入窗体的名称“读者信息”，然后单击“确定”按钮，如图 6.10 所示。

图 6.10　“另存为”对话框

6.2.2　使用“多个项目”命令

使用“窗体”按钮创建的窗体是一种单个记录的窗体，“多个项目”创建的窗体，具有显示多个记录的一种窗体布局形式。

例 6.2：在“图书管理系统”数据库中利用“多个项目”创建“读者信息”窗体。通过此实例可以帮助大家熟悉“多个项目”按钮创建窗体的方法和步骤，看到它与“窗体”按钮的不同。

具体步骤如下。

（1）首先打开“图书管理系统”数据库，在数据库窗口中“导航”窗格选择“表”一组中“读者信息表”作为窗体的数据源，单击“其他窗体”按钮，在打开的下拉列表中，单击“多个项目”命令，参见图 6.8。

（2）窗体创建完成，同时打开窗体布局视图，如图 6.11 所示。

（3）在快捷工具栏，单击“保存”按钮，在弹出的“另存为”对话框中输入窗体的名称“读者信息多个项目”，然后单击“确定”按钮。与例 6.1 中数据源相同，但显示形式不同，读者应注意它们的区别。

读者信息多个项目

读者信息表

读者编号	密码	权限	姓名	性别	出生日期	身份证号	借阅类型
1402001	123456	教职工	吴奇	男	82-04-19	3248641982041935	2
1402002	123456	教职工	陆峰	男	73-07-05	5964871973070536	1
1402003	123456	教职工	方丽丽	女	69-06-03	6974211969060367	1
1402004	123456	管理员	李琼	女	83-06-16	2456461983061654	2
1402005	123456	教职工	甄子龙	男	67-03-04	9874131967030465	1
1402006	123456	教职工	王颖	女	72-09-07	8641351972090734	1
1402007	123456	教职工	马文豪	男	80-08-31	2589421980083154	1

记录: 第 1 项(共 37 项 无筛选器 搜索

图 6.11 多个项目布局窗体

6.2.3 使用“分割窗体”命令

“分割窗体”是用于创建一种具有两种布局形式的窗体，在窗体的上半部是单一记录布局方式，在窗体的下半部是多个记录的数据表布局方式。这种分割窗体为用户浏览记录带来了方便，既可以宏观上浏览多条记录，又可以微观上明细地浏览一条记录。使用“分割窗体”命令创建窗体，可以按照下例所示步骤进行。

例 6.3：在“图书管理系统”数据库中，以“读者信息”表为数据源，使用“分割窗体”命令创建窗体，显示如图 6.12 所示。

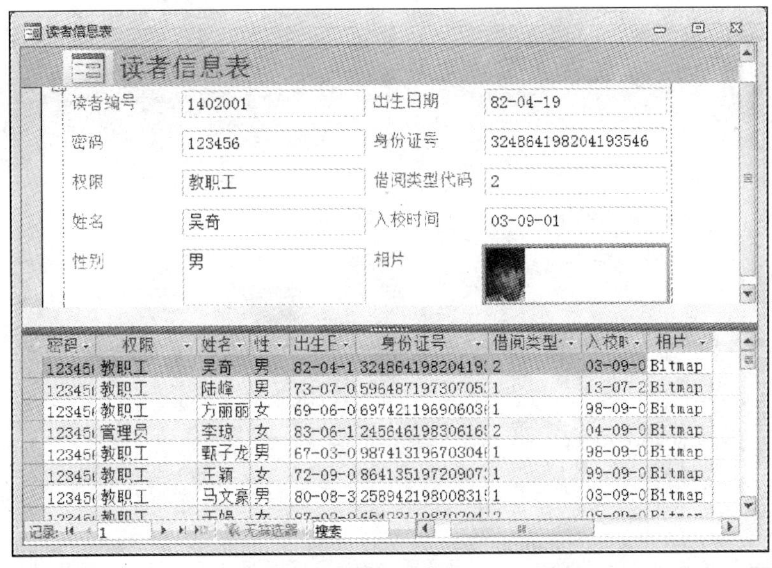

图 6.12 分割窗体

具体步骤如下。

(1) 首先打开“图书管理系统”数据库，在数据库窗口中“导航”窗格选择“表”一组中“读者信息表”作为窗体的数据源，单击“其他窗体”按钮，在打开的下拉列表中单击“分割窗体”命令，参见图6.8。

（2）窗体创建完成，上部分的窗体以布局视图显示，如图6.13所示。

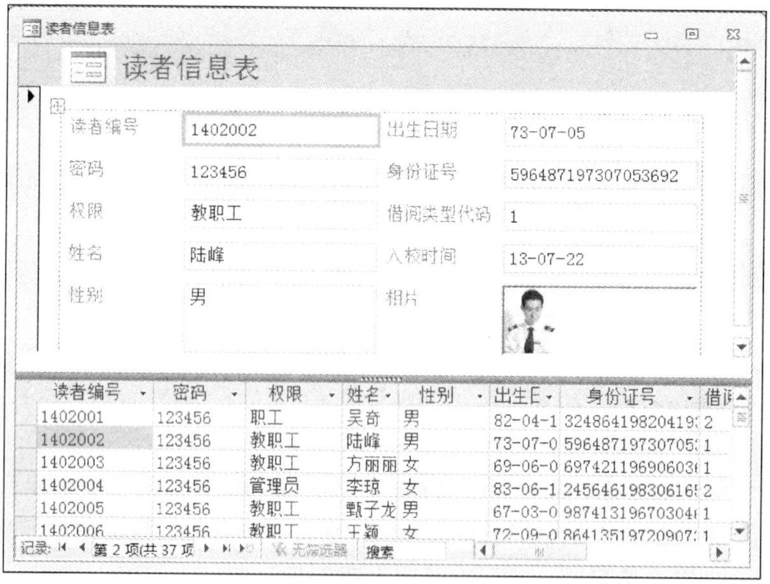

图6.13 单击下一记录按钮后上下部显示该记录的明细

（3）在下半部中，单击最下面导航条中的“下一记录”按钮，则上半部的记录显示该记录的明细信息，如图6.14所示。

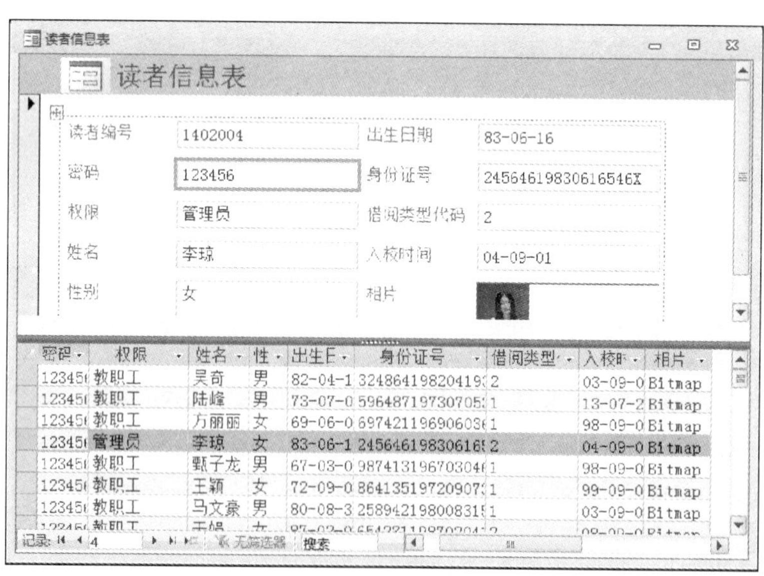

图6.14 选择下一记录后上部显示该记录的明细

这种分割窗体特别适合于数据表中记录很多，又需要浏览某一条记录明细的情况。

6.2.4 使用“数据透视表”命令

数据透视表窗体是为相应数据源产生一个 Excel 的分析表而建立的一种窗体形式，因此使用数据透视表窗体，需要用户安装 Microsoft Excel 软件。它可以进行选定的计算，例如求和与计数，所进行的计算与数据在数据透视表窗体中的排列有关。

1. 水平或者垂直显示字段值，然后计算每一行或列的合计。

例 6.4：在“图书管理系统”数据库中，通过创建数据透视表展示图书馆中每个出版社的藏书量，并计算出版社的总藏书量，同时显示每个出版社每本书籍的藏书量。通过此实例可以了解数据透视表的建立过程和简单作用。

具体步骤如下。

（1）首先打开“图书管理系统”数据库，在数据库窗口中“导航”窗格选择“表”一组中“图书信息表”作为窗体的数据源，单击“其他窗体”按钮，在打开的下拉列表中，单击“数据透视表”命令，参见图 6.8。

（2）打开如图 6.15 所示的数据透视表设计窗体，要展示和统计的每个出版社的藏书量需要涉及的是字段“出版社”和“藏书量”，因此在数据透视表字段列表中，把“出版社”字段拖动到窗体中“将列字段拖至此处”的位置释放，而将“藏书量”拖动到“将汇总或明细字段拖至此处”的位置释放，结果如图 6.16 所示。

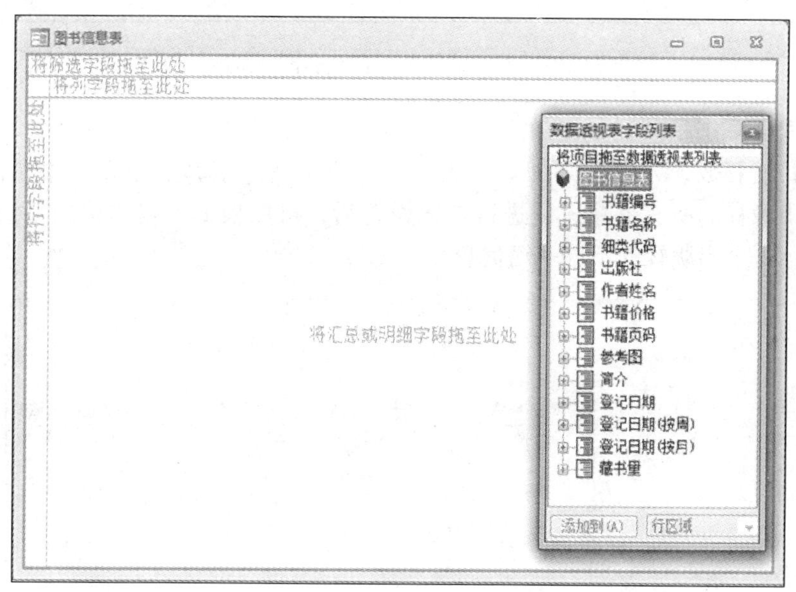

图 6.15 “图书信息”数据透视表设计窗体

（3）通过图 6.16 可以看出，数据透视表窗体此时展示了每个出版社每本书的藏书量。而藏书量的汇总则可以使用“自动计算”命令下的合计、计数、最大值等各种命令。因此，在数据透视表窗体汇总区右击，在弹出的快捷菜单中找到“自动计算”菜单并选择“合计”和“最小值”命令，结果如图 6.17 所示，每列末尾两行分别显示了总藏书量和最少藏书量。

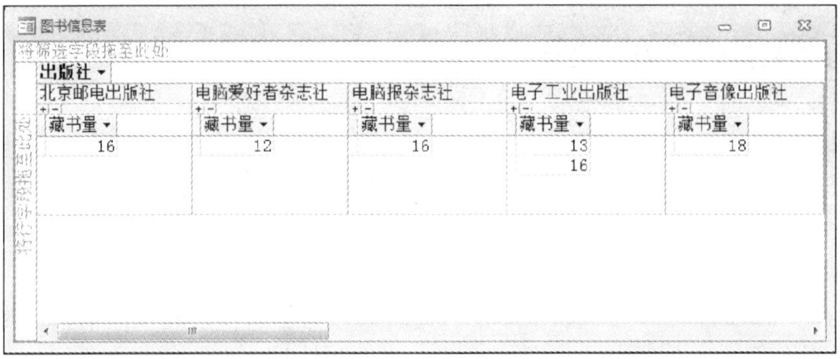

图书信息表

将筛选字段拖至此处

出版社

北京邮电出版社	电脑爱好者杂志社	电脑报杂志社	电子工业出版社	电子音像出版社
藏书量	藏书量	藏书量	藏书量	藏书量
16	12	16	13 16	18

将行字段拖至此处

图 6.16 字段放置后的数据透视表设计窗体

图书信息表

将筛选字段拖至此处

出版社

北京邮电出版社	电脑爱好者杂志社	电脑报杂志社	电子工业出版社	电子音像出版社
藏书量	藏书量	藏书量	藏书量	藏书量
16	12	16	13 16	18
16	12	16	29	18
16	12	16	13	18

将行字段拖至此处

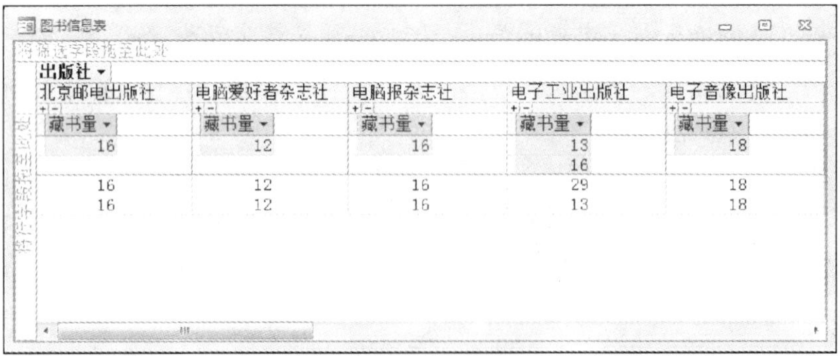

图 6.17 统计后的数据透视表设计窗体

（4）为了使“藏书量”显示更加清晰，还可以把“书籍名称”字段拖动到“将筛选字段拖动至此处”位置释放，如图 6.18 所示，此时“书籍名称”就成为显示藏书量的筛选依据。默认显示的是出版社的所有书籍，但进行上述设置后，可以根据书籍名称的复选框前打钩与否，来决定显示每个出版社的不同书籍信息。

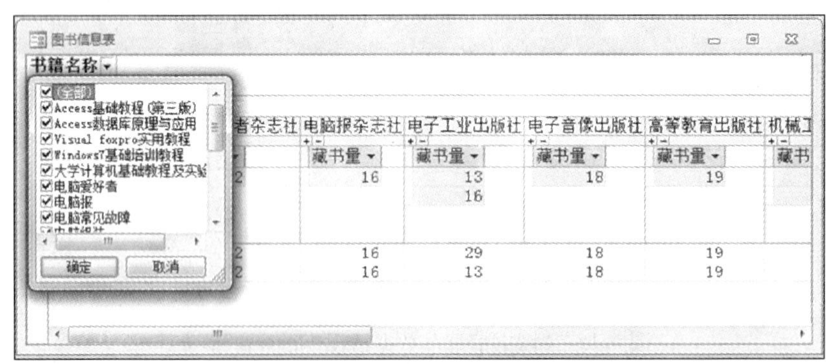

图 6.18 数据透视表设计窗体的筛选

2. 数据透视表将字段值作为行号或列标，在每个行列交汇处计算出各自的数量，然后计算小计和总计。

例 6.5：在“图书管理系统”数据库中，通过创建数据透视表计算每种权限不同性别人数，显示数据透视表窗体更强大的作用及其使用步骤。

具体步骤如下。

（1）前面步骤与例 6.4 相同，但此次是统计不同性别人数，因此窗体数据源是“读者信息表”，打开与图 6.15 类似窗体，此时窗体是空白的，只是“数据透视表字段列表”显示的是读者信息表的相关字段。此例中选择“权限”、“性别”和“读者编号”3 个字段。

（2）计算每种权限不同性别人数，其实就是统计字段“权限”和“性别”字段值均相等的不重复记录数。因此，将“权限”拖至行字段，将“性别”拖至列字段，行列汇总处即两字段值相等的位置，位置颠倒也可。“读者编号”拖至汇总处，最后选择快捷菜单中的“自动计算”中“计数”操作得到结果，如图 6.19 所示。

读者信息表

将筛选字段拖至此处

	性别		
	男	女	总计
权限	读者编号	读者编号	读者编号 的计数
管理员		1402004	2
		1403000	
		2	
教职工	1402001	1402003	14
	1402002	1402006	
	1402005	1402008	
	1402007	1403003	
	1402009	1403005	
	1403001	1403006	
	1403002		

图 6.19　“读者信息表”数据透视表窗体

6.2.5　使用“数据透视图”命令

在 Access 中，数据透视图是一种交互式的视图，利用它可以把数据库中的数据以图形方式显示，从而可以直观地获得数据信息。单击“数据透视图”按钮创建数据透视图窗体，第一步只是窗体的半成品，接着还需要用户通过选择填充有关信息进行第二步创建工作，整个窗体才创建完成。

例 6.6：以读者信息表为数据源创建数据透视图窗体，制作各权限人数分布图，操作步骤如下。

（1）打开“图书管理系统”数据库，首先创建“各权限人数分布”汇总查询，并把读者编号字段列的标题修改为“读者人数：读者编号”，该字段列的“总计”项为“计数”，“权限”字段列为“分组”。其查询设计视图如图 6.20 所示。

（2）把该查询保存为“各权限读者人数”。

（3）在“导航”窗格“查询”组中，选择“各权限读者人数”查询，作为窗体的数据源。然后，

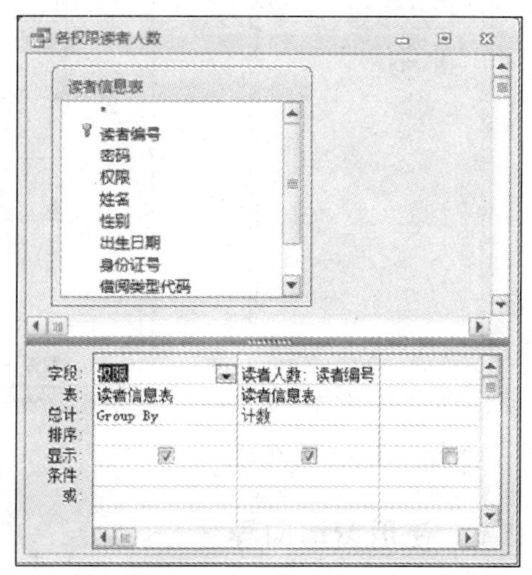

图 6.20　各权限读者人数分布查询

单击“其他窗体”列表中的“数据透视图”命令，参见图6.8。

(4) 在打开“数据透视图”设计窗口时，只是创建了一个数据透视图的框架，如图6.21所示，此外还需要设计者把相关字段拖到指定位置。

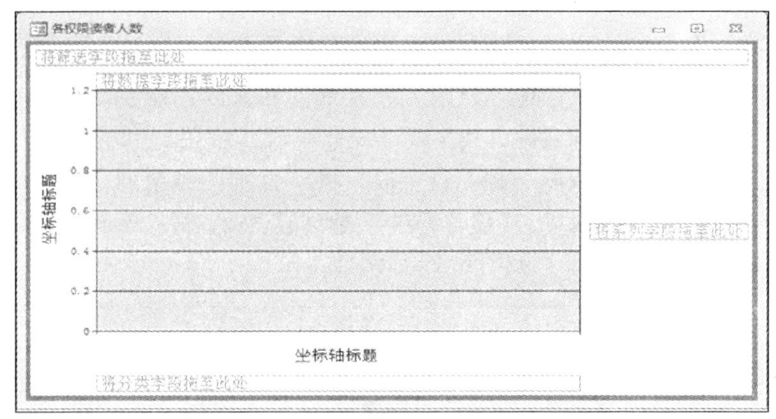

图6.21　数据透视图窗体框架

(5) 在“数据透视视图/设计”选项卡的“显示/隐藏”组中，单击“字段列表”按钮，打开图表字段列表，如图6.22所示。当选定窗体数据源时，此列表一般会随着设计窗口一起弹出。

(6) 在“字段列表”中，把“权限”字段拖到下方的“将分类字段拖到此处”的位置，把“读者人数”字段拖到下方的“将数据字段拖到此处”的位置，这时在图表区显示出柱形图，如图6.23所示。

图6.22　图表字段列表

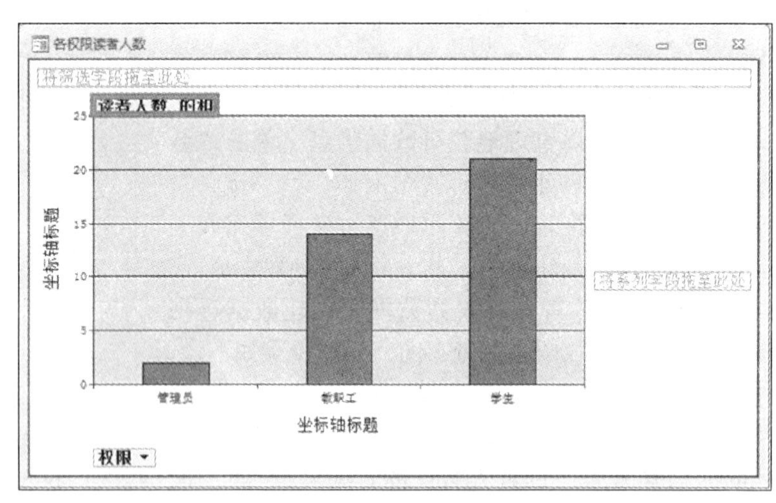

图6.23　数据透视图窗体

6.2.6　使用窗体向导

使用“窗体”按钮创建窗体虽然方便快捷，但是无论在内容和外观上都受到很大的限制，不能满足用户较高的要求。为此可以使用窗体向导来创建内容更为丰富的窗体。

例 6.7：在“图书管理系统”数据库中，以“读者信息”表为数据源，使用窗体向导创建窗体。具体步骤如下。

（1）打开“图书管理系统”数据库，选中“读者信息”表，单击“创建”选项卡中的“窗体向导”按钮。

（2）在打开的“请确定窗体上使用哪些字段”对话框中，在“表和查询”下拉列表中光标已经定位在所需要的数据源“读者信息”表，单击“ >> ”按钮，把该表中全部字段送到“选定字段”窗格中，或者根据需要，单击“ > ”按钮，选择所需字段，单击“下一步”按钮，如图 6.24 所示。

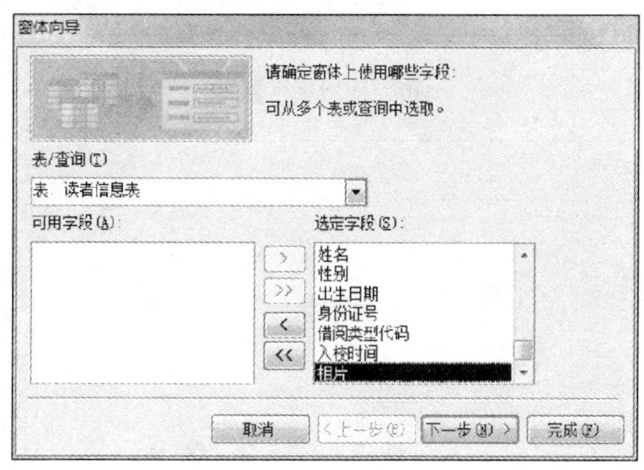

图 6.24 “请确定窗体上使用哪些字段”对话框

（3）在打开的“请确定窗体使用的布局”对话框中，选择“纵栏表”，单击“下一步”按钮，如图 6.25 所示。

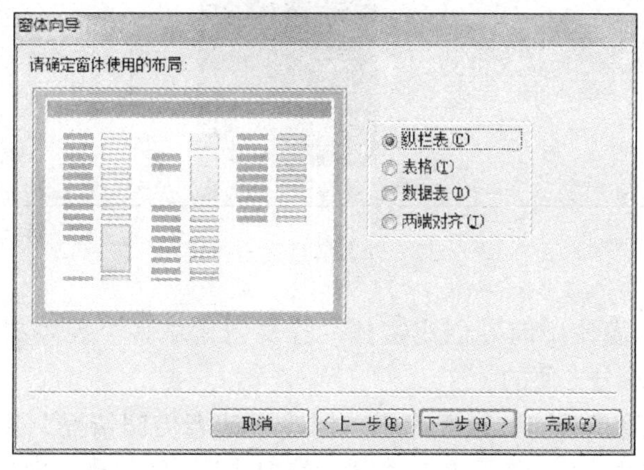

图 6.25 “请确定窗体使用的布局”对话框

（4）在打开的“请为窗体指定标题”对话框中，输入窗体标题“读者信息表”，选取默认设置。“打开窗体查看或输入信息”，单击“完成”按钮，如图 6.26 所示。

（5）这时打开窗体视图，可看到所创建窗体的效果，如图 6.27 所示。

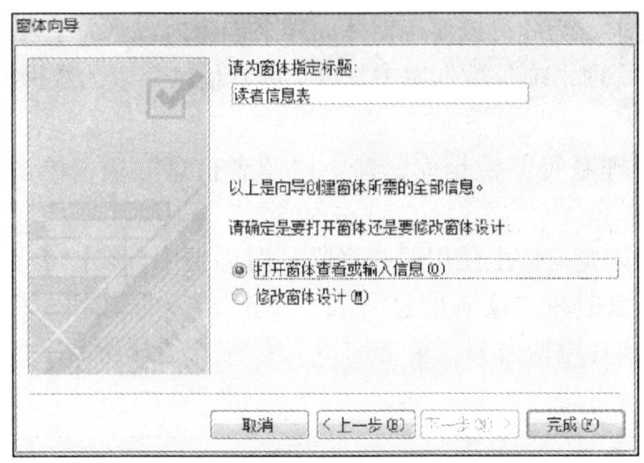

图6.26 “请为窗体指定标题”对话框

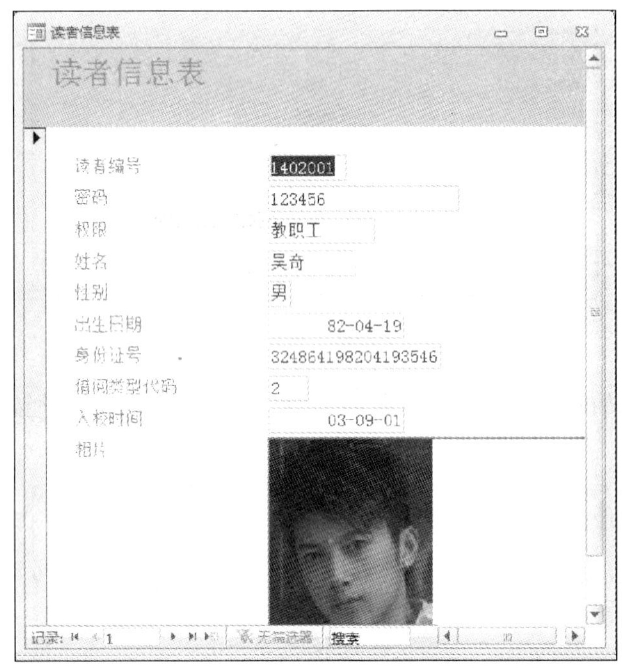

图6.27 读者信息表窗体视图

上面介绍了基于单表使用向导创建窗体，若要创建从多个表中提取数据的窗体，使用“窗体向导”同样也是十分方便的。

例6.8：在“图书管理系统”数据库中，创建“读者借阅情况”窗体，该窗体的数据源一部分来自“读者信息表”，一部分来自“借阅情况表”。使用窗体向导创建数据源为多表的窗体。具体步骤如下。

（1）打开“图书管理系统”数据库，选中“读者信息”表，单击“窗体向导”按钮。

（2）在打开的“请确定窗体上使用哪些字段”对话框中，在“表/查询”下拉列表中光标已经定位在所需要的数据源“读者信息”表，把该表中“读者编号”、“姓名”和“权限”字段送到“选定字段”窗格中。

(3) 在“表/查询”下拉列表中，选择“借阅情况表”，把“书籍编号”、“借书日期”、“应还日期”字段发送到“选定字段”窗格中，然后单击“下一步”按钮，如图 6.28 所示。

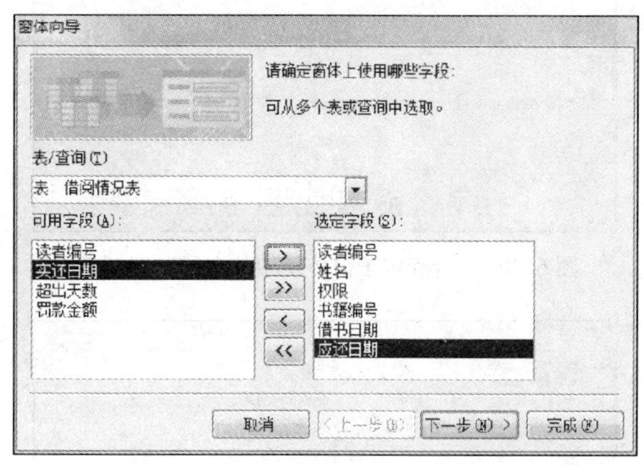

图 6.28 选择两个表中的字段

(4) 在打开的“请确定查看数据的方式”对话框中，默认“通过读书信息表”，在对话框中显示出两个数据源的布局关系，然后单击“下一步”按钮，如图 6.29 所示。

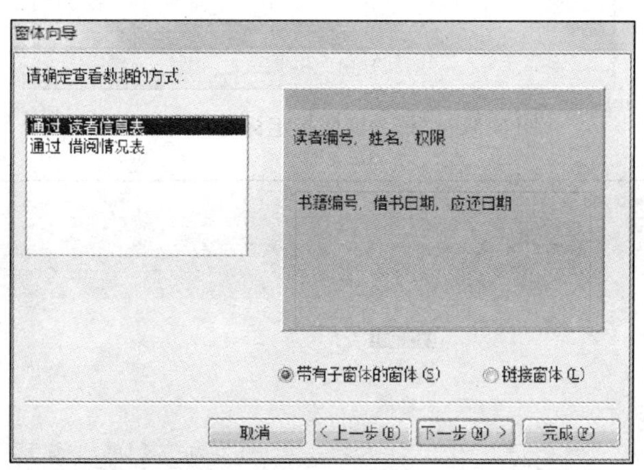

图 6.29 “请确定查看数据方式”对话框

(5) 在打开的“请确定子窗体使用的布局”对话框中，选择默认的“数据表”方式，单击“下一步”按钮，如图 6.30 所示。

(6) 在打开的“请为窗体指定标题”对话框中，在“窗体”中输入“读者借阅情况表”，单击“完成”按钮，如图 6.31 所示。

(7) 创建的窗体结果如图 6.32 所示，窗体上半部显示读者信息，下半部显示借阅信息中该读者的借阅信息。

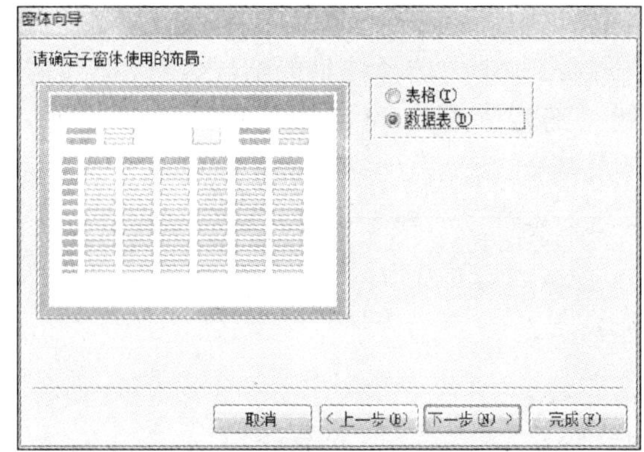

图 6.30　“请确定子窗体使用的布局”对话框

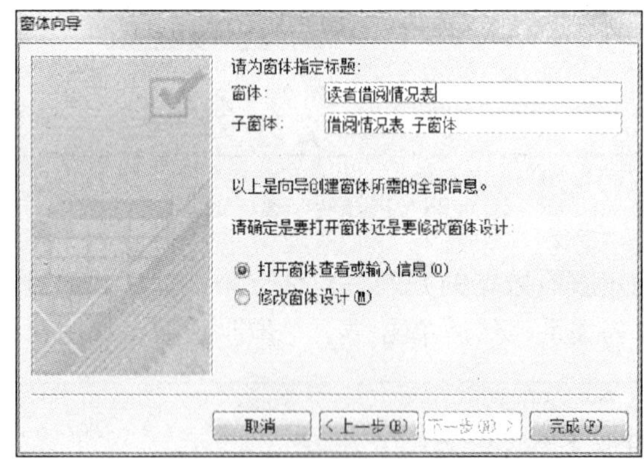

图 6.31　“请为窗体指定标题”对话框

图 6.32　主子窗体的创建结果

6.2.7　使用“空白”按钮

使用“空白”按钮创建窗体是在布局视图中创建数据表式窗体。这种“空白”就像一张白纸，使用“空白”创建窗体的同时，Access 打开用于窗体的数据源表，根据需要可以把表中的字段拖到窗体上，从而完成创建窗体的工作。

空白窗体是一种所见即所得的创建窗体方式，当向空白窗体添加了字段后，立即显示出具体记录信息，因此非常直观，不用视图转换，设计者可以立即看到创建后的结果。

例 6.9：使用“空白”按钮创建“图书管理系统”数据库中的“读者与书籍”窗体。操作步骤如下。

(1) 打开“图书管理系统”数据库，在功能区中单击“空白窗体”按钮，参见图 6.6。

(2) 这时打开了“空白窗体”视图，同时打开了“字段列表”窗格，显示数据库中所有的表，如图 6.33 所示。

图 6.33 空白窗体视图

(3) 单击“图书信息表”前的“+”符号，展开“图书信息表”所包含的字段，如图 6.34 所示。

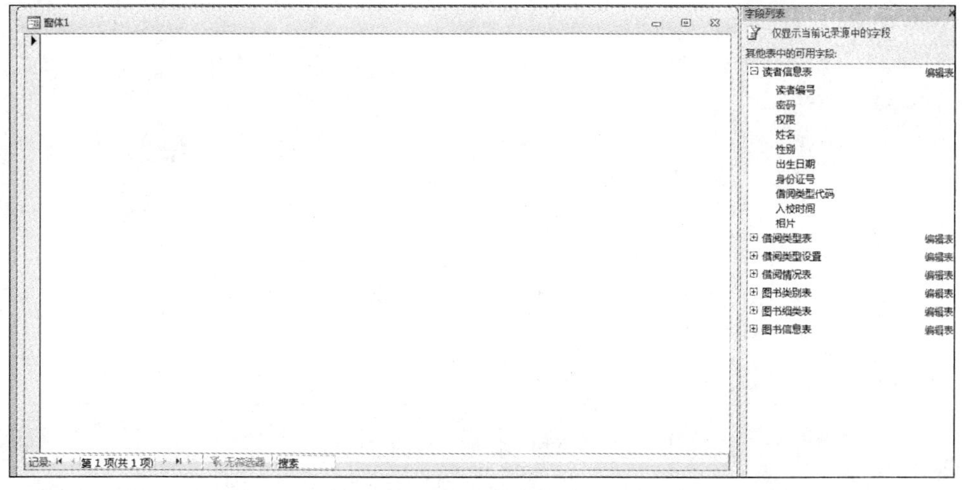

图 6.34 展开字段列表窗格

（4）依次双击读者信息表中的“读者编号”等所有字段，这些字段则被添加到空白窗体中，这时立即显示出“读者信息表”中的第一条记录，同时“字段列表”的布局从一个窗格变为三个小窗格，分别是：“可用于此视图的字段”、“相关表中的可用字段”和“其他表中的可用字段”，如图 6.35 所示。

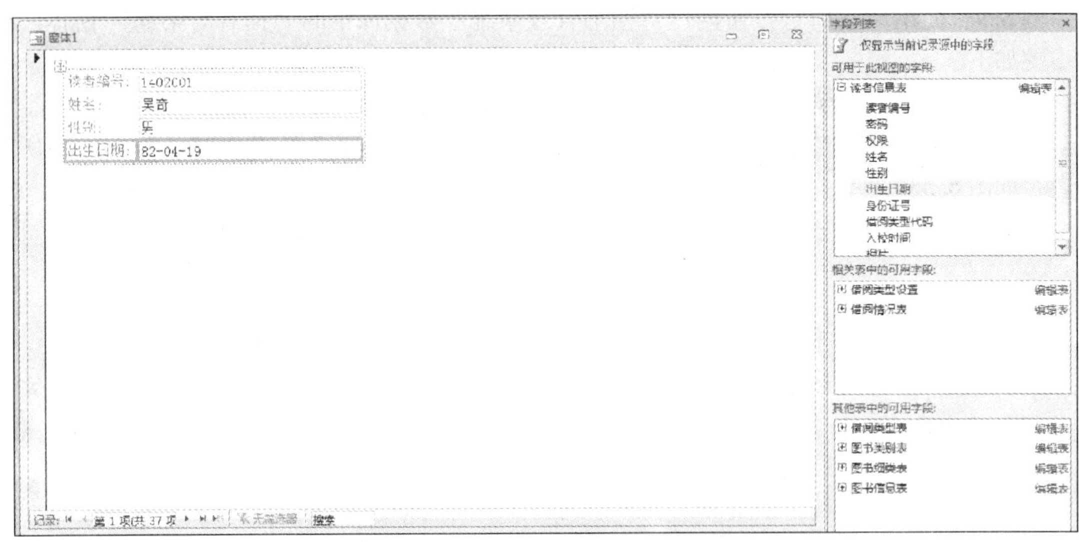

图 6.35　添加字段后的空白窗体和字段窗格

（5）如果选择相关表字段则由于表之间已经建立了关系，因此将会自动创建出主窗体子窗体结构的窗体。展开“借阅情况表”，双击其中的“书籍编号”字段，该字段添加到空白窗体中，显示出此读者借阅书籍信息，如图 6.36 所示。

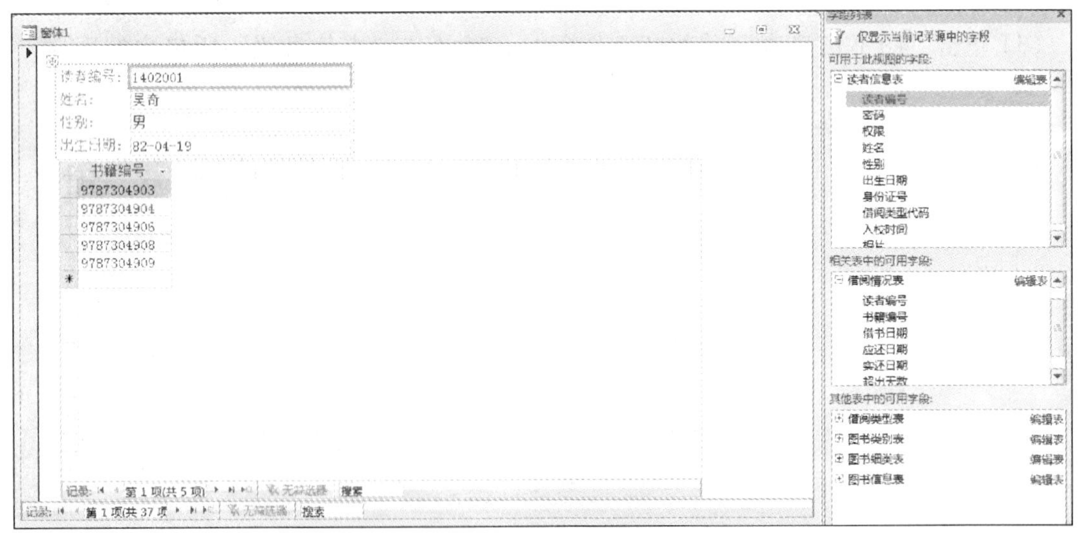

图 6.36　添加书籍编号后的空白窗体

（6）在“快捷工具栏”上单击“保存”按钮，在弹出的“另存为”对话框中输入“读者与书籍”，然后单击“确定”按钮，窗体创建完成。

6.3 窗体设计器

“窗体”按钮、“窗体向导”按钮、“空白窗体”按钮、“数据透视表”等向导工具可以创建各种类型窗体，但向导工具建立的窗体外观与功能一般比较简单，不一定能完全满足应用程序的实际需求，而且缺乏灵活性。因此，Access 2010 提供了窗体设计器。一般设计灵活复杂的窗体需要使用设计视图创建窗体，或者用向导及其他方法创建窗体，完成后在窗体设计视图中进行修改。

使用人工方式即利用窗体设计器创建窗体，需要创建窗体的每一个控件，建立控件与数据源的联系，设置控件的属性等。前文提到窗体的设计视图就是窗体设计器。在窗体的设计视图中，可直观地显示窗体的最终运行格式，设计者可利用控件工具箱向窗体添加各种控件，通过设置控件属性、事件代码处理完成窗体功能设计，通过格式工具栏中的工具完成控件布局等窗体格式设计。窗体设计的核心即是控件对象设计。

本节将介绍窗体设计工具箱的使用、对象属性及设置、对象事件及应用和其常用方法。

6.3.1 窗体设计视图

在导航窗格中，在“插入”选项卡的“窗体（编辑或输入数据）”组中，单击“窗体设计”按钮，就会打开窗体的设计视图，如图 6.37 所示。

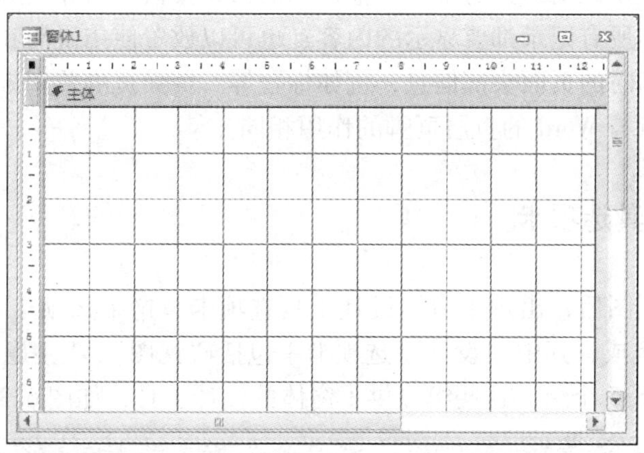

图 6.37 窗体设计视图的构成

窗体设计视图窗口由多个部分组成，每个部分称为“节”。所有的窗体都有主体节，默认情况下设计视图只有主体节，如图 6.37 所示。如果需要添加其他节，则在窗体中右击鼠标，在打开的快捷菜单中选择“页面页眉/页脚”和“窗体页眉/页脚”等命令，这样这几个节被添加到窗体上。

窗体页眉/页脚也是窗体中常使用的节，而页面页眉/页脚节是在窗体中使用相对较少的节。窗体各个节的分界横条被称为节选择器，使用它可以选定节。窗体各个节的宽度和高度都可以调整，一种简单方法是用手工调整。调整节的宽度时，首先单击节选择器（颜色变黑），然后把鼠标移到节选择器的上方变成上下双箭头形状后，上下拖动就可以调整节的高度。把鼠标放在节的右侧边缘处，鼠标变成水平双箭头，拖动鼠标可以调整节的宽度（调整时所有节的宽度同时调整）。

在窗体的左上角标尺最左侧的小方块，是“窗体选择器”按钮，双击它可以打开窗体的属性表窗口，如图6.38所示。

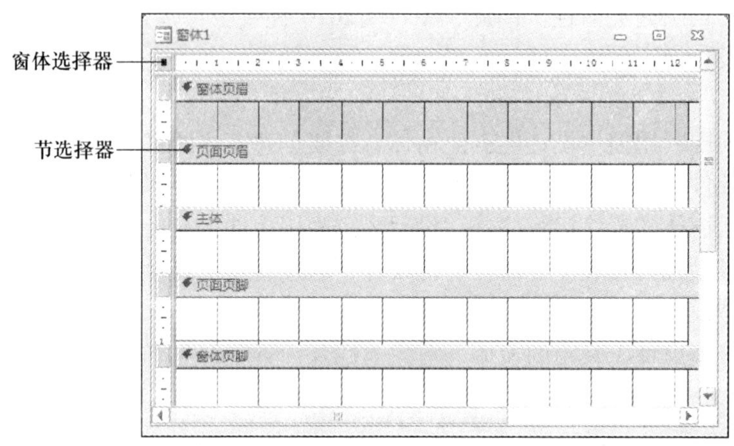

图6.38　窗体设计视图中的节和选择器

主体节是窗体最重要的部分，主要用来显示记录数据。窗体页眉节位于窗体顶部，一般用于放置窗体的标题、使用说明或执行某些其他任务的命令按钮。窗体页脚节位于窗体底部，一般用于放置对整个窗体所有记录都要显示的内容，也可以放置使用说明和命令按钮。页面页眉节用来设置窗体在打印时的页面头部信息，例如标题等。页面页脚节用来设置窗体在打印时的页面的页脚信息，这点与Word的页眉页脚的作用相同。

6.3.2　窗体设计工具选项卡

在打开窗体设计视图后，出现了窗体设计工具选项卡。这个选项卡由“设计”、“排列”和“格式”子选项卡组成，其中“设计”选项卡中包括“视图”、“主题”、“控件”、“页眉/页脚”以及“工具”等5个组，这些组提供了窗体的设计工具，如图6.39所示。

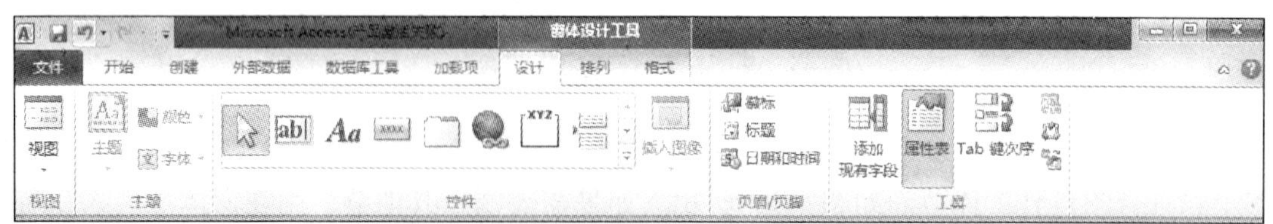

图6.39　“设计”选项卡

“排列”选项卡中包括“表”、“行和列”、“合并/拆分”、“移动”、“位置”、和“调整大小和排序”等6个组，主要用来对齐和排列控件，如图6.40所示。

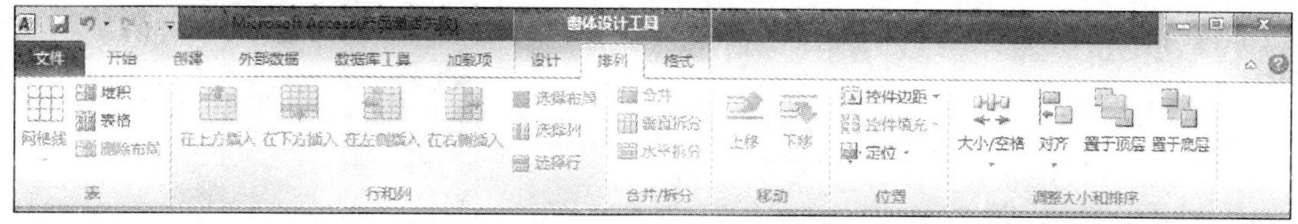

图 6.40 “排列”选项卡

“格式”选项卡中包括“所选内容”、“字体”、“数字”、“背景”和“控件格式”等 5 个组，用来设置控件的各种格式，如图 6.41 所示。

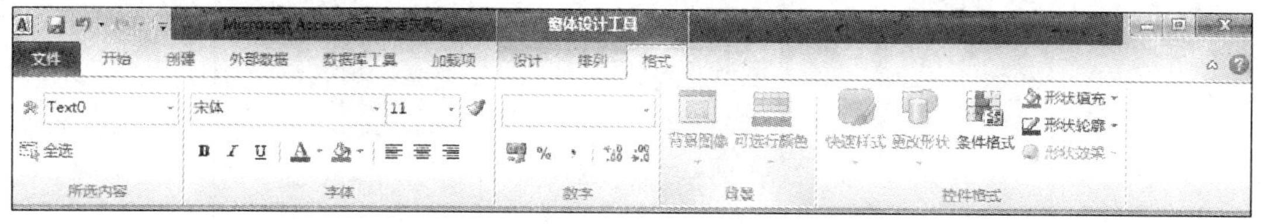

图 6.41 “格式”选项卡

6.3.3 设计选项卡

下面介绍设计选项卡的 5 个组及其功能。

1. 视图组

视图组只有一个视图按钮，带有下拉列表的按钮，单击该按钮，展开下拉列表，如图 6.42 所示，列表中包含“窗体视图”、“数据表视图”等 6 种视图，选择列表中不同视图，可以在窗体的不同视图之间切换。

2. 主题组

主题组是把 PowerPoint 所使用的主题概念应用到 Access，在这里特指 Access 数据库系统的视觉外观，主题决定整个系统的视觉样式。主题组中包括“主题”、“颜色”和“字体”三个按钮，单击每一个按钮都可以进一步打开相应的下拉列表，如图 6.43—图 6.45 所示。在列表中选择命令进行相应的设置。当在主题组中选择某一主题后，应用所选的主题使整个系统的外观发生改变。同样，在颜色列表和字体列表中，选择相应的颜色和字体后，就会使这个系统的颜色和字体发生改变。

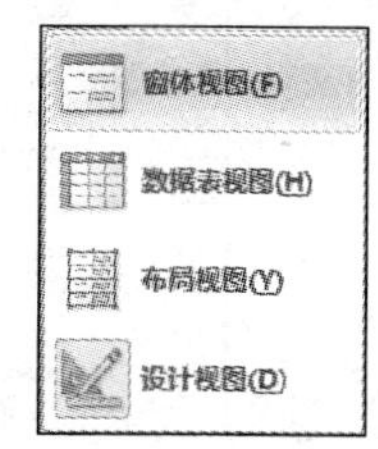

图 6.42 “视图”下拉列表

3. 控件组

控件组是设计窗体的主要工具，由多个控件组成，但限于空间的大小，在控件组中不能一屏显示出所有控件。单击控件组下拉箭头可以打开控件对话框，对话框中显示所有的控件，如图 6.46 所示。具体控件功能及其应用将在下面介绍。

4. 页眉/页脚组和工具组

页眉/页脚组中的命令和工具组中的命令功能参见表 6.1 和表 6.2。

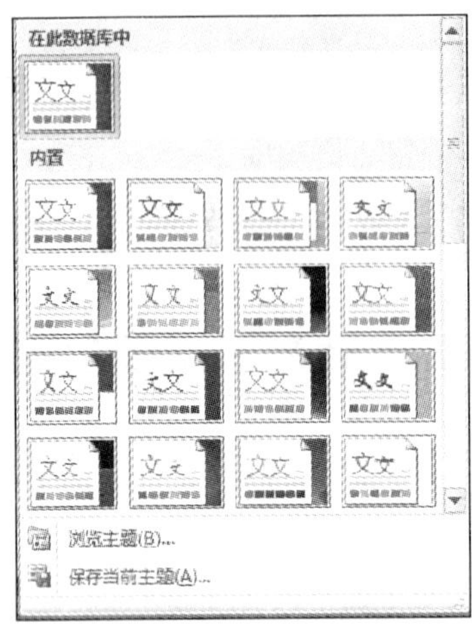

图6.43　“主题”下拉列表

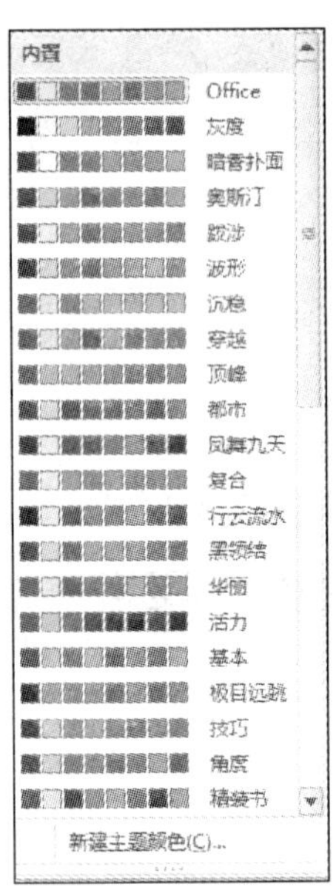

图6.44　“颜色”下拉列表

图6.45　“字体”下拉列表

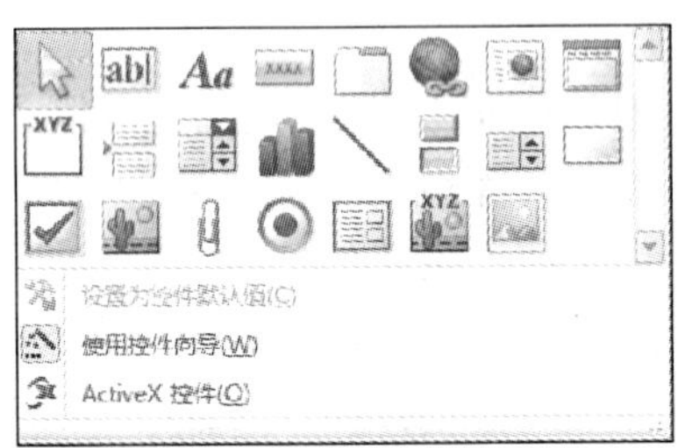

图6.46　控件组

表6.1　页眉/页脚命令按钮

按　钮	名　称	功　能
	徽标	在表单或报表插入图片，美化窗体的工具，用于具有公司徽标的个性化窗体
	标题	用于创建窗体和报表标题，可以快速完成标题创建，而不需要任何设置
	日期和时间	在窗体中插入当前日期和时间

表 6.2　工具组命令按钮

按　钮	名　称	功　能
	添加现有字段	显示表的现有字段列表，向视图中添加字段
	属性表	显示窗体或窗体视图上的某个对象的属性对话框
	Tab 键次序	改变窗体控件获得焦点的次序
	新窗口中的子窗体	在新窗体中添加子窗体
	查看代码	显示当前窗体的 VBA 代码
	将宏转变为 VBA 代码	将窗体中的宏转变为 VBA 代码

6.3.4　排列选项卡

下面介绍排列选项卡中的组及其功能。

1. 表组

表组中包括网格线、堆积、表格和删除布局 4 个按钮，参见表 6.3。

表 6.3　表组命令按钮

按　钮	名　称	功　能
	网格线	用于设置窗体中数据表的网格线的形式，有水平、垂直等 8 种类型
	堆积	创建一个类似于纸质表单的布局，其中标签位于每个字段的左边
	表格	创建一个类似于电子表格的布局，标签位于顶部，数据位于标签下的列中
	删除布局	删除应用于控件的布局

2. 行和列组

该组命令按钮的功能类似于 Word 表格中插入行列的命令按钮。

3. 合并/拆分组

将所选的控件拆分和合并，拆分和合并是 Access 新增加的功能，使用这个功能可以像在 Word 里面拆分单元格一样拆分控件。

4. 移动组

使用这个功能可以快速移动控件在窗体之间的相对位置。

5. 位置组

调整控件位置，包含以下三个按钮。

控件边距按钮：调整控件内文本与控件边界的位置关系。

控件填充按钮：调整一组控件在窗体上的布局。

定位按钮：调整控件在窗体上的位置。

6. 调整大小和排序

其中“大小/空格”和“对齐”两个控件用于调整控件的排列，“置于顶层”和“置于底层”是 Access 新增的功能，在窗体设计中使用它可以调整图像所在的图层位置。“置于顶层”将所选对象置于其他所有对象的前面，使此对象的任何部分都不被其他对象遮挡。“置于底层”将所选对象置于其他所有对象的后面。

6.3.5　属性

属性是对象特征的描述，可以利用这些属性来更改特定项目的外观和行为。使用属性表、宏或 Visual Basic，可以查看并更改属性。关于宏与 Visual Basic 对属性的操作将在以后章节介绍，在此仅介绍属性表。

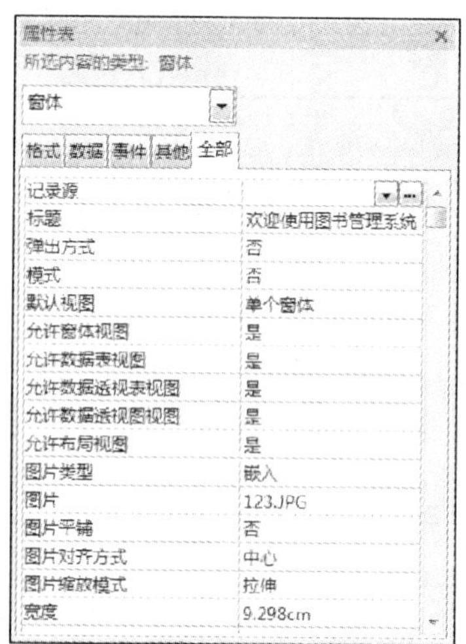

图 6.47　窗体属性表

在 Access 中，每个控件都具有各自的属性，它决定控件的结构、外观和行为。设置对象的属性是 Access 开发数据库系统的重要工作之一，用于决定表、查询、字段、窗体、报表以及窗体和报表上控件的特性。

窗体及其窗体上的控件都有丰富的属性，打开某个对象的属性表，可选中该对象，在“设计”选项卡的“工具”组中单击（“属性表”按钮），也可双击所选中对象。双击窗体左上角的“窗体选定器”或单击“属性”按钮，则打开窗体的属性表，如图 6.47 所示。

控件属性分为格式属性、数据属性、事件属性和其他属性。

1. 格式属性

格式属性指定对象的外观布置，如宽度、最大化最小化按钮、关闭按钮和图片属性。对象的格式属性通常都有一个默认的初始值，而数据、事件和其他属性则没有默认的初始设置。格式属性的项目很多，下面介绍一些常用的格式属性。

标题（Caption）：用于指定窗体的显示标题。

默认视图（DefaultView）：设置窗体的显示形式，可以选择单个窗体、连续窗体、数据表、数据透视表和数据透视图等方式。

滚动条（Scrollbars）：决定窗体显示时是否具有窗体滚动条，属性值有 4 个选项，分别为“两者均无”、“水平”、“垂直”和“水平和垂直”，可以选择其一。

记录选择器（Recordselectors）：选择“是/否”，决定窗体显示时是否有记录选定器，即窗体最左边是否有标志块。

浏览按钮（NavigationButtons）：用于指定在窗体上是否显示浏览按钮和记录编号框。

分隔线（DividingLines）：选择“是/否”，决定窗体显示时是否显示各节间的分隔线。

自动居中（AutoCenter）：选择“是/否”，决定窗体显示时是否自动居于桌面的中间。

最大最小化按钮（MinMaxButtons）：决定窗体是否使用 Windows 标准的最大化和最小化按钮。

关闭按钮（CloseButton）：决定窗体是否使用 Windows 标准的关闭按钮。

2. 数据属性

属性组共有 14 个属性，主要用来指定 Access 如何对该对象使用数据，在记录源属性中需要指定窗体所使用的表或查询，另外还可以指定筛选和排序依据。以下介绍一些常用的数据属性。

记录源（RecordSource）：可以为窗体或者报表指定数据源，并显示来自表、查询或者 SQL 语句的数据。

筛选：为一个字符串表达式，由字段名或字段名表达式组成，指定记录源记录显示时筛选的规则。

排序依据（OrderBy）：为一个字符串表达式，由字段名或字段名表达式组成，指定记录源记录显示时排序的规则。

允许编辑（AllowEdits）：在“是”或“否”两个选项中选取，决定在窗体运行时是否允许对数据进行编辑修改。

允许添加（AllowAdditions）：在“是”或“否”两个选项中选取，决定在窗体运行时是否允许添加记录。

允许删除（AllowDeletions）：在“是”或“否”两个选项中选取，决定在窗体运行时是否允许删除记录。

数据输入（DataEntry）：指定是否允许打开绑定窗体进行数据输入。该属性不决定是否可以添加记录“是”或“否”两个选项中选取，如果选择“是”，则在窗体打开时，只显示一条空记录，否则显示已有记录。

3. 事件属性

允许为一个对象发生的事件指定命令和编写事件过程代码，如一个命令按钮的“单击”事件表示，单击该命令按钮时 Access 完成一个指定的任务。

控件事件属性及其使用，在宏的有关章节结合嵌入宏介绍事件属性。

4. 其他属性

弹出方式（PopUp）：可以指定窗体是否以弹出式窗体形式打开。

模式（Modul）：指定窗体是否可以作为模式窗体打开。属性值为“是”或“否”。

内含模块（HasModule）：指定或确定窗体或报表是内含代码还是作为类模块使用。设置此属性为“否”能提高效率，并且减小数据库的大小。

菜单栏（MenuBar）：自定义菜单栏或菜单栏宏的名称。

工具栏（Toolbar）：用于打开窗体显示时使用的工具栏。

弹出方式和模式是窗体“其他”属性中的两个很重要属性。弹出方式若设置为“是”，不管当前操作是否在某个窗体上，这个窗体一直显示在屏幕的最前面。在有多个窗体存在情况下，虽然允许选择其他窗体，但是具有弹出属性的窗体总是在最前面。模式若设置为“是”，操作一直在这个窗体上，直到关闭为止，即不允许选择其他窗体。一般登录窗体和消息对话框都属于独占窗体，对于这类窗体只有单击“确定”按钮窗体才会消失。上述两类窗体一定要在窗体上设置窗体关闭按钮，否则必须按 Ctrl + F4 键退出。

6.3.6　事件

事件是对象行为的描述，当外来动作作用于某个对象时，用户可以确定是否通过事件响应该动作。事件是一种特定的操作，在某个对象上发生或对某个对象发生。Access 2010 可以响应多种类型的事件：鼠标单击（Click）、鼠标双击（DblClick）、击打键盘（KeyPress）、窗体打开（Open）或关闭（Close）及许多其他类型的事件。事件的发生通常是用户操作的结果。例如，单击某个命令按钮，该命令按钮会响应单击事件，作出相应动作。

使用事件过程或宏，可以为在窗体或控件上发生的事件添加自定义的事件响应。这里先介绍使用事件过程，宏在以后章节介绍。

在窗体设计视图中，每当使用“设计”选项卡的控件组向窗体添加某个控件后，可设置该控件的事件响应。设置方法有多种，常用的设置方法是：右击该控件，在弹出的快捷菜单中选择“属性”命令调出该控件的属性设置对话框，选择“事件”选项卡，进入该对象的事件设置界面，或直接选择快捷菜单中的“事件生成器”命令。

在 Access 2010 中，对象能响应多种类型的事件，每种类型的事件又由若干种具体事件组成，通过编写相应的事件代码，用户可定制响应事件的操作。以下将分类给出 Access 2010 窗体、报表及控件的一些事件。

1. 窗口（Windows）事件

窗口事件是指操作窗口时引发的事件，如表 6.4 所示，正确理解此类事件发生的先后顺序，对控制窗体和报表的行为非常重要。

表 6.4　窗口事件

事件名称	事件对象	事件发生情况
Open	窗体和报表	窗体被打开，但第一条记录还未显示出来时发生该事件。或虽然报表被打开，但在打印报表之前发生
Load	窗体	窗体被打开，且显示了记录时发生该事件。发生在 Open 事件之后
Resize	窗体	窗体的大小变化时发生。此事件也发生在窗体第一次显示时
Unload	窗体	窗体对象从内存撤消之前发生。发生在 Close 事件之前
Close	窗体和报表	窗体对象被关闭但还未清屏时发生

2. 数据（Data）事件

数据事件指与操作数据有关的事件，又称操作事件，如表 6.5 所示。当窗体或控件的数据被输入、修改或删除时将发生数据事件。

3. 焦点（Focus）事件

“焦点”即鼠标或键盘操作的当前对象，当窗体、控件失去或获得焦点时，或窗体、报表成为激活或失去激活状态时，将发生焦点事件，如表 6.6 所示。

表 6.5 数据事件

事件名称	事件对象	事件发生情况
AfterDelConfirm	窗体	确认删除记录且记录实际上已经删除或取消删除之后发生的事件
AfterInsert	窗体	插入新记录保存到数据库时发生的事件
AfterUpdate	窗体和控件	更新控件或记录数据之后发生的事件。此事件在控件或记录失去焦点时，或单击菜单中的“保存记录”时发生
BeforeDelConfirm	窗体	在删除记录后，但在 Access 2010 显示对话框提示确认或取消之前发生的事件。此事件在 Delete 事件之后发生
BeforeInsert	窗体	在新记录中输入第一个字符，但还未将记录添加到数据库之前发生的事件
BeforeUpdate	窗体和报表	更新控件或记录数据之前发生的事件。此事件在控件或记录失去焦点时，或单击菜单中的“保存记录”时发生
Change	控件	当文本框或组合框的部分内容更改时发生的事件
Current	窗体	当焦点移动到一条记录，使它成为当前记录，或当重新查询窗体数据源时发生的事件
Delete	窗体	删除记录，但在确认删除和实际执行删除之前发生该事件
NotInList	控件	组合框控件所具有的事件，当输入一个不在组合框列表中的值时发生的事件

表 6.6 焦点事件

事件名称	事件对象	事件发生情况
Activate	窗体和报表	在窗体或报表成为激活状态时发生的事件
Deactivate	窗体和报表	在窗体或报表由活动状态转为非活动状态之前发生
Enter	控件	在控件实际接收焦点之前发生，此事件发生在 GotFocus 事件之前
Exit	控件	当焦点从一个控件移动到同一窗体的另一个控件之前发生的事件，此事件发生在 LostFocus 事件之前
GotFocus	窗体和控件	当窗体或控件对象获得焦点时发生的事件
LostFocus	窗体和控件	当窗体或控件对象失去焦点时发生的事件

4. 键盘（Keyboard）事件

键盘事件是操作键盘引发的事件，如表 6.7 所示。

表 6.7 键盘事件

事件名称	事件对象	事件发生情况
KeyDown	窗体和控件	在控件或窗体具有焦点时，键盘有键按下时发生该事件
KeyUp	窗体和控件	在控件或窗体具有焦点时，释放一个按下的键时发生该事件
KeyPress	窗体和控件	在控件或窗体具有焦点时，当按下并释放一个键或组合键时发生该事件

5. 鼠标（Mouse）事件

鼠标事件是用户操作鼠标引发的事件，如表6.8所示。鼠标事件应用较多，特别是“单击”事件，命令按钮的功能处理大多用鼠标事件来完成。

表6.8 鼠标事件

事件名称	事件对象	事件发生情况
Click	窗体和控件	鼠标在控件上单击时发生的事件
DblClick	窗体和控件	鼠标在控件上双击时发生的事件，对窗体来说，双击窗体空白区域或窗体上的记录选定器时发生
MouseDown	窗体和控件	鼠标在窗体或控件上，按下左键时发生的事件
MouseMove	窗体和控件	鼠标在窗体、窗体选择内容或控件上移动时发生的事件
MouseUp	窗体和控件	鼠标位于窗体或控件时，释放一个按下的鼠标键时发生的事件

6. 打印（Print）事件

在打印报表或设置打印格式时发生打印事件，如表6.9所示。

表6.9 打印事件

事件名称	事件对象	事件发生情况
NoData	报表	设置没有数据的报表打印格式后，在打印报表之前发生该事件。用该事件可取消空白报表的打印
Page	报表	在设置页面的打印格式后，在打印页面之前发生该事件
Print	报表	该页在打印或打印预览之前发生

7. Timer和Error事件

Timer事件：在VB中提供的Timer时间控件可以实现计时功能，但在VBA中并没有直接提供Timer时间控件，而是通过窗体的“计时器间隔（TimerInterval）”属性和“计时器触发（OnTimer）”事件来完成“计时”功能。“计时器间隔（TimerInterval）”属性值以“毫秒”为单位。处理过程为：“计时器触发（OnTimer）”事件每隔TimerInterval时间间隔就被激发一次，运行OnTimer事件过程，这样重复不断，可实现“计时”功能。

Error事件：Error事件是在窗体或报表拥有焦点，同时在Access中产生了一个运行错误时发生，包括Microsoft Jet数据库引擎错误，但不包括Visual Basic中的运行时错误或来自ADO的错误。如果要在此事件发生时执行一个宏或事件过程，请将OnError属性设置为宏的名称或事件过程。在Error事件发生时，通过执行事件过程或宏，可以截取Access错误消息而显示自定义消息，这样可以根据应用程序传递更为具体的信息。

6.3.7 方法

方法是Access 2010提供的完成某项特定功能的操作，每种方法有一个名字，用户在系统设计中可根据需要调用方法。例如，SetFocus方法，其功能是：让控件获得焦点，使其成为活动对象。

Access 2010 提供了多种方法，常用方法的含义及使用方法如下。

1. AddMenu 方法

功能：执行 AddMenu 操作，用于自定义（快捷）菜单栏或全局（快捷）菜单栏。

语法：DoCmd. AddMenu menuname, menumacroname, statusbartext

参数：

Menuname：字符串表达式，代表要添加到自定义菜单栏或全局菜单栏中的下拉式菜单名称。若要创建快捷访问键以使用键盘选择菜单，在作为访问键的字母之前键入“And”符(&)，在菜单栏上的菜单名中，该字母将带有下划线。

Menumacroname：字符串表达式，代表宏组名字。该宏组中包含菜单命令的宏。该参数是必选参数。

Statusbartext：字符串表达式，表示选择菜单时显示在状态栏中的文本。

说明：用于自定义菜单栏或全局菜单栏里的 AddMenu 方法，必须包含 Menuname 和 Menumacroname 参数。Menuname 参数不是必选参数，对于自定义快捷菜单和全局快捷菜单，忽略该参数。Statusbartext 参数是可选参数，对于自定义快捷菜单和全局快捷菜单，忽略该参数。

2. Beep 方法

功能：使计算机的扬声器发出“嘟嘟”声。

语法：DoCmd. Beep

说明：该方法没有参数。

3. CancelEvent 方法

功能：取消事件。

语法：DoCmd. CancelEvent。

说明：该方法没有参数，CancelEvent 方法仅在作为事件的结果运行时才有效。

4. Close 方法

功能：关闭打开的对象。

语法：DoCmd. Close [objecttype,objectname],[save]

参数：

Objecttype：acDataAccess 2010Page、acDefault（默认值）、acDiagram、acForm、acMacro、acModule、acQuery、acReport、acServerView 、acStoredProcedure、acTable 。

Objectname：字符串表达式，代表有效的对象名称，该对象的类型由 objecttype 参数指定。

Save：acSaveNo、acSavePrompt（默认值）、acSaveYes。如果该参数空缺，将假设为默认常量（acSavePrompt）。

说明：如果将 objecttype 和 objectname 参数保留为空白（默认常量 acDefault 用作 objecttype 值），则 Access 2010 将关闭活动窗口。如果指定 save 参数并将 objecttype 和 objectname 参数留为空白，则必须包含 objecttype 和 objectname 参数的逗号。

5. CodeDb 方法

功能：在代码模块中使用 CodeDb 方法可以确定 Database 对象的名称，此对象引用当前正在执行代码的数据库。例如，可以在程序数据库的一个模块中使用 CodeDb 方法来创建引用程序数据库的 Database 对象，然后就可以打开基于程序数据库中表的记录集。

语法：Set database = CodeDb

参数：database，Database 对象变量。

说明：CodeDb 方法返回一个 Database 对象，该对象的 Name 属性为从其中调用该方法的数据库的完整路径和名称。

6. OpenForm 方法

功能：打开窗体。

语法：DoCmd. OpenForm formname [, view] [, filtername] [, wherecondition] [, datamode] [,windowmode] [,openargs]

参数：

Formname：字符串表达式，代表当前数据库中的窗体的有效名称。

View：acDesign、acFormDS、acNormal（默认值）、acPreview，acNormal 代表在“窗体”视图中打开窗体。

Filtername：字符串表达式，代表当前数据库中查询的有效名称。

Wherecondition：字符串表达式，不包含 WHERE 关键字的有效 SQL WHERE 子句。

Datamode：acFormAdd、acFormEdit、acFormPropertySettings、acFormReadOnly。

Openargs：字符串表达式，用来设置窗体的 OpenArgs 属性。该设置可以在窗体模块的代码中使用，例如 Open 事件过程。在宏和表达式中可以引用 OpenArgs 属性。该参数仅在 Visual Basic 中使用。

说明：语法中的可选参数可以空缺，但必须包含参数的逗号。如果有一个或多个位于末端的参数空缺，则在指定的最后一个参数后面不需使用逗号。

7. OpenModule 方法

功能：打开 Visual Basic 模块。

语法：DoCmd. OpenModule [modulename] [,procedurename]

参数：

Modulename：字符串表达式，代表要打开的 Visual Basic 模块的有效名称。如果不设置该参数，Access 2010 将在数据库的标准模块中搜索全部由 procedurename 参数指定的过程，并且打开包含这些过程的模块。

Procedurename：字符串表达式，代表用于打开模块的过程的有效名称。如果不设置该参数，将打开模块的声明节。

说明：OpenModule 操作的两个参数必须至少设置一个。如果同时设置两个参数，则 Access 2010 将在指定过程中打开指定的模块。如果 procedurename 参数空缺，在 modulename 参数后面不需使用逗号。

8. OpenQuery 方法

功能：打开数据库中的查询。

语法：DoCmd. OpenQuery queryname[,view] [,datamode]

参数：

Queryname：字符串表达式，代表当前数据库中的查询的有效名称。

View：acViewDesign、acViewNormal（默认值）、acViewPreview。

Datamode：acAdd、acEdit（默认值）、acReadOnly。

说明：此方法仅在 Access 2010 环境（.mdb）中才可用。如果指定 datamode 参数，但空缺 view 参数，那么必须包含 view 参数的逗号。如果空缺位于末端的参数，则在指定的最后一个参数后面不需使用逗号。

9. OpenReport 方法

功能：打开当前数据库中的报表。

语法：DoCmd. OpenReport reportname[,view][,filtername][,wherecondition]

参数：

Reportname：字符串表达式，代表当前数据库中的报表的有效名称。

View：acViewDesign、acViewNormal（默认值）、acViewPreview。

Filtername：字符串表达式，代表当前数据库中查询的有效名称。

Wherecondition：字符串表达式，不包含 WHERE 关键字的有效 SQL WHERE 子句。

说明：语法中的可选参数允许空缺，但是必须包含参数的逗号。如果有一个或多个位于末端的参数空缺，在指定的最后一个参数后面不需使用逗号。

10. OpenTable 方法

功能：打开当前数据库中的表。

语法：DoCmd. OpenTable tablename[,view][,datamode]

参数：

Tablename：字符串表达式，代表当前数据库中的表的有效名称。

View：acViewDesign、acViewNormal（默认值）、acViewPreview。AcViewNormal 表示将在“数据表”视图中打开表。

Datamode：acAdd、acEdit（默认值）、acReadOnly。

说明：如果指定了 datamode 参数而空缺了 view 参数，view 参数的逗号不能省略。如果位于末端的参数空缺，在指定的最后一个参数后面不需使用逗号。

11. OpenView 方法

功能：打开当前数据库中的视图。

语法：DoCmd. OpenView viewname [,viewmode] [,datamode]

参数：

Viewname：字符串表达式，代表当前数据库中视图的名称。

Viewmode：acView、Normal（默认值）、acViewDesign、acPreview。

Datamode：acEdit（默认值）、acAdd、acReadOnly。

12. Quit 方法（Application 对象）

功能：退出 Microsoft Access 2010。在退出前，可以从几个选项中选择一项来保存数据库对象。

语法：Application. Quit [option]

参数：

Option：固有常量，指定退出 Access 2010 时怎样处理未保存的对象。此常量可以为下列常量中的任何一个：

acSaveYes（默认值），表示保存所有对象，不显示对话框。

AcPrompt，表示显示对话框，询问是否保存已更改但还未存盘的任何数据库对象。

acExit，表示退出 Access 2010，不保存任何对象。

说明：使 Quit 方法和单击“文件”菜单中的“退出”命令效果相同。可以创建自定义菜单命令或在窗体上创建一个命令按钮，此命令按钮的过程中包括了 Quit 方法。例如，可以将一个 Quit 按钮放置在窗体上，并在按钮的 Click 事件中包含一个使用 Quit 方法的过程。此方法的 option 参数设置为 acSaveYes。

13. Quit 方法

功能：DoCmd 对象的 Quit 方法执行 Visual Basic 中的 Quit 操作。

语法：DoCmd. Quit [options]

参数：

Options：acQuitPrompt、acQuitSaveAll（默认值）、acQuitSaveNone。

说明：增加 DoCmd 对象的 Quit 方法是为了提供在 Microsoft Access 2010 for Windows 95 的 Visual Basic 代码中执行 Quit 操作的兼容性。建议使用 Application 对象的 Quit 方法来代替它。

14. Refresh 方法

功能：刷新窗体对象。Refresh 方法用于立即刷新指定窗体或数据表中基础数据来源中的记录，以反映在单用户或多用户环境下的其他用户对数据的更改。

语法：Form. Refresh

参数：Form，Form 对象，代表要刷新的窗体。

说明：使用 Refresh 方法和单击“记录”菜单中的“刷新”命令等效。Refresh 方法只显示对当前集中的记录所作的更改。

15. Run 方法

功能：使用 Run 方法可以执行一个特定的 Access 2010 或用户定义的 Function 或 Sub。例如，可以从 ActiveX 组件中使用 Run 方法来执行一个在某个 Access 2010 数据库中定义过的子程序。

语法：application. Run procedure [,arg1,arg2,…,arg30]

参数：

Application：Application 对象。

Procedure：要运行的 Function 或 Sub 过程的名称。

Arg1，arg2，…：可选。指定的 Function 或 Sub 过程的参数，最多可以有 30 个参数。

16. RunCommand 方法

功能：使用 RunCommand 方法执行内置菜单或工具栏命令。

语法：[object.]RunCommand command

参数：

Object：可选参数，Application 对象或 DoCmd 对象。

Command：固有常量。指定要执行的内置菜单或工具栏命令。

说明：Access 2010 中的每个菜单和工具栏命令都有一个相关的常量，在 Visual Basic 中，可以用 RunCommand 方法执行该常量对应的那条命令。

17. RunMacro 方法

功能：运行 Visual Basic 中的宏操作。

语法：DoCmd. RunMacro macroname[,repeatcount][,repeatexpression]

参数：

Macroname：字符串表达式，代表当前数据库中的宏的有效名称。

Repeatcount：数值表达式，是一个整型值，代表宏将运行的次数。

Repeatexpression：数值表达式，在每一次运行宏时进行计算。当结果为 False（0）时，停止运行宏。

说明：如果指定 repeatexpression 参数，但 repeatcount 参数空缺，则必须包含 repeatcount 参数的逗号。如果位于末端的参数空缺，在指定的最后一个参数后面不需使用逗号。

18. RunSQL 方法

功能：在 Visual Basic 操作查询中使用 RunSQL 方法执行 SQL 操作。此方法只在 Access 2010 数据库（. mdb）中可用。

语法：DoCmd. RunSQL sqlstatement[,usetransaction]

参数：

Sqlstatement：字符串表达式，代表操作查询或数据定义查询的 SQL 语句。

Usetransaction：该参数为 True（ -1）时，将在事务处理中包含该查询。如果不想使用事务处理，可将该参数设置为 False（0）。如果该参数空缺，将假设为默认值（True）。

说明：如果 usetransaction 参数空缺，在 sqlstatement 参数后面不要使用逗号。

19. Save 方法

功能：保存对象。

语法：DoCmd. Save [objecttype, objectname]

参数：

Objecttype：acDataAccess 2010 PageacDefault（默认值）、acDiagram、acForm、acMacro、acModule、acQuery、acReport、acServerView、acStoredProcedure、acTable。

Objectname：字符串表达式，代表由 objecttype 参数所选择的类型的对象名称。

说明：如果 objecttype 和 objectname 参数空缺（对于 objecttype 参数，空缺时将假设为默认常量 acDefault），Access 2010 将保存活动的对象。如果 objecttype 参数空缺，但在 objectname 参数中输入了名称，则 Access 2010 使用指定的名称保存活动的对象。如果在 objecttype 参数中输入了对象类型，就必须在 objectname 参数中输入一个已有的对象名称。如果 objecttype 参数空缺，而在 objectname 参数中输入名称，则必须包含 objecttype 参数的逗号。

20. SetFocus 方法

功能：使用 SetFocus 方法将焦点移动到指定的窗体或活动窗体的指定控件上，或者活动数据表的指定字段上。

语法：Object. SetFocus

参数：

Object 为 From 对象（代表窗体）或 Control 对象（代表激活窗体或数据表上的控件）。

说明：要让指定字段或控件具有焦点，以便所有的用户输入都针对这个对象时，可以使用SetFocus 方法。

要读取一个控件的一些属性，此控件必须具有焦点。例如，在能读取文本框的 Text 属性之前，此文本框必须具有焦点。

某些属性只有在控件没有焦点时才能设置。例如，当控件具有焦点时，不能将此控件的Visible 或 Enabled 属性设置为“False（0）”，只能将焦点移动到可见的控件或窗体上。如果控件的 Enabled 属性设置为“False”，就不能将焦点移动到这个控件上。

如果窗体包含了 Enabled 属性设置为“True”的控件，就不能将焦点移动到窗体本身，而只能将焦点移动到窗体上的控件上。在这种情况下，如果使用 SetFocus 将焦点移动到窗体，焦点将移动到窗体中上次接收焦点的控件上。

21. Undo 方法

功能：当一个控件或窗体的值已经被改变时，可以使用 Undo 方法进行重置。例如，可以使用 Undo 方法来清除对某个包含无效输入项的记录的一个改变。

语法：Object. Undo

参数：Object 为 Form 对象或 Control 对象。

说明：如果 Undo 方法应用于窗体，那么将失去对当前记录的所有修改。如果 Undo 方法应用于控件，仅影响控件本身。

这个方法必须在更新窗体或控件前应用。可以在窗体的 BeforeUpdate 事件或控件的Change 事件中包含这个方法。

6.4 控件及其应用

在 Access 中控件是放置在窗体对象上的对象，窗体或报表中利用控件显示数据、执行操作和装饰窗体。控件是窗体中的子对象，用户可操作控件来执行某种操作。控件也具有各种属性设置，控件属性需要在控件属性表中进行。控件属性表与窗体的属性表相同，只是属性的项目和数量有所不同。另外，不同类的控件具有不同的属性。

根据其数据源的区别，控件可划分为绑定型、非绑定型与计算型。

绑定型控件，又称结合型控件，其数据源是表或查询中的字段。使用绑定控件可以显示数据库中字段的值。值可以是文本、日期、数字、是/否值、图片或图形，例如文本框、组合框、列表框等控件可作为绑定型控件使用。

未绑定型控件，又称非结合型控件，该种控件不具有数据源（如字段或表达式）。可以使用未绑定控件显示信息、图片、线条、矩形和图像，例如标签、线条、矩形及图像等控件。

计算型控件，以表达式作为数据源，表达式可以使用窗体或报表所引用的表或查询中的字段数据，也可以是窗体或报表上其他控件的值，例如，文本框亦可用来作计算控件使用，像显示“合计”值等。

在“设计”选项卡中的“控件组”中选定一类控件，到窗体中拖放即可创建一个控件对象，参见图 6.46。下面简单介绍各类控件，见表 6.10。

表 6.10 控件组中的按钮/控件及功能

按键/控件	名称	功能
	选定	单击该按钮，拖动用来选定拖动范围内所有控件、节，若在选定区域外任意位置单击，则释放以前选定的控件或区域
ab|	文本框	用于输入、输出和显示数据源的数据，显示计算结果和接受用户输入数据
Aa	标签	用于显示说明文本，如窗体的标题或其他控件的附加标签
	命令按钮	用于完成各种操作，如查找记录、打印记录或应用窗体筛选
	选项卡	用于创建一个多页的带选项卡的窗体，可以在选项卡上添加其他对象
	超链接	在窗体中插入超链接控件
	选项组	与复选框、选项按钮或切换按钮搭配使用，可以显示一组可选值
	分页符	使窗体或报表在分页符所在的位置开始新页
	组合框	结合列表框和文本框的特性，既可以在文本框输入值，也可以从列表框中选择值
	插入图表	在窗体中插入图表对象
＼	直线	创建直线，用以突出显示数据或者分隔显示不同的控件
	切换按钮	单击时可以在开/关两种状态之间切换，使用它在一组值中选择其中 1 个
	列表框	显示可滚动的数值列表，可以从列表中选择值输入到新记录中
	矩形框	创建矩形框，将一组相关的控件组织在一起
	复选框	绑定到是/否字段；可以从一组位中选出多个
	未绑定图像框	在窗体中插入未绑定对象，例如 Excel 包子表格、Word 文档
	单选按钮	绑定到“是/否”字段；其行为和切换按钮相似
	子窗体/子报表	用于在主窗体和主报表添加子窗体或子报表，以显示来自多个一对多表中的数据
	绑定对象框	用于在窗体或报表上显示 OLE 对象
	图像	用于在窗体中显示静态的图形

下面介绍了一些常用控件的功能，属性和事件，及 Access 2010 的一些常用方法，说明窗体及控件的使用及功能按钮的设计方法。

6.4.1 标签

标签控件主要用于在窗体中显示文本信息，常用于提示或说明其他控件内容，如标题、字段的名称等。标签没有数据源，属于未捆绑型控件。它的值在窗体运行时是固定不变的。

当需要在窗体上显示一些说明性文字时，通常使用标签控件（称为独立标签）。标签不显示字段的数值，它没有数据源。在创建除标签外的其他控件时，都将同时创建一个标签控件（称为附加标签）到该控件上，用以说明该控件的作用，而且标签上显示与之相关联的字段标题的文字。如图6.48所示，在“读者信息表”窗体中，独立标签文字“读者信息”用来说明以下所有字段均是读者的相关信息。

图6.48 “读者信息表”窗体

在“读者信息表”窗体上同样包含附属标签。例如“读者编号”、“密码”、“权限”等。附属标签就是被链接到其他控件的标签（通常是文本框、组合框和列表框）。在默认情况下，当把文本框、组合框或列表框放置到窗体时，它们都带有一个附属标签框。

例6.10：通过对“读者信息表”窗体创建过程的介绍，说明利用设计视图创建窗体的基本步骤。

（1）启动Access 2010应用程序，打开要创建窗体的“图书管理系统”数据库。

（2）单击菜单栏中的“创建”选项卡，选择“窗体”组中“窗体设计”按钮，打开如图6.49所示窗口。

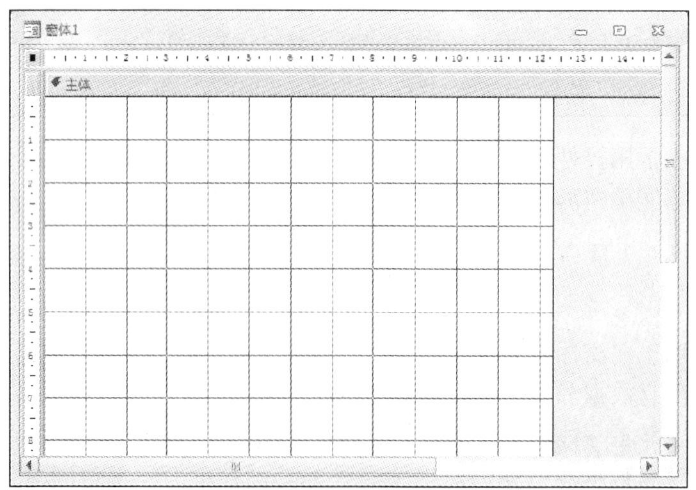

图6.49 设计窗体

（3）在新出现的“窗体设计工具”栏中，选择“设计”选项卡，然后单击“工具”组中的“添加现有字段”命令，出现如图 6.50 所示的窗体。

（4）单击“读者信息表”前的⊞符号，展开该表中所包含的字段，如图 6.51 所示。

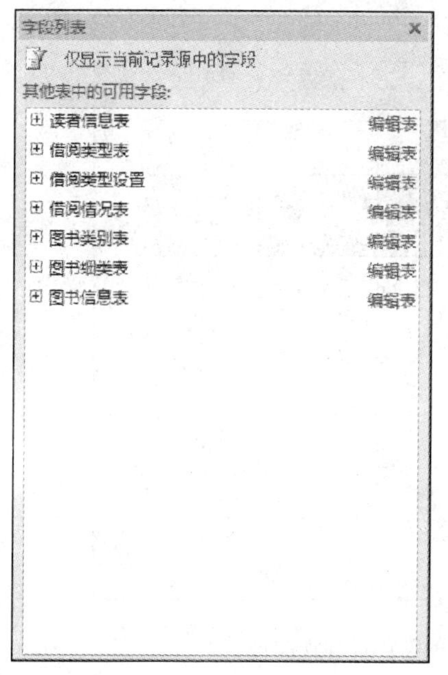

图 6.50 字段列表

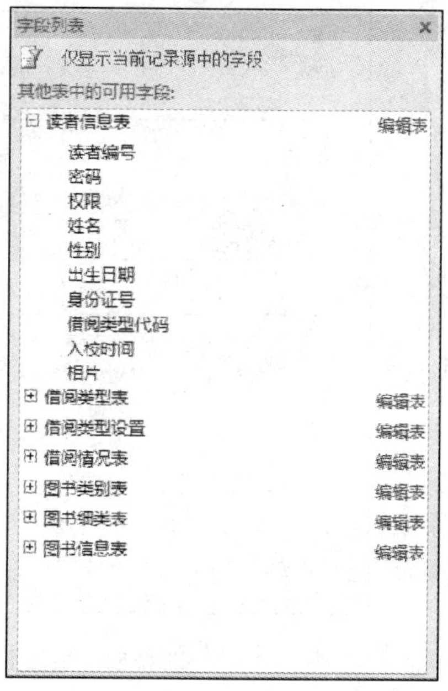

图 6.51 展开的字段列表

（5）逐个选定需要放置到窗体主体节中的字段，右击，出现如图 6.52 所示的快捷菜单，选择“向视图添加字段”或直接拖动到主体节，产生窗体如图 6.53 所示。在主体节中出现了纵向排列的以各字段名作为标题的“文本框”和“标签”，此“标签”就是“文本框”的附属标签。

向视图添加字段
编辑记录源

图 6.52 快捷菜单

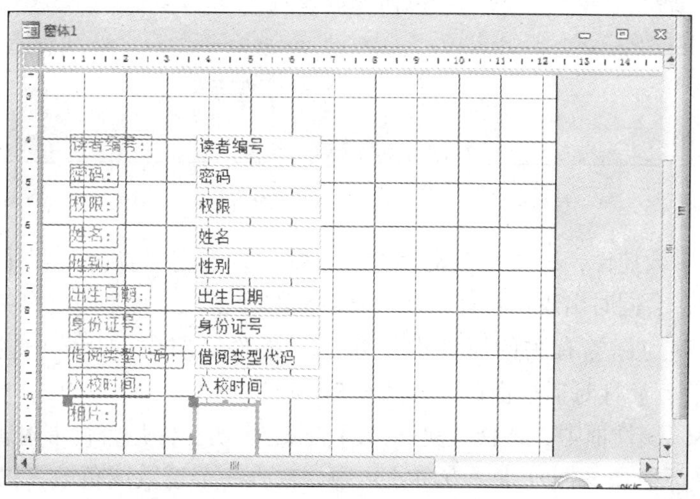

图 6.53 放置字段后的设计窗体

（6）在设计窗体中右击，选定“窗体页眉/页脚”，在控件组中单击 **Aa** 选中该控件，把鼠标移动到“窗体页眉”合适位置单击，或者按下拖动，出现一个标签框，此标签框为独立标签，直接在该标签框中输入内容“读者信息表”，如图 6.54 所示。

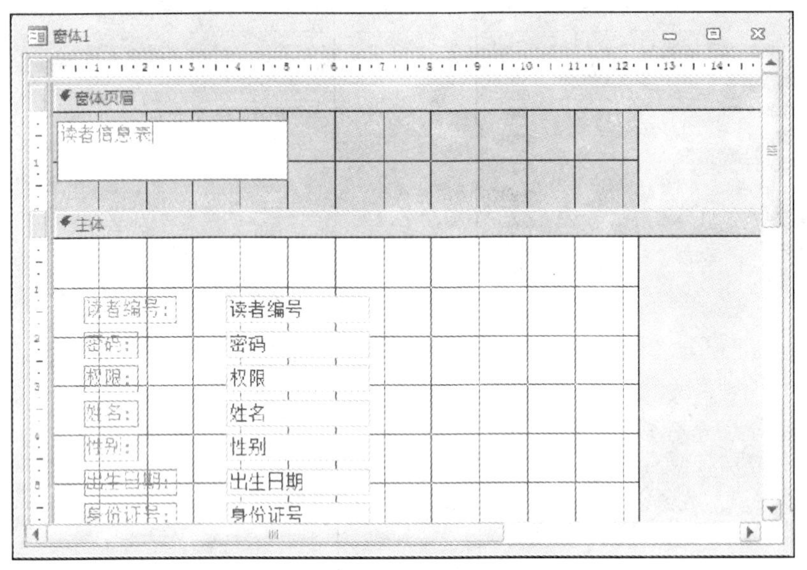

图 6.54　添加了独立标签框的窗体设计视图

（7）为了达到如图 6.48 所示的窗体效果，需要对标签的属性进行进一步修改。选定“窗体设计工具”中“格式”选项卡，鼠标单击选中该独立标签，在如图 6.55 所示的“字体”组中，设置“字号”从默认的“11”变为“20”。如果需要，还可以对“前景色”、“字体粗细”、“倾斜字体”等属性进行设置，以使字体显示更加美观、大方。

（8）完成后，单击“文件”下的“保存”命令，弹出如图 6.56 所示“另存为”对话框，输入名称“读者信息表”，单击“确定”按钮完成设置。

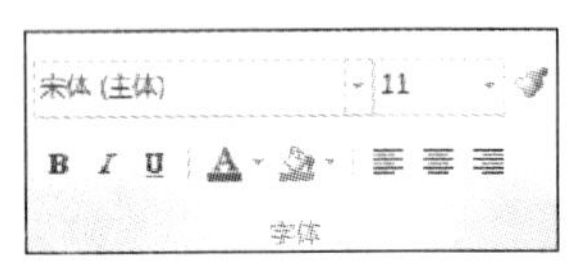

图 6.55　“字体”组

图 6.56　“另存为”对话框

说明：对于大多数控件，标签是自动创建和添加的，选定“控件”组中对应控件，在主体节上单击或拖动，会同时出现该控件以及与之对应的标签，这就是附属标签。若想解除这种现象，必须设置一些与标签有关的属性。选定“控件”组中的 ab|，选择“属性表”中“格式”选项卡，打开属性对话框窗口，如图 6.57 所示。

在“自动标签”属性框中，选择“是”或“否”，表明控件是否自带附属标签。

在“标签 X 坐标”属性框（水平方向轴）中，输入一个正数或负数，以指定标签文本开始点相对于标签所属控件左上角的位置：负数表示将标签放置在控件的左边；正数表示将标签放置在控件右边。

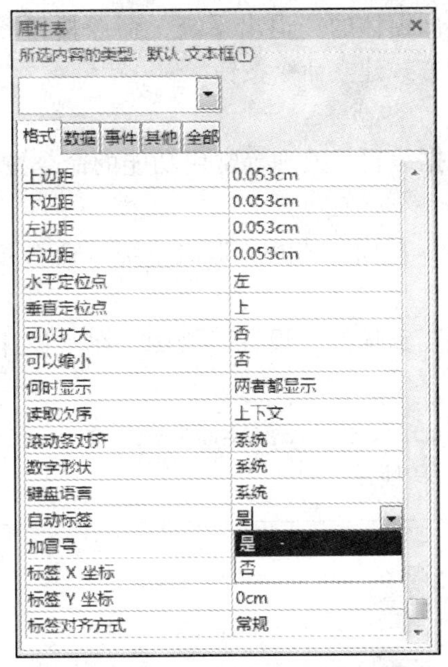

图 6.57 附属标签属性设置对话框

在“标签 Y 坐标”属性框（垂直方向轴）中，输入一个数字，负数表示将标签放置在控件上边，正数则代表将标签放置在控件下边。

在“加冒号”属性框中，单击“是”或“否”，表明控件的附属标签中文字是否自带冒号。

6.4.2 命令按钮

命令按钮是用于接受用户操作指令、控制程序流程的主要控件之一，用户可以通过它指示 Access 2010 进行特定的操作。命令按钮响应用户的特定动作，包括鼠标的单击、双击、敲击键盘等，通过触动它来执行某个动作，例如“确定”和“退出”。用户可以根据需要创建各种类型的命令按钮。

在 Access 2010 中，可以利用向导创建命令按钮，也可以手工创建命令按钮。“图书管理系统”数据库个人操作界面中主体控件就是“命令按钮”，单击每个命令按钮将得到不同的结果，如图 6.58 所示。

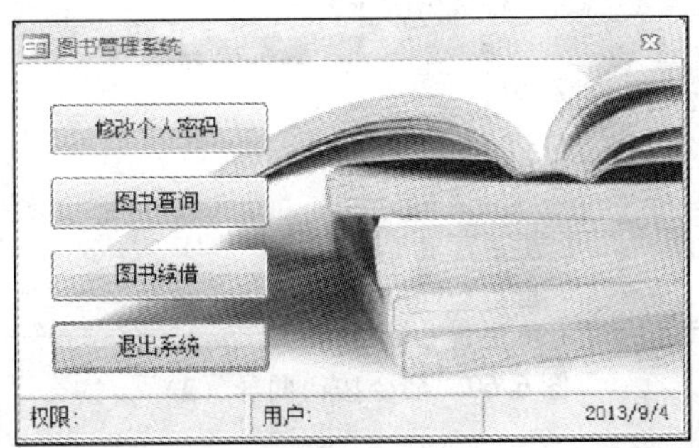

图 6.58 “图书管理系统”数据库个人操作界面

下面通过创建个人操作界面窗体的“退出系统”命令按钮和“图书查询”命令按钮，了解如何利用向导和手工创建的方式建立命令按钮。

1. 利用向导创建

使用向导可方便地创建数据编辑、处理等常用功能的命令按钮，用户不必自编处理代码，但处理功能较弱。

例 6.11：通过创建个人操作界面窗体的“退出系统”命令按钮，说明利用向导创建命令按钮的基本方法和步骤。

（1）打开“个人操作界面”窗体的“设计”视图，在“设计”选项卡中的“控件”组选定“使用控件向导”命令。

（2）单击“控件”组中的 xxxx 按钮。在窗体需要放置命令按钮的位置单击一下，打开“命令按钮向导”对话框，如图 6.59 所示。

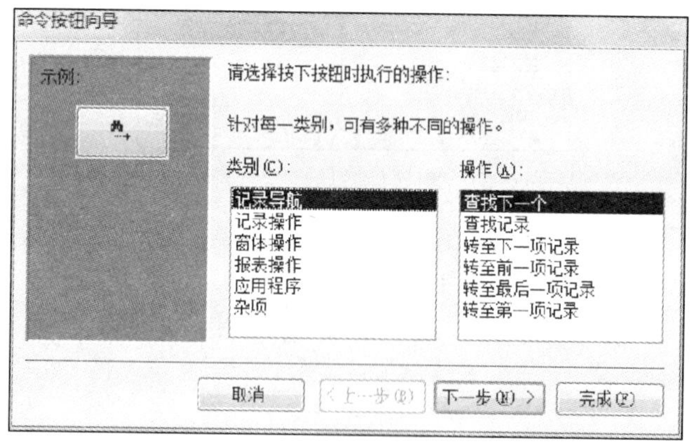

图 6.59 命令按钮向导（1）

（3）在此窗口中，Access 2010 提供了 6 种操作。在本例中，“类别”选择“应用程序”，“操作”选择“退出应用程序”，单击“下一步”按钮，打开如图 6.60 所示对话框。

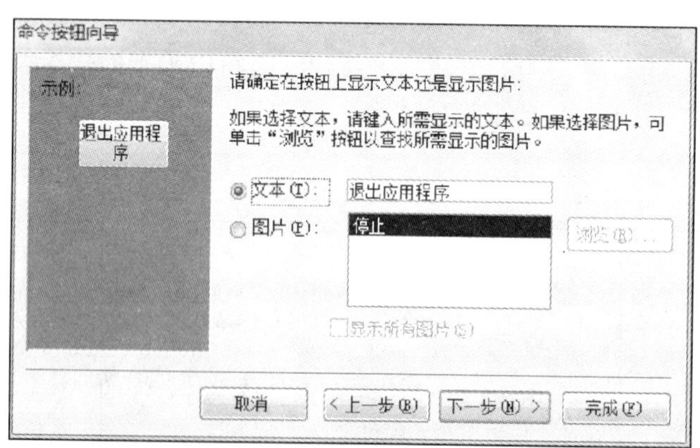

图 6.60 命令按钮向导（2）

（4）在此对话框中，可以设置按钮上的显示内容，相当于设置按钮的“标题”属性，可选择“文本”或“图片”。如选“文本”，则在文本框中输入要在按钮上显示的内容；如选

“图片”，可单击“浏览”按钮在文件夹中查找所需显示的图片。单击“下一步”按钮，打开如图6.61所示对话框。

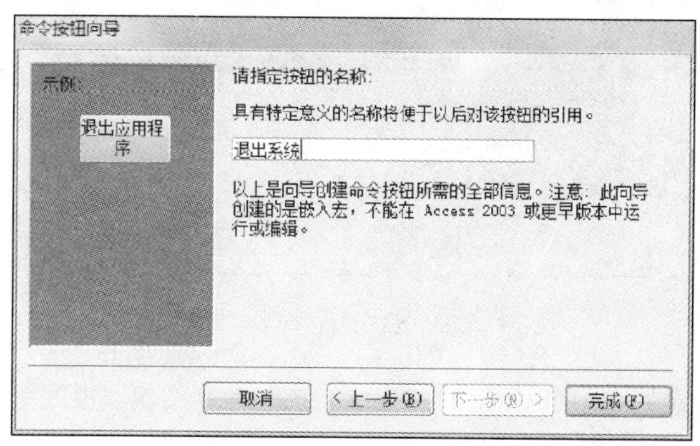

图6.61　命令按钮向导（3）

（5）在该对话框中，可以为创建的命令按钮命名一个名字（等同于设置按钮的“名字”属性），以便以后引用。

（6）单击“完成”按钮，完成该命令按钮的创建。

“图书查询”命令按钮的创建过程与“退出系统”按钮基本相似，只是在步骤（3）时，“类别”选择的是“窗体操作”，“操作”选择的是“打开窗体”，单击“下一步”之后，弹出对话框如图6.62所示。接下来的步骤与上例相同。

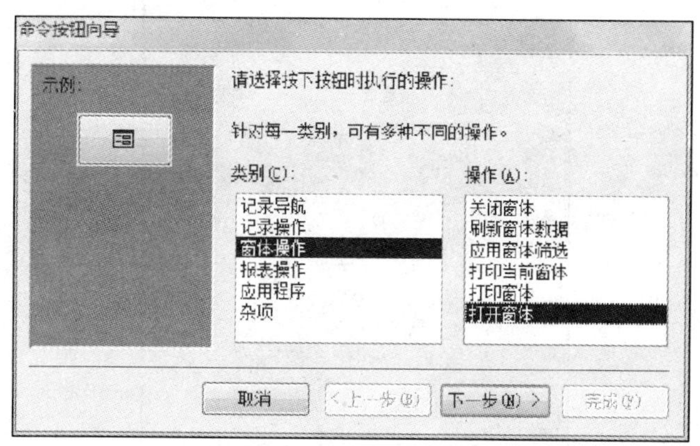

图6.62　命令按钮向导（4）

说明：采用向导方式创建的命令按钮，通常用来完成 Windows 操作系统中一些常见的命令。其他功能的命令按钮，如记录操作中的“保存记录”、“删除记录”、“打印记录”等，创建方法与此相同。

2. 手工创建命令按钮

手工创建命令按钮，通过事件代码处理，可使命令按钮具有更强的功能、更多的灵活性。其方法是：首先将命令按钮放置在窗体中，然后通过命令按钮的属性设置及事件代码编写，来达到用户特定的目的，命令向导如图6.63所示。

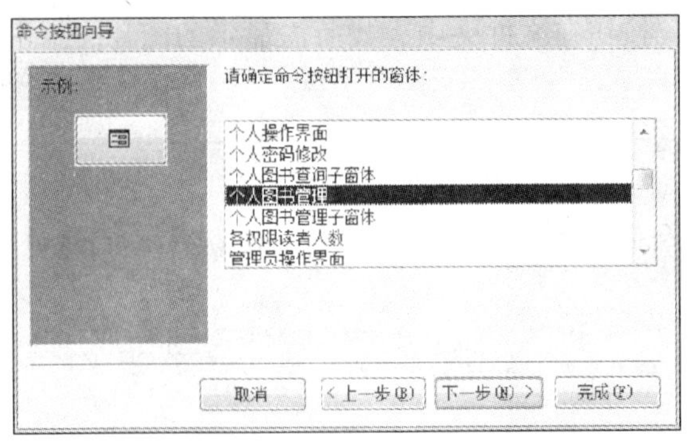

图6.63 命令按钮向导(5)

例6.12:手工创建如图6.58所示的“退出系统”命令按钮,说明手工创建命令按钮的过程和步骤,比较一下与向导创建过程的不同。

(1)打开“个人操作界面”窗体的“设计”视图,再次在“设计”选项卡中“控件”组选定“使用控件向导”命令,取消控件向导。

(2)单击“控件”组中的 按钮,在窗体中单击要放置命令按钮的位置。

(3)设置属性:在该命令按钮上右击,从快捷菜单中选择“属性”,或者选定该按钮,选定“设计”选项卡中“工具”组的“属性表”按钮,打开如图6.64所示属性设置对话框,设置该命令按钮相应的属性,“标题”设置为“退出系统”,“名称”设置为“退出”。

图6.64 “退出系统”命令按钮属性对话框

(4)事件过程设计:有以下两种方法进入事件过程设计。

其一,在该命令按钮上右击,从快捷菜单中选择“事件生成器”,进入如图6.65所示的对话框,选择“代码生成器”,进入VBA代码处理窗口,如图6.66所示。关于代码设计将在后面章节介绍。

其二，在该命令按钮上右击，从快捷菜单中选择“属性”，打开属性设置对话框，选择“事件”选项卡，建立宏，在“退出”下拉列表中选择对应的“宏”。“宏”的相关知识将在后面章节介绍。按钮的单击事件将执行选择的宏操作；还可以选择“事件过程”选项，直接进入如图 6.66 所示的 VBA 代码生成器窗口。

图 6.65 “选择生成器”对话框

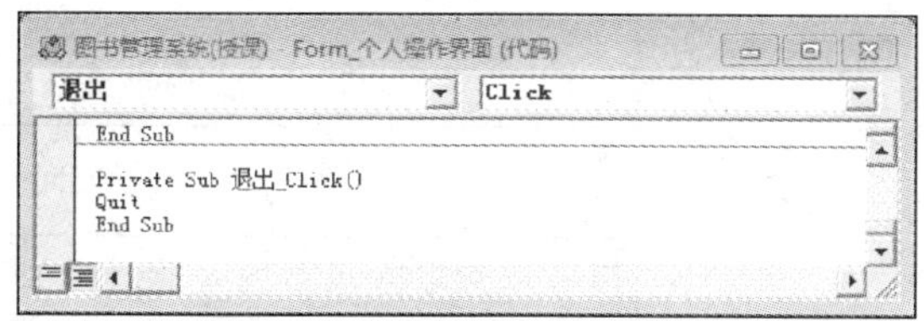

图 6.66 “图书管理系统”VBA 代码窗口

6.4.3 文本框

文本框是用于显示、输入和编辑字段数据的控件，如数字、文本、日期、货币和备注等类型的字段都可以使用文本框显示、输入和编辑。

文本框有绑定型、非绑定型和计算型 3 种。绑定型文本框控件与基表或查询中的字段相连，可用于显示、输入及更新数据库中的字段；计算型文本框则以表达式作为数据源，表达式可以使用窗体或报表的基表或基查询字段中的数据，或窗体或报表上其他控件中的数据；非绑定型文本框没有数据来源，可用于显示信息线条、矩形及图像等。

下面通过创建一个显示当前系统日期和密码的窗体，了解如何利用向导和手工创建的方式添加文本框控件。

例 6.13：添加文本框控件，用来分别显示当前系统日期、密码、当前记录的汇总。操作步骤如下。

(1) 打开数据库，在“创建”选项卡的“窗体”分组中，单击“窗体设计”按钮，创建一个新的窗体。打开该窗体的设计视图，同时打开“设计”选项卡。

(2) 在“设计”选项卡的“控件”分组中，单击“文本框”按钮，鼠标移到窗体上，显示文本框图标，按住左键拖动鼠标画出一个大小适当的文本框，这时打开“文本框”向导对话框，如图 6.67 所示。在这个对话框中可以设置文本框中文字的字体、字形、字号以及对齐方式等。

(3) 在“文本框向导”对话框中，单击“下一步”按钮，打开“输入法模式设置”对话框，如图 6.68 所示。该对话框的“输入法模式设置”列表中，有“随意”、“输入法开启”和“输入法关闭”三个列表项。如果文本框用于接受汉字输入，则选择“输入法开启”，例如姓名、商品名称等，这样在输入数据时，当光标移到该文本框上后，直接打开汉字输入方法；如果文本框用于接受输入英文和数字，例如工资、日期等，则选择“输入法关闭”或“随意”。

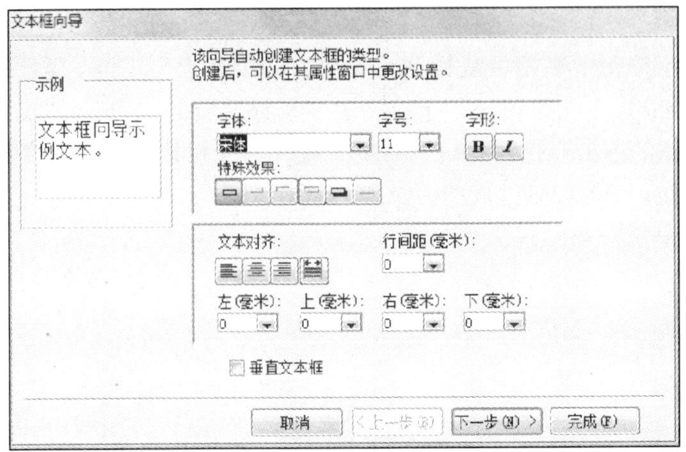

图 6.67　文本框向导对话框（1）

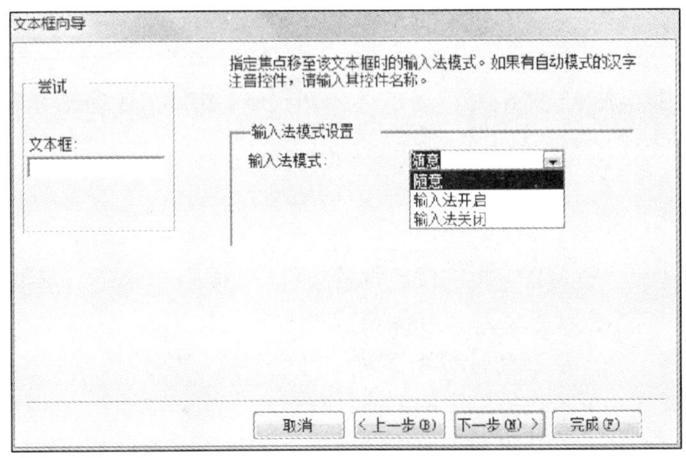

图 6.68　文本框向导对话框（2）

（4）在“请输入文本框的名称”文本框中输入“输入密码”，单击“完成”按钮，如图6.69所示。文本框创建完毕，返回到窗体设计视图中。

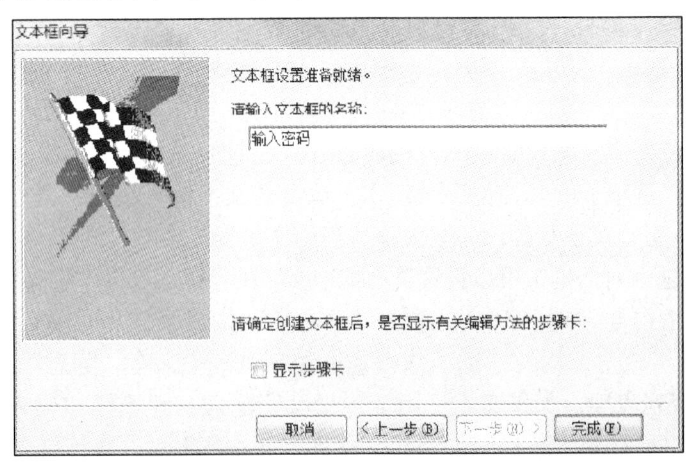

图 6.69　文本框向导对话框（3）

(5) 双击文本框，打开文本框属性表。在属性表中选择“数据”选项卡，单击“输入掩码”右侧“生成器”的…按钮，如图 6.70 所示。

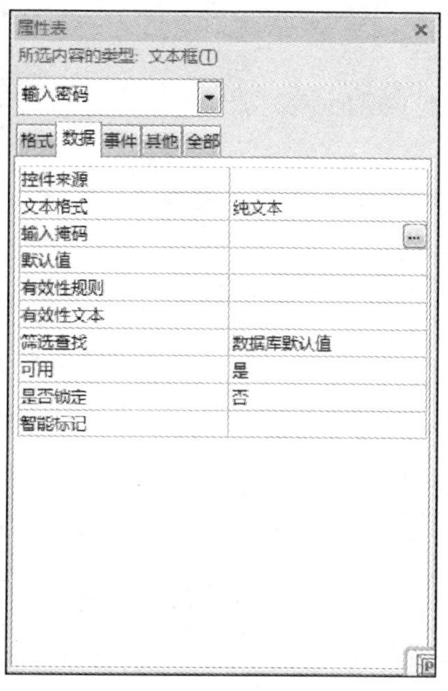

图 6.70　属性表

(6) 在打开的“输入掩码向导”对话框中选择“密码”，然后单击“完成”按钮，完成设置，如图 6.71 所示。

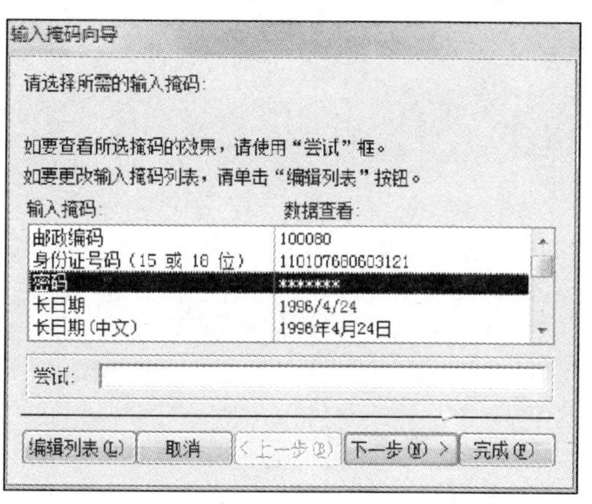

图 6.71　“输入掩码向导”对话框

(7) 返回到“文本框属性”对话框中，在“输入掩码”框中，显示属性值为“密码”。在控件中设置输入掩码与在数据表中设置字段的输入掩码属性的方法完全相同。

(8) 按照上述步骤在窗体上再添加一个文本框，然后双击文本框，打开属性表。选择“全部”选项卡。

(9) 在“名称”和“控件来源”文本框中，分别输入属性值“今日”和表达式“=Date()”，

“格式”属性为“长日期”，如图 6.72 所示。

图 6.72　日期文本框属性表

（10）单击“视图”按钮，把窗体从“设计视图”切换到“窗体视图”，在“今日”文本框中显示系统当前日期。在“输入密码”中，输入密码后显示“ * ”符号，如图 6.73 所示。

图 6.73　显示当前日期和密码

（11）保存窗体命名为“密码示例”。

6.4.4 组合框和列表框

使用列表框可以在列表中选择数据，从而减少重复输入数据的麻烦，提高数据输入的速度和准确率。列表框是由数据行组成的列表，每行可以包含一个或多个字段，就是说列表框可以包含多列数据，用户可以从列表框中选择某行数据。

组合框是一个文本框与一个列表框的组合。组合框与列表框的不同之处在于，组合框不仅可以在下拉列表中选择数据，也可以直接输入数据。

列表框和组合框都可分为绑定的与非绑定的。绑定的列表框和组合框将选定的数据（组合框还包括输入的数据）与数据源绑定，用户选择某一行数据或输入某一数据后，该数据被保存到数据源中。

列表框的列表没有下拉箭头，一直显示在窗体上，组合框的列表隐藏在下拉列表中，组合框的常用属性和列表框基本相似，但多了“限于列表”属性。“限于列表”是确定组合框是接受输入的数据还是只接受与列表中的值匹配的数据，若设置为“否”，则允许将用户输入的新值添加到列表中。

使用向导是创建未绑定型组合框的最好方法。使用向导创建组合框，有3种为组合框提供获取数值的方式，使用组合框查阅表或查询中的值，自行键入所需的值，在基于组合框中选定的值而创建的窗体上查找记录。

注意：只有设置了窗体的数据源，第3种方式才出现。

列表框和组合框有使用向导和不使用向导两种创建方法。

1. 使用向导中“自行键入所需值”创建未绑定组合框

例6.14：以“图书管理系统”数据库为例，在“读者借阅情况表”窗体中，创建处理“借阅类型”字段的组合框，说明创建组合框的方法与步骤。

（1）在“读者借阅信息表”窗体“设计”视图下，单击“控件”组按钮，然后在窗体中相应的位置单击，打开如图6.74所示的对话框。

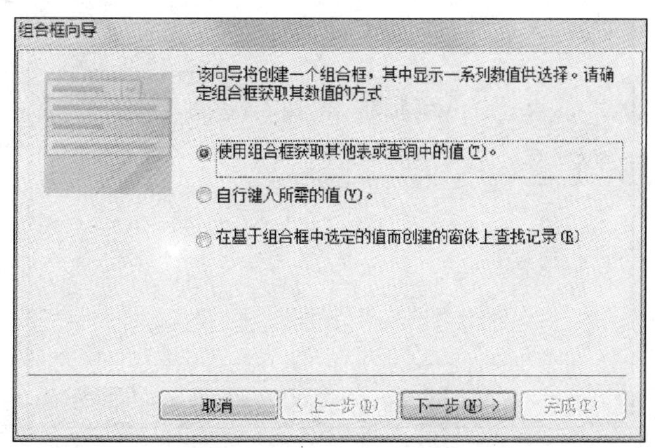

图6.74 组合框向导对话框（1）

（2）在此对话框中有三个选项，请执行下列操作之一：

如果想显示固定值，则选中“自行键入所需的值”。

如果想显示记录源中的当前数据，则选中“使用列表框获取表或查询中的值”或“在基于组合框中选定的值而创建的窗体上查找记录”，其区别在于是否对记录进行筛选。

本例中选择“自行键入所需的值”后单击“下一步”按钮，进入如图 6.75 所示的对话框。

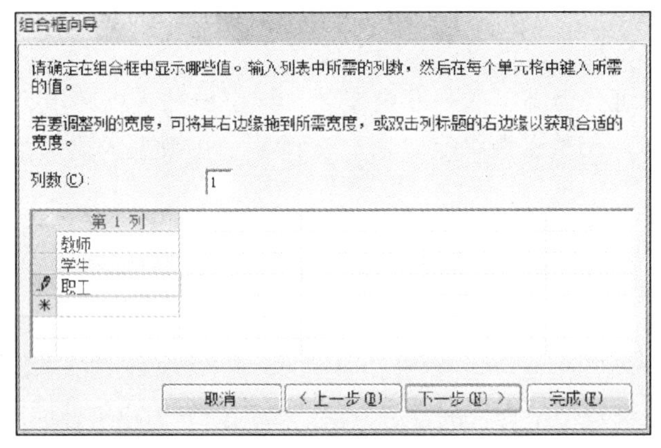

图 6.75　组合框向导对话框（2）

（3）在图 6.75 所示对话框中，依次输入借阅类型，然后单击“下一步”按钮，打开如图 6.76所示对话框。

（4）在图 6.76 所示的对话框中，确定组合框中选择数值后 Access 的动作，如果选择“记忆该数据供以后使用”，则创建一个非绑定的组合框，其数据由程序自由使用；如果选择“将该数据值保存在这个字段中”，则创建一个绑定的组合框，组合框的数据会自动保存到用户选择的字段中。本例中选择“记忆该数值供以后使用”，完成后单击“下一步”按钮，打开“组合框向导”对话框之四，如图 6.77 所示。

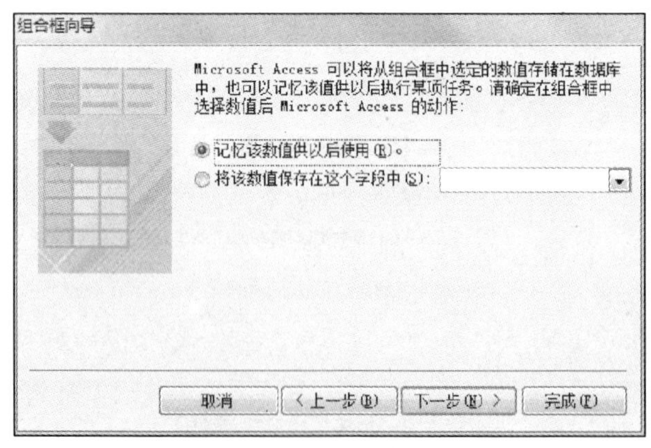

图 6.76　组合框向导对话框（3）

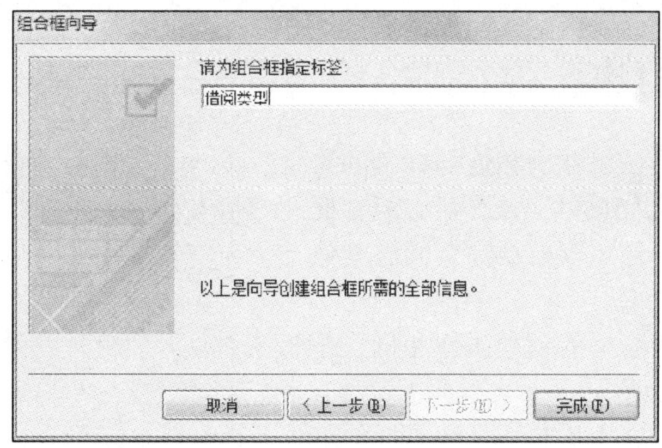

图 6.77 组合框向导对话框（4）

（5）用户在本对话框中指定组合框的标签显示文本，本例中输入“借阅类型:”，单击“完成”按钮，组合框创建成功，设置结果如图 6.78 所示。如果想使外观更加美观大方，用户还可以手工调整该组合框的属性。

图 6.78 设置完成的组合框

2. 不使用向导创建绑定组合框

例 6.15：不使用向导，在“读者借阅信息表”创建“权限”字段的组合框。具体步骤如下。

（1）在“读者借阅信息表”窗体“设计”视图下，单击“控件”组按钮，然后在窗体中相应的位置单击，打开对话框。

（2）右击组合框并从快捷菜单中选择“属性”命令，打开“属性”设置对话框并选择其中的“其他”选项卡，将“名称”属性改为“Cxb”，以后可以通过“名称”属性对该控件进行引用，如图 6.79 所示。

(3) 选择“数据”选项卡，在“控件来源”中输入“权限”或选择“权限”字段，这是数据来源，组合框选中的数据或输入的数据将保存在“权限”字段中。

(4) 最后还要将与该组合框相连的标签的文本内容改为“权限:”，完成以上操作后，组合框的属性设置完成。用户还可以根据需要调整其他的属性。

列表框的创建与组合框的创建操作相同，在此不再给出详细操作说明。

组合框实际是一个文本框和一个列表框的组合，因此，如图6.80所示的“控件来源”对应的是文本框部分显示对应的字段值，而“行来源类型”和“行来源”则指列表框部分对应的数据源，它不仅仅可以是字段，还可以是表、查询等，在下拉列表框部分可以显示多列。因此，“格式”选项卡“列数”属性可以指定设置对话框的“数据”选项卡列表框或组合框的列表部分所显示的列数，如在其中输入2，表示显示两列数据，但是其中一列数据隐藏，为此需要在属性“列宽”中输入“0cm；6cm”，这表示将第1列数据列隐藏，第2列数据列宽度是6厘米，如图6.81所示。

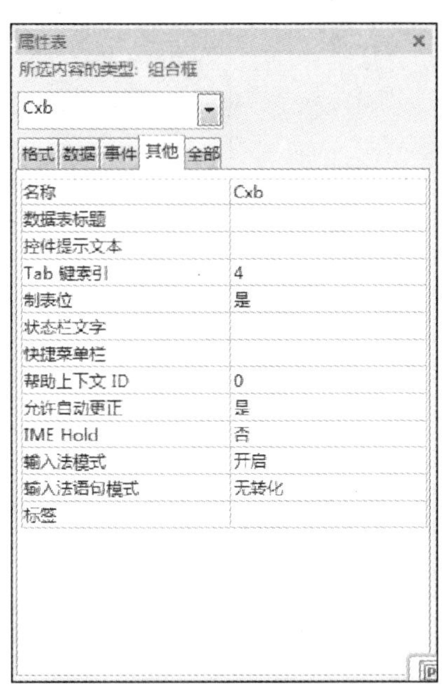

图6.79 组合框属性设置对话框的“其他”选项卡

属性表

所选内容的类型: 组合框

Cxb

格式 数据 事件 其他 全部

控件来源	权限
行来源	
行来源类型	表/查询
绑定列	1
限于列表	否
允许编辑值列表	是
列表项目编辑窗体	
继承值列表	是
仅显示行来源值	否
输入掩码	
默认值	
有效性规则	
有效性文本	
可用	是
是否锁定	否
自动展开	是
智能标记	

图6.80 组合框属性设置对话框的“数据”选项卡

图6.81 组合框属性设置对话框的“格式”选项卡

6.4.5 图像控件

图像控件主要用于美化窗体，可以放置照片、背景图片等。图像控件的创建比较简单，单击“控件”组中的按钮，在窗体的合适位置上单击，系统提示“插入图片”窗口，如图6.82所示，选择要插入的图片文件即可。

图6.82 “插入图片”对话框

6.4.6 选项组控件

选项组含有一个组框和一系列单选按钮、复选框以及切换按钮，且只能包含一种，它们结合使用构成选项按钮组，用于显示或编辑一组具有限制性的选项值。复选框、单选按钮和切换按钮都用于多选操作，它们功能类似。

选项组控件可以为用户提供必要的选择选项，用户只需进行简单的选取即可完成数据的录入，在操作上更直观、方便。“选项组”中可以包含复选框、切换按钮或选项按钮等控件。选项组控件的创建有使用向导和设计视图两种方法。

需要说明的是：使用选项组控件实现数据表字段的数据录入，要根据字段的类型来确定设计方法，例如“性别”字段，其类型可以是数据型（值为0和1）、是/否型和字符型（男/女）。若是数据型或是/否型，可以使用选项组控件，若是字符型，则不能使用选项组控件，但可以使用组合框控件。

例6.16：假设“读者信息”表中的“性别”字段数据型，下面使用设计视图创建选项组控件，实现“性别”字段的数据录入，说明选项组控件的使用方法与步骤。

（1）进入窗体“设计”视图，设置窗体的“记录源”属性为“读者信息”表。

(2) 单击“窗体”组中的按钮，在窗体中要放置“选项组控件”的位置单击，产生如图6.83所示的向导对话框，标签名称输入为“男”和“女”。

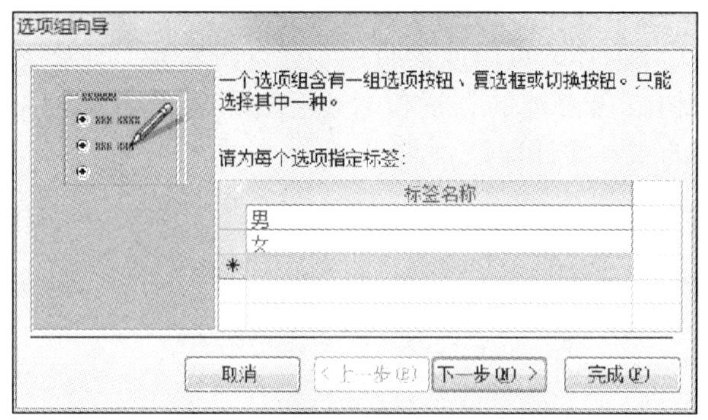

图6.83 选项组向导对话框 (1)

(3) 单击“下一步”按钮，如图6.84所示，选择使用默认选项。

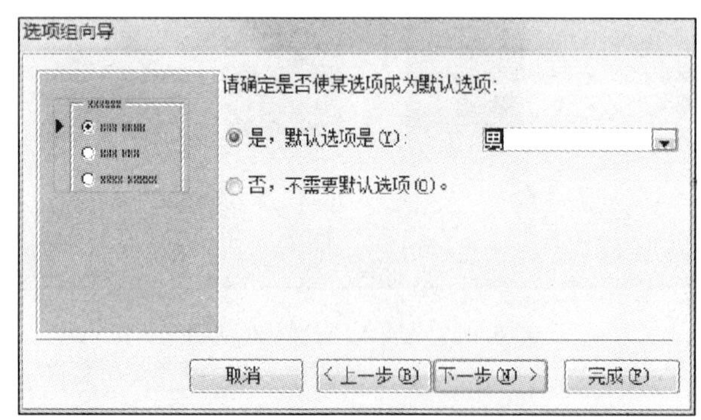

图6.84 选项组向导对话框 (2)

(4) 单击“下一步”按钮，如图6.85所示，使用默认值。

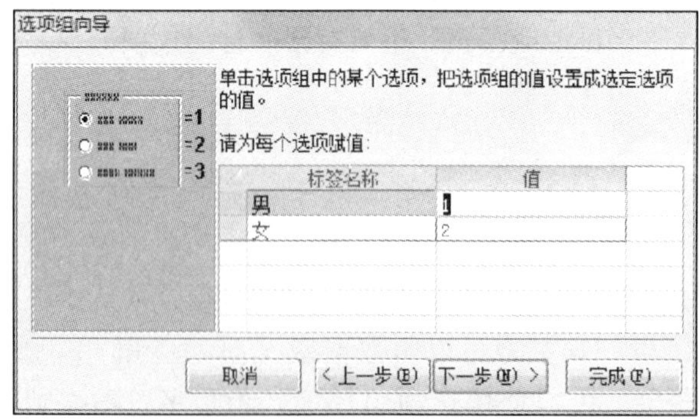

图6.85 选项组向导对话框 (3)

“性别”字段的类型为数据型，如果想用“1”代表“男”，“0”代表“女”，则标题为“男”的“选项按钮”的“选项值”设为1、为“女”的“选项按钮”的“选项值”设为0，设置窗口如图 6.86 所示。

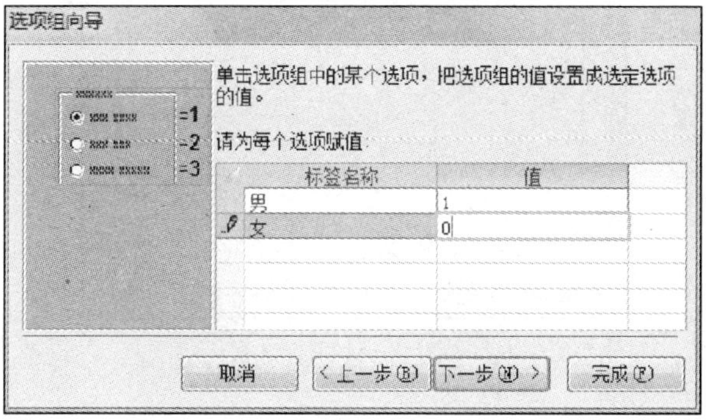

图 6.86 选项组向导对话框（4）

（5）单击“下一步”按钮，如图 6.87 所示，选定“选项按钮”，并选定“蚀刻”样式，设定选项组内控件类型以及显示样式。

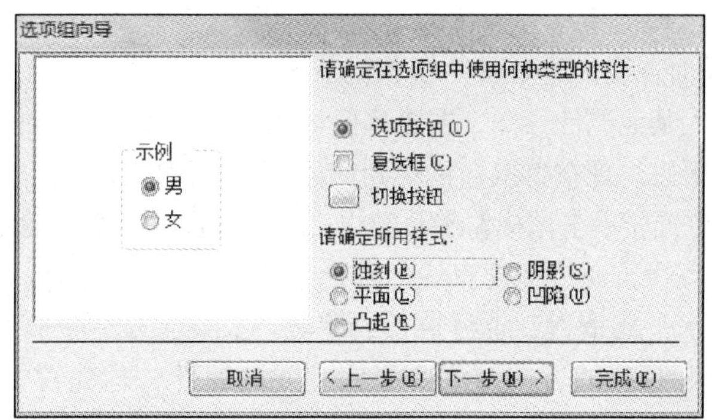

图 6.87 选项组向导对话框（5）

（6）单击“下一步”按钮，如图 6.88 所示，输入选项组标题为“性别”。

图 6.88 选项组向导对话框（6）

（7）保存设置，完成“选项组”控件的创建，如图 6.89 所示。

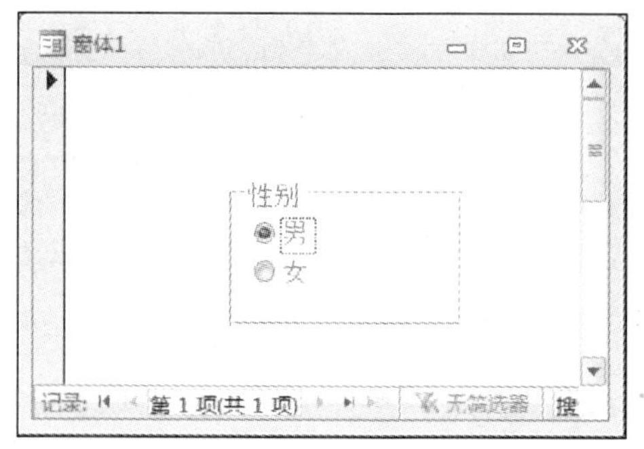

图6.89 创建“选项组”窗体视图

6.4.7 线条和矩形

利用“控件”组中的＼和▭按钮可以为窗体添加直线和矩形，然后修改其属性，将其他控件加以分隔和组织，从而大大增强窗体的可读性。

例6.17：向窗体添加直线，主要操作步骤如下。

（1）和在窗体上插入其他控件一样，先要将鼠标移动到“控件”组的＼按钮上，单击鼠标左键，这时＼按钮凹陷下去，现在将鼠标移动到窗体上，单击鼠标左键，给出所画直线的起点，然后拖动鼠标到一定的位置，单击鼠标左键，给出直线的终点，这样一条直线就画好了。

（2）单击刚添加的直线，通过拖动直线的移动手柄以调整直线的位置，按Shift键和相应的方向键，可使直线变成水平或垂直，也可拉长或缩短。如果需要细微地平移直线的位置，更简单的方法是按下Ctrl键和相应的方向键。要修改直线的属性，首先右击直线，从快捷菜单中选择“属性”命令，然后激活“格式”选项卡进行设置，“边框宽度”、“边框样式”、“宽度”、“高度”等属性可以改变直线的外观。

为窗体添加矩形，其操作方法与添加直线相同，而且矩形与直线的同名属性具有相似的作用。

6.4.8 子窗体/子报表

子窗体是插入另一窗体中的窗体。被插入的窗体亦称为容器窗体，也称为主窗体。子窗体主要用于显示具有一对多关系的表或查询中的数据。在这类窗体中，主窗体基于一个数据源，而任何其他数据源的数据处理则必须为其添加对应的子窗体，主窗体和子窗体彼此连接，也就是建立一对多关系。

主窗体可以包含多个子窗体，还可以嵌套子窗体，最多可以嵌套七级子窗体，也就是说，可以在主窗体内包含子窗体，子窗体内可以再有子窗体等。例如，可以用一个主窗体来显示读者基本信息数据，用子窗体来显示读者借阅信息，再用另一个子窗体来显示书籍的相关信息。

主窗体与子窗体信息保持同步更新。子窗体中只显示与主窗体中当前记录相关联的记录。即当主窗体中的记录发生变化时，子窗体中的记录同步发生变化。

前面已经介绍使用窗体向导创建主子窗体的方法，除此之外，很多情况是使用子窗体/子报表控件来创建主子窗体。下面就介绍使用子窗体控件创建子窗体。

例 6.18：在“图书管理系统”数据库中，利用子窗体控件创建如例 6.8 所创建的读者借阅信息窗体。具体步骤如下。

(1) 在窗体设计视图中打开作为主窗体的“读者信息”窗体，同时单击“控件”组中▦按钮，到主窗体的主体节的合适位置拖放合适大小的子窗体，如图 6.90 所示。同时启动子窗体向导，如图 6.91 所示。

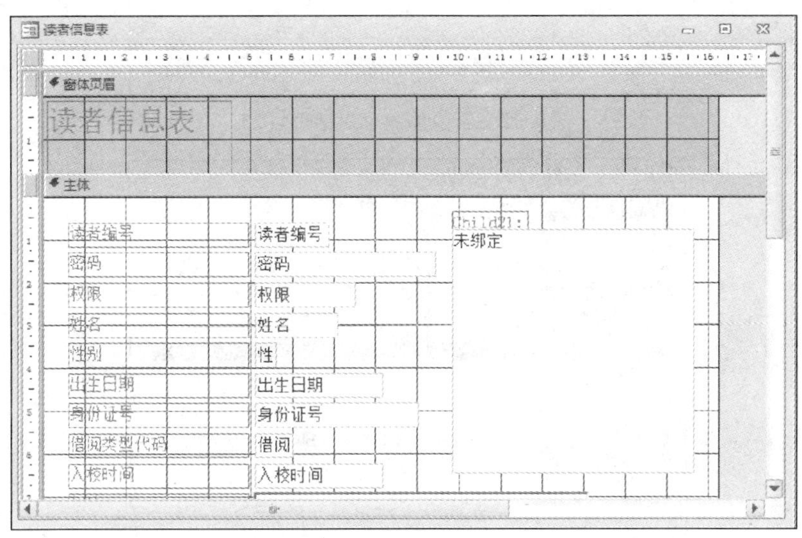

图 6.90 添加了子窗体的“读者信息”窗体

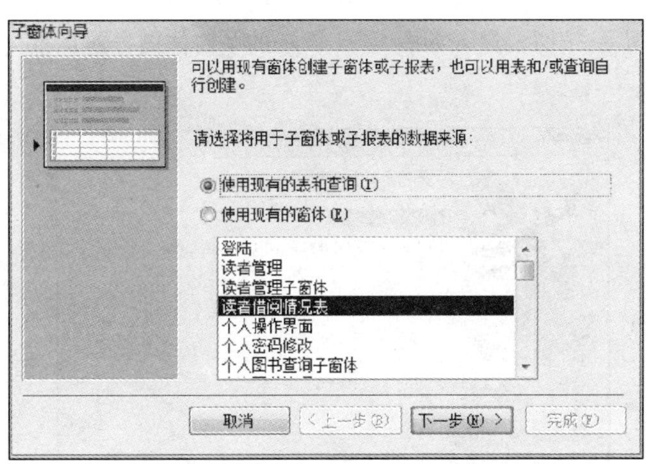

图 6.91 子窗体向导对话框 (1)

(2) 选定“读者借阅情况表”为子窗体数据来源，单击“下一步”按钮，进入如图 6.92 所示的子窗体向导对话框 (2)，选定在子窗体中显示字段。

(3) 单击“下一步”按钮，进入如图 6.93 所示的子窗体向导对话框 (3)，确定主窗体和子窗体链接的字段。可以选择默认设置，也可以自定义，定义的依据是找出两个窗体对应数据源，建立关系时的链接字段，即找出它们的公共字段。

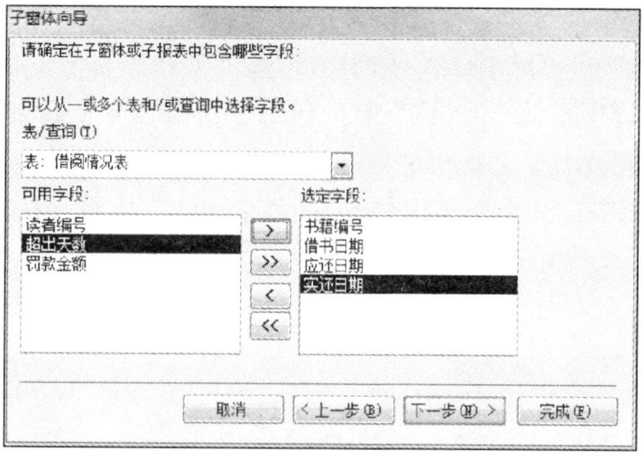

图 6.92 子窗体向导对话框（2）

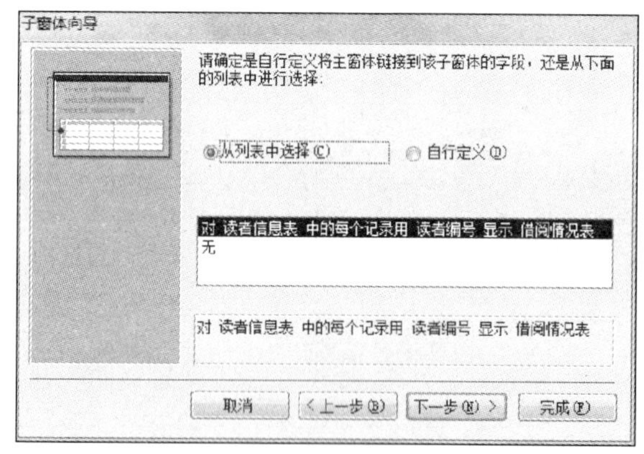

图 6.93 子窗体向导对话框（3）

（4）单击“下一步”按钮，进入如图 6.94 所示的子窗体向导对话框（4），指定子窗体的名称，取默认值。

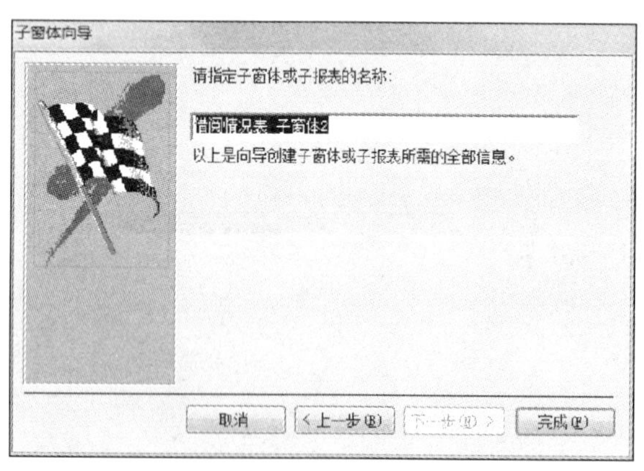

图 6.94 子窗体对话框（4）

（5）最后，单击“完成”按钮，Access 2010 将在已有的主窗体中添加一个子窗体控件，并为子窗体创建一个单独的窗体。主/子窗体窗体视图如图 6.95 所示。

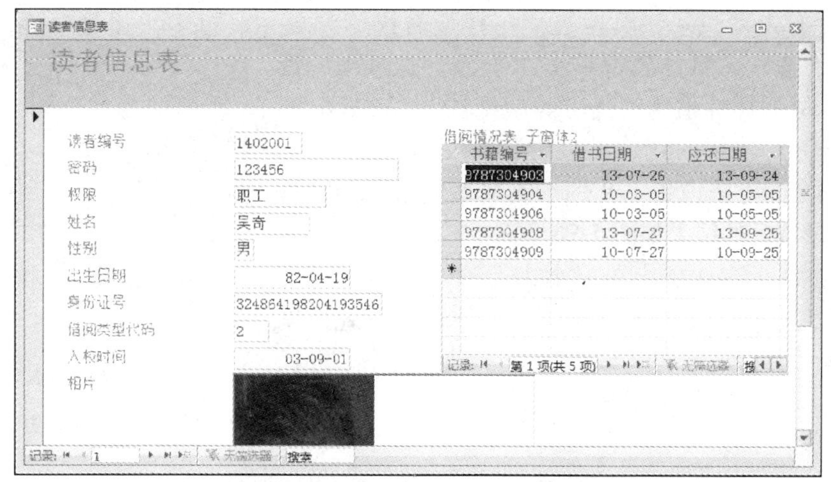

图 6.95　包含子窗体的读者信息表窗体

6.4.9　选项卡

选项卡控件是在窗口的有限空间中，高效地管理更多的信息。选项卡广泛地应用在 Windows 操作系统，普遍应用在 Office 中，在 Access 系统同样也应用广泛，例如属性表就是一个典型的应用。除了选项卡控件之外，Access 还提供分页控件，两者都是对窗体界面进行分页。分页控件实现竖直方向的分页，与 Word 中的分页符相似，而选项卡控件则实现在水平方向的分页。自上个版本以来，Access 特别倡导选项卡窗体的应用。

例 6.19：创建“图书信息统计”窗体，窗体包含两页内容，一页是“教师职称统计”，另一页是“教师学历统计”使用选项卡分别表示这两项内容。

（1）在“创建”选项卡的“窗体”组中，单击“窗体设计”按钮，打开窗体设计视图。

（2）在“设计”选项卡的“控件”组中，单击▢（选项卡）按钮，在窗体放置选项卡的位置处拖动鼠标，画出一个充满窗体主体的矩形，如图 6.96 所示。

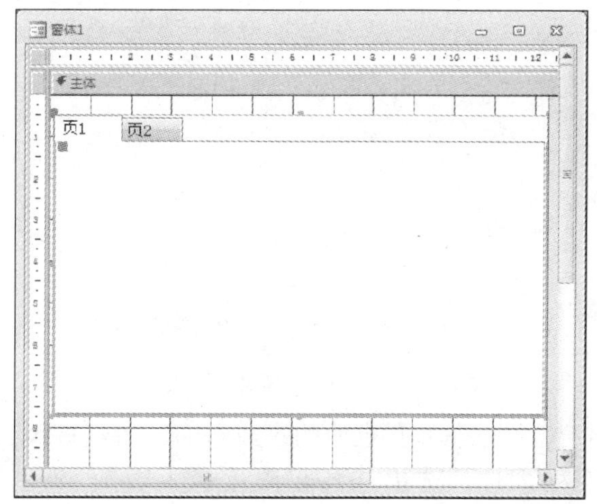

图 6.96　创建的选项卡

(3) 然后右击“页 1”属性表，在打开的快捷菜单中，单击“属性”命令这时打开“页 1”的属性表，在属性表中单击“全部”选项卡，设置“页 1”的标题属性值为“读者类型统计”，如图 6. 97 所示。

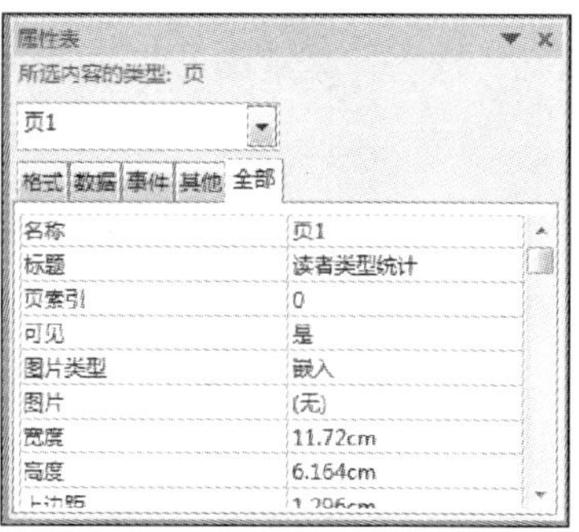

图 6. 97　读者类型统计

(4) 用同样的方法设置页 2 的标题属性值为“图书出版社统计”，设置后的结果如图 6. 98 所示。

(5) 在“设计”选项卡的“控件”组中，单击 (列表框) 按钮，在“读者类型统计”页的适当位置拖曳出一个矩形框，在打开的“列表框向导”对话框中，选择“使用列表框获取其他表或查询中的值”，单击“下一步”按钮，如图 6. 99 所示。

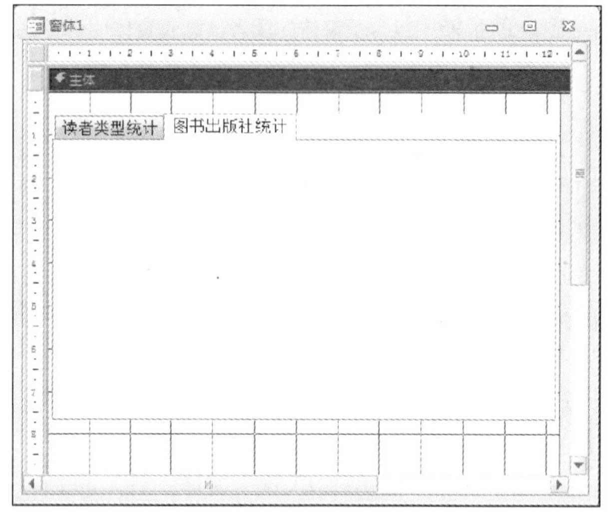

图 6. 98　图书出版社统计

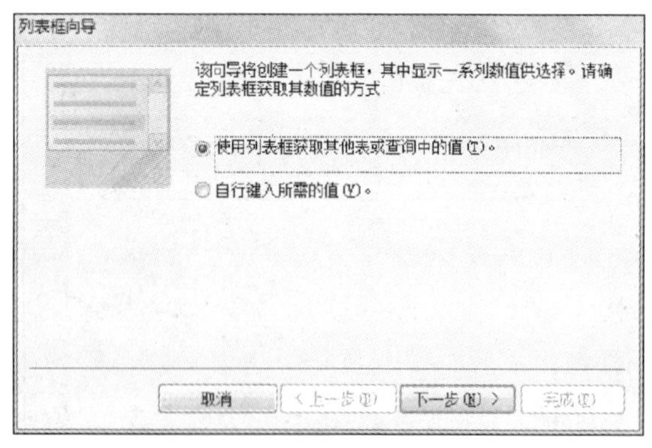

图 6. 99　列表框向导对话框 (1)

(6) 在打开的“请选择为列表框提供数值的表或查询”对话框中，选中“视图”选项框中的“查询”，在数据源列表中，选中“各权限读者人数”，单击“下一步”按钮，如图 6. 100所示。

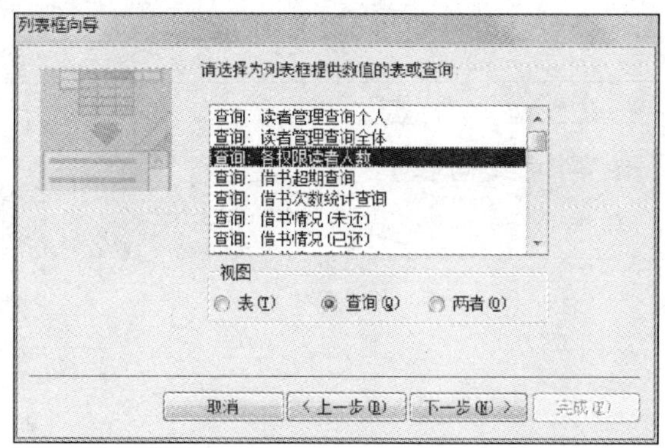

图 6.100　列表框向导对话框（2）

（7）在打开的“各职称教读者人数的哪些字段中含有一要包含到列表框中的数值”对话框中，选择所有字段，然后单击“下一步”按钮，如图 6.101 所示。

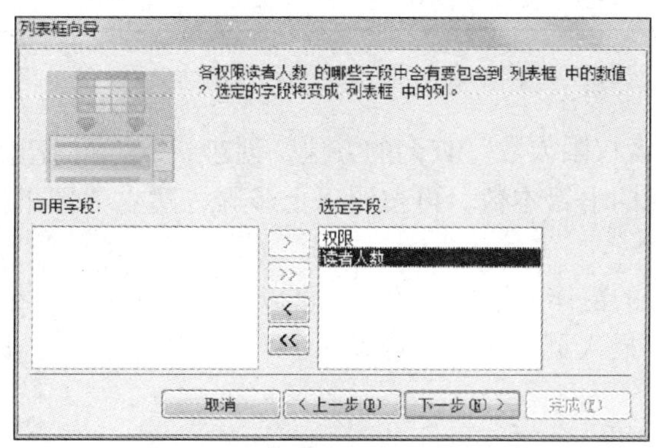

图 6.101　列表框向导对话框（3）

（8）在打开的“请确定要为列表框中的项使用的排序次序”对话框中，不进行设置，直接单击“下一步”按钮。

（9）在打开的“请指定列表框中列的宽度”对话框中，拖动各列右边框到合适宽度，单击“完成”按钮，如图 6.102 所示。

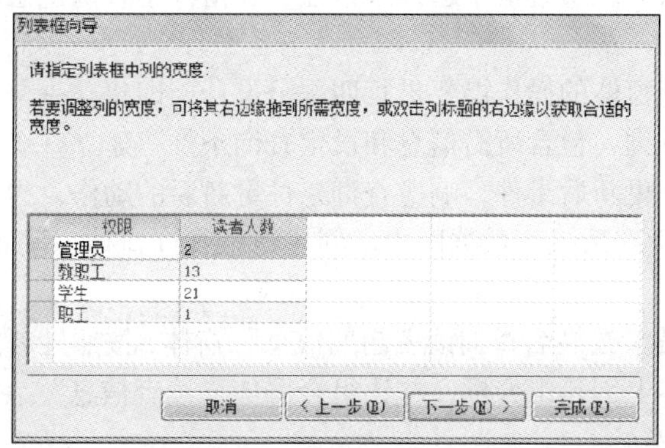

权限	读者人数
管理员	2
教职工	13
学生	21
职工	1

图 6.102　列表框向导对话框（4）

（10）切换到窗体视图，设置结果，如图6.103所示。

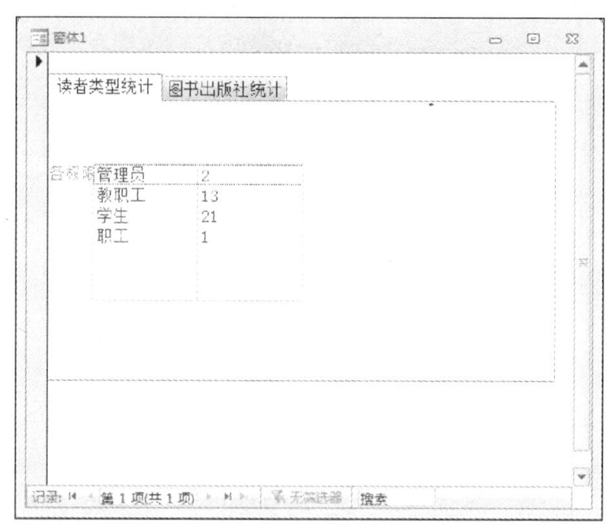

图6.103 创建列表框后的结果

（11）按照创建“读者权限人数”查询的方法，创建一个“图书出版社统计”查询，统计图书馆中每个出版社出版的书籍本数。再按照以上步骤，建立“图书出版社统计”界面，这里就不做详细介绍了。

如果想要在已建立好的窗体上添加新的页，可以在设计视图下，在选项卡任意处右击，在打开快捷菜单下，选择“插入页”命令，若添加多个页，则重复以上步骤。

6.4.10 交互式窗体

参数查询是一种交互式动态查询，输入不同的参数后可以获得不同的查询结果。参数查询虽然使用灵活，但有一定的缺点，例如，在输入参数时，可能由于输入的失误而得不到结果，或者用户根本不知道输入什么参数值。通常在参数查询中，所输入的参数是属于一个特定数据集合。因此，如果从一个连接该数据集合的组合框中挑选数据，显然比在对话框中输入参数方便，而且又不易发生错误。从组合框中选择参数值，在窗体中查询记录的方法被称为交互式动态查询。

创建交互式动态查询窗体的操作需要进行四部分设计，即建立一个窗体，创建输入查询条件的组合框；建立一个查询，包含所需信息和设定查询条件；建立一个子窗体，显示满足条件查询的结果；设置组合框更新后事件，响应查询条件更新后的动作，刷新窗体上的显示结果。

例6.20：在“图书管理系统”数据库中，创建动态查询窗体，实现按读者姓名查询超期信息。

所创建的窗体名称是“按姓名查询读者超期信息”窗体，按照姓名查询每个人是否有超期未还的书籍。在这个窗体上创建组合框，并让组合框从“读者信息”表中获取数据。

1. 建立交互操作窗体

（1）打开“图书管理系统”数据库，在“创建”选项卡的“窗体”组中，单击“窗体设计”按钮，打开窗体设计视图。

（2）在“设计”选项卡的“控件”组中，单击“标题”按钮，在窗体上添加了窗体页眉节，在该节上添加了一个标签，把标签的文本修改为“按姓名查询读者超期信息”。

（3）在“控件”组中，单击“组合框”按钮，在打开的“请确定组合框获取其数值的方式”对话框中，选中“使用组合框获取其他表或查询中的值”，单击“下一步”按钮，如图6.104所示。

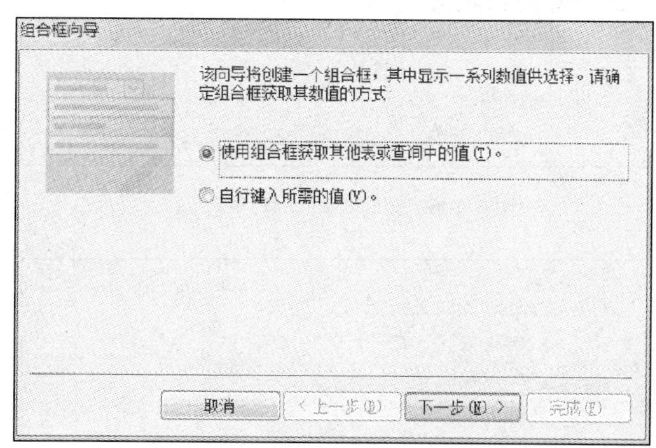

图6.104　组合框向导对话框（1）

（4）在“请选择为组合框提供数值的表或查询”对话框中，选择“读者信息”表，单击“下一步”按钮，如图6.105所示。

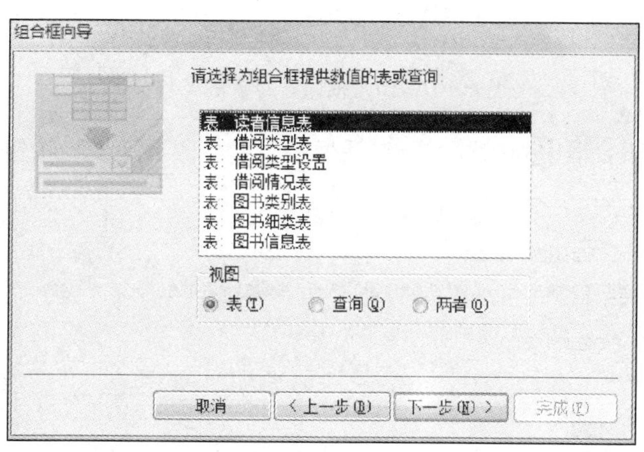

图6.105　组合框向导对话框（2）

（5）在“选定的字段将变成组合框中的列”对话框中，把“读者编号”和“姓名”字段，发送到“选定字段”窗格中，然后单击“下一步”按钮，如图6.106所示。

（6）在“请确定要为列表框中的项使用的排序次序”对话框中，指定按“读者编号”排序，然后单击“下一步”按钮，如图6.107所示。

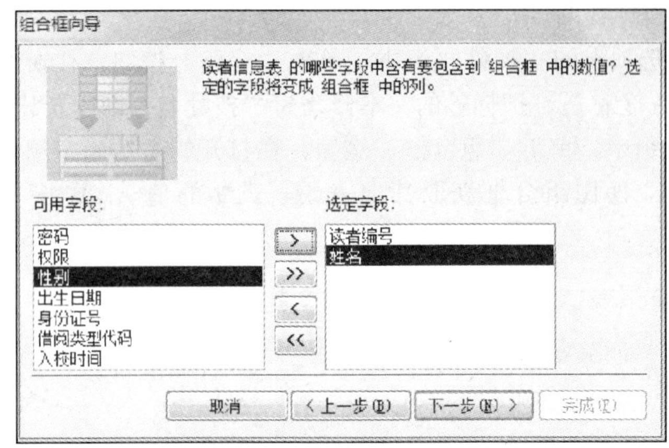

图 6.106　组合框向导对话框（3）

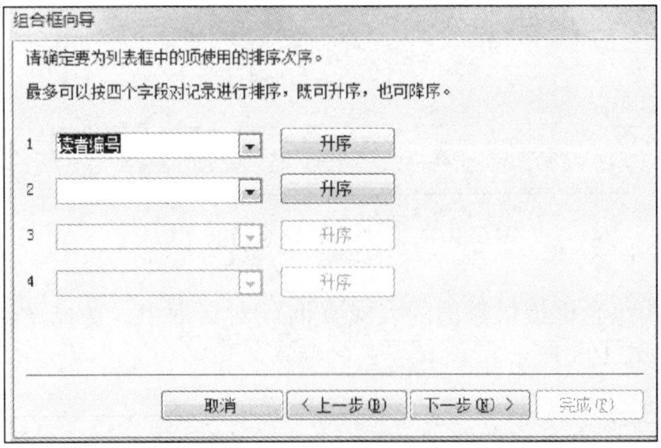

图 6.107　组合框向导对话框（4）

（7）在“请指定组合框中列的宽度”对话框中，单击“下一步”按钮，如图 6.108 所示。

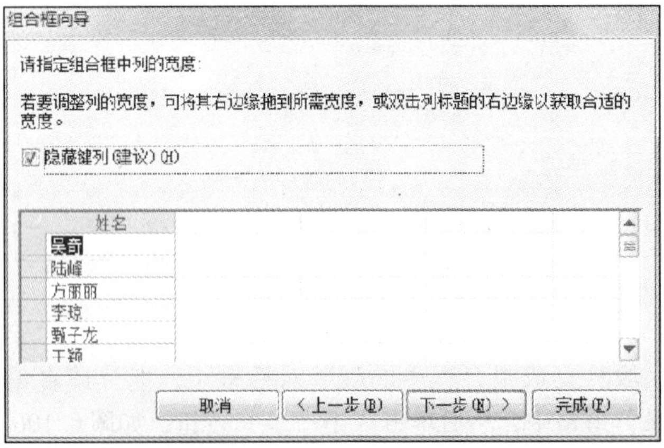

图 6.108　组合框向导对话框（5）

（8）在“请为组合框指定标签”对话框中，接受默认选项设置即可，然后单击“完成”按钮完成设置，如图 6.109 所示。

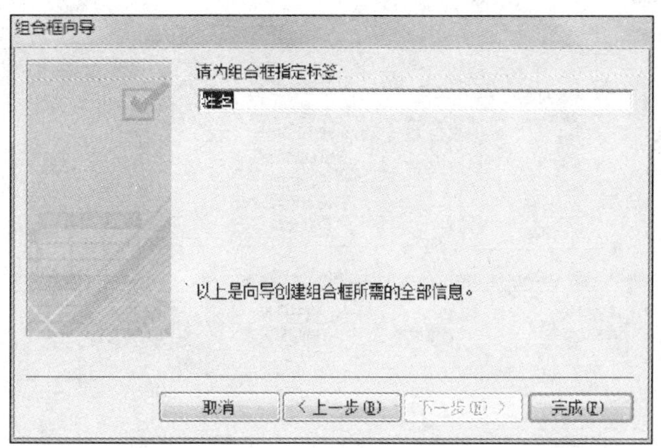

图 6.109　组合框向导对话框（6）

2. 建立一个带条件的查询

创建一个参数查询，这个查询的数据源是“读者信息”表和“借阅信息”表。其中参数为第 1 步中所创建的组合框，这个查询的名称为“按姓名查询超期情况”。

（1）在“创建”选项卡的“宏与代码”组中，单击“查询设计”按钮，打开查询设计视图，把“读者信息”表、“借阅信息”表，拖到设计网格的上半部“对象”窗格中，如图 6.110所示。

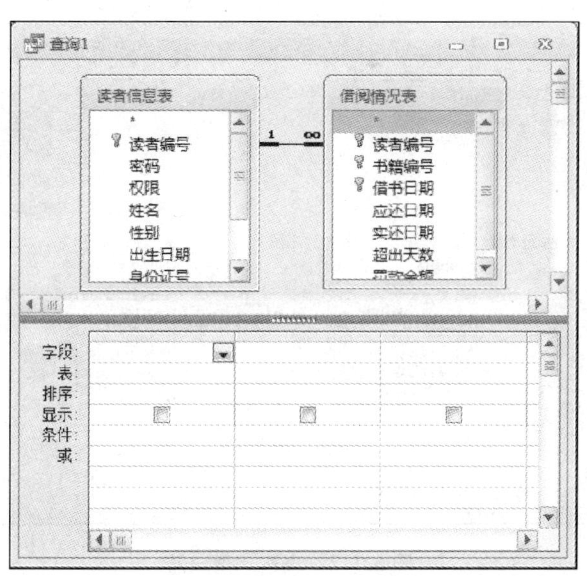

图 6.110　查询设计视图

（2）把“读者编号”、“姓名”、“借书日期”、“超出天数”和“书籍编号”等字段拖到设计网格中，在条件行的“超出天数”字段列中，输入条件：“ >0”然后把光标定位到“姓

名”字段列的条件行中，如图6.111所示

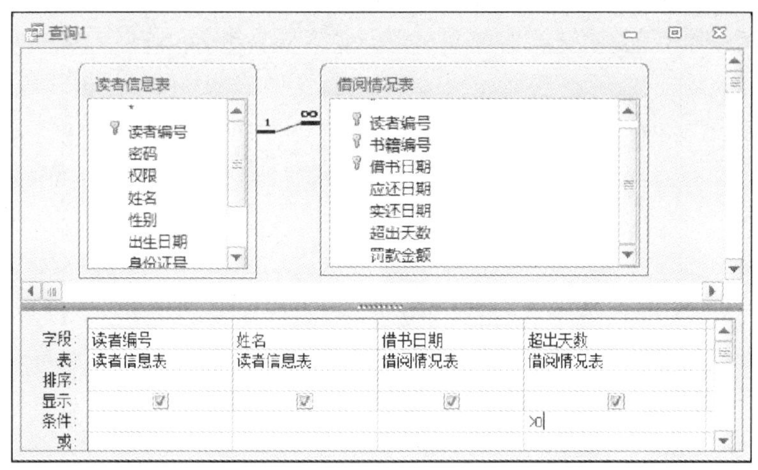

图6.111 添加字段后的查询设计器

（3）在“查询工具/设计”选项卡的“查询设置”组中，单击“生成器”按钮，打开“表达式生成器”窗口。在“表达式元素”窗格中展开“图书管理系统/Forms/加载的窗体/按姓名查询超期信息”，在“表达式类别”窗格中，选择“Combo3”，在“表达式值”窗格中，选择“SelText”，在表达式窗格中生成表达式“Forms！［按姓名查询读者超期信息］！［Combo3］”，单击“确定”按钮，如图6.112所示，这时关闭“表达式生成器”窗口，返回到查询设计视图中。

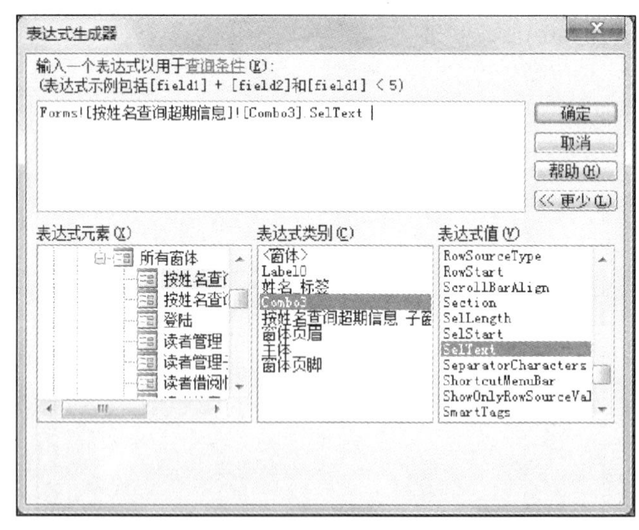

图6.112 表达式生成器

（4）修改查询表达式为：Like［Forms］！［按姓名查询超期信息］！［Combo3］.［SelText］）。

（5）测试，在“按姓名查询超期信息”窗体中，在组合框中选择“吴奇”然后，单击查询的数据表视图，如果查询中出现吴奇的超期书籍，则设置正确，否则请检查表达式是否书写

错误。

（6）单击“保存”按钮，打开“另存为”对话框在查询名称文本框中，输入“按姓名查询超期信息”，关闭查询。

3. 添加一个显示结果的子窗体

把“按姓名查询超期信息”查询作为子窗体，添加到“按姓名查询超期信息”窗体中。

（1）打开“按姓名查询超期信息”窗体，切换到设计视图，添加“子窗体”控件，打开“子窗体向导”窗口，设置“按姓名查询超期信息”查询为数据源，在“子窗体向导”对话框中，默认子窗体名称，单击“完成”按钮，如图 6.113 所示。

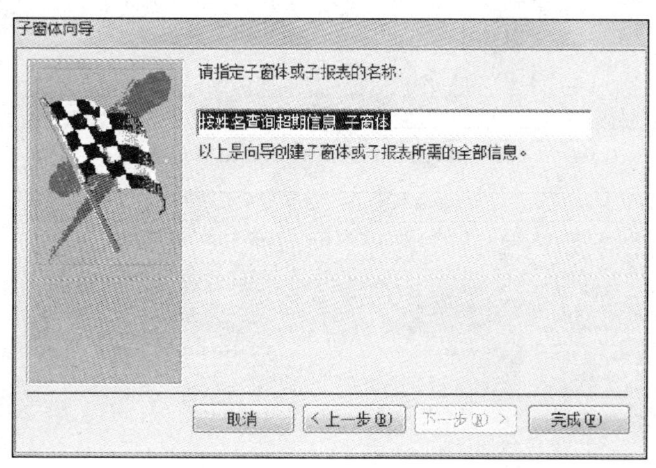

图 6.113　子窗体的生成

（2）返回到窗体设计视图中，调整子窗体的位置和大小，把与子窗体相关联的附加标签删除掉。

4. 设置组合框更新后事件

为了在组合框中，选择不同姓名后，窗体中查询的内容随之更新，需要设置组合框更新后事件。

（1）在“窗体设计视图”中，双击“姓名”组合框，打开组合框“属性表”窗口，单击“事件”选项卡，单击“更新后”属性框右侧的[...]。

（2）在“选择生成器”窗口中，选择“代码生成器”生成器按钮，如图 6.114所示，单击“确定”按钮，如图 6.115 所示。

选择生成器
宏生成器
表达式生成器
代码生成器
确定　取消

图 6.114　选择生成器

（3）“代码生成器”窗口是一个 VBA 代码编辑器，在该窗口的代码编辑区的两行给定代码行之间的空行处，输入代码：Me. Refresh，如图 6.116 所示。

（4）单击左上角的“关闭”按钮，关闭“VBA 代码编辑器”窗口，返回“窗体设计视图”。关闭“属性表”单击“保存”按钮，保存窗体。到此交互式动态查询窗体设计完成。

（5）单击“视图”按钮，打开“按姓名查询超期信息”窗体视图，可以看到设计的结果，如图 6.117 所示窗口。

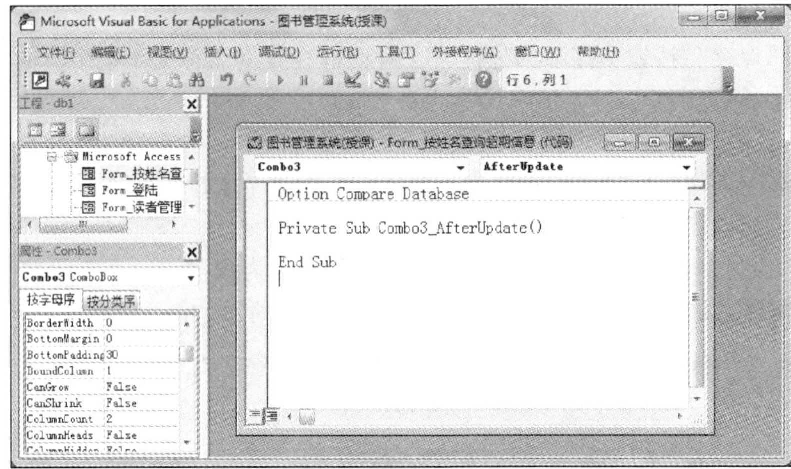

图6.115 VBA代码编辑器

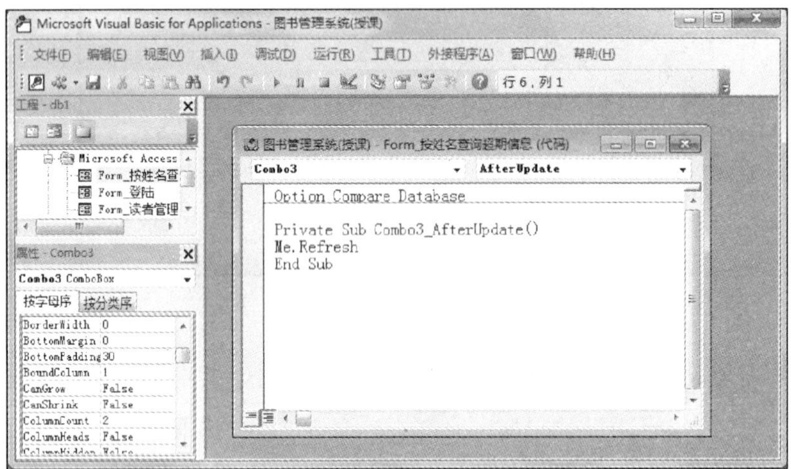

图6.116 添加了代码的代码编辑器

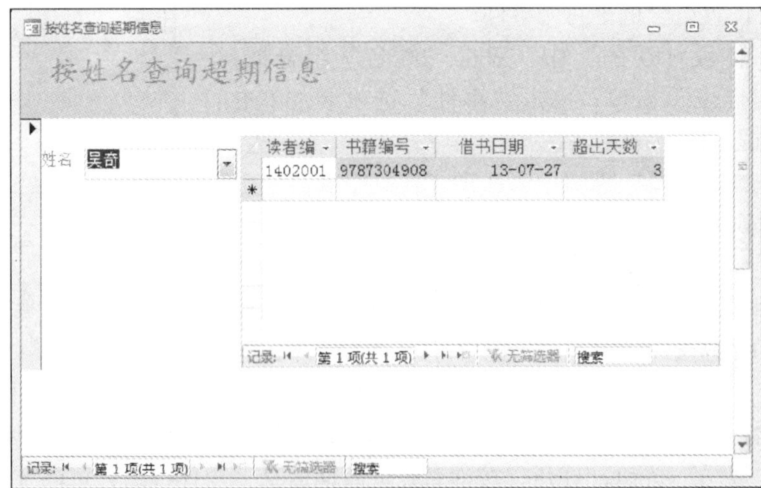

图6.117 设计结果窗体视图

6.4.11 常用的属性

1. 标签（Label）控件

标题（Caption）：该属性值将成为控件中显示的文字信息。

名称（Name）：该属性值将成为控件对象引用时的标识名字，在 VBA 代码中设置控件的属性或引用控件的值时使用。

其他常用的格式属性：高度（Height）、宽度（Width）、背景样式（BackStyle）、背景颜色（BackColor）、显示文本字体（FontBold）、字体大小（FontSize）、字体颜色（ForeColor）、是否可见（Visible）等。

2. 文本框（text）控件

文本框控件的格式属性同“标签”控件，常用的数据属性如下。

控件来源（ControlSource）：设置控件如何检索或保存在窗体中要显示的数据。如果控件来源中包含一个字段名，那么在控件中显示的就是数据表中该字段的值。在窗体运行中，对数据所进行的任何修改都将被写入字段中；如果设置该属性值为空，除非通过程序语句，否则在窗体控件中显示的数据将不会被写入到数据表的字段中；如果该属性设置为一个计算表达式，则该控件会显示计算的结果。

输入掩码（InputMask）：用于设置控件的数据输入格式，仅对文本型和日期型数据有效。

默认值（DefaultValue）：用于设定一个计算型控件或非结合型控件的初始值，可以使用表达式生成器向导来确定默认值。

有效性规则（ValidationRule）：用于设定在控件中输入数据的合法性检查表达式，可以使用表达式生成器向导来建立合法性检查表达式。若设置了“有效性规则”属性，在窗体运行期间，当在该控件中输入数据时将进行有效性规则检查。

有效性文本（ValidationText）：用于指定当控件输入的数据违背有效性规则时，显示给用户的提示信息。

是否有效（Enabled）：用于决定能否操作该控件。如果设置该属性为“否”，该控件将以灰色显示在“窗体”视图中，但不能用鼠标、键盘或 Tab 键单击或选中它。

是否锁定（Locked）：用于指定在窗体运行中，该控件的显示数据是否允许编辑等操作。默认值为 False，表示可编辑，当设置为 True 时，文本控件相当于标签的作用。

3. 组合框（combo）控件（与文本框相同的不再说明）

行来源类型（RowSourceType）：该属性值可设置为：表/查询、值列表或字段列表，与“行来源”属性配合使用，用于确定可列表选择内容的来源。选择“表/查询”，“行来源”属性可设置为表或查询，也可以是一条 Select 语句，列表内容显示为表、查询或 Select 语句的第一个字段内容；若选择“值列表”，“行来源”属性可设置为固定值用于列表选择；若选择“字段列表”，“行来源”属性可设置为表，列表内容将为选定表的字段名。

行来源（RowSource）：与行来源类型（RowSourceType）属性配合使用。

4. 列表框（list）控件

列表框与组合框在属性设置及使用上基本相同，区别是列表框控件只能选择输入数据而不能直接输入数据。

5. 命令按钮（command）控件

名字（Name）：可引用的命令按钮对象名。

标题（Caption）：命令按钮的显示文字。

标题的字体（FontName）：命令按钮的显示文字的字体。

标题的字体大小（FontSize）：命令按钮的显示文字的字号。

前景颜色（ForeColor）：命令按钮的显示文字的颜色。

是否有效（Enabled）：选择“是/否”，用于决定能否操作该控件。如果设置该属性为“否”，该控件将以灰色显示在“窗体”视图中，但不能用鼠标、键盘或Tab键单击或选中它。

是否可见（Visible）：选择“是/否”，用于决定在窗体运行时该控件是否可见，如果设置该属性为“否”，该控件在“窗体”视图中将不可见。

图片（Picture）：用于设置命令按钮的显示标题为图片方式。

选项按钮（Option）控件、选项组（Frame）控件、复选框（Check）控件、切换按钮（Toggle）控件、选项卡控件、页控件的主要属性基本与上述控件相一致，有个别不同的将在控件设计时说明，在此不再详细介绍。

Access 2010为控件提供了6种特殊效果，即平面、凸起、凹陷、阴影、蚀刻和凿痕。其他控件如果有“特殊效果”（SpecialEffect），属性也与此类似。

“特殊效果”属性设置影响相关的“边框样式”（BorderStyle）、“边框颜色”（BorderColor）和“边框宽度”（BorderWidth）属性设置。例如，如果特殊效果属性设为“凸起”，则忽略“边框样式”、“边框颜色”和“边框宽度”设置。另外，更改或设置“边框样式”、“边框颜色”和“边框宽度”属性会使Access将“特殊效果”属性设置更改为“平面”。

当设置文本框的“特殊效果”属性为“阴影”时，文本在垂直方向上显示的面积会减少。可以调整文本框的“高度”（Height）属性来增加文本框的显示面积。

6.5 窗体外观格式设计

窗体是各个控件的载体，添加控件之后，必须对控件进行调整。例如，对齐控件，修改背景色，可使用直线或矩形适当分隔和组织控件，对一些特殊控件使用特殊效果，对显示的文字使用颜色和各种各样的字体，这些操作均可以美化窗体外观，以达到好的视觉效果。

6.5.1 设置控件格式属性

除了前文所述的可以设置控件的特殊效果、控件上的文本颜色外，还可以通过调整控件的大小、位置等来改变窗体的布局。

1. 选择控件

（1）选择单个控件：单击要选择控件的任何位置。

（2）选择多个相邻控件：只需在窗口空白处的任何地方按下鼠标左键拖动出一个矩形框，

矩形框所包含的控件均被同时选中。

(3) 选择多个不相邻的控件：首先按下 Shift 键，然后依次单击所要选择的控件。在选择多个控件时，如果已经选择了某控件后又想取消选择此控件，只要在按住 Shift 键的同时再次单击该控件即可。

(4) 选择窗体上所有控件：按 Ctrl + A 键。

2. 移动控件

首先选择控件，选定后每个控件周围会显示橙色方形句柄，其中左上角最大的为移动控制句柄，而其余为调整大小控制句柄。

(1) 单个控件：选定后移动鼠标指向控件的边框或移动控制句柄上，当鼠标指针变为✥时，即可拖动鼠标将控件拖到目标位置。

(2) 组合控件：Shift 键 + 单击，选定多个控件，当鼠标放在控件左上角之外的其他地方时（不是移动控制句柄）上，指针变成✥时，可以同时移动选定的所有控件。鼠标指针放在控件左上角的移动控制句柄上，可以分别移动控件。

还可以使用键盘移动选中一个控件，移动该控件时，与它相关的附件标签一起移动。选中需要移动的个或组对象，按住“Ctrl + 左右方向”键左右移动；按住“Ctrl + 上下方向”键上下移动使用键盘移动可以实现精细的位置调整。

3. 调整控件大小

(1) 使用鼠标调整控件大小：选定控件，利用鼠标拖动调整该控件大小控制句柄，直到控件变为所需的大小。

(2) 通过“属性”窗口精确控件的大小：右击所选择的控件，选择快捷菜单中的“属性”命令，选择“设计”选项卡中的“工具”组里的“属性表”按钮，还可以使用 Alt + Enter 组合键均可以打开相应控件的属性表，分别在“宽度”和“高度”文本框中输入控件的宽度和高度。

(3) 利用键盘调整控件大小：按下 Shift 键，并使用相应的方向键可以细微地调整控件的大小。

4. 对齐控件

在设计窗体时应该正确排列窗体的各控件。对齐控件包括使控件相互对齐和使用网格对齐控件两种情况。

(1) 使用网格对齐控件

网格是一个简单的辅助设计工具，用竖直或水平分割线将窗体进行分块，提供窗体布局的框架，是把控件对象对齐的一种非常好的方法，它让窗体界面设计显得干净、整洁，而且用户友好。

Access 可以通过“调整大小和排序”组中的“大小/空格”按钮下的“网格”命令，或者快捷菜单中“网格”选项显示和隐藏网格。如果网格上点与点之间的距离需要调整，在设置窗体属性的对话框中选择“格式”选项卡，如果要更改水平点，为“网格线 X 坐标”属性键入一个新值。如果要更改垂直点，则为“网格线 Y 坐标”属性键入一个新值。数值越大表明点间的距离越短。网格的默认设置为水平方向每英寸 24 点，垂直方向每英寸 24 点。如果用厘米作为测量单位，则网格设置为 10 × 10。这些设置可以更改为 1 到 64 之间的任何整型值。如果选择了每英寸多于 24 点或每厘米多于 9 点的设置，则网格上的点将不可见。

(2) 使控件互相对齐

首先选择要调整的控件，这些控件应在同一行或同一列，然后选择“调整大小和排序”组中的“对齐”按钮，再选择下列其中一项命令。

靠左：把控件的左缘对齐最左边控件的左缘。

靠右：把控件的右缘对齐最右边控件的右缘。

靠上：把控件的上缘对齐最上面控件的上缘。

靠下：把控件的下缘对齐最下面控件的下缘。

如果选定的控件在对齐之后可能重叠，Access 2010 会将这些控件的边相邻排列。

5. 修改控件间隔

(1) 平均间隔控件

选择要调整的控件（至少三个），对于有附属标签的控件，应选择控件，而不要选择其标签。选择“调整大小和排序”组中“大小/空格”菜单下的“间距”中的“水平相等”或“垂直相等”子菜单，Access 2010 将这些控件等间隔排列。实际上只有位于中间的控件才会调整，而顶层与底层的控件位置不变。

(2) 增加或减少控件之间的间距

选择要调整的控件，选择“调整大小和排序”组中“大小/空格”菜单下的“间距”，然后再选择“水平增加”、“水平减少”、“垂直增加”、“垂直减少”命令。在控件之间的间距增加或减少时，最左侧（水平间距）及最顶端（垂直间距）的控件位置不变。

6. 外观设置

控件的外观包括对象的前景、背景的颜色、字体、大小、字型、边框、特殊效果等多个格式属性。在属性表中，设置格式属性就可以修改控件的外观。

7. 在布局视图中微调窗体

Access 的窗体视图中增加了布局视图。在布局视图中可以进行添加控件的操作，其操作完全与设计视图中方法相同，在布局视图中，也可以对窗体属性和窗体上的控件属性进行设置，方法也与设计视图中相同。

布局视图用于修改窗体的最直观的视图，用于对窗体进行所需要的更改。在布局视图中，窗体处在运行状态，可在修改窗体的同时看到数据，因此，它是一种非常有用的视图布局视图，可用于设置控件大小或执行其他几乎所有影响窗体外观的工作。

6.5.2 使用 Tab 键设置控件次序

窗体创建完成后，窗体中的控件会按一定的次序响应键盘，在窗体设计视图中，Tab 键次序通常是控件的创建次序，但也可以使用“设计”选项卡中“工具”组中的“Tab 键次序”命令重新设置窗体控件次序。

在窗体设计视图中，打开窗体，执行下列操作之一可以修改控件次序。

1. 更改窗体中的 Tab 键次序

打开窗体设计视图，选择“设计”选项卡中“工具”组中的“Tab 键次序”命令，打开“Tab 键次序”对话框，如图 6.118 所示。

图 6.118 Tab 键次序对话框

单击“自动排序”可以创建从左到右，从上到下的 Tab 键次序，如果创建自定义 Tab 键次序，在“自定义顺序”列表中，单击选定要移动的控件（单击并进行拖动可以一次选择多个控件），然后再次单击拖动控件到列表中所需的地方。

2. Tab 键次序中移除控件

在窗体设计视图中，选择要从 Tab 键次序中移除的控件，然后打开控件的属性设置对话框，把“TabStop”（制表位）属性设置为“否”。设置后，虽然不能响应键盘，但控件的“可用”属性设为“是”，就仍可以通过单击该控件选定它，如图 6.119 所示。

属性表
所选内容的类型：文本框(T)
TxtXM
格式 数据 事件 其他 全部

更改	
获得焦点	
失去焦点	
双击	
鼠标按下	
鼠标释放	
鼠标移动	
键按下	
键释放	
击键	
进入	
退出	
撤消时	
Enter 键行为	默认值
控件提示文本	
Tab 键索引	0
制表位	否
状态栏文字	

图 6.119 设置控件的 Tab 键次序

本章小结

本章主要是对窗体相关知识进行详细介绍，包括窗体的各种创建方式，各种控件功能及添加设计方法，布局，属性设置等，同时介绍了大量的窗体和控件的常用属性，常用方法和常见事件，常用控件都举了一个简单应用例子，希望能加深读者对控件的认识，提高应用能力。窗体是 Access 数据库开发中使用最为频繁的对象，因此内容介绍比较琐碎，但十分重要，希望读者认真掌握。

第 7 章　报　表

一个数据库系统操作的最终结果通常情况是要打印输出的，报表是数据库中的数据通过打印机输出的特有形式，设计合理且外观精美的报表能使数据清晰地呈现在纸质介质上，让人看来一目了然。因此报表是 Access 中又一重要对象，是专门为了打印信息创建的，这也是报表区别于其他几种数据表现形式的一大特色。Access 能够输出标签、清单、订单、信封和发票等样式的报表，使报表满足不同用户的需求，更加有效地处理商务信息。

报表制作的复杂程度有时候超过窗体。为了实现把数据按照特定的需要正确地打印在纸上，要经过反复测试，这种测试是极其浪费时间的，调试报表以获得满意的效果所花费的时间有时候会超过整个系统开发时间的一半。

引例：

读者信息标签式报表

Access 能够输出标签、清单、订单、信封和发票等样式的报表，使报表能够满足不同用户的需求，更加有效地处理商务信息。图 7.1 所示的报表即为读者信息标签式报表，标签是以多列报表布局具体显示每一位读者的姓名等相关信息，日常生活中这种格式的信息输出极为有用。

图 7.1　标签式报表

标签报表的格式设置如何实现，行与行的间距，列与列的距离如何设置，有没有其他形式的报表，这些都是下文需要介绍的内容。

7.1　报表概述

报表将用户需要的数据从数据表和查询中整合并挑选出来，作为数据源来设计报表输出数据，从而更方便地阅览查看信息。报表设计能够在每页的顶部和底部打印显示各种提示信息的页眉和页脚，便于保存和归档，报表中还可以包含子报表和各种图形、图表，不仅能更加清晰地分析说明报表中的数据，还使报表更加美观。

报表具体功能是在大量数据中进行比较、小计、分组和汇总，并且可以通过对记录的统计来分析数据等；还可以利用报表设计成美观的目录、表格、使用的发票、购物订单和标签等形式。

7.1.1　报表类型

根据报表的结构布局可将报表分为纵栏式报表、表格式报表和标签式报表3种类型。

1. 纵栏式报表

纵栏式报表又称为窗体式报表，它通常用垂直的方式在每页上显示一个或多个记录。纵栏式报表结构与纵栏式窗体相似，文字纵向排列，但纵栏式窗体中只能显示一条记录，而纵栏式报表可以显示多条记录，字段标题信息和记录数据都在主体节中，如图7.2所示。纵栏式报表像数据输入窗体一样可以显示许多数据，但报表是严格地用于查看数据的，不能用来进行数据的输入。

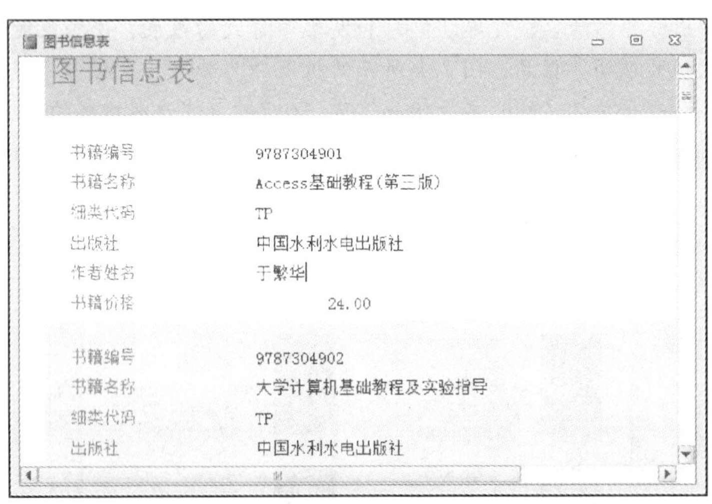

图7.2　纵栏式报表

2. 表格式报表

表格式报表又称为分组/汇总报表，它是以表格的形式显示数据记录，能同时显示多条记录。在表格式报表中记录纵向排列，字段横向排列，能在一行中显示记录的所有字段，字段名称在页面页眉中显示，报表名称在报表页眉中显示，如图 7.3 所示。表格式报表与窗体和数据工作表不同，它通常用一个或多个已知的值将报表的数据进行分组，在每组中可能有计算和显示数字统计的信息。有些分组/汇总表也具有页汇总和阶段的功能。

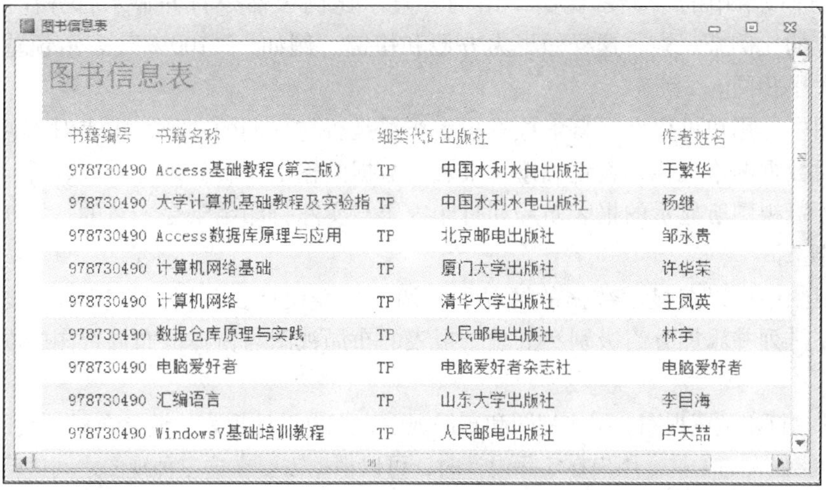

书籍编号	书籍名称	细类代	出版社	作者姓名
978730490	Access基础教程(第三版)	TP	中国水利水电出版社	于繁华
978730490	大学计算机基础教程及实验指	TP	中国水利水电出版社	杨继
978730490	Access数据库原理与应用	TP	北京邮电出版社	邹永贵
978730490	计算机网络基础	TP	厦门大学出版社	许华荣
978730490	计算机网络	TP	清华大学出版社	王凤英
978730490	数据仓库原理与实践	TP	人民邮电出版社	林宇
978730490	电脑爱好者	TP	电脑爱好者杂志社	电脑爱好者
978730490	汇编语言	TP	山东大学出版社	李目海
978730490	Windows7基础培训教程	TP	人民邮电出版社	卢天喆

图 7.3 表格式报表

3. 标签式报表

标签式报表比较特殊，它把每条记录以标签的形式显示，记录格式完全相同，多用于设计各种标签、名片、信封及传单等，如图 7.1 所示。在 Access 2010 中，没有创建标签报表的单独组件，而是直接创建一个标签报表。在 Access 2010 中有一种专门的标签向导，此向导让用户从一组标签式选取一种样式，然后 Access 2010 将根据所指定的数据和步骤，完成创建标签报表的任务。

7.1.2 报表视图

Access 2010 提供了 4 种报表的视图方式，分别是报表视图、设计视图、打印预览视图和布局视图。

1. 报表视图

报表视图是报表设计完成后，显示最终打印状态的视图。在报表视图中可以对报表应用高级筛选，筛选所需要的信息。

2. 设计视图

报表设计视图和窗体设计视图一样，是工作视图，在此视图中，Access 2010 为用户提供了丰富的可视化设计手段，用户不必编程就可以创建和编辑修改报表中需要显示的对象、数据，调整报表的结构布局。

3. 打印预览视图

打开报表，右击在快捷菜单中选定“打印预览”命令，切换报表到打印预览视图，同时增加一个“打印预览”选项卡。打印预览视图不仅可以查看打印效果，还可以查看报表每一页上显示的数据。

当鼠标在打印预览窗口中移动时，它的形状变成了一个放大镜。这时，报表可以按照不同的显示比例来变化，用户可以用不同的视角去预览将要打印的报表形式。用户还可以选择“打印预览”选项卡中的“显示比例”组的“显示比例”命令打开显示百分比的下拉列表，并且选择相应的比例来观察，这样做更为方便和快键。例如，“100%”表示预览视图与原来的设计视图大小相同。

在该视图中，用户可以在屏幕上检查报表布局是否与预期的一致，报表对事件的响应是否正确，报表对数据的格式化是否正确以及报表对数据的输出排版处理是否正确等。Access 2010提供的打印预览视图所显示的报表布局和打印内容与实际打印结果是一致的。

4. 布局视图

在布局视图中可以在显示数据的情况下，调整报表设计。可以根据实际报表数据调整列宽，将列重新排列并添加分组级别和汇总。报表的布局视图与窗体的布局视图的功能和操作方法十分相似。

设计视图、打印预览视图、报表视图和布局视图为用户设计报表，调整布局，快速、便利查看结果提供了功能强大的工具，用户在实际设计时，可以根据需要在这三种视图之间进行自由切换。

7.2 创建报表

在Access 2010中有多种制作报表的方式，使用这些方式能够快速完成基本设计并打印报表，当然这与所需报表的复杂程度有关。制作满足要求的专业报表的最好方式是使用报表设计视图，报表设计视图的操作方式与窗体设计视图非常相似，创建窗体的各项操作技巧可完全套用在报表上，因此本章将不再重复介绍相关的技巧，而将重点放在报表自身特有的设计操作上。窗体和报表都可以显示数据，窗体的数据显示在窗口中，报表的数据则打印在纸上。窗体上的数据既可以浏览又可以进行修改，报表中的数据是只能浏览而不能修改的。

Access 2010功能区“创建”选项卡的“报表”组中，提供了多种创建窗体的功能按钮其中包括：“报表”、“报表设计”和“空报表”三个主要的按钮，还有“报表向导”、“标签报表”两个辅助按钮，如图7.4所示。利用“报表”按钮是最为简单的方法，在设计视图中创建报表是最为自由的方法。

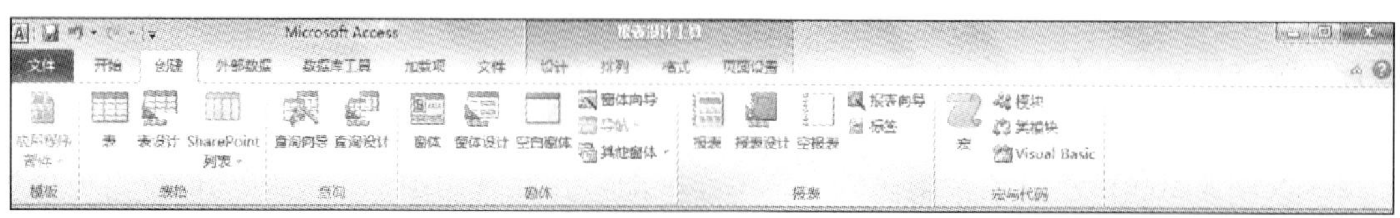

图7.4 “报表”组

7.2.1 利用“报表”命令按钮

使用“报表”按钮所创建的报表，数据源来自某个表或某个查询，创建步骤简单，布局结构简洁整齐。

例7.1：通过在“图书管理系统”数据库中，创建“借书次数统计查询”报表说明利用“报表”按钮创建窗体的过程与步骤。

具体步骤如下。

(1) 首先打开“图书管理系统”数据库，在数据库窗口中“导航”窗格选择“查询”一组中“借书次数统计”查询作为报表的数据源，在功能区“创建”选项卡的“报表”组（以下创建窗体都是按钮，报表立即创建完成，并且以布局视图显示，如图7.5所示。在如图7.4所示的选项卡中的“报表”组进行操作，因此省略图），单击“报表”按钮。

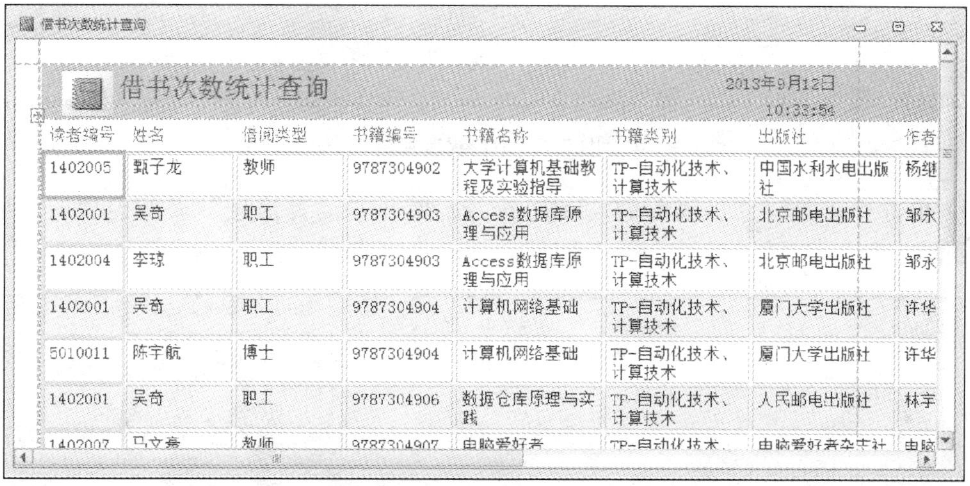

图7.5 “借书次数统计查询”报表

(2) 在快捷工具栏，单击“保存”按钮，在弹出的“另存为”对话框中，输入报表的名称“借书次数统计查询”，然后单击“确定”按钮。

7.2.2 使用“空白”按钮创建窗体

使用“空白”创建报表，开始报表就像一张白纸，创建的同时，Access 2010打开用于报表的数据源表，根据需要把表中的字段拖到窗体上，从而完成创建窗体的工作。

“空白”按钮创建报表是一种所见即所得的创建报表方式，当向空白报表添加字段后，立即显示出具体记录信息，因此非常直观，不用视图转换，设计者可以立即看到创建后的结果。

例7.2：使用“空白”按钮创建“图书管理系统”数据库中的“读者与书籍”报表。操作步骤如下。

(1) 打开“图书管理系统”数据库，在功能区中，单击“空报表”按钮，参见图7.6。

（2）这时打开了布局视图，同时打开了“字段列表”窗格，显示数据库中所有的表，如图 7. 6 所示。

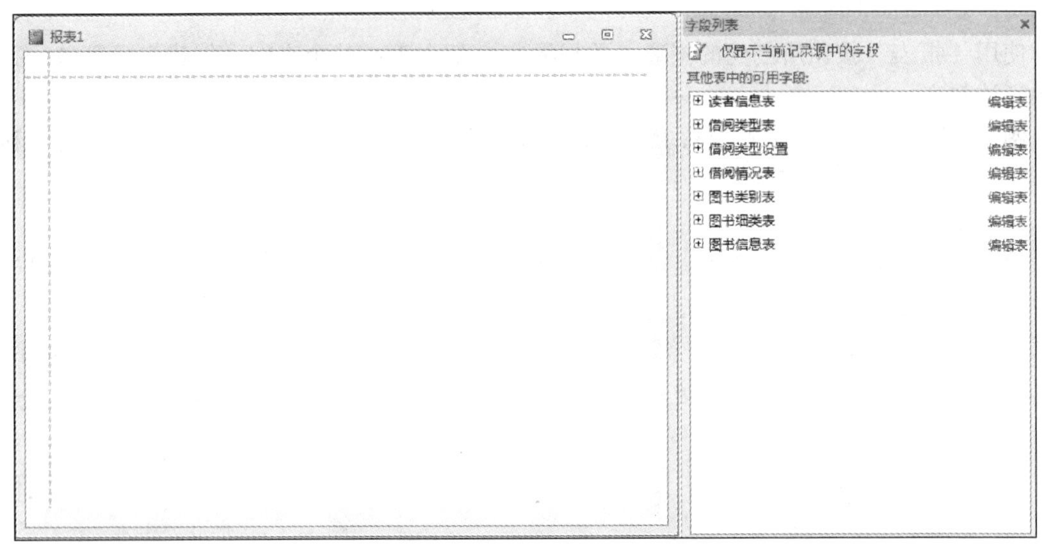

图 7. 6　空白报表视图

（3）单击“读者信息”表前的“+”符号，展开“读者信息”表所包含的字段，如图 7. 7所示。

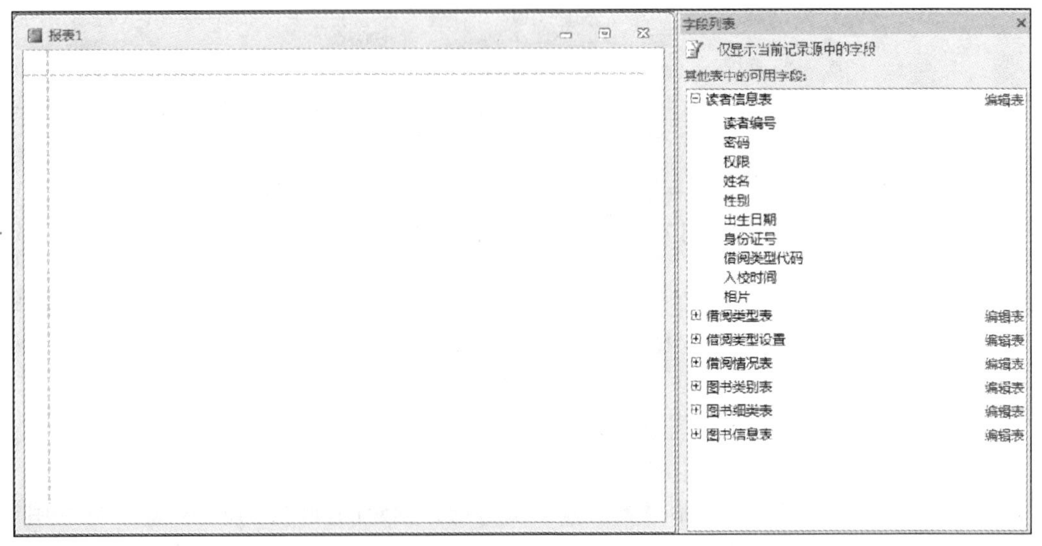

图 7. 7　展开字段列表报表

（4）依次双击信息表中的“读者编号”等所有字段，这些字段则被添加到空白报表中，这时立即显示出“读者信息”表中的所有记录，同时“字段列表”的布局从一个窗格变为三个小窗格，分别是“可用于此视图的字段”、“相关表中的可用字段”和“其他表中的可用字段”，如图 7. 8 所示。

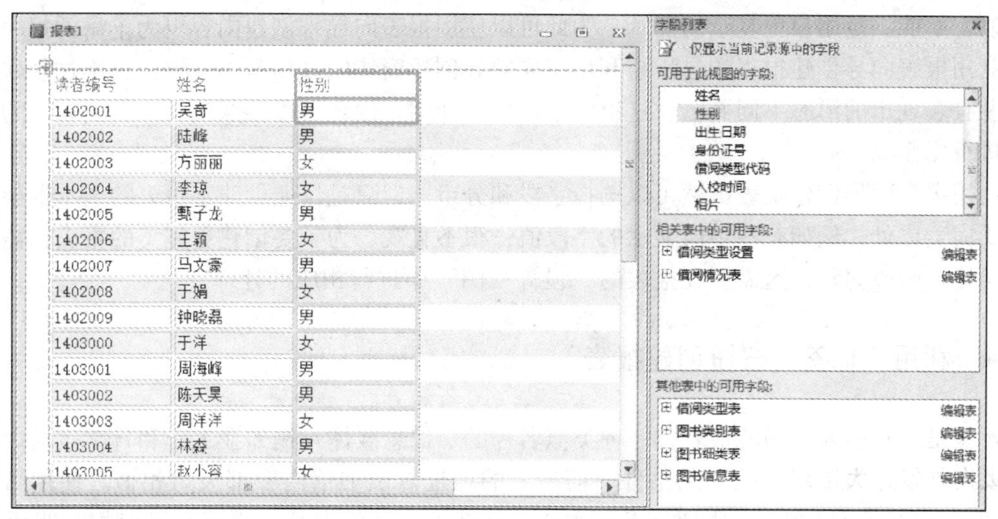

读者编号	姓名	性别
1402001	吴奇	男
1402002	陆峰	男
1402003	方丽丽	女
1402004	李琼	女
1402005	甄子龙	男
1402006	王颖	女
1402007	马文豪	男
1402008	于娟	女
1402009	钟晓磊	男
1403000	于洋	女
1403001	周海峰	男
1403002	陈天昊	男
1403003	周洋洋	女
1403004	林森	男
1403005	赵小容	女

图 7.8 添加字段后的空白报表和字段窗格

(5) 如果选择“相关表中的可用字段”则由于表之间已经建立了关系，因此将会自动创建出主报表/子报表结构的报表。展开“借阅情况”表，双击其中的“书籍编号”字段，该字段添加到空白窗体中，显示出所有读者借阅所有书籍信息，如图 7.9 所示。

报表1

读者编号	姓名	性别	书籍编号
1402001	吴奇	男	9787304903
1402001	吴奇	男	9787304904
1402001	吴奇	男	9787304906
1402001	吴奇	男	9787304908
1402001	吴奇	男	9787304909
1402002	陆峰	男	9787304914
1402003	方丽丽	女	9787304913
1402004	李琼	女	9787304903
1402004	李琼	女	9787304909
1402005	甄子龙	男	9787304902
1402007	马文豪	男	9787304907
5010007	姜小云	女	9787304912
5010011	陈宇航	男	9787304904

图 7.9 添加书籍编号后的空白报表

(6) 在“快捷工具栏”上单击“保存”按钮，在弹出的“另存为”对话框中，输入“读者与书籍”，然后单击“确定”按钮（图略），此报表创建完成。

请参见第六章例题 6.9，对比“空白窗体”和“空白报表”的功能和效果的相同与不同。当采用“空报表”按钮创建时，数据源不能是查询。

7.2.3 使用报表向导

使用“报表”按钮和“空报表”按钮创建窗体比较快捷，但在内容和外观上都受到很大的限制，不能满足用户更复杂的要求。为此可以使用报表向导来创建内容更为丰富的报表。

利用报表向导创建报表的过程与利用窗体向导创建窗体的过程基本一致，只不过创建的对象，并且表现出的形态不同而已，这里就不作详细介绍，读者可以参照例6.7和例6.8的步骤介绍进行操作。

使用报表向导创建报表虽然可以选择字段和分组，但只是快速创建了报表的基本框架，还存在不完美之处，例如有些字段显示的字段值，很不直观。为了要创建更完美的报表，需要进一步美化和修改完善，这需要在报表的“设计视图”中进行相应的处理。

7.2.4 利用“标签”按钮创建报表

标签是一种多列布局的报表，一种类似名片的短信息载体。例如在工作和日常生活中，常常需要向外发送大量规格统一的信件，信封上的地址以及书信内容都极为相似。使用Access提供的“标签”可以在一页中建立多个大小、样式、一致的卡片，也就是可以把一张大的打印纸切割成很多小部分。每一部分都各自打印出你所规定的相同或者相似的内容。它可以快速地为公司生成通信时所需的信封地址或书信内容。不仅如此，包括商品标签、邮件标签、需要批量打印的入场券在内的各种各样的标签都可以用它完成。

例7.3：下面是在“图书管理”系统中利用“标签”按钮生成标签报表的过程。

（1）启动Access 2010应用程序，打开要创建报表的“图书管理”数据库。

（2）在“导航”窗格中选定“读者信息”表作为此报表的数据源。

（3）在数据库窗口的“报表”组中单击“标签”按钮。弹出指定标签尺寸的标签向导对话框，如图7.10所示，“尺寸”是每个标签的大小，“横标签号”是纸上横向打印的标签个数。创建时，尝试查找“尺寸”与“横标签号”列中的值与设计标签匹配的选项。在本例中，先选中“C2166”型号，其中“尺寸”为“52 mm×70 mm”，“横标签号”为“2”，在“度量单位”栏中选中“公制”单选按钮，在“标签类型”栏中选中“送纸”单选按钮，在“按厂商筛选”下拉列表中选择“Avery”，然后单击“下一步”按钮。

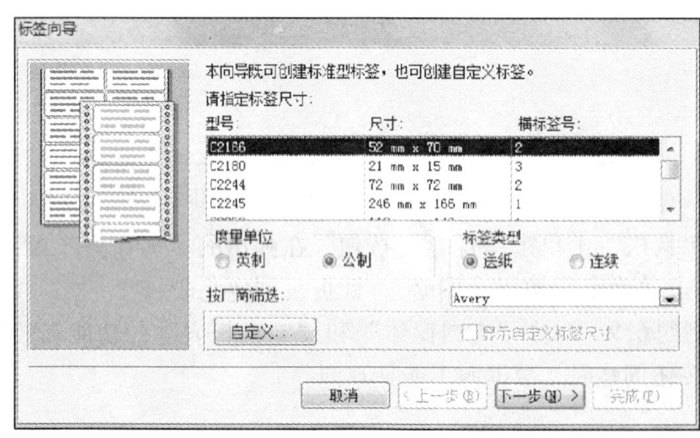

图7.10 “标签尺寸”对话框

在图7.10中单击“自定义”按钮，可以打开如图7.11所示的对话框，用户可以在其中设置符合自身要求的标签尺寸。

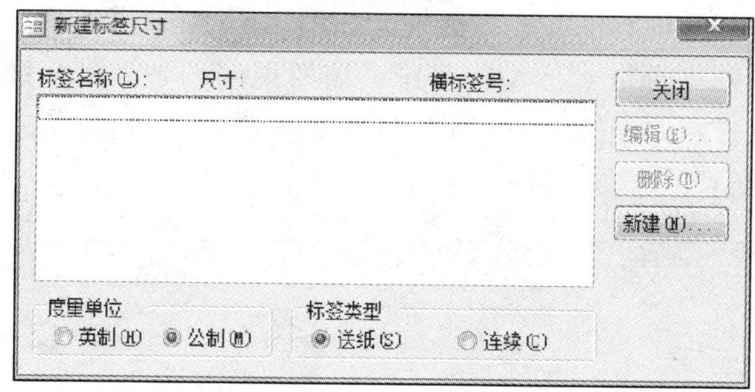

图 7.11 “自定义标签”对话框

在如图 7.11 所示的窗口中继续单击“新建”按钮，可在如图 7.12 所示的窗口中设计自身所需标签的名称、尺寸、度量单位等参数。

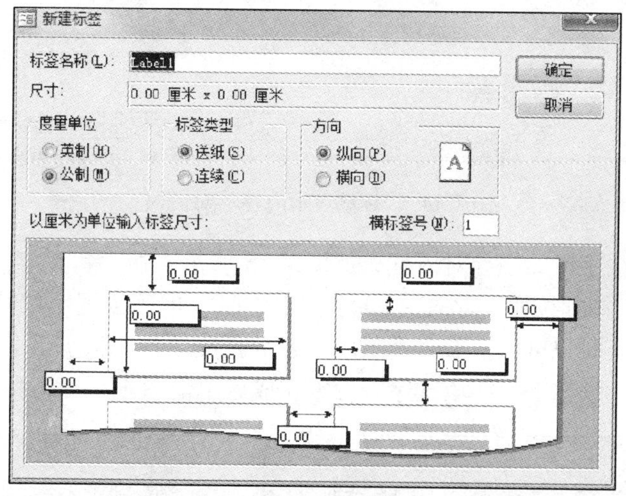

图 7.12 “自定义标签尺寸”对话框

(4) 弹出确定文本外观的向导对话框，如图 7.13 所示，在这里可以设置字体、字号、字体粗细和字体颜色。设置完成后单击“下一步”按钮。

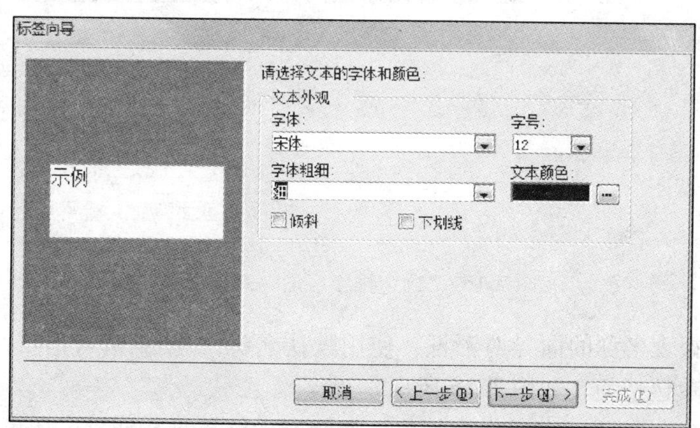

图 7.13 “标签文本外观”对话框

（5）弹出确定标签显示内容的向导对话框，如图7.14所示，把将要在标签中显示的字段内容从数据源可用字段列中选取到原型标签中。需要说明的是，原型标签的内容可以直接输入，内容显示的基本格式在原型标签内部可以通过光标调整，例如换行、空格。设置完成后单击“下一步”按钮。

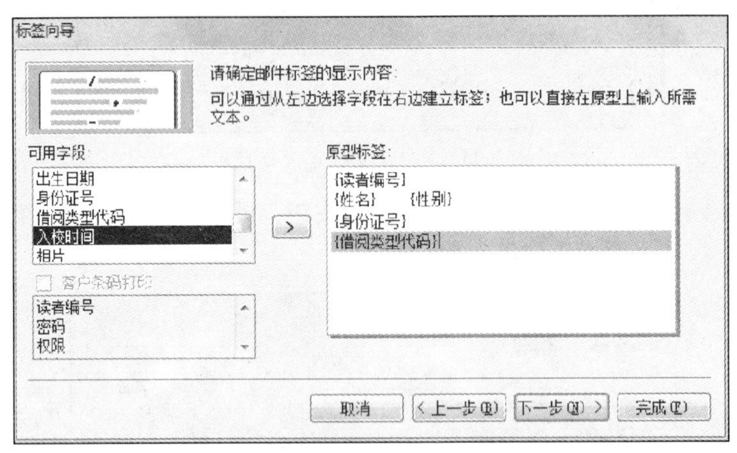

图7.14　“标签显示内容”对话框

（6）弹出确定排序字段的向导对话框，如图7.15所示，在“可用字段”栏中选中排序字段“读者编号”，单击添加按钮，此时“读者编号”在“排序依据”栏中显示，表明标签按学号进行排序。当然有时也可以选取多个字段，表示先按“排序依据”栏中第一个字段排序，此字段值相同的记录继续按下一字段排序。设置完成后单击“下一步”按钮。

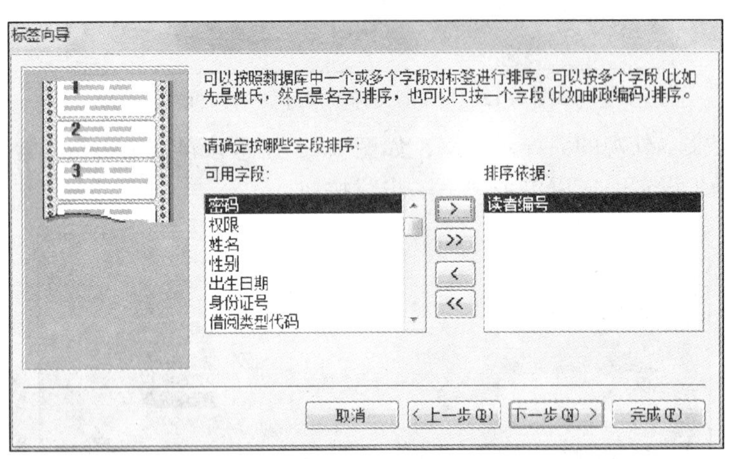

图7.15　“确定排序字段”对话框

（7）弹出指定报表名称的向导对话框，使用默认名称“标签 读者信息”，并选中“查看标签的打印预览”单选按钮，如图7.16所示。

（8）单击“完成”按钮，完成报表创建。如对产生结果进行调整，还可以进入“布局视图”或“设计视图”进行进一步选择“打印预览”视图，创建后的标签报表如图7.17所示。

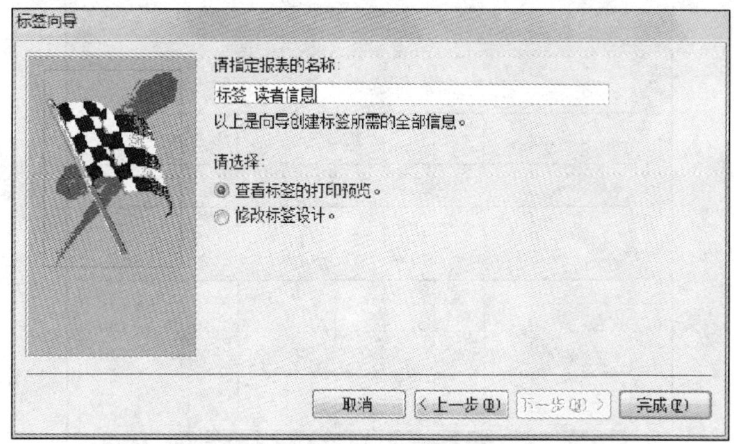

图 7.16 “指定报表名称”对话框

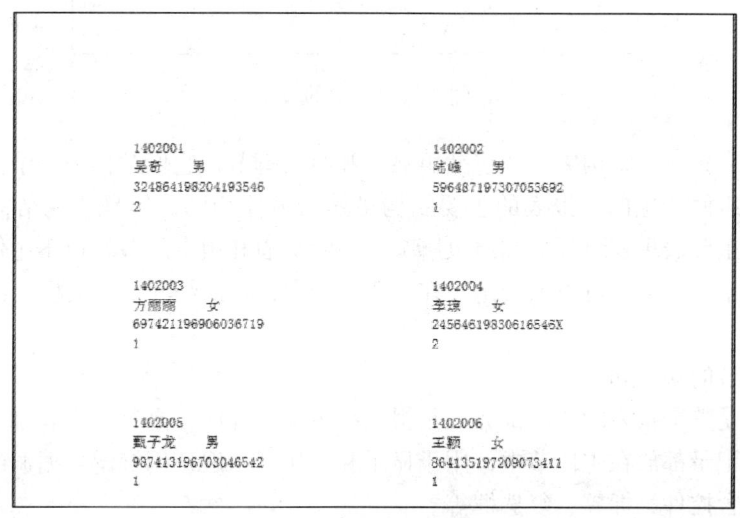

图 7.17 “打印预览”视图

可以看到，图 7.1 中的标签报表远比图 7.17 中的界面精致，这需要在设计视图中更细致地设计，还有包含的图片，这是 Active 控件的使用，需要读者更深入地学习与研究。

7.3 报表高级设计

7.3.1 报表构成

报表设计视图和窗体的构成相似，在报表的设计视图中，可以展现出报表的结构。报表是按节来设计的，这与窗体相同。报表的结构包括主体、报表页眉、报表页脚、页面页眉、页面页脚 5 部分，每个部分称为报表的一个节，如图 7.18 所示。

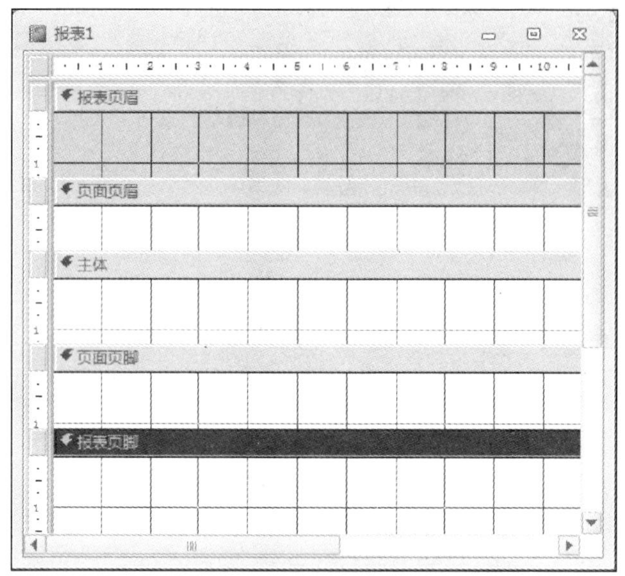

图7.18 报表的节

除此之外，在报表的结构中，还包括组页眉和组页脚节，它们被称为子节。这是因为在报表中，对数据分组而产生的。报表的主要结构虽然与窗体相同，但是微观结构上比窗体要复杂，这种复杂性主要表现在组页眉和组页脚节上。组页眉和组页脚节均位于主体节的外部，按照数据的分组关系，组中还可以嵌套组。在7.3.4节中，将详细介绍组页眉、组页脚的建立与功能。

报表中每个节的功能如下。

（1）主体：是整个报表的核心部分，是报表的主要设计区，是每个报表都必须有的节。在报表中要显示的记录都放在主体节中，用于显示和操作。一般使用绑定数据源的控件放置在主体节中，通常包含控件、标签、复选框等。

（2）报表页眉：报表页眉中的数据在整个报表中只出现一次，位于报表的顶部，出现在报表第一页的页面页眉的上方，用于显示报表的标题、图形或报表用途等说明性文字。通常报表的封面放在报表页眉节中。

（3）报表页脚：是整个报表的页脚，出现在报表最后一页的页面页脚的位置，即每个报表只有一个报表页脚，报表页脚主要用来显示报表的汇总说明等信息。

（4）页面页眉：显示和打印在报表每一页的顶部，内容一般是说明每页的信息，如标题、列标题、日期或页码等，在表格式报表中用来显示报表每一列的标题或用户要在每一页上方显示的内容。

（5）页面页脚：显示和打印在报表每页的底部，用来显示日期、页码、页数、制作者和审核人等，是在每一页下方显示的内容信息。

（6）组页眉：在分组报表中，显示在每一组开始的位置，主要用来显示报表的分组信息。

（7）组页脚：用来显示报表的分组信息，但它显示在每组结束的位置，主要用来显示报表分组总计等信息。

需要说明的是，除主体节外，“组页眉”和“组页脚”是报表在设计视图或布局视图中通过“分组和汇总”组中的“分组和排序”命令设置产生。其他节可通过选择快捷菜单中“页面页眉/页脚”命令或“报表页眉/页脚”命令确定有无。

7.3.2　利用设计视图创建报表

使用设计视图创建报表，是由用户自定义内容和布局，能够创建具有个性化的报表。大多数情况下，用户通常都是利用“报表”或“空报表”创建一个新的报表，然后再在设计视图打开已创建好的报表，按需要对报表进行进一步的设计和修改。

例 7.4：利用设计视图创建“图书信息”报表。

(1) 启动 Access 2010 应用程序，打开要创建报表的“图书管理系统”数据库。

(2) 单击“功能区”中“创建”选项卡里“报表”组中的“报表设计”按钮，打开如图 7.19所示的报表的设计视图，是一个空白报表。

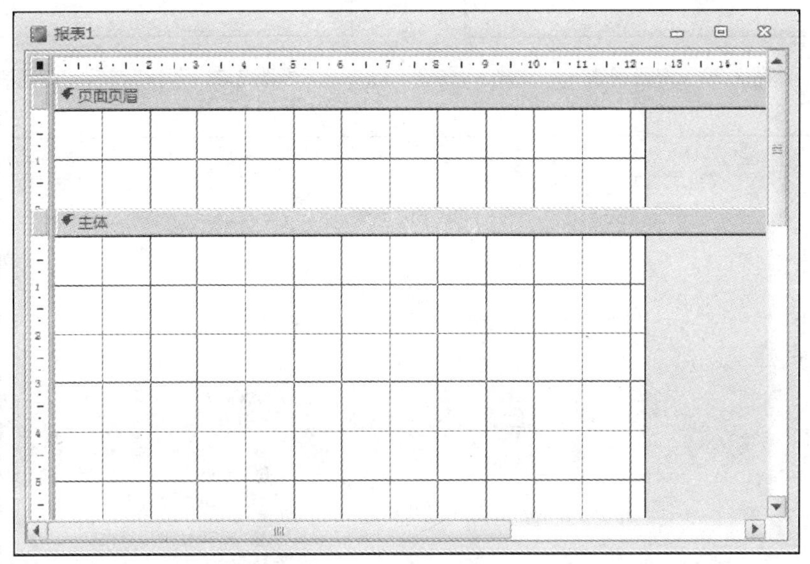

图 7.19　报表设计视图

(3) 再选定“设计”选项卡，单击“工具”组中的“添加现有字段”命令，打开如图 7.20所示的“字段列表”。

(4) 单击“图书信息表”前的⊞符号，如图 7.21 所示，展开该表中所包含的字段。

(5) 选中所需字段，拖动到主体节中，在合适位置释放或直接双击所需字段，报表上出现了与所选字段对应的文本框和附属标签，标签标题默认为字段名，文本框与对应字段绑定，会在报表视图中显示每条记录在该字段的值。注意放置时，掌握好控件的位置以及控件之间的距离，同时调整好主体节的高度和宽度。选择“报表视图”，结果如图 7.22 所示。

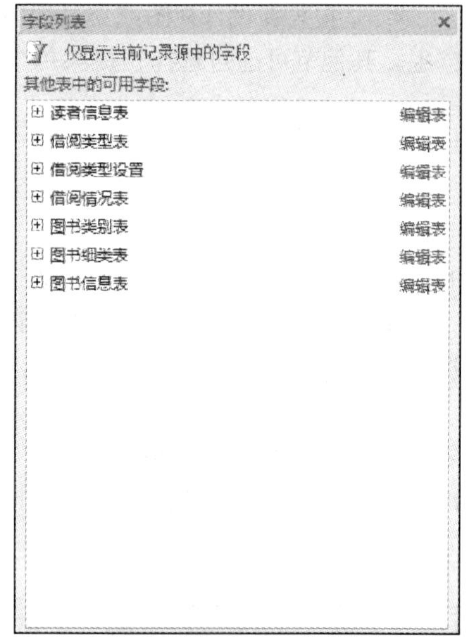

图 7.20　字段列表

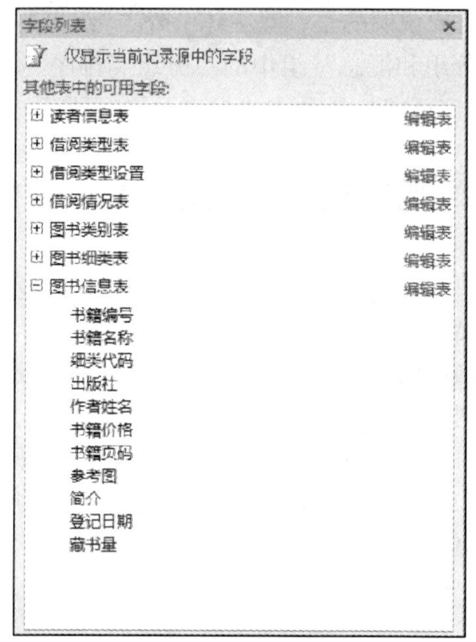

图 7.21　展开表后字段列表

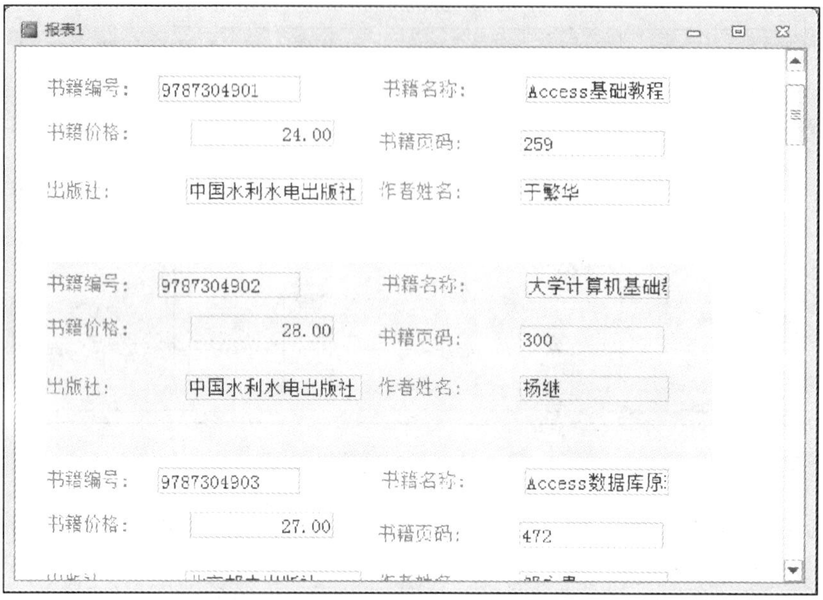

图 7.22　添加了字段的报表视图

（6）单击“控件”组 **Aa** 按钮，选定标签控件，在“页面页眉”中单击或拖动鼠标，添加“标签”，设置标题为“图书信息”。单击“工具”组中的“属性表”命令或者选定标签后，在任意处右击，选择快捷菜单中的“属性”命令，打开标签属性窗格。设置标签对应属性，“字号”为 36，“前景色”为红色，如图 7.23 所示。

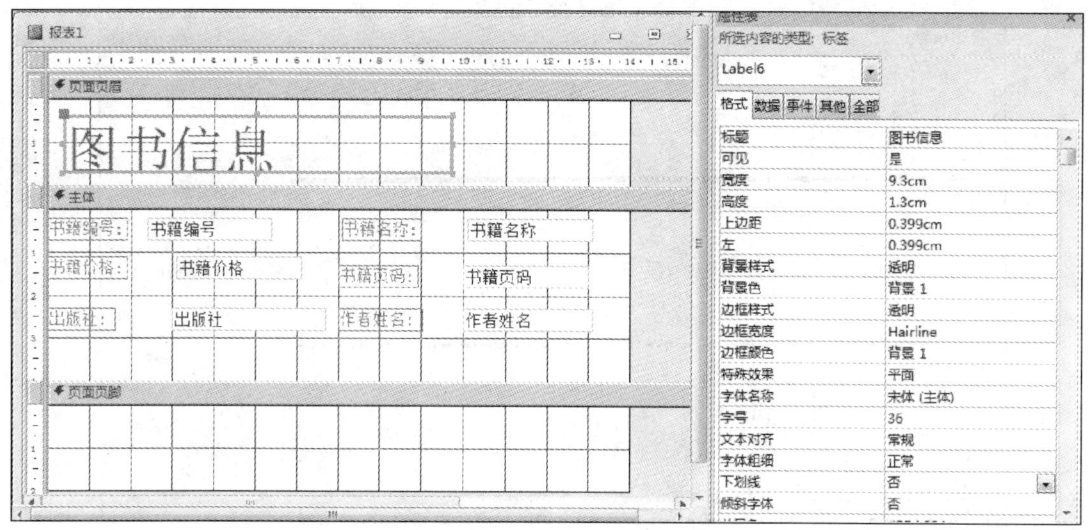

图 7.23 初步设计报表设计视图

（7）选定多个对应控件，通过“位置”组中的“控件边距”命令调整控件中文字的位置，通过“调整大小和排序”组中的“大小/空格”以及“对齐”命令调整控件之间的相对位置，使报表更加整洁。

（8）为了使报表外观更加清楚、美观，可以进行进一步加工。例如，在“控件”组中单击＼，选择“直线”控件，在页面页眉拖动，并设置属性“边框宽度”为 3pt，“边框颜色”为红色，再对此直线进行复制，粘贴到主体节的底部，并设置属性“边框样式”为“点画线”，如图 7.24 所示。执行打印预览后，图 7.25 显示了设计的最终结果。单击快键工具栏上的“保存”按钮，在弹出的“另存为”对话框中输入报表名称“图书信息”，然后单击“确定”按钮，完成了整个设计过程。

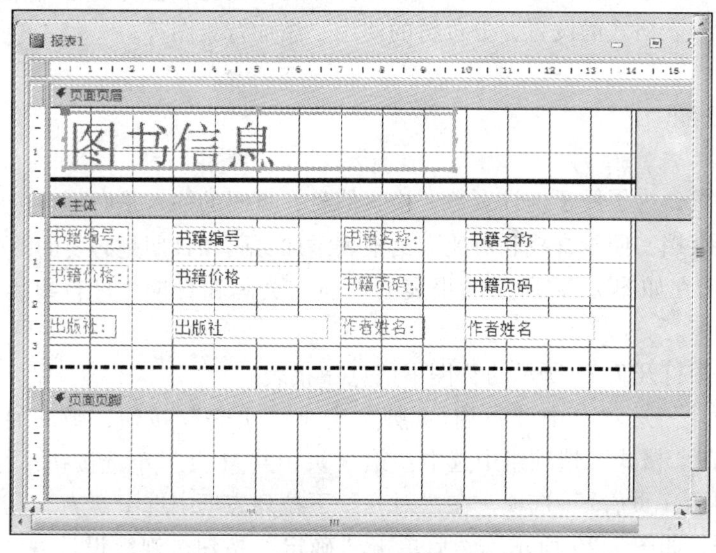

图 7.24 布局调整后的报表设计视图

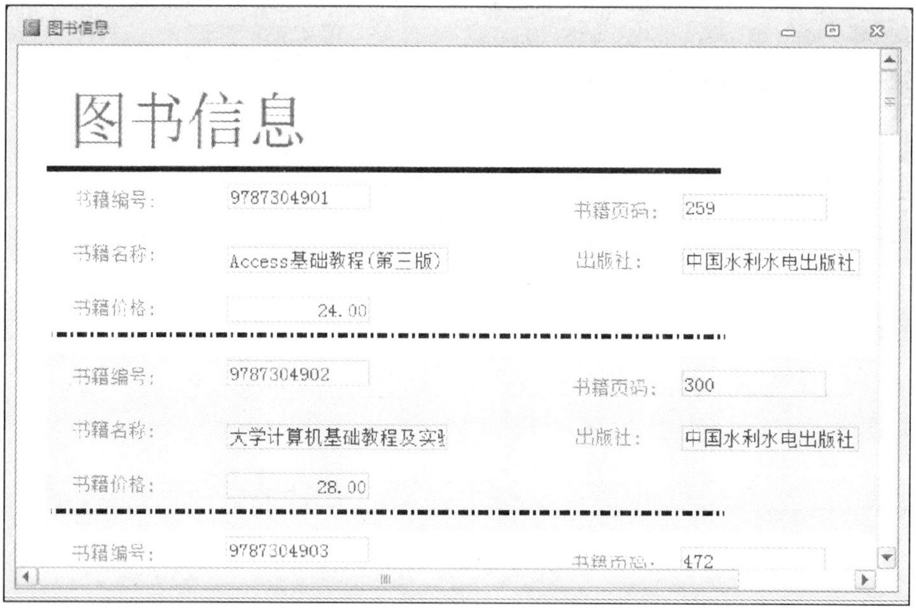

图 7.25 报表打印预览视图

整个设计过程中，多次利用“控件组”中的控件。在设计视图设计报表过程中，控件是整个设计器的关键和精髓，它是用户在设计视图里最常用的工具。充分利用控件，用户可以为原来的报表挑选新的控件、设置新的属性参数，添加新的字段等。注意“控件”组也只出现在报表的设计视图和布局视图中。

窗体设计视图中也有类似的“控件”组，如何具体使用“控件”组中的控件，在第六章窗体的定制中，已经给了很详细的说明，在此不再重述。

利用报表设计视图修改报表主要是报表和控件的属性设置、控件的添加和删除等操作、报表的分组和排序、报表格式的设置、分页符的使用、添加背景图等。

7.3.3 页码和日期

报表一般有多页，为了便于统计页数，检索信息，页码的加入是必不可少的。日期主要帮助用户对文件进行存档，便于查找和对比。给报表添加页码和日期是必要的。

例 7.5：下面将在如图 7.25 所示的报表的中插入页码和日期，进行报表的进一步修改。具体步骤和方法如下。

（1）以设计视图打开 7.25 所示的“图书信息”报表。

（2）单击“设计”选项卡中“页眉/页脚”组中“页码”按钮，弹出如图 7.26 所示的“页码”对话框，在“格式”选项组中选中“第 N 页，共 M 页”单选按钮，在“位置”选项组中选中“页面顶端（页眉）”选项，在“对齐”下拉列表框中选中“右”，并且选中“首页显示页码”复选框，如图 7.26 所示，然后单击“确定”按钮。观察设计视图，如图 7.28 所示，发现在页面页眉处，添加一个包含“ ="第"&[Page]&"页，共"&[Pages]&"页"” 内容的文本框，可以通过拖动再次调整页码的位置，也可以打开该文本框的属性对话框，设置相关属性。

（3）单击“设计”选项卡中“页眉/页脚”组中“日期和时间”按钮，弹出如图 7.27 所示的“日期和时间”对话框，选中“包含日期”复选框，并选中第 3 个单选按钮所表示的日期格式，选中“包含时间”复选框，并选中第 1 个单选按钮所表示的日期格式，如图 7.27所示，并且在对话框下方显示了示例，然后单击“确定”按钮。与页码相同，在报表页眉中添加了一个包含“ = Date( )”内容和“ = Time( )”的文本框。整体结果如图 7.28 所示。

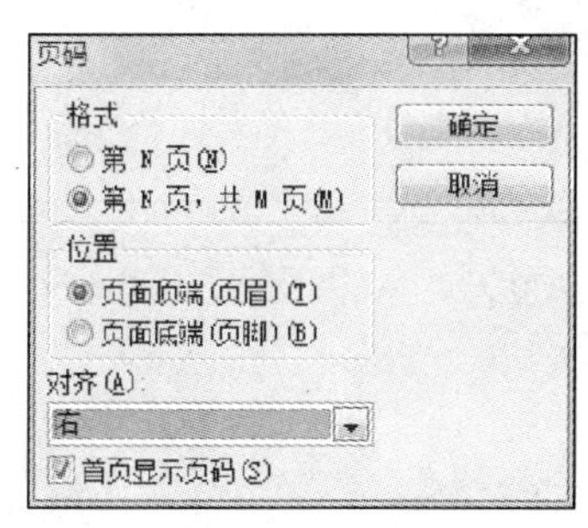

图 7.26　页码设置对话框

图 7.27　日期和时间对话框

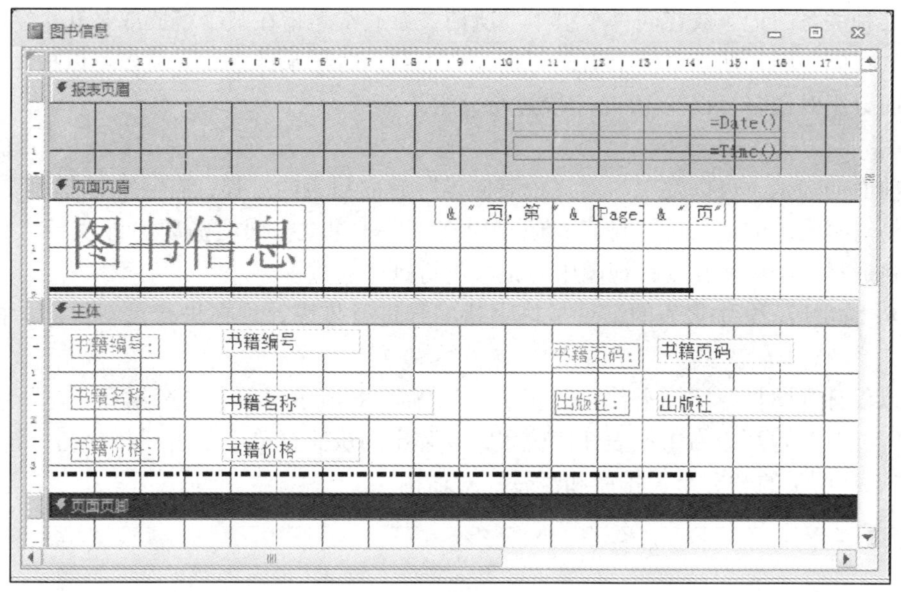

图 7.28　添加日期和页码的报表设计视图

（4）在报表标题栏右击，打开快捷菜单，将报表从设计视图切换到打印预览，如图 7.29 所示。此时已经在报表顶部为报表添加了页码和日期。

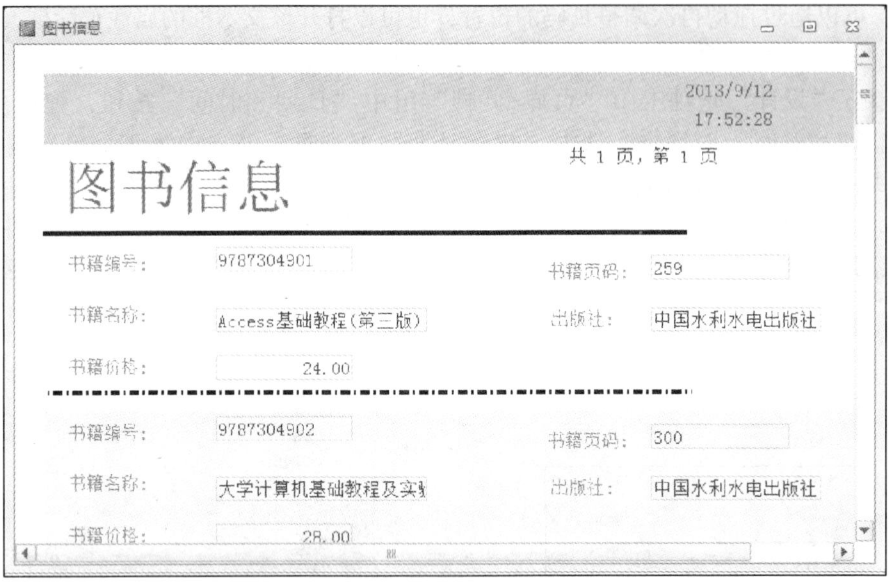

图 7.29　添加页码和日期的报表

7.3.4　报表的排序与分组

在报表中可以设置按照某个字段的升序或降序输出记录数据，同时还可以将记录进行分组，把有某种关系的记录放在同一个组中。所谓关系通常是指在某个字段或某几个字段上值相等的记录放在同一组，便于对整个组进行统计和查看。对记录排序时，最多可以按 4 个字段进行排序，而分组时最多可以按 10 个字段进行分组。

1. 排序

回顾前面的知识，可以发现利用“报表向导”建立报表的过程，有一个“排序”的设置，可以很容易对报表中的记录进行排序，但是用其他方式建立报表时需要另外执行“排序”操作。下面将通过例子说明在设计视图中对记录进行排序的过程。

例 7.6：如图 7.29 中报表的记录是按书籍编号进行排序，现在进行重新排序，按页码从小到大。

(1) 以设计视图打开“图书信息”报表，如图 7.28 所示，单击“分组和汇总”组中“分组和排序”按钮，也可以右击报表任何位置，在弹出的快捷菜单中单击“排序与分组”选项，弹出如图 7.30 所示的“分组、排序和汇总”对话框。

图 7.30　“分组、排序和汇总”对话框

（2）单击“添加排序”按钮，打开如图 7.31 所示的“排序”对话框。

图 7.31　“排序”对话框

（3）单击“选择字段”下拉列表框，打开如图 7.32 所示的可排序字段列表。

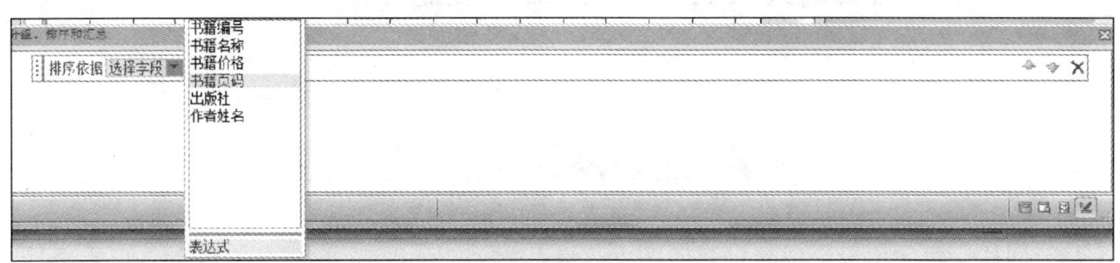

图 7.32　可排序字段列表

注意排序的规则，如果是数字型当然按照数字由小到大（升序），或由大到小（降序）排列；如果是文本类型，英文字母就按有 A—Z（升序），或由 Z—A（降序）排列；如果是中文，则把拼音字母按照 26 个英文字母顺序升序，降序排列。

（4）选择“书籍页码”字段，出现如图 7.33 所示的情况，默认是升序，可利用下拉列表框更改，设置中发现，当单击“升序”旁的“更多”按钮，可以进一步细致更改排序依据。当报表中记录按着“书籍页码”排序后，其实默认了依据此字段值分组，因此出现了“无页眉节”、“无页脚节”，表示的是“书籍页码”组页眉和组页脚，这里的设置决定了显示与否。从图 7.33 中还可以看到，还有“汇总”选项以及其他组的设置。

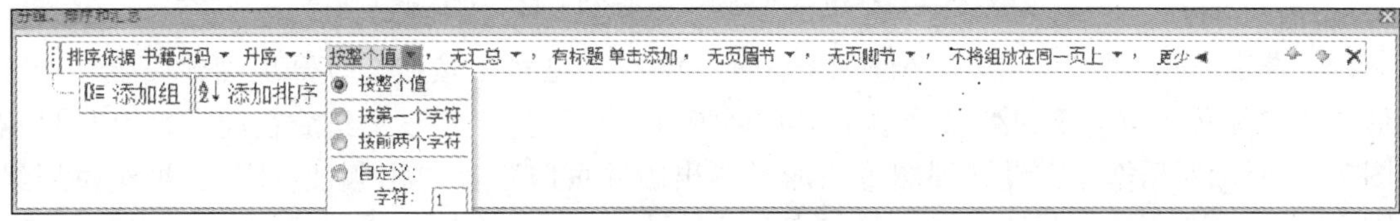

图 7.33　进一步设置排序依据

（5）设置完成，把报表从“设计视图”切换到“报表视图”，如图 7.34 所示，发现记录排列顺序发生了改变。

2. 分组

分组是根据某一个字段值将报表中的记录分成若干个组，把在某字段上值相等的记录分为一组，可以使用户查看记录条理更加清晰，信息更加准确，而且也便于进行数据统计，汇总和计算。不过记录分组之前，必须按照一个字段进行排序。

例 7.7：现在继续例 7.6，对“图书信息”报表按照“出版社”进行分组设计。

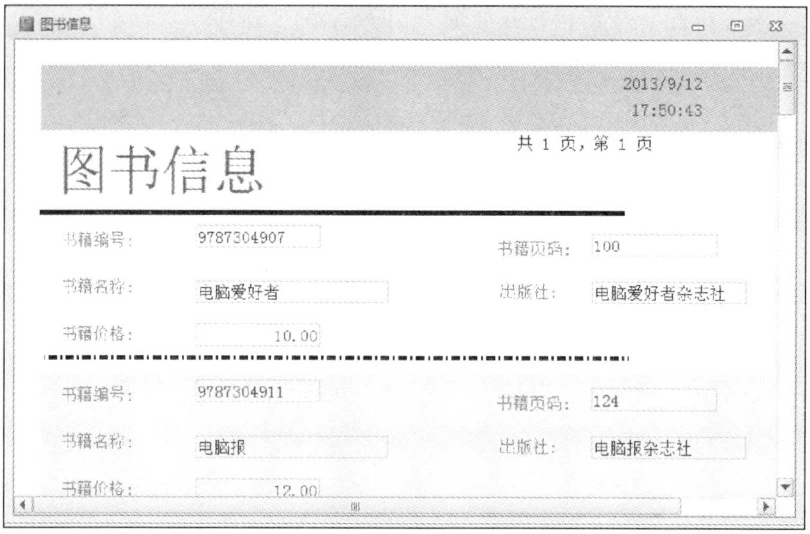

图书信息
2013/9/12
17:50:43
共 1 页，第 1 页
图书信息
书籍编号:
9787304907
书籍页码:
100
书籍名称:
电脑爱好者
出版社:
电脑爱好者杂志社
书籍价格:
10.00
书籍编号:
9787304911
书籍页码:
124
书籍名称:
电脑报
出版社:
电脑报杂志社
书籍价格:
12.00

图 7.34　重新排序的报表视图

（1）同样，再次用设计视图打开“图书信息”报表，如图 7.28 所示，单击“报表设计工具”功能区中“设计”选项卡的“分组和汇总”组中“分组和排序”按钮，也可以右击报表任何位置，在弹出的快捷菜单中单击“排序与分组”选项。

（2）设计视图下弹出如图 7.30 所示“分组、排序和汇总”框，单击“添加组”按钮，弹出被选择字段，如图 7.35 所示。

分组、排序和汇总
排序依据 书籍页码
分组形式 选择字段
书籍编号
书籍名称
书籍价格
书籍页码
出版社
作者姓名

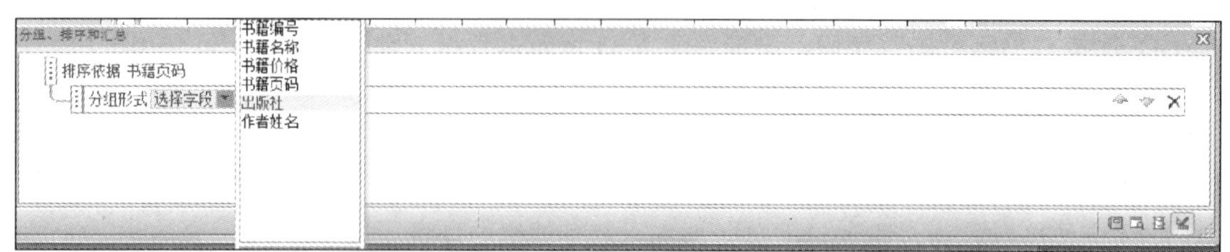

图 7.35　添加组后“分组、排序和汇总”对话框

（3）选定“出版社”字段，并进一步设置，单击“更多”按钮，打开更细致设置，在分组形式中“无页脚节”下拉列表框中选定有页脚节，并设置“将整个组放在同一页上”显示如图 7.36 所示对话框。在设计视图中添加了“出版社页眉”和“出版社页脚”，即组页眉组页脚，如图 7.37 所示。此处应单击“书籍页码”排序此行最右边的 ✖，删除按“书籍页码”排序，因为“书籍页码”排序先设置，若不删除即嵌套分组，也就是系统会先按“书籍页码”分组，再按“出版社”，未能达到效果。

分组、排序和汇总
分组形式 出版社 ▾ 降序 ▾，按整个值 ▾，无汇总 ▾，有标题 单击添加，有页眉节 ▾，有页脚节 ▾，将整个组放在同一页上 ▾，更少◂
添加组
添加排序

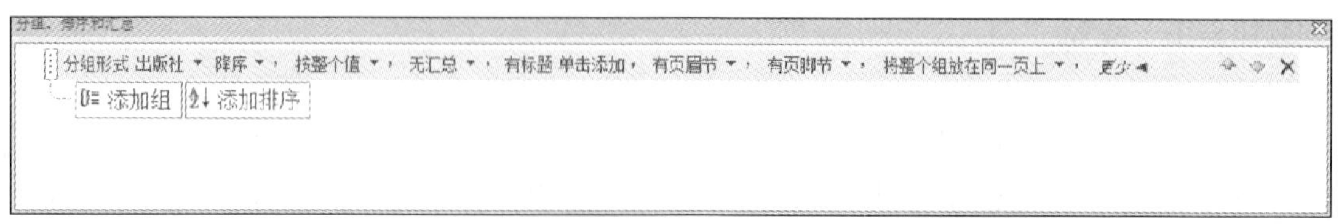

图 7.36　进一步设置的“分组、排序和汇总”对话框

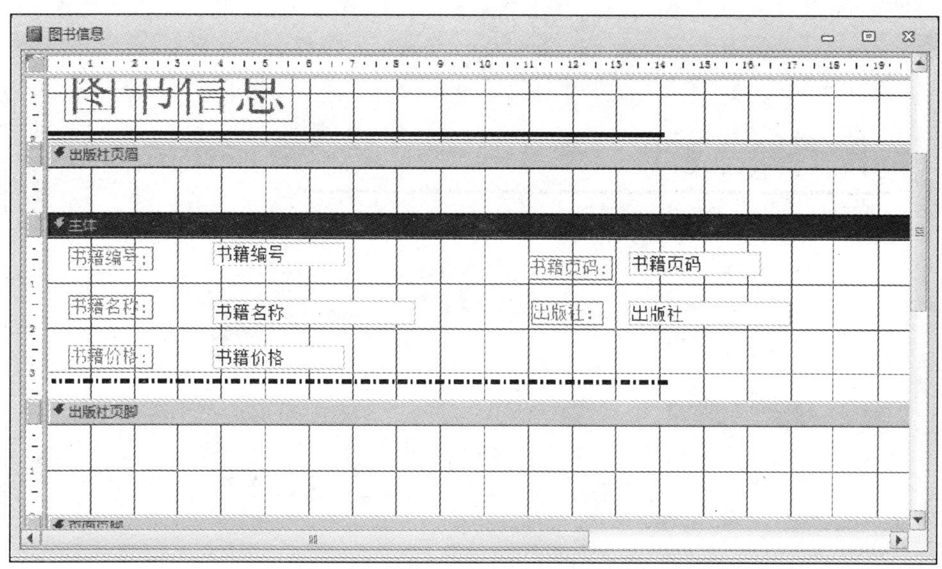

图 7.37 已分组的“图书信息”报表

(4) 调整布局，如图 7.38 所示，将所有标签放置到“页面页眉”，将“出版社”文本框从“主体节”中拖动到“出版社页眉”节中，使出版社的字段值显示从每条记录都显示成为一组显示一次。并且在“出版社页脚”中放置一个文本框，附属标签标题设置为“合计”。同时，文本框“控件来源”属性设置为“ = Count(*)”，统计图书馆中每个出版社的书籍数目，也就是每组的记录数，然后调整各个控件的位置。

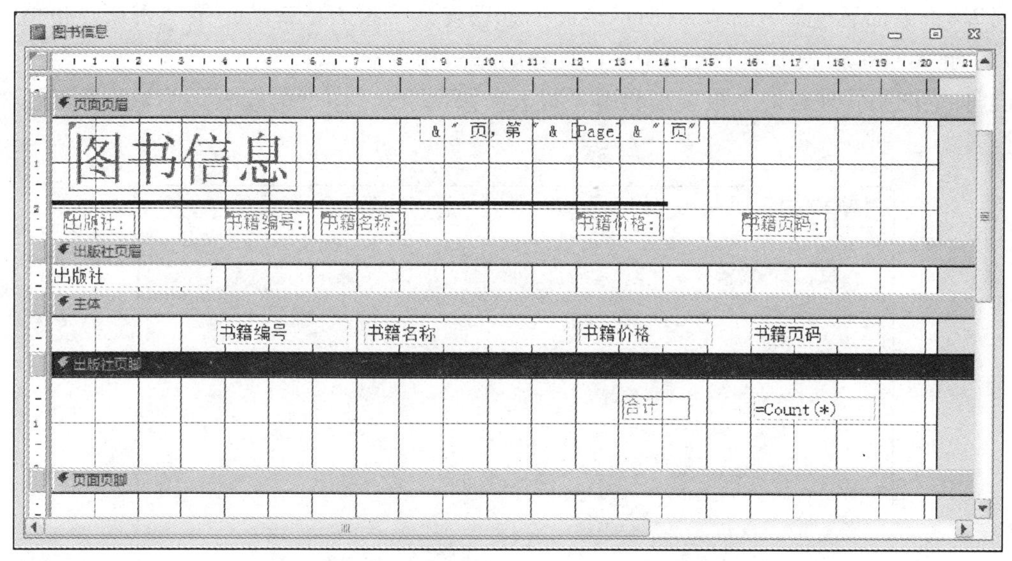

图 7.38 调整布局后的分组报表设计视图

(5) 将报表从设计视图切换到打印预览视图，效果如图 7.39 所示，报表中显示了布局调整后分组的记录数据。

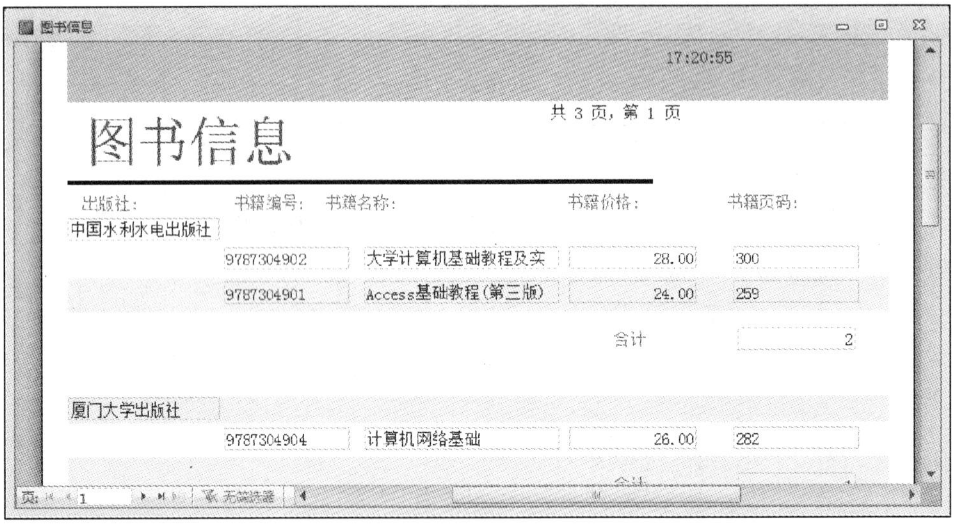

图 7.39　分组报表打印预览视图

7.3.5　报表的计算

报表除了能够把记录以各种样式显示、打印出来，还能够对记录中的相关数据进行汇总统计，例如，求平均值，求和等。

1. 一个记录的计算

例 7.8：下面通过如下图 7.40 所示“图书管理查询”报表中每条记录“书籍总价值”的计算，了解 Access 报表中单个记录中字段计算的方法和步骤。

说明：“图书管理查询”报表是利用“报表向导”，以“图书信息表”为数据源建立的表格式报表。

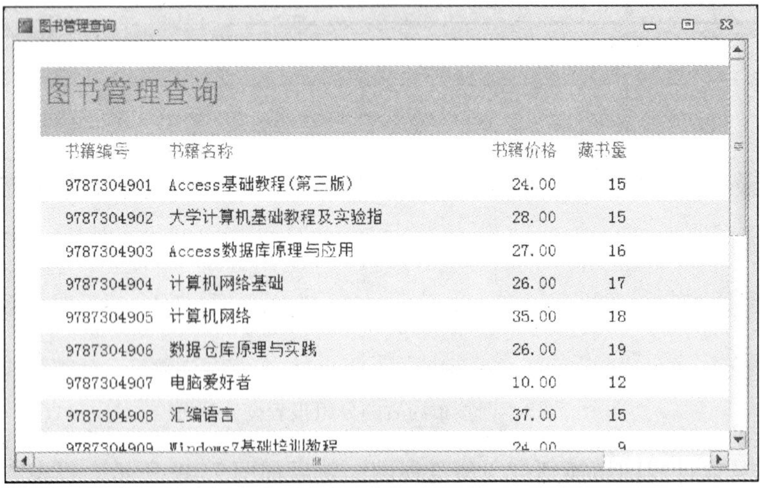

图 7.40　“图书管理查询”报表

（1）以设计视图打开“图书管理查询”报表，显示了报表中记录的所有字段，如图 7.41 所示。

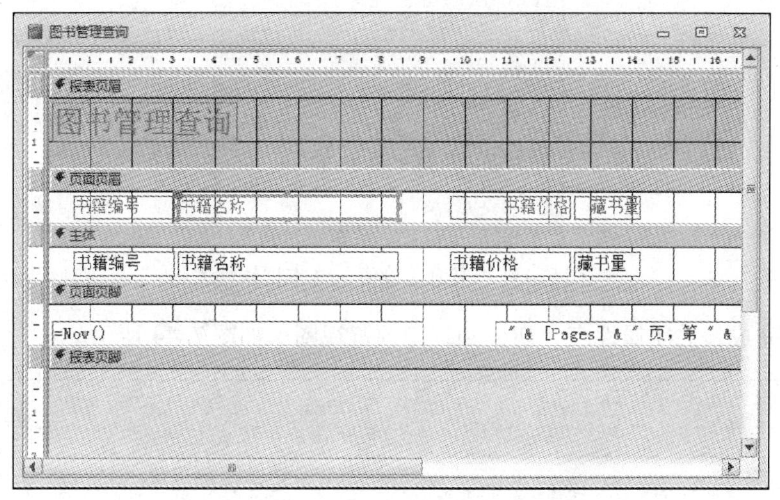

图 7.41 “图书管理查询”报表设计视图

（2）单击“控件”组中“标签”按钮，在页面页眉节中需要添加标签的地方按住鼠标左键，拖动到合适的位置后释放鼠标，此时标签被添加到页面页眉中，标题输入“书籍总价值”。单击“控件”组中“文本框”按钮，需要注意的是，此时应把文本框的“自动标签”属性设置为“否”，在主体节中需要添加文本框的地方按住鼠标左键，拖动到合适的位置后释放鼠标，此时文本框添加到窗体中如图 7.42 所示，从图中可以看到文本框为未绑定控件。

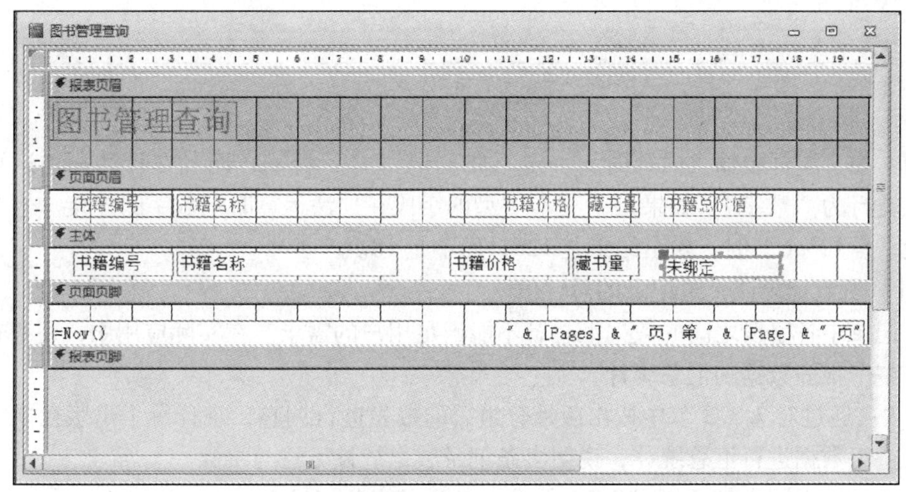

图 7.42 添加“书籍总价值”文本框后的报表设计视图

（3）如图 7.43 所示，把“书籍总价值”标签对应的“文本框”属性表中数据属性“控件来源”中输入“=[书籍价格]*[藏书量]”。也可以在设计视图中，在文本框中直接输入。

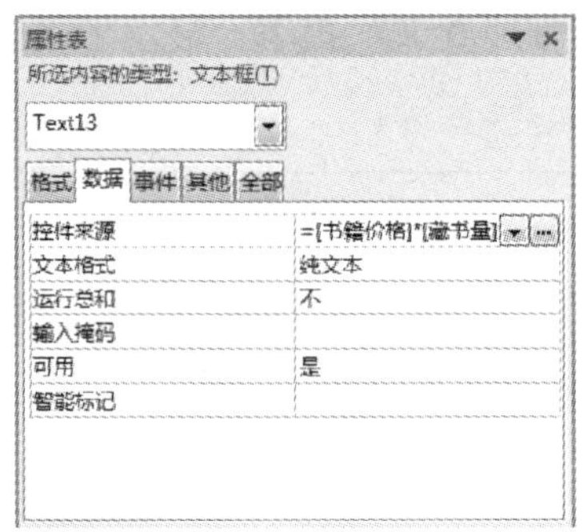

图 7.43　“书籍总价值”文本框属性表

（4）设置完成，关闭属性表，切换到打印预览视图，如图 7.44 所示。

图书管理查询

书籍编号	书籍名称	书籍价格	藏书量	书籍总价值
9787304901	Access基础教程(第三版)	24.00	15	360
9787304902	大学计算机基础教程及实验指	28.00	15	420
9787304903	Access数据库原理与应用	27.00	16	432
9787304904	计算机网络基础	26.00	17	442
9787304905	计算机网络	35.00	18	630
9787304906	数据仓库原理与实践	26.00	19	494
9787304907	电脑爱好者	10.00	12	120
9787304908	汇编语言	37.00	15	555
9787304909	Windows7基础培训教程	24.00	9	216
9787304910	软件工程	31.00	13	403

图 7.44　添加“书籍总价值”报表打印预览视图

说明：在文本框中输入内容时，一定不要忘记“ = ”符号，而且在计算相加运算时，要确定字段类行为“数字”，如果是“文本”型的字段在加法运算时是数字的连接。例如输入文本型字段“ =12 +6”时，输出结果是 126，而不是 18。

2. 计算所有记录或一组记录的总计值

单个记录中各字段之间的数据汇总，不能满足用户的需求。在实际应用中，还存在着对一组数据或整个报表数据的汇总统计。

例 7.9：通过对 7.3.3 节中按出版社分组后的报表进行调整，统计每个出版社单本书籍总和，即对一组数据进行汇总统计，说明多条记录数据统计方法与步骤。

（1）在设计视图中打开如图 7.39 所示的“图书信息”报表。

（2）单击“控件”组中“文本框”按钮，在“出版社页脚”中需要添加文本框的地方按住鼠标左键，拖动到合适的位置后释放鼠标，此时文本框添加到窗体中如图 7.45 所示，从图中可以看到文本框为未绑定控件，把两个文本框所对应标签标题分别设置为“总价格”与“合计”。

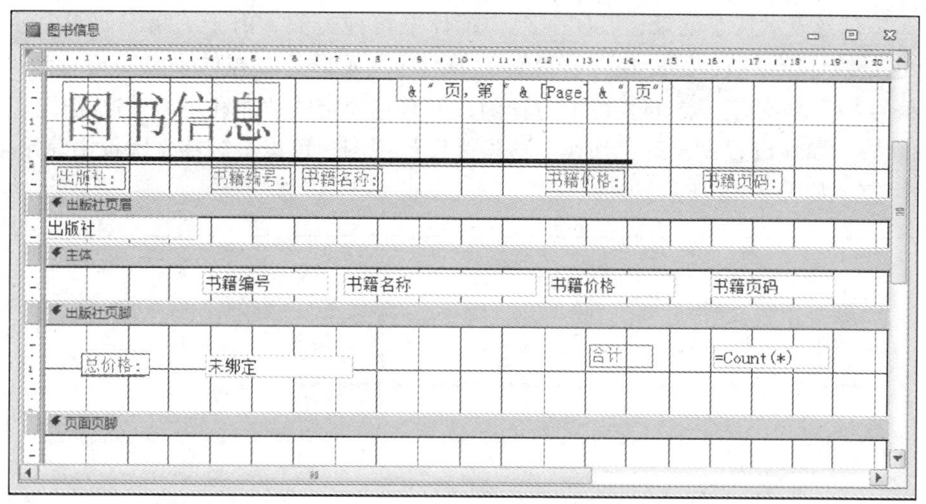

图 7.45 添加“总价格”的报表设计视图

（3）把“总价格”标签对应文本框的“控件来源”属性设置为“ = sum（[书籍价格]）”，可以在设计视图中直接输入，也可以通过单击“控件来源”属性右边的按钮，打开如图 7.46 的属性表。

（4）上一步提到文本框中的数据源，即可以采用在设计视图下，直接在文本框内输入表达式，也打开文本框的属性表，设置“控件来源”属性，此属性的设置方式也有两种，若操作较为熟练的用户，可以直接输入，而另一种方式就是单击下拉箭头旁边的图标，打开如图 7.47所示表达式生成器。

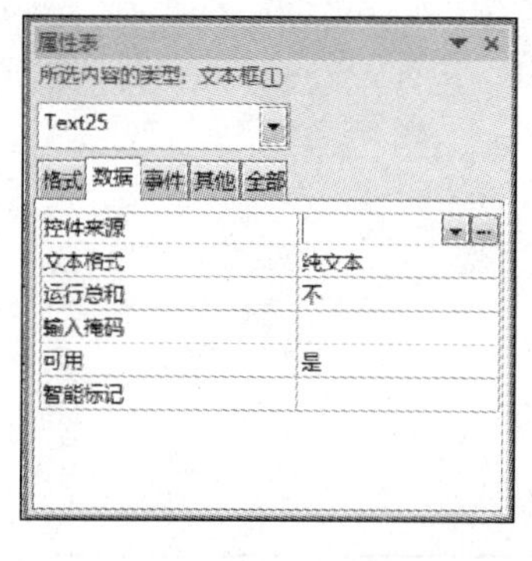

图 7.46 “总价格”文本框属性表

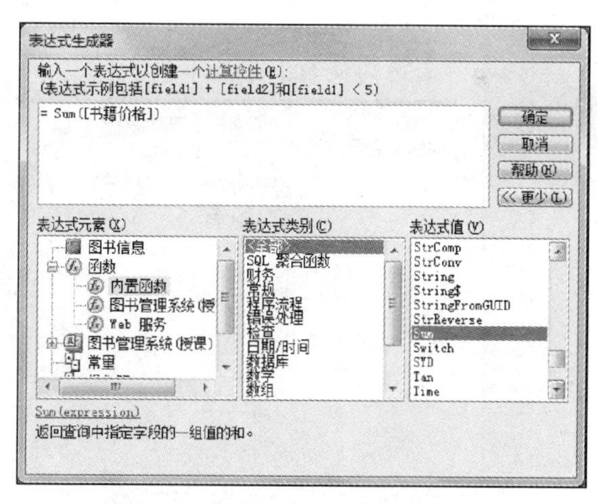

图 7.47 表达式生成器

（5）表达式生成器中通过双击选择所需内置函数（所谓内置函数就是系统内提供的函数），并在函数括号内输入所需参数，一般来说是一个字段名或几个字段名组成的表达式。此例中就是选定 Sum 函数，并在函数内输入“书籍价格”字段名，Sum 函数进行的是求和计算，此表达式的含义就是对每一组记录在该字段的值进行求和计算，换而言之，即求每个出版社所出书籍的价格总和。而 Count 函数为统计记录数函数，“ = Count （ * ）”表示统计每组中的记录数，“ * ”符号表示任意记录，其实一组中统计书籍种类数。由于书籍编码没有重复数据，所以实际也是统计记录数，因此在“合计”标签对应文本框的“控件来源”设置为“ = Count ([书籍编号])”效果是一样的。每个内置函数都有它固定的功能和用途，这需要读者进一步地理解和掌握。属性设置完成后，切换至该报表设计视图，可以看到在文本框中显示了所设置的文本框内容，如图 7. 48 所示。

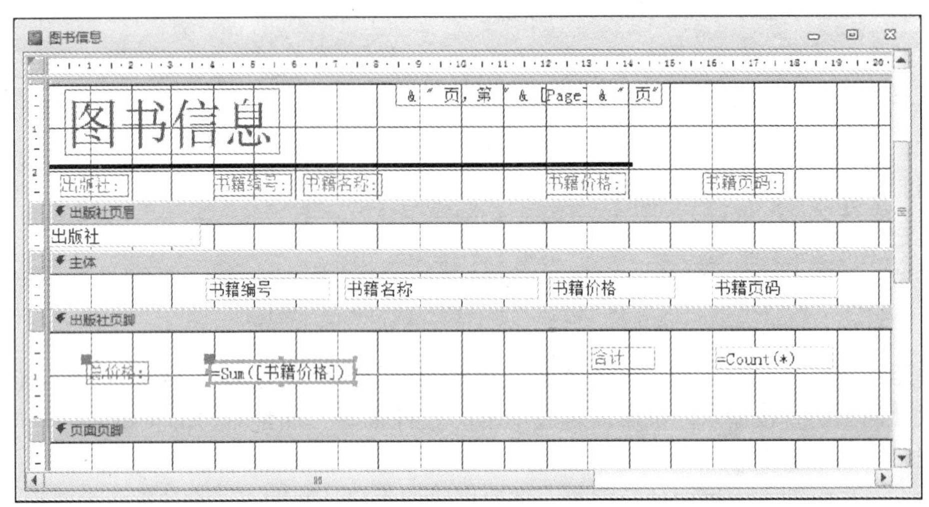

图 7. 48　组记录数据统计设置完成的报表设计视图

(6) 调整整个报表控件的相对位置，切换至报表打印预览视图，如图 7. 49 所示。

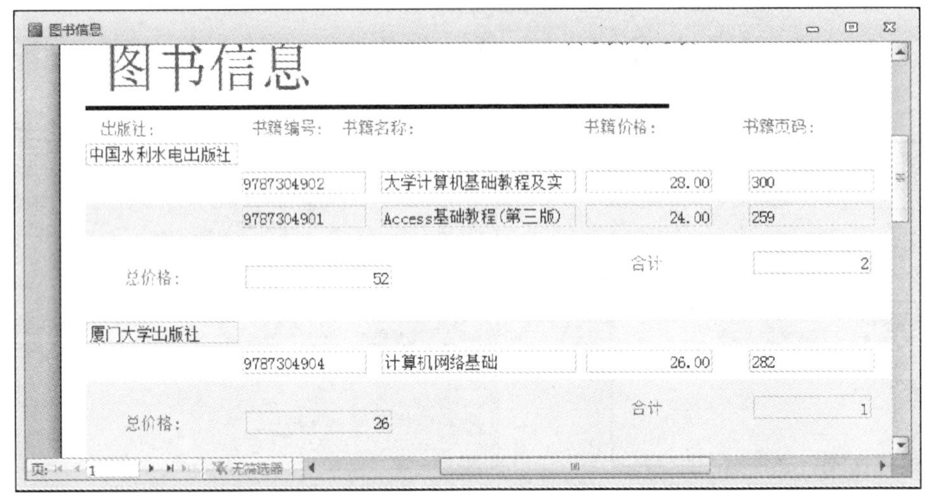

图 7. 49　组记录统计完成得报表打印预览视图

在以上示例中可以看到，总价格以及书籍数统计的都是每组记录中相关数据，因为两个文本框所放置的位置在组页眉和组页脚中，如果放在报表页眉和报表页脚中，会不会是统计所有记录在某字段的总和呢？请读者考虑。

当然，放在组页眉和组页脚中也未必一定只统计该组记录，可以通过对文本框“数据”

属性中“运行总和”属性的设置进行改变，如图 7.50 所示，该属性默认的值是“不”，如果设置为“工作组之上”，统计的是本组以及该组之上其他组中记录，如果设置为“全部之上”，则统计的是全部记录。

图 7.50 文本框“运行总和”属性

7.3.6 创建和链接子报表

子报表的概念和前面提到的子窗体概念相似，也就是如果报表数据源来自多个表或查询时，可以通过在一个报表中链接两个或多个报表的方法实现，链接的主体报表，称为主报表，被链接的对象称为子报表。主报表既可以包含子报表，也可以包含子窗体，子报表又可以包含下一级子报表或子窗体。主报表可以是绑定的也可以是非绑定的。也就是说，它可以基于表、查询或 SQL 语句，也可以不基于任何数据源。

例 7.10：现在通过在“图书信息表”中添加如图 7.51 所示的“借阅情况”报表，完成主/子报表的建立过程。

说明：此报表是以借阅情况表作为数据源建立的表格式报表。

借阅情况

读者编号	借书日期	应还日期	实还日期
1402005	13-07-26	10-09-24	10-07-07
1402004	10-04-11	10-06-11	10-06-05
1402001	13-07-26	13-09-24	
5010011	10-05-13	10-07-13	13-07-27
1402001	10-03-05	10-05-05	
1402001	10-03-05	10-05-05	10-04-21
1402007	10-07-26	10-09-24	
1402001	13-07-27	13-09-25	13-07-27
1402004	10-04-11	10-06-11	10-06-25

图 7.51 “借阅情况”报表

(1) 以设计视图打开“图书信息表”报表，选中“控件”组中单击“子窗体/子报表”按钮，将鼠标移至“主体”节中，在需要添加报表的位置按住鼠标拖动到合适位置后释放鼠标，布局如图 7.52 所示，添加了一个标签标题为“Child15”的子报表，同时弹出“子报表向导”对话框，如果没有弹出，可以通过在需要添加子报表的位置右击，选择“生成器”命令。打开“子报表”对话框。

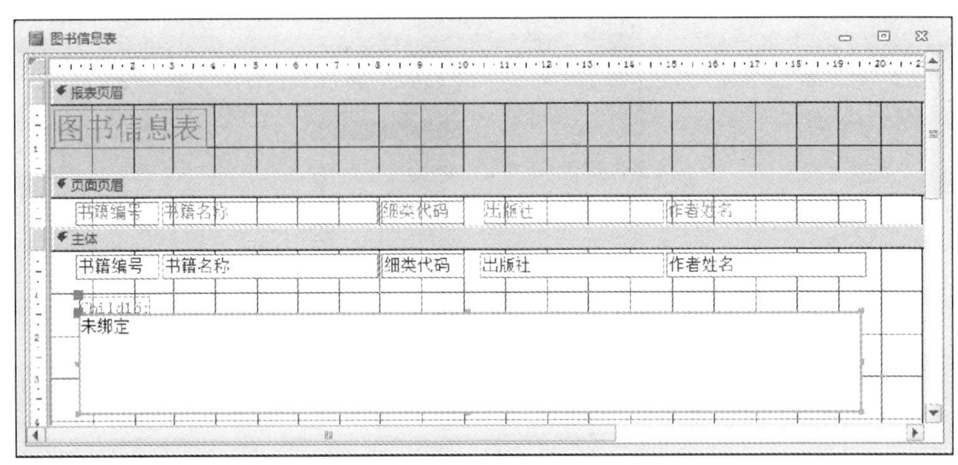

图 7.52　添加子报表按钮的报表设计视图

(2) 弹出“子报表向导”对话框如图 7.53 所示，在对话框中选中“使用现有的报表和窗体”单选按钮，然后单击“下一步”按钮。

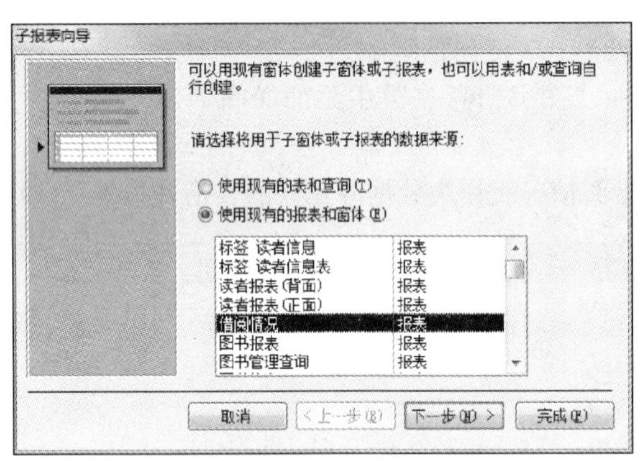

图 7.53　选择子报表数据来源对话框

(3) 弹出确定将主报表链接到子报表方式的向导对话框，如图 7.54 所示。同主/子窗体一样，表明在主报表的数据源与子报表的数据源是通过哪个公共字段链接的。按默认选中“从列表中选择”选项，在下面列表框中选择第一项，如图 7.54 所示，然后单击“下一步”按钮。

当然对于这个主/子报表而言，选择列表框第二项也可以，因为主表数据源中书籍编号做为主键，没有重复项，并且子报表数据源也均包含这项。

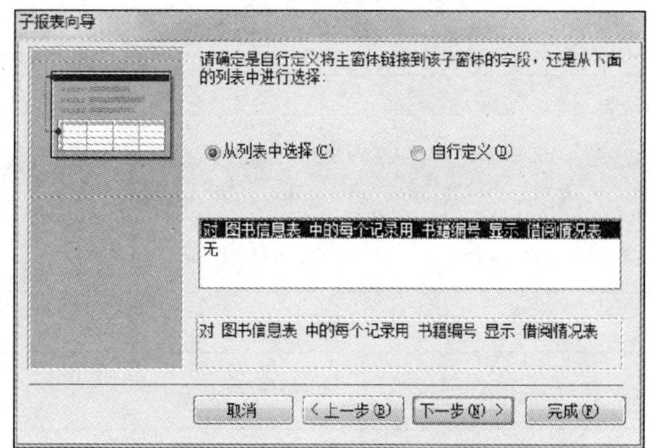

图 7.54　确定链接字段对话框

（4）弹出指定子报表名称的向导对话框，输入“借阅情况”，如图 7.55 所示，然后单击“完成”按钮。

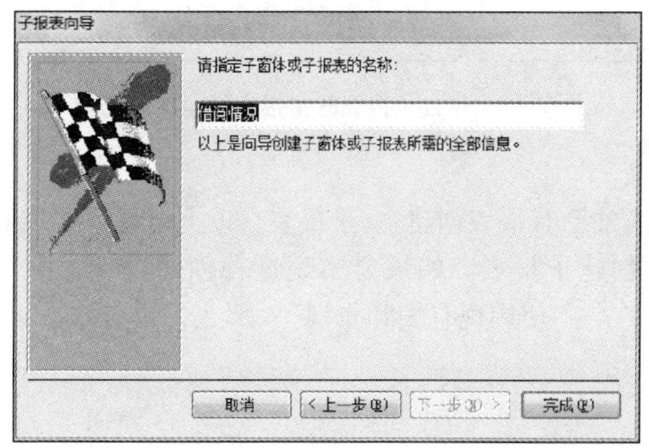

图 7.55　指定子报表名称对话框

（5）此时创建子报表后报表的设计视图如图 7.56 所示，里面显示了子报表“借阅情况”。

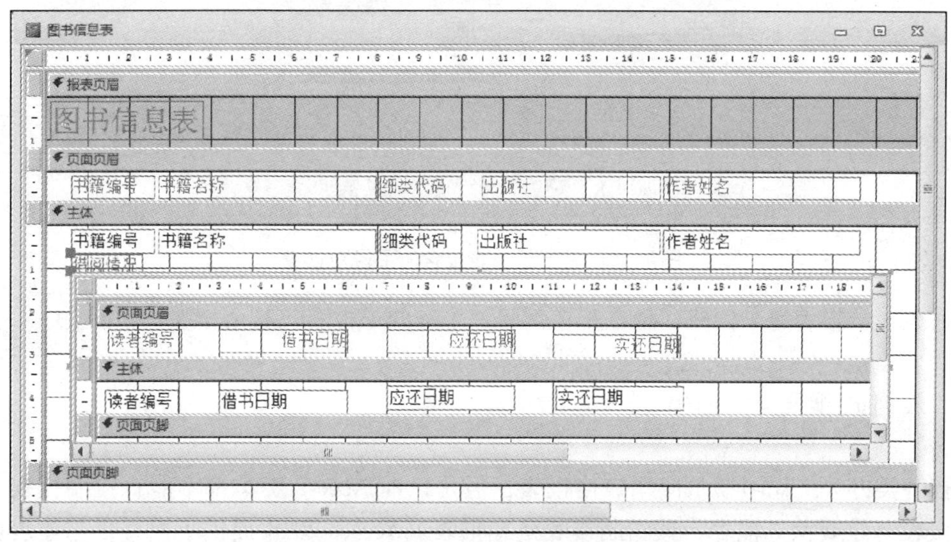

图 7.56　包含子报表的主报表设计视图

（6）通过快捷菜单将报表切换到“打印预览”，报表效果如图 7.57 所示。

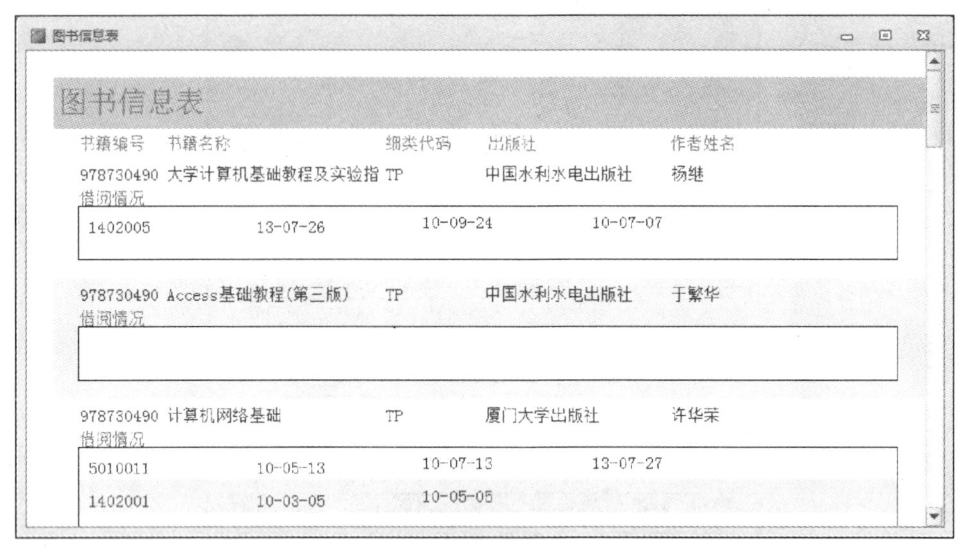

图 7.57　包含子报表的主报表打印预览视图

创建报表有两种方法。

（1）在已有报表中添加已有报表创建主/子报表，以上过程中实现的就是这种创建。

（2）在已有报表中创建子报表。如果要实现这种创建过程，不同的仅在于第二步，如图 7.53所示，如果选择的是“使用现有表和查询”，那么，弹出的是如图 7.58 所示的对话框。

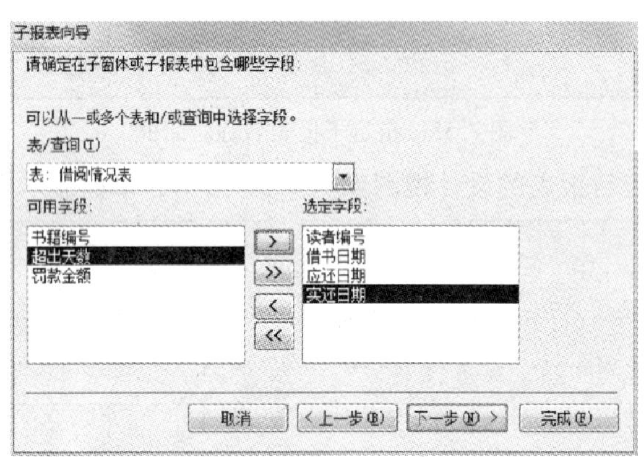

图 7.58　确定子报表包含的字段对话框

此时表明子报表尚未创建，现在正在创建一个新的子报表，其余步骤均相同。

7.3.7　表格式报表

我国各类办公工作习惯于使用表格报表，但是以前 Access 版本都不能直接制作表格，只能利用报表向导或者“报表”按钮制作表格式报表。Access 2010 提供了把直接创建表格式报表的功能，使用它可以快速地创建出表格报表。

例 7.11：创建的“读者信息表”报表为例，先创建为纵栏式报表，再修改报表布局样式为表格式，操作步骤如下。

(1) 采用报表向导建立“读者信息表”报表，如图 7.59 所示。

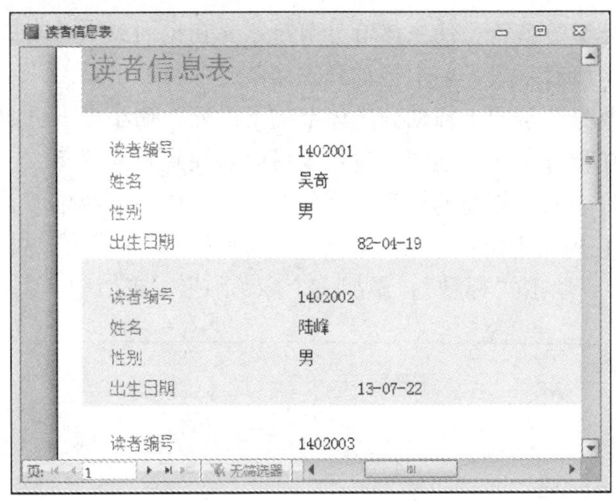

图 7.59 纵栏式“读者信息表”报表

(2) 切换到设计视图，选择所有字段，包括字段对应的标签框和文本框，在“排列”选项卡的“表”组中，单击“表格”按钮，报表的布局发生变化，字段附加标签移到页面页眉节处，附加标签和字段上下一一对齐成为表格形式（实际表格形式需要在预览视图中才能看到），如图 7.60 所示。

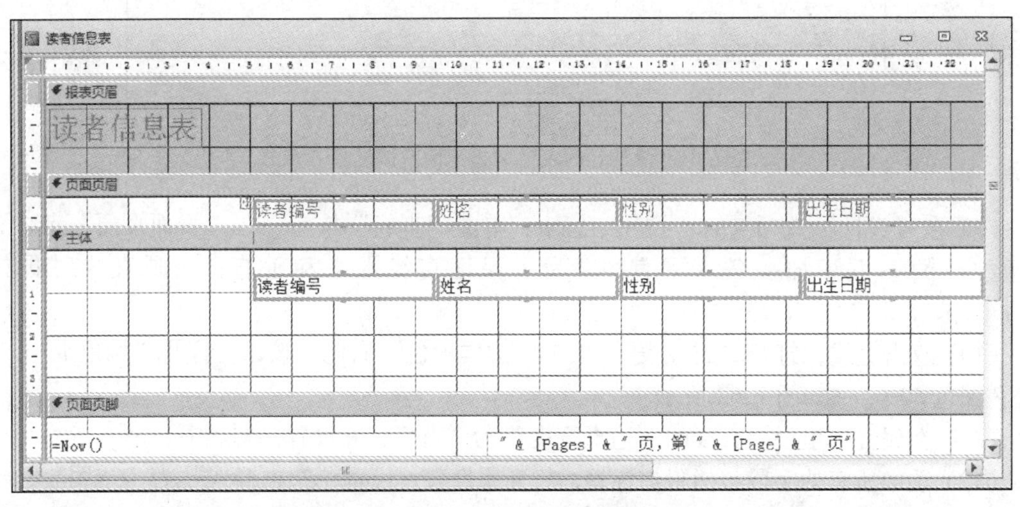

图 7.60 表格形式“读者信息表”报表

（3）在“页面页眉”节中，拖动左上角的控制符，把所有字段沿水平方向向左拖动到左边框。

（4）选中“读者编号”列，选中文本框或标签框均可。把鼠标放在边框上，当光标变成水平的左右箭头时，向左拖动光标，使列宽度变窄。用同样的方法，依次修改其他列的宽度。或根据需要把列变宽。

（5）向上拖动主体节分节符，使主体节分节符紧靠在页面页眉的附加标签的下面。

（6）选中主体节中所有字段，向上拖动到主体节分节符的下沿。

（7）把页面页脚节分节符向上拖动到主体节的下沿处，缩小报表页面宽度到适当大小。以上操作都是使界面更加整齐美观。在调试过程中可以切换到布局视图。

（8）因为是利用报表向导创建的报表，因此在报表页眉中已经添加了一个标签框，标题为“读者信息表”，调整它到居中位置，结果如图7.61所示。如果没有，可以在“设计”选项卡的“页眉/页脚”组中，单击“标题”，添加一个标题到报表页眉中。

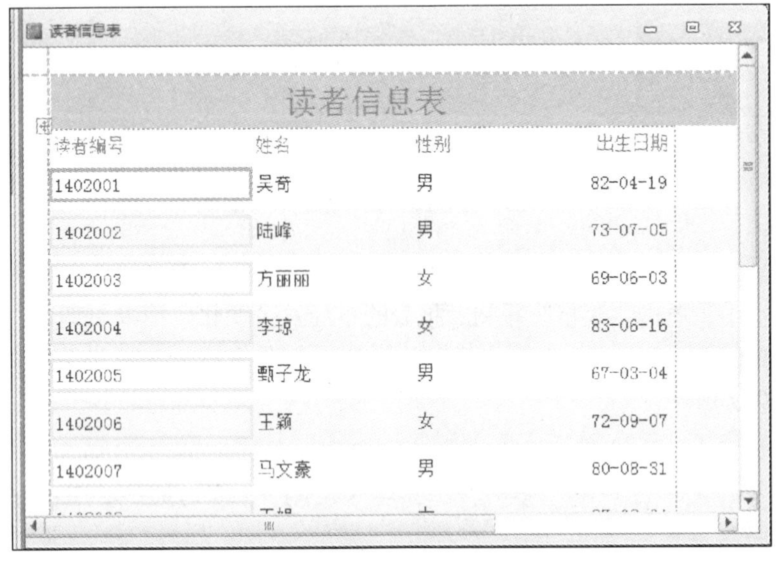

图7.61 设计好的表格形式“读者信息表”报表

（9）在“设计”选项卡的“控件”组中，单击“直线”按钮，在“页面页眉”节中，在标题控件的下方添加一条水平直线，为了保证直线水平和垂直，在画直线时再按住“Shift”键。

（10）双击直线，打开“属性表”，单击“边框颜色”右侧的按钮，打开“调色板”，选中“橙色深色50%”，如图7.62所示。

（11）在属性表里设置直线的“边框宽度”为“2pt”，并设置标题居中。

（12）选中所有的字段包括附加标签，打开属性表，设置“边框样式”为“透明”。

（13）保持选中所有的字段不变，在“排列”选项卡的“表”组中，单击“网格线”按钮，在打开的下拉列表中，单击“垂直和水平”按钮，如图7.63所示。

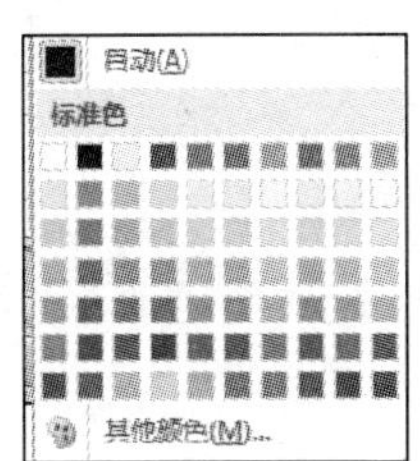

图 7.62 调色板

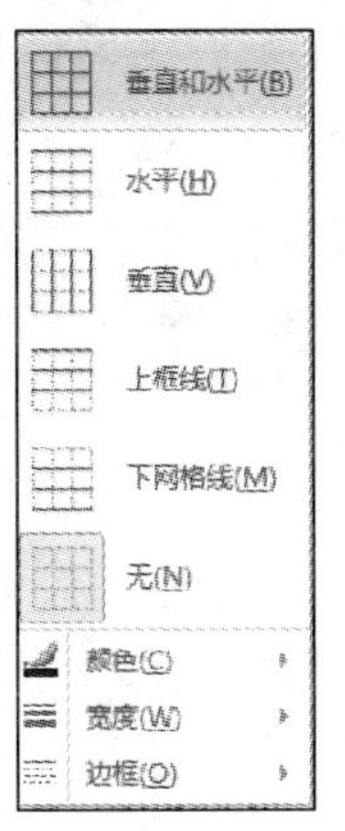

图 7.63 网格线

（14）修改后在报表预览视图中看到结果，如图 7.64 所示。

读者信息表

读者编号	姓名	性别	出生日期
1402001	吴奇	男	82-04-19
1402002	陆峰	男	73-07-05
1402003	方丽丽	女	69-06-03
1402004	李琼	女	83-06-16
1402005	甄子龙	男	67-03-04
1402006	王颖	女	72-09-07
1402007	马文豪	男	80-08-31
1402008	于娟	女	87-02-04
1402009	钟晓磊	男	79-03-21

图 7.64 报表设计结果

7.4 报表打印

前面的章节一直强调，创建报表的作用之一就是打印信息。在打印报表之前，可以通过打印预览视图的效果。这个视图的相关知识和操作在前面已经具体介绍了，这里就不再重复。

7.4.1 报表的页面设置

报表打印之前，不仅要预览，还应该对将要打印的报表进行页面设置。任何视图中都可以进行报表的页面设置，包括：页边距、打印方向、纸张、列布局等。

例 7.12：下面通过打印“图书信息”报表的设置，说明报表打印的页面设置方法与步骤。

(1) 以任意视图打开报表“图书信息表”，单击“文件”菜单，进入 BackStage 视图，单击“打印”命令，如图 7.65 所示。

图 7.65 BackStage 视图

在图 7.65 所示的界面中，单击“打印预览”按钮就看到如图 7.66 所示功能区选项卡，“打印预览”选项卡包括“打印”，“页面大小”、“页面布局”、“显示比例”，“数据”和“关于预览”6 个组。其中“数据”组的作用是将报表导出为其他文件格式：Excel，文本文件、PDF、电子邮件以及其他格式，其余几个组按钮的功能都是非常直观的。预览报表的目的是在屏幕上模拟打印机的实际效果。为了保证打印出来的报表满足要求且外形美观，通过预览显示打印页面，以便发现问题后进行修改。在“打印预览”中，可以看到报表的打印外观，并显示全部记录。Access 2010 提供了多种打印预览的模式，如单页预览、双页预览和多页预览。在“显示比例”组中，有“单页”、“双页”和“多页”显示方式，通过单击不同的按钮，以不同方式预览报表，单击“其他页面”按钮，可以打开多页预览方式列表在列表中，提供了四页、八页和十二页等多种预览方式。在打印预览中，还可以对报表进行各种设置，这些设置按钮和“报表设计工具/页面设置”选项卡中的按钮是相同的，这里不再详细介绍。

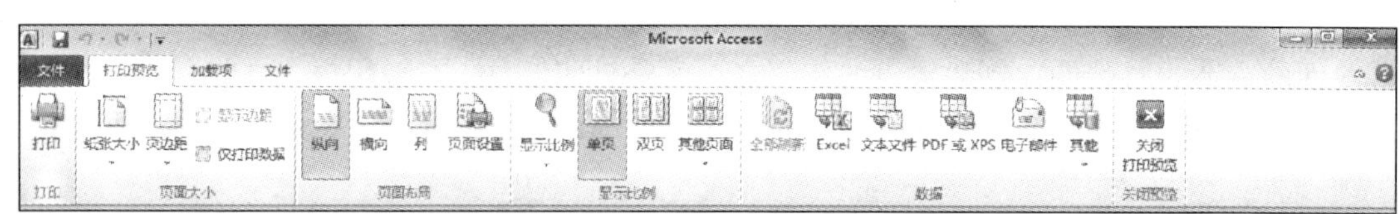

图 7.66 “打印预览”功能区

创建报表的目的是把数据打印输出到纸张上，因此设置纸张大小和页面布局是必不可少的工作。为了提高工作效率，最好在报表创建之前进行设置。Access 中报表的纸张大小和页面布局都有默认设置，其纸张是 A4 纸，当单击纸张大小按钮时，打开如图 7.67 所示的下拉菜单。

而 Access 2010 中页边距除了三种固定的格式之外，还允许用户自定义，单击“页边距”按钮，打开下拉选项，如图 7.68 所示。对于数据列比较少而且要求不复杂的报表，采用默认的页面设置、默认的纸张大小即可。但是对于数据列比较多或者要求比较复杂的报表，则需要开发人员进行详细地设置。

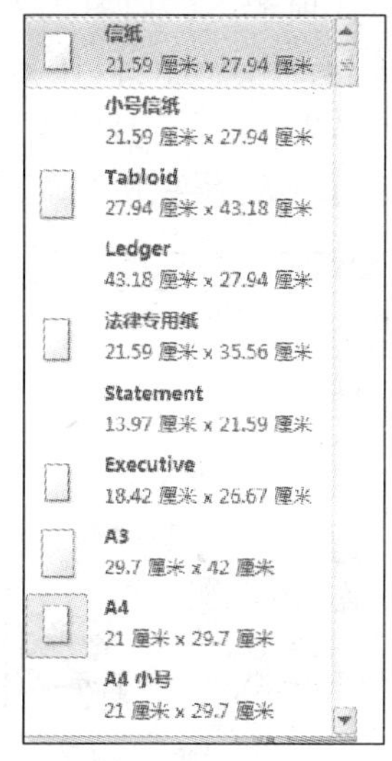

图 7.67 纸张选择

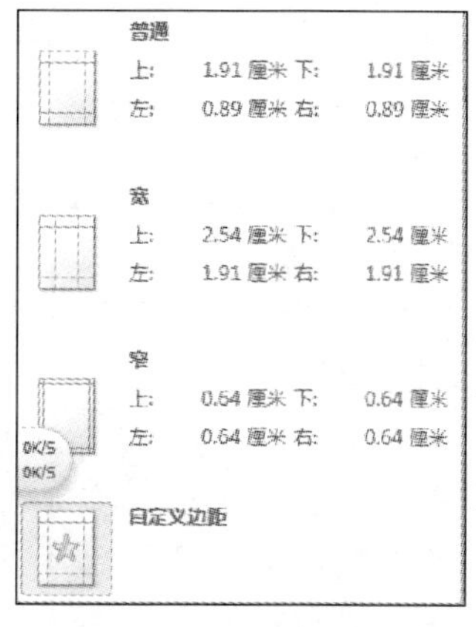

图 7.68 页边距设置

“显示边距”选项是下将上、下、左、右的页边距均设置为 25 毫米，设置完成后，可立即在右侧示例栏中看到实际效果。如果选中了“仅打印数据”选项，则报表打印时，不会显示诸如分割线、页眉页脚等信息，而只显示数据库中字段的数据或计算得来得数据。这个选项一般应用到需要打印数据到已经制定好格式的纸张上，例如，商场中打印顾客购物清单到发票，因为发票格式是预先设定好的，只需要将购物清单和价格打印到上面即可。

选定“页面布局”选项卡中的“页面设置”按钮，可以打开页面设置对话框，对页面进行更详细的设置，如图 7.69 所示。

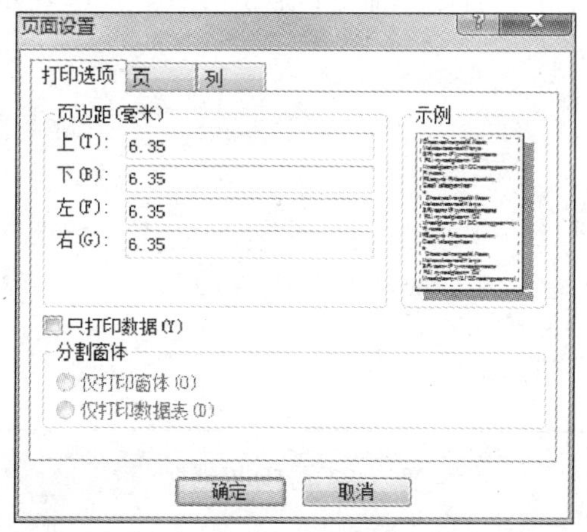

图 7.69 页面设置对话框“打印选项”选项卡

（2）切换到“页”选项卡下，打印方向可以选择横向或纵向如果需要设置纸张大小，可以在下拉框中选择系统提供的常用纸张中选择一个。如果用户安装了多台打印机，然后单击后面的打印机按钮，选择本报表将要使用的打印机。如果只有一台，则使用默认打印机。“打印方向”、“纸张”和“使用打印机”栏中设置如图7.70所示。

（3）如果需要要将报表分成多列打印，就到“列”选项卡下，如图7.71所示。其中列数，除了标签报表默认是3列以外，其他报表均默认是1列，用户也可以在文本框中输入制定的列数。在“网格设置”栏中“列数”文本框中输入“2”，“列间距”文本框中输入“1cm”，“列尺寸”和“列布局”栏中的设置如图7.71所示，然后单击“确定”按钮。

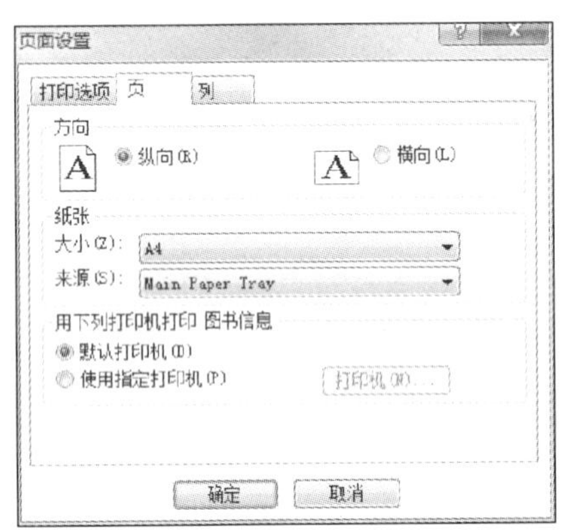

图7.70 页面设置对话框“页”选项卡

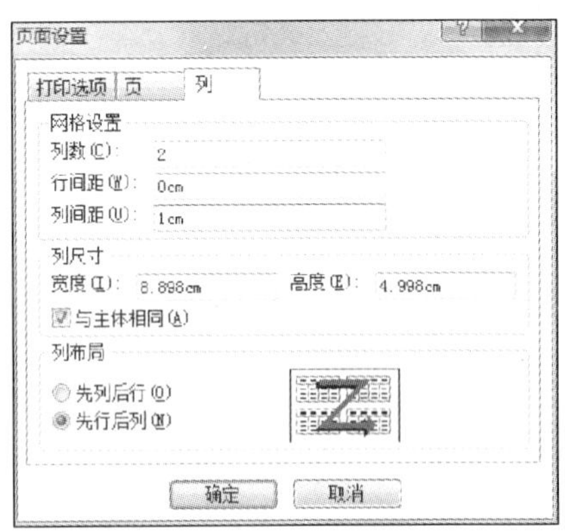

图7.71 页面设置对话框“列”选项卡

（4）切换到打印预览，页面设置效果如果与设想相同，则在“文件”菜单中选择“打印”命令，就可以打印报表了。

7.4.2 报表的打印

例7.13：设置完成，当决定打印报表时，按以下步骤操作。

（1）选择“文件”菜单中“打印”命令，显示出如图7.72所示的对话框。

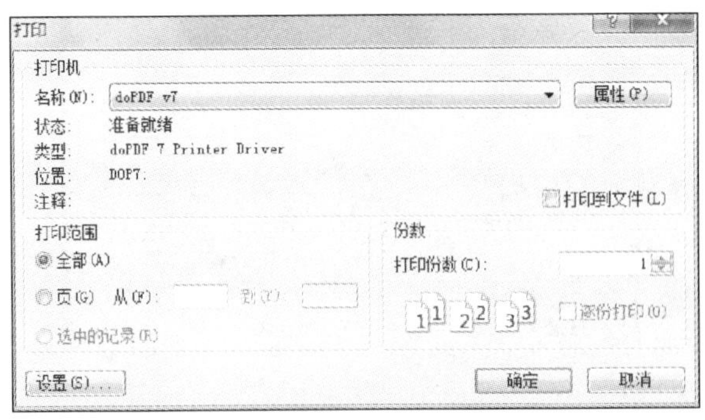

图7.72 打印对话框

（2）指定打印机类型、打印范围以及打印份数，单击“确定”按钮就可以完成报表的打印了。如果打印之前，想再一次进行页面设置，可以单击“设置”按钮，可以再次打开“页面设置”对话框，如图 7.73 所示。不过此对话框少了“页”选项卡。.

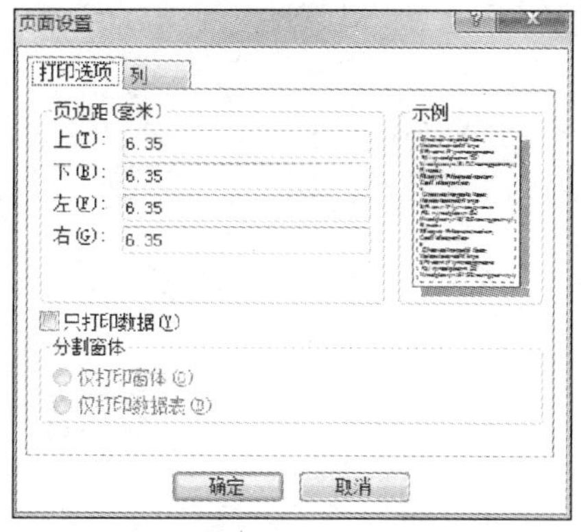

图 7.73　页面设置对话框

(3) 如果打印之前，再进行一次进行纸张设置，可以单击“属性”按钮，打开如图 7.74 所示的对话框进行属性设置。

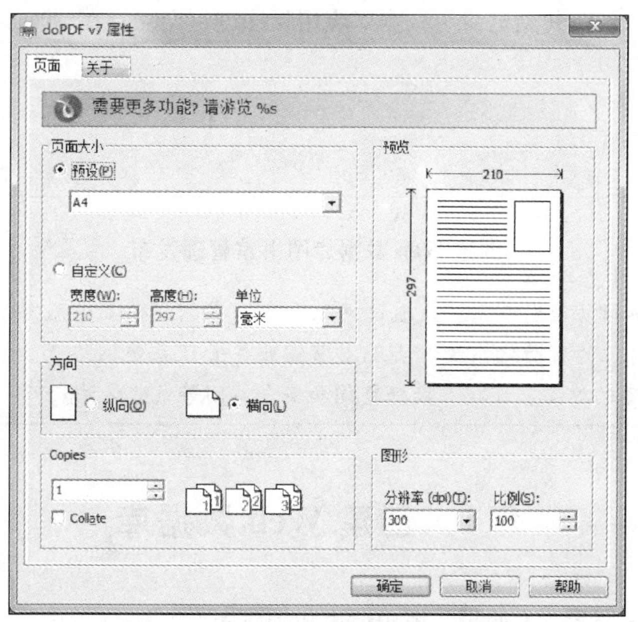

图 7.74　页面对话框

本章小结

本章主要介绍了报表的基本概念及其应用，主要是报表的创建、报表的基本操作、各种类型的报表、子报表以及报表的输出打印过程等。报表主要用于将数据库中需要的信息提取出来，进行整理和计算，以格式化的方式打印出来。读者进行本章学习后，就可以认识 Access 的报表，熟悉创建报表的各种方法，特别是能学会处理报表的排序、分组和计算等比较复杂的问题。

第 8 章　Web 数据库

Access 2010 取消了 Access 2000/2003 中的“页”对象，但新增了“Web 数据库”，在功能方面不仅没有减少，反而增强了 Access 的 Internet 发布性能。通过 Access Services 改进的与 SharePoint Server 2010 的集成，允许将 Access 2010 数据库发布到 SharePoint，这使得多个用户可以从任何符合标准的 Web 浏览器与数据库应用程序进行交互。在 Access 2010 中，Web 数据库是完全独立的对象。

引例：

创建 Web 数据库图书馆管理发布

Web 数据库图书馆管理发布系统，通过网站向各图书馆提供业务服务功能，所有图书馆可以在该网站上建立自己的自动化系统，实现图书馆业务管理系统网络化。提供了图书馆管理发布系统中 Web 数据库的建立、连接、数据查询和安全访问等策略方法。

8.1　创建 Web 数据库

创建 Web 数据库的方法有两种：使用模板和创建空白 Web 数据库。

1. 使用模板创建 Web 数据库

在 Access 2010 中，模板是可以下载的完整数据库，用户既可以立即使用模板也可以加以更改以适应具体的需求。

用户可以在功能区单击“文件”选项卡进入 BackStage 视图，在左侧“导航”窗格“新建”选项卡下，Access 提供了两种基本类型的模板：本地模板和 Office. com 模板，如图 8. 1 所示。

其中，“空数据库”和“空白 Web 数据库”属于本地模板，随 Access 一起安装；而“Office. com 模板”组下的模板是最新的，如果需要可单击该模板按钮连接至 Internet，在如图 8. 2 所示的页面中重命名该模板，单击按钮选择新的存盘路径，单击“下载”按钮可以将模板下载到本地，这些模板附带有使用方法的“帮助”文件部分视频，可供用户学习参考。

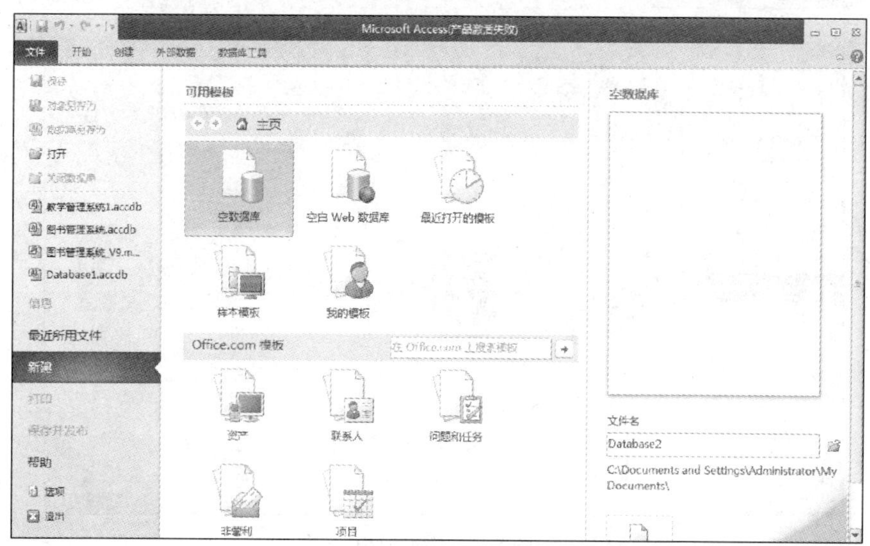

图 8.1　可用模板

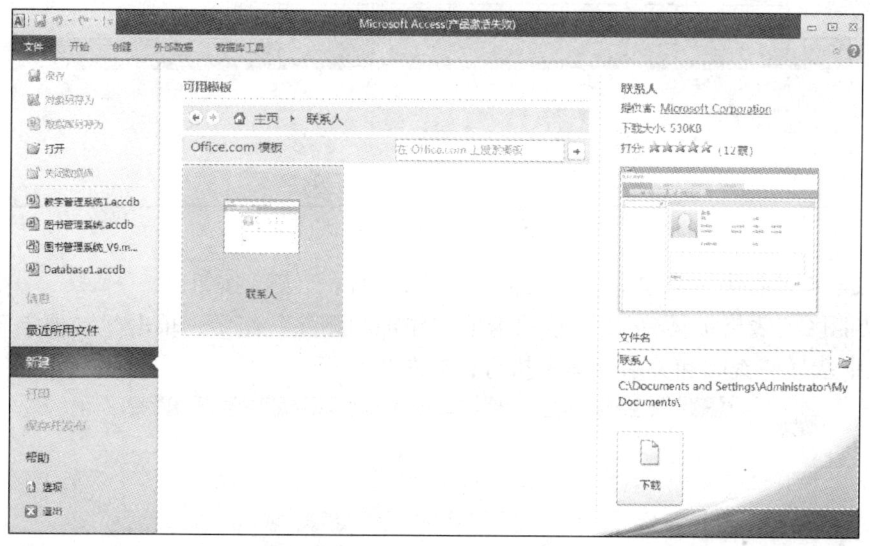

图 8.2　Office.com 模板

在单击“主页”组下的“样本模板”后，可看到如图 8.3 所示的“样本模板”窗口中部分内容后加上“Web 数据库”字样，用户可立即发布数据库也可以先进行更改。

使用 Web 数据库，可以更轻松地将数据库分发到多个用户，需要注意的是在使用 Web 数据库时，功能区将突出显示一些与 Web 兼容的命令，具体说明如下。

（1）只能使用“布局视图”更改表单。

（2）任何对象设计者都会使用一组名为“客户”的菜单，如“客户端查询”、“客户表单”、“客户报表”和“客户端对象”等，如图 8.4 所示。

（3）只能使用选择查询，需要关联表时必须使用查阅字段。在 Access 2010 中执行该操作的方法如下。

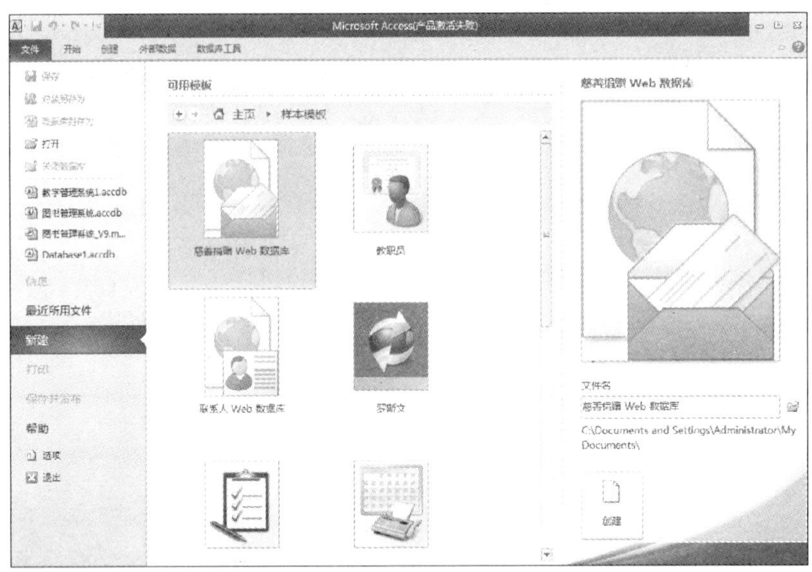

图 8.3　样本模板

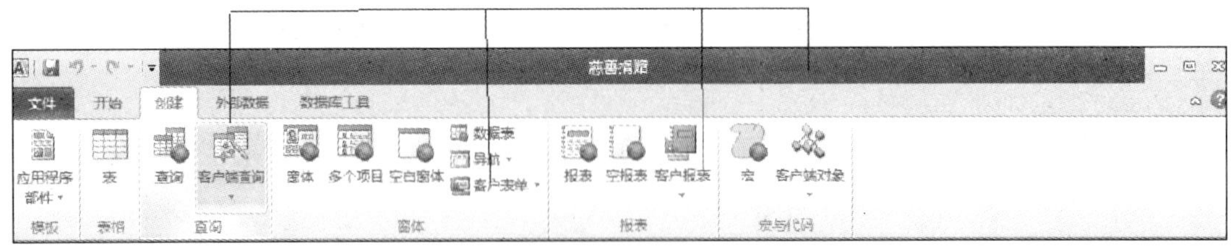

图 8.4　客户菜单

① 在功能区“创建”选项卡下“表格”组中，单击“表”按钮。

② 在功能区“表格工具/字段”选项卡下“添加和删除”组中，单击“其他字段”按钮，从下拉列表中选择“查阅和关系”命令执行，如图 8.5 所示。

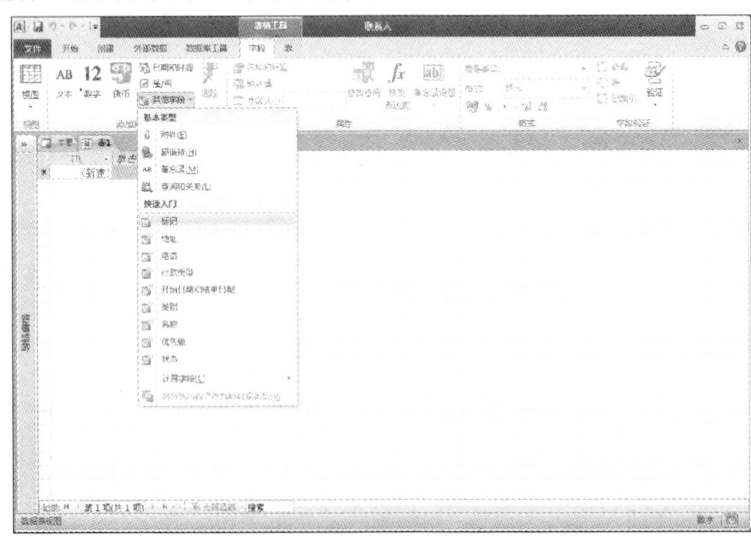

图 8.5　表格工具

③ 启动“查阅向导”，如图 8.6 所示，按照向导提示完成相应设置。Access 进行这些更改的原因是，发布过程将数据转换为 Dynamic HTML 和 ECMAScript，而客户端对象与这些语言不兼容，但生成了 Web 数据库，发布就会变得非常简单。

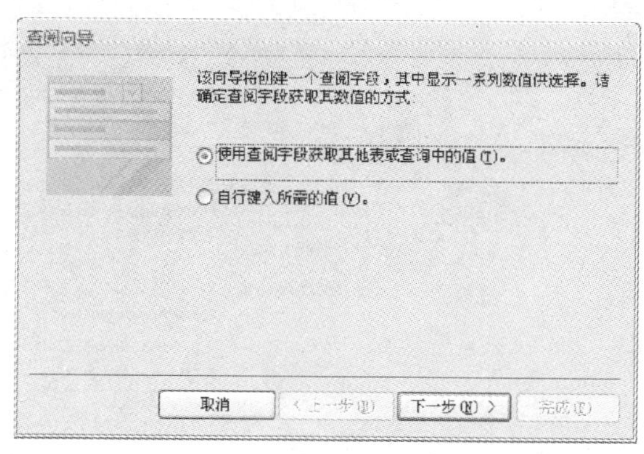

图 8.6　查阅向导

（4）单击功能区“文件”选项卡进入 BackStage 视图，在“保存并发布”选项卡下单击“发布到 Access Services”，然后单击“运行兼容性检查器”，如果发现问题，系统会将问题列在如图 8.7 所示的“Web 兼容性问题”按钮对应的表中。如果数据库无 Web 兼容性问题，那么按钮呈灰度（不可用）显示，数据库可随时发布。

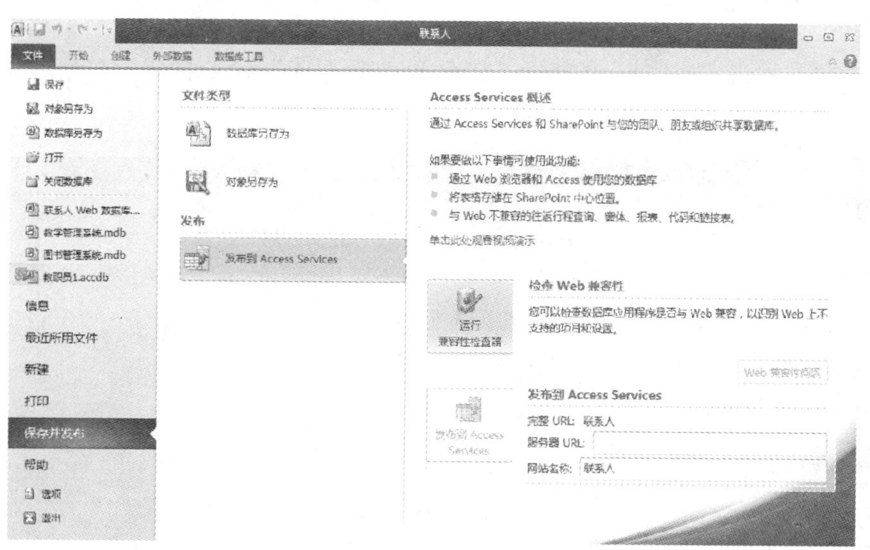

图 8.7　兼容性检查

（5）输入服务器的 URL（根据实际情况而定），确保添写了“网站名称”，然后单击“发布到 Access Services”按钮，如图 8.8 所示，这个过程会需要一定时间，完成后会收到“发布成功”的提示。

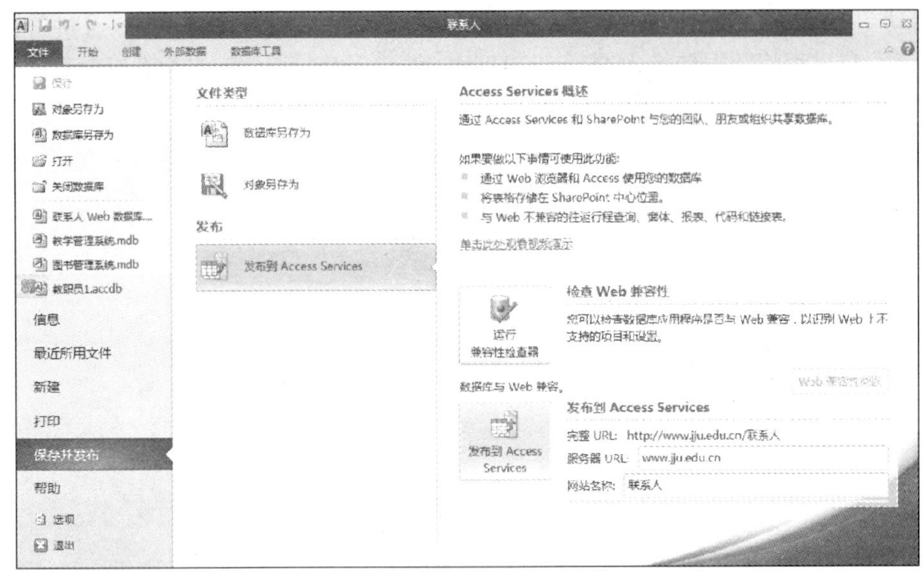

图 8.8　发布到 Access Services

2. 创建空白 Web 数据库

下面以创建名为“图书信息发布”Web 数据库为例，说明创建空白 Web 数据库的过程。

例 8.1：创建 Web 数据库“图书信息发布”。

(1) 在功能区单击“文件”选项卡进入 BackStage 视图，在左侧“导航”窗格中单击“新建”选项卡，然后单击“主页”组中的“空白 Web 数据库”命令按钮，在如图 8.9 所示的 Access 窗口中修改保存文件名及存盘路径。

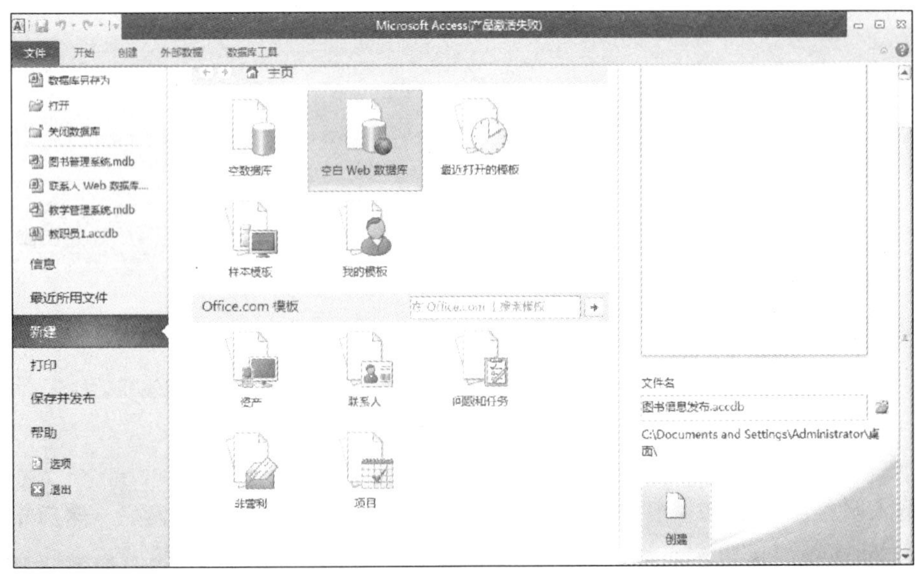

图 8.9　创建空 Web 数据库

（2）单击“创建”按钮，完成 Web 数据库的创建。此时，Access 2010 将打开一张名为“表 1”的数据表视图，如图 8.10 所示，用户可根据计划和需要进行后续设计工作。

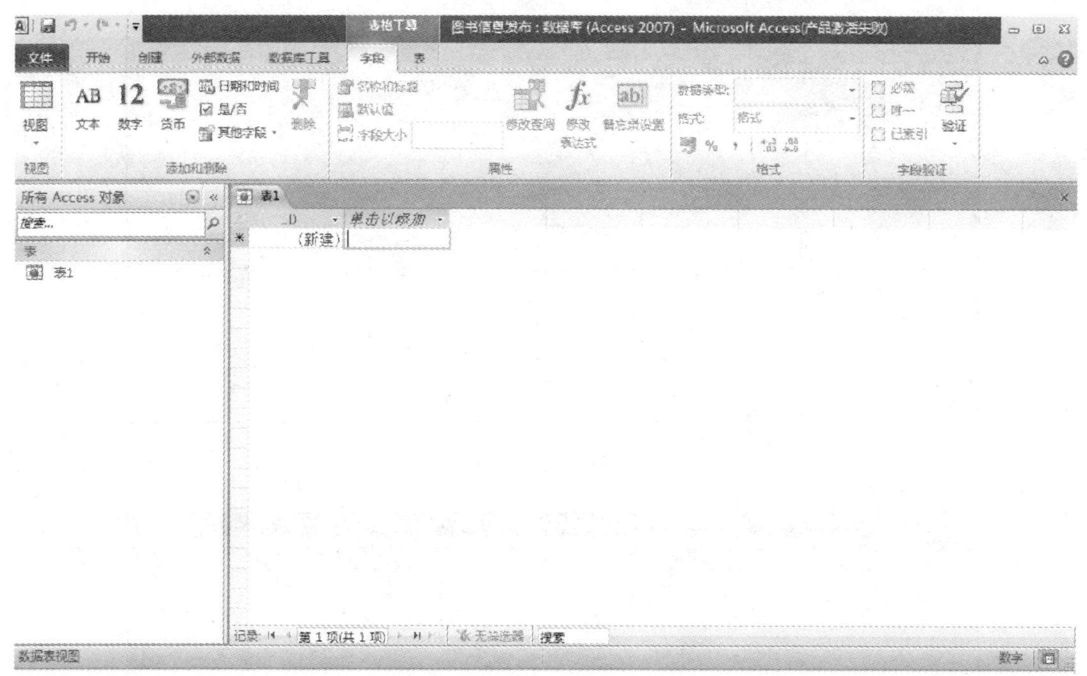

图 8.10 数据表视图

8.2 设计 Web 表

在创建空白 Web 数据库后，首要的工作是设计 Web 表的内容，在 Web 数据库中表的视图只有“数据表视图”一种。

例 8.2：下面以创建“Web_图书信息”和“Web_读者信息”表为例介绍其创建过程。

（1）在如图 8.10 所示的“图书信息发布 . accdb”数据库“表 1”的数据库视图中，系统已经设计好了一个名为“ID”的字段，该字段为“自动编号”数据类型，并且不能更改数据类型，也不能删除。单击“单击以添加”按钮，从快捷菜单中选择数据类型为“文本”，将新加“字段 1”改名为“书籍编号”，在功能区“表格工具/字段”选项卡下“属性”组中，将其字段大小改为 20。

（2）单击“单击以添加”按钮，继续添加一个“文本”数据类型字段“书籍名称”，字段大小为 60，如图 8.11 所示。

（3）添加“Web_图书信息”表中记录，如图 8.12 所示。

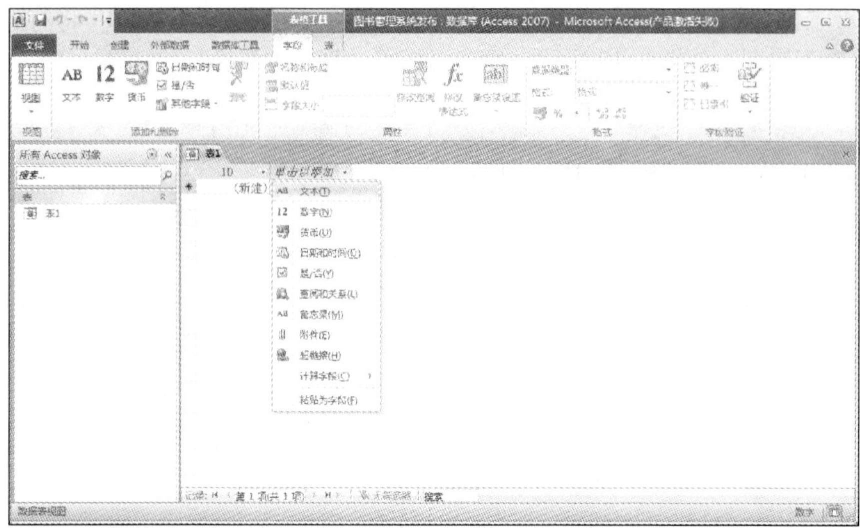

图 8.11　数据表视图

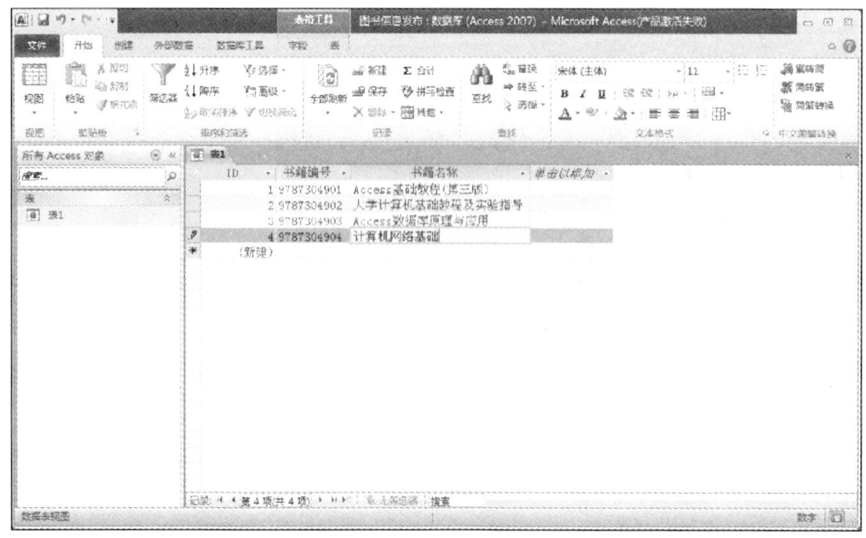

图 8.12　数据表视图

（4）单击快速访问工具栏中的“保存”按钮，在弹出的“另存为”对话框中为表指定名称为“Web_图书信息”，如图 8.13 所示。

图 8.13　“另存为”对话框

例 8.3：创建“Web_读者信息”表。

(1) 在功能区“创建”选项卡下“表格”组中，单击“表”按钮，打开名为“表1”的数据表视图，参照“Web_图书信息”表的创建方法，完成“读者编号”、“密码”和“姓名”字段的设计（数据类型均为“文本”，字段大小分别为7、20和7），如图8.14所示。

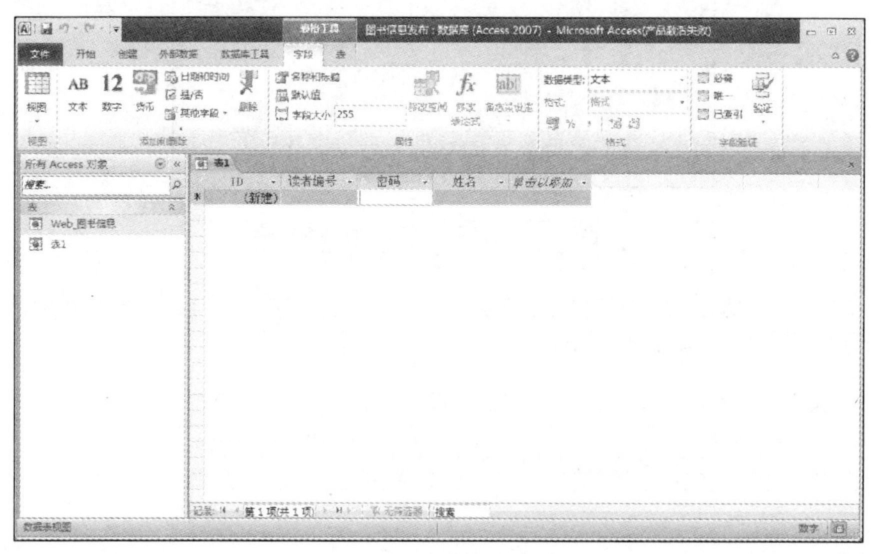

图8.14 数据表视图

(2) 单击功能区“表格工具/字段”选项卡下“添加和删除”组中的“其他字段”按钮，在打开的下拉列表中选择“查阅和关系”命令执行，在如图8.15所示的查阅向导对话框（1）中选择“使用查阅字段获取其他表中的值”，单击“下一步”按钮。

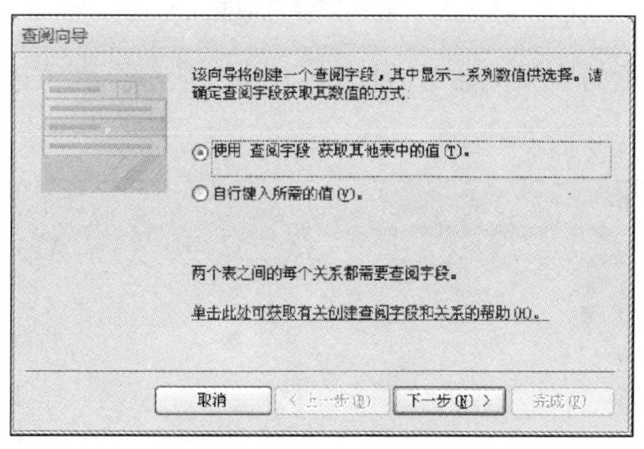

图8.15 查阅向导对话框（1）

(3) 在如图8.16所示的查阅向导对话框（2）中，从列表中选择“表：Web_图书信息”，单击“下一步”按钮。

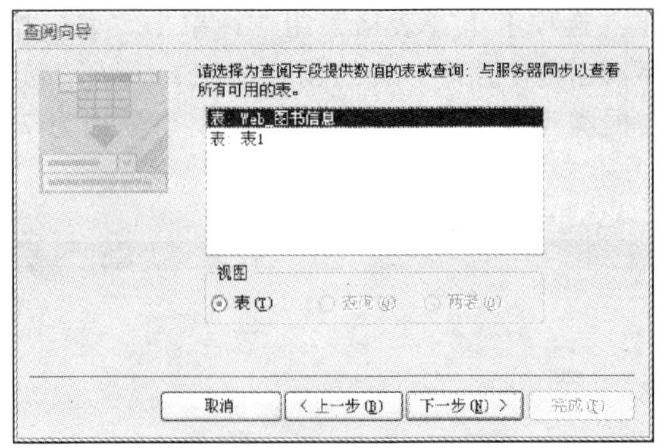

图 8.16　查阅向导对话框（2）

（4）在如图 8.17 所示的查阅向导对话框（3）中，将“可用字段”列表框中的“ID”字段加入到“选定字段”列表框中，单击“下一步”按钮。

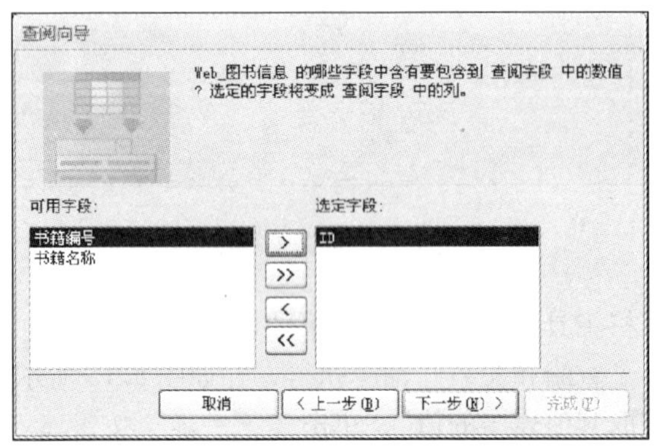

图 8.17　查阅向导对话框（3）

（5）在如图 8.18 所示的查阅向导对话框（4）中，从组合框中选择“ID”为排序字段，单击“下一步”按钮。

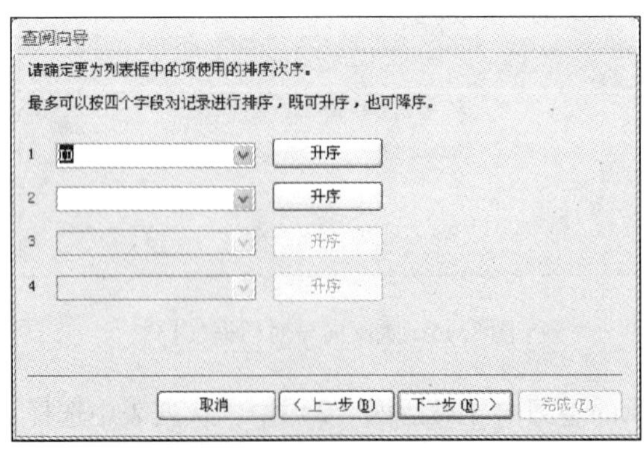

图 8.18　查阅向导对话框（4）

（6）在如图 8.19 所示的查阅向导对话框（5）中，调整列宽，单击“下一步”按钮。

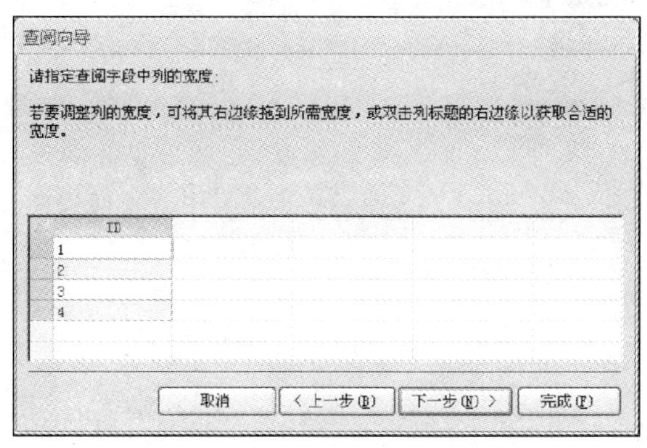

图 8.19　查阅向导对话框（5）

（7）在如图 8.20 所示的查阅向导对话框（6）中，为查阅字段指定标签为“图书信息”，单击“完成”按钮，在弹出的“另存为”对话框中为新表指定名称为“Web_读者信息”，如图 8.21 所示。

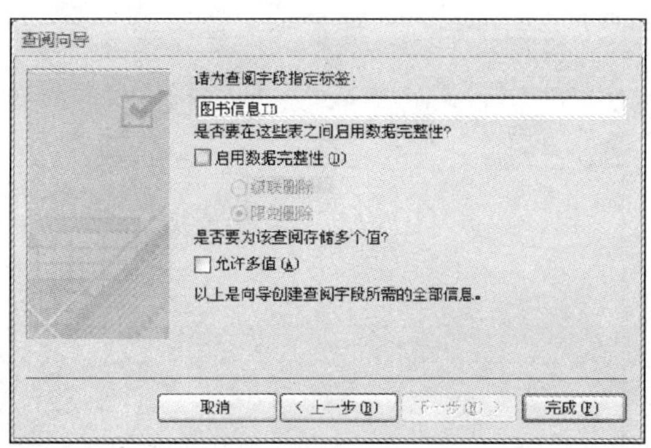

图 8.20　查阅向导对话框（6）

图 8.21　“另存为”对话框

（8）单击“确定”按钮，返回数据表视图，如图 8.22 所示。用户也可根据实际情况继续设计其他字段，字段设计完成后就可以输入记录（其中“图书信息 ID”字段设置为“查阅和关系”，其值可从组合框列表中选择），如图 8.23 所示。单击快速访问工具栏中的“保存”按钮，完成“Web_读者信息”表的设计。

图 8.22　数据表视图

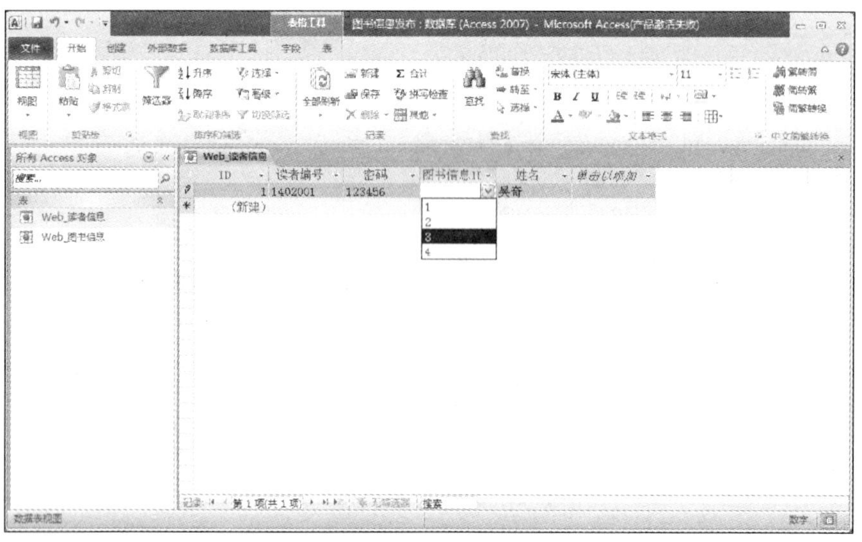

图 8.23　数据表视图

用户如果需要设计其他的 Web 表，可在功能区“创建”选项卡下“表格”组中，单击“表”按钮，在打开的数据表视图中进行设计。

8.3　创建 Web 查询

在 Web 数据库中只能使用选择查询，需要关联表时必须使用查阅字段（当数据源为多张表时，建立关联关系的字段之一必须为查阅字段，如 8.2 节中的例表“Web_图书信息”表中的“图书信息 ID”字段），且 Web 查询只有“数据表视图”和“设计视图”。在 Web 数据库中创建 Web 查询的过程基本上与第 4 章中所介绍的选择查询一致。

在如图 8.24 所示的数据库功能区“创建”选项卡下的“查询”组中，有“查询”和“客户端查询”两个命令按钮，其中通过“查询”按钮创建的查询才是真正的 Web 查询，而通过“客户端的查询”按钮创建的查询等同于本地数据库中的查询，这一点用户需特别注意。

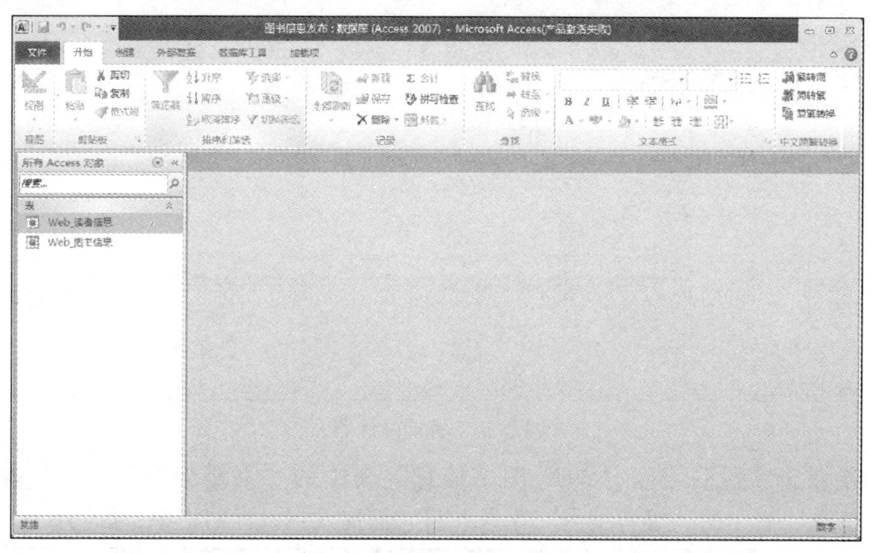

图 8.24 数据库窗口

下面以“Web_图书信息查询”为例说明 Web 查询的创建过程。

例 8.4：创建 Web 查询“Web_图书信息查询”

(1) 在如图 8.24 所示的功能区“创建”选项卡下“查询”组中，单击“查询”按钮，打开查询设计视图和“显示表”对话框，如图 8.25 所示。

图 8.25 “显示表”对话框

(2) 在“显示表”对话框中，依次双击“Web_图书信息”和“Web_读者信息”将它们加入到查询设计视图的字段列表区中，关闭“显示表”对话框，如图 8.26 所示。用户可以发现，在 8.3 节创建 Web 表的过程中并没有创建两张表间的关联关系，而在图中“Web_图书信息”和“Web_读者信息”两张表已通过“图书 ID”和“ID”字段建立了联系，其过程是系统自动完成的，这也反映了 Web 数据库中“查阅和关系”字段重要的智能作用。

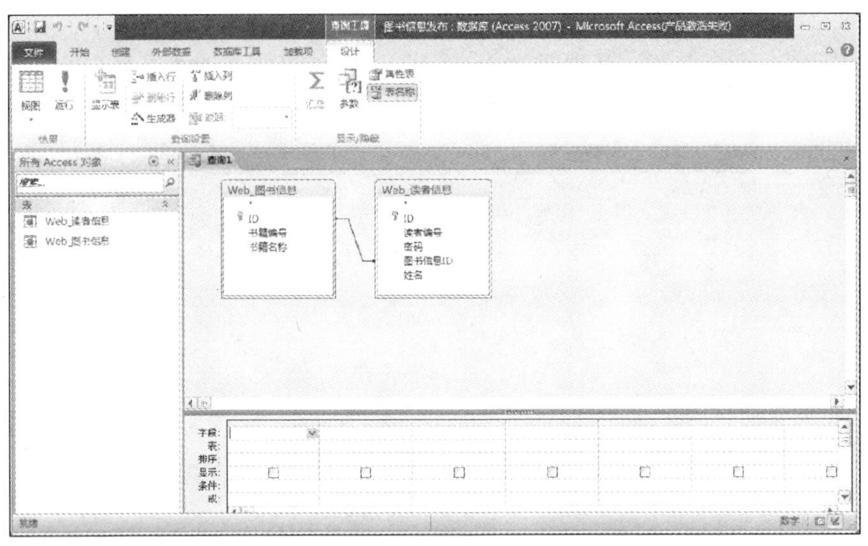

图 8.26 查询设计器

（3）依次双击字段列表区“Web_图书信息”表中的“书籍编号”、“书籍名称”和“Web_读者信息”表中的“读者编号”字段，将它们加入到设计网格中，如图 8.27 所示。

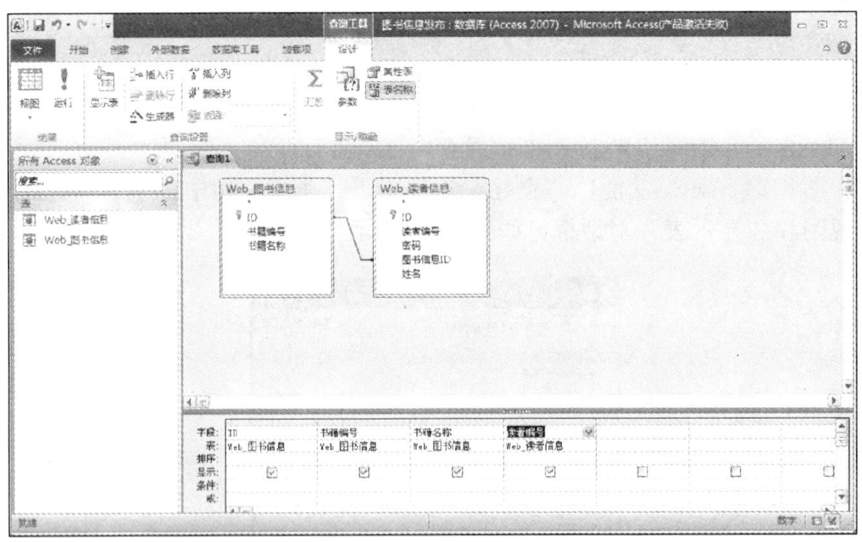

图 8.27 查询设计视图

（4）单击快速访问工具栏中的“保存”按钮，在“另存为”对话框中为新建 Web 查询命名为“Web_图书查询”，运行该查询后的结果如图 8.28 所示。

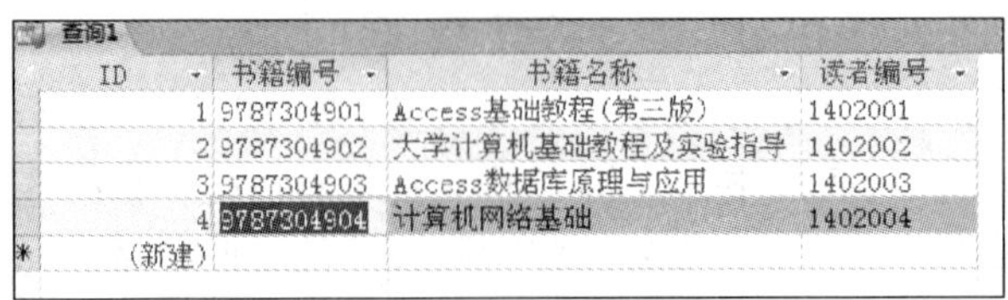

查询1

ID	书籍编号	书籍名称	读者编号
1	9787304901	Access基础教程(第三版)	1402001
2	9787304902	大学计算机基础教程及实验指导	1402002
3	9787304903	Access数据库原理与应用	1402003
4	9787304904	计算机网络基础	1402004
(新建)			

图 8.28 查询结果

8.4 创建 Web 窗体

在 Web 数据库中 Web 窗体有“窗体视图”、“布局视图”和“数据表视图”三种视图方式。其中，“布局视图”是用户创建和修改 Web 窗体设计的工具，而“数据表视图”类似于 Web 表的“数据表视图”，只有在使用“数据表”命令按钮创建的“数据表”式窗体中才能看到（而且只有这一种视图）。

在如图 8.29 所示的功能区“创建”选项卡下“窗体”组中，有“窗体”、“多个项目”、“空白窗体”、“数据表”、“导航”和“客户表单”按钮。其中“窗体”、“多个项目”和“空白窗体”和“导航”是用户设计 Web 窗体时的常用工具，而使用“客户表单”创建的窗体等同于本地数据库中的窗体。

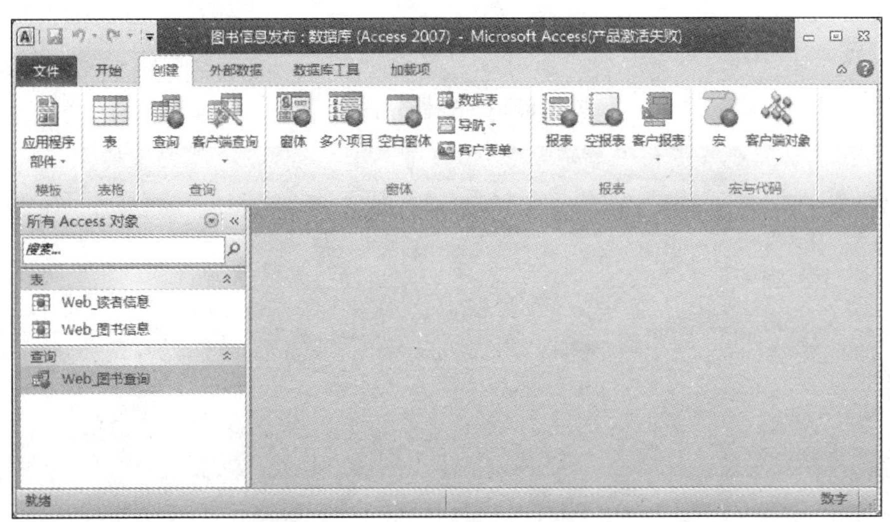

图 8.29 数据库窗口

下面以使用“窗体”按钮创建“Web_图书窗体”为例说明 Web 窗体的创建过程。

例 8.5：创建 Web 窗体“Web_图书窗体”。

（1）在图 8.29 中的“导航”窗格下“表”组中选中“Web_图书信息”。

（2）单击功能区“创建”选项卡下“窗体”组中的“窗体”按钮，打开窗体的布局视图，如图 8.30 所示。

（3）在布局视图中，用户可修改窗体设计，完成后单击快速访问工具栏中的“保存”按钮，在“另存为”对话框中为新建 Web 窗体命名为“Web_图书窗体”。

Web 数据库中通常都设计有“导航”窗体，以引导用户的操作，下面以创建“图书借阅发布导航”窗体为例说明其创建过程。

例 8.6：创建“图书借阅发布导航”窗体。

（1）在功能区“创建”选项卡下“窗体”组中，单击“导航”按钮，打开如图 8.31 所示的导航窗体布局视图。

图8.30 窗体布局视图

图8.31 导航窗体布局视图

(2) 单击布局视图中的“新增”按钮，将其标题改名为“Web_图书窗体”，以实现与“Web_学生窗体”的关联，如图8.32所示。

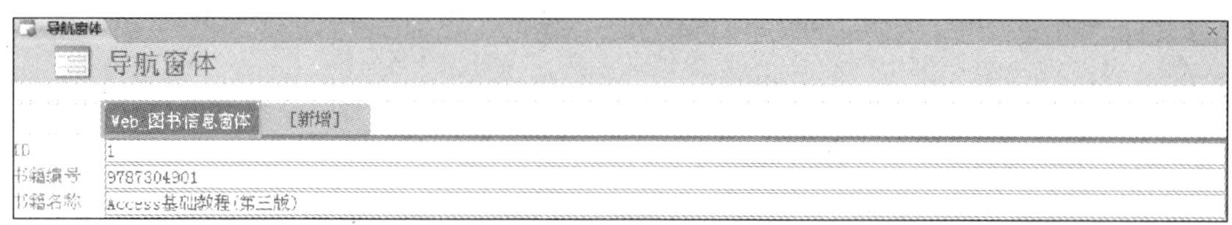

图8.32 导航窗体布局视图

(3) 采用步骤 (2) 同样的方法新增“Web_读者信息”按钮，如图 8.33 所示。

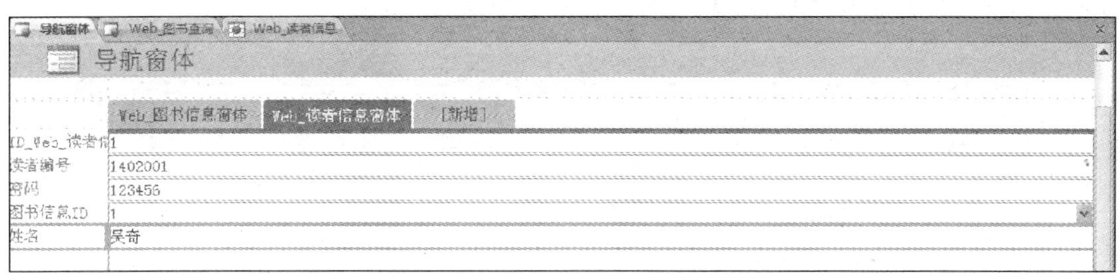

图 8.33　导航窗体布局视图

(4) 单击快速访问工具栏中的“保存”按钮，在“另存为”对话框中为窗体命名为“图书信息发布导航”，单击“确定”按钮。用户可以单击“Web_图书信息窗体”和“Web_读者信息窗体”在不同选项卡页间切换。

“导航”窗体通常都设置为 Web 数据库的首页（即默认窗体），用户可通过如下方法完成设置。

(1) 在功能区“文件”选项卡下单击“选项”按钮，打开“Access 选项”窗口，如图 8.34 所示。

图 8.34　Access 选项

(2) 在“Access 选项”窗口左侧窗格中，选择“当前数据库”，然后在右侧窗格中，将“Web 显示窗体”设置为“图书信息发布导航”，如图 8.35 所示。

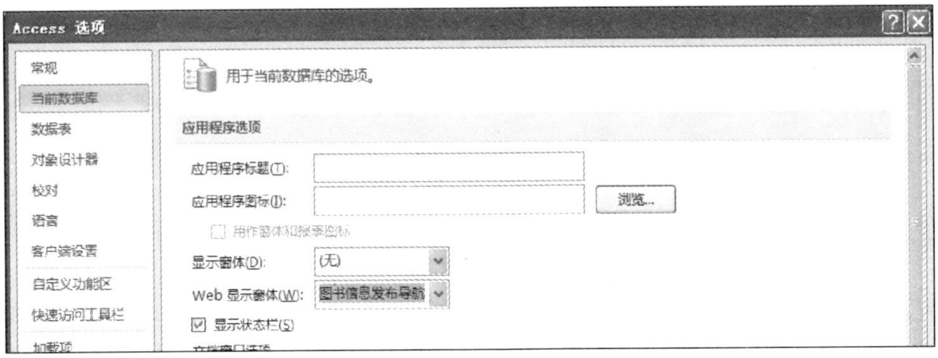

图 8.35　Access 选项

(3) 单击“确定”按钮，完成 Web 数据库启动设置。这样，当用户从服务器上访问该 Web 数据库时，将直接显示“图书信息发布导航”窗体。

在用户完成 Web 数据库的所有设计之后，可通过 8.1 节中介绍的内容进行兼容性检查及发布工作，本节不再重复介绍。

8.5　Web 数据库设计说明

尽管 Web 数据库的发布性能强大，但与本地数据库相比在设计过程中还是有一定差异的，本节仅就一些注意事项进行简要说明，提醒用户在使用时应注意的事项。

1. Web 表的数据类型

并非所有字段数据类型都与 Web 兼容，包含 220 个以上字段的表与 Web 不兼容 Web 表支持的字段数据类型如下所示：文本、数字、货币、是/否、日期/时间、计算字段、附件、超链接、备注和查阅向导。

2. 控件事件

Web 数据库并不支持所有窗体（报表）的控件事件，其支持的控件事件如下所示：AfterUpdate、OnApplyFilt、OnChange、OnClick、OnCurrent、OnDblClick、OnDirty 和 OnLoad。

3. 查阅字段数据库类型

包含查阅字段的表必须具有一个主键，并且该主键必须是 Long 数据类型。查阅的源字段和目标字段都必须是长整数。

并非所有列数据类型都与 Web 查阅兼容。查阅字段必须是下列受支持的数据类型之一：单行文本、日期/时间、数字和返回单行文本的计算字段。

4. 命名规则

属性值中使用的某些字符与 Web 不兼容。若要使对象或控件名称兼容，则它不得违反下列任一规则。

（1）名称不得包含句点（.）、感叹号（!）、一组方括号（[ ]）、前导空格或不可打印的字符（如回车）。

（2）名称不得包含以下字符：/ \ ：* ？“ ” < > | # <TAB> {} % ~ &。

（3）名称不得以等号（=）开头。

（4）名称的长度必须介于 1 ~ 64 个字符之间。

本章小结

本章介绍了 Access 2010 的新增功能——Web 数据库的创建及发布过程，包括：创建 Web 数据库、创建 Web 表、创建 Web 查询和创建 Web 窗体等内容。Web 数据库是 Access 2010 对外发布的工具，其性能远远超过老版本中的数据访问页，熟练地掌握这些知识有助于用户在 Internet 飞速发展的时代，更好地利用网络来完成数据库的远程管理和使用。

第9章 宏

前面章节介绍了Access数据库的4种基本对象：表、查询、窗体和报表。这4种对象都具有强大的数据处理功能，但它们各自独立工作。在Access中，通过宏可以将这些对象有机地整合起来，完成数据库的管理功能。宏也是数据库的一种重要对象，使用宏不需要记住各种语法，也不需要编程，只需掌握一些简单的宏操作，就可以自动地、迅速地完成特定工作。本章将介绍宏的使用。

引例：

用宏来建立系统菜单

一个应用系统在所需的表、查询、窗体、报表等对象建立完成后，还需要建立系统菜单来对全部操作对象进行组织和协调。如图9.1所示的系统就是“图书管理系统”的系统菜单。如图9.2所示的菜单是“借还管理”的子菜单。

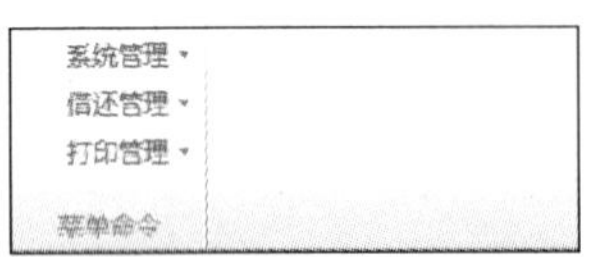

图9.1 “图书管理系统”的系统菜单

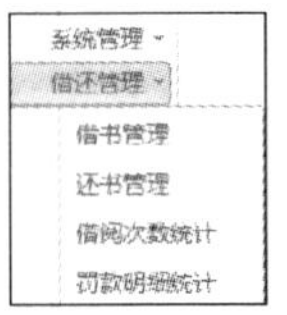

图9.2 “借还管理”的子菜单

在Access中，可以利用数据库中的“宏”对象来建立系统菜单。例如导航窗格中的宏名，如图9.3所示。图9.4所示的是名为“管理员菜单”的宏包含的宏操作。

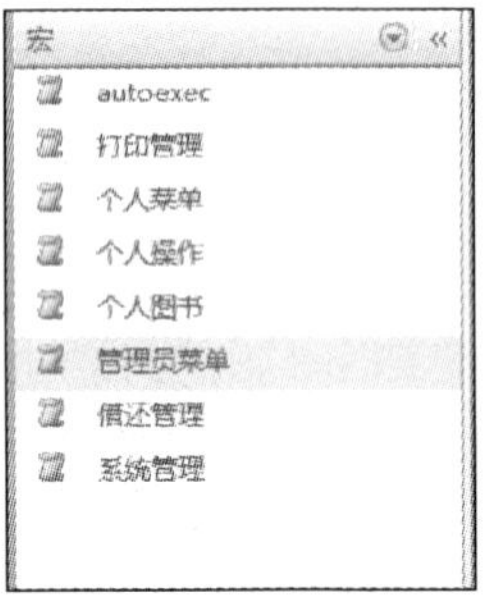

图9.3 “导航”窗格中的“宏”对象

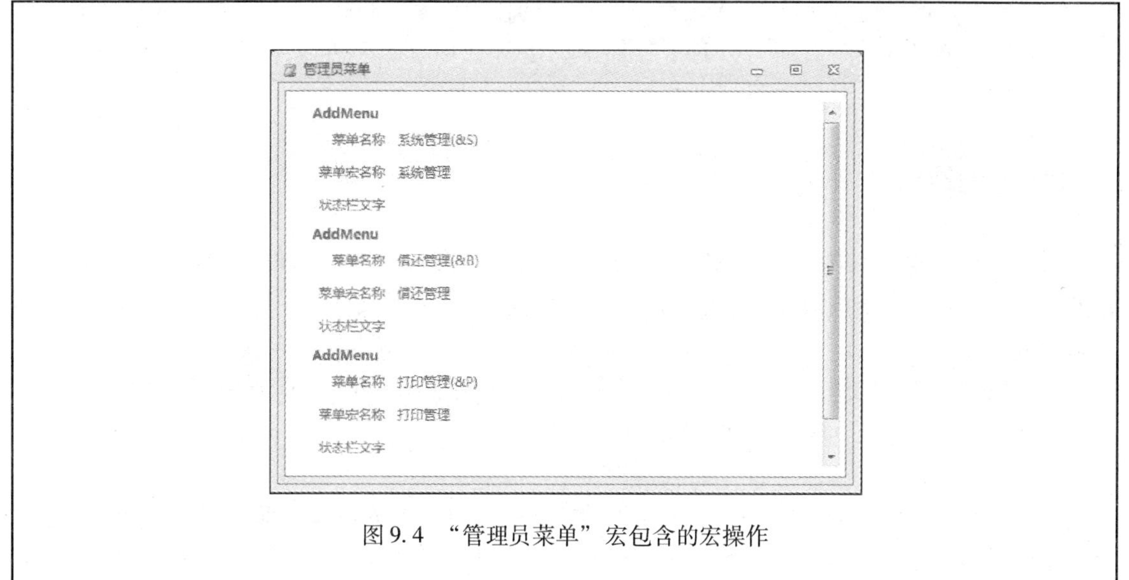

图 9.4 “管理员菜单”宏包含的宏操作

9.1 宏的概述

9.1.1 宏的基本概念

宏（Macro）是由一个或多个操作组成的集合，其中每个操作都实现特定的功能，如打开或关闭窗体、预览或打印报表等操作。每个宏操作（或称为宏命令）能够完成一个操作动作，这种能自动执行某种操作的命令称为“宏”。每个动作在运行宏时由前到后依次执行。通过宏的操作，能够有次序地自动执行一连串的操作。宏可以使某些普通的任务自动完成。例如，可设置某个宏，在用户单击某个命令按钮时运行该宏，以打印某个报表。

宏是 Access 数据库的一个对象，是实现 Access 应用开发方面的功能之一，在 Office 软件的其他组件中也有宏。宏的作用是将一些经常重复、繁琐的操作自动化。利用它可以增加对数据库中数据的操作能力。无需编程即可完成对数据库对象的一些操作。在使用宏时，只需给出操作的名称、条件和参数等就可以自动完成特定的操作。在 Access 数据库中，通过直接执行宏或者使用包含宏的界面，可以自动完成一些复杂的操作，无需编写程序，并且在创建宏时不需要记住各种语法，因为宏操作的参数都显示在宏的设计视图上。

Access 中提供了几十种宏操作命令，如打开窗体（OpenForm）。用户不需自己创建宏操作命令，只需直接使用，以实现自己所需要的功能。宏与菜单命令类似，但二者对数据库操作的时间不同、作用时的条件也不同。菜单命令一般用在数据库的设计过程中，而宏命令则被用在数据库的执行过程中，菜单命令必须由使用者实施，在前台显性操作，而宏操作隐藏在后台自动完成。

宏的操作也可以通过使用 VBA 编程来实现。选择使用宏还是用 VBA 编程，取决于需要完成的任务的复杂程度。一般而言，对于较简单的事件处理方法，可以采用设计相应的宏来实现，反之则使用 VBA。

9.1.2　宏的结构

Access 2010 对宏结构进行了重新设计，宏由操作、参数、组、条件、子宏、注释、等部分组成，这使得宏的结构与计算机程序设计结构十分相似。

1. 操作

操作是宏最基本的组成部分，用来指出宏的执行动作。在设计宏时，操作是最先需要设置的。Access 2010 提供了 60 多种的宏操作。

2. 参数

参数位于每个操作的下面，向操作提供具体的值。有的参数是必需设置的，有的可以不设置。操作不同需要设置的参数个数也不相同。如使计算机发出嘟嘟声的宏操作“Beep”就没有参数。

3. 条件（If）

在没有条件的情况下，Access 将对宏中包含的所有操作按顺序依次执行，如果指定对应宏操作的执行条件，则在执行宏操作之前先对该操作的条件进行判断，如果为真，则执行该操作，为假则该操作不执行并转去执行下一个操作。带有条件表达式的宏叫条件宏。

条件是计算结果等于真或假的任何表达式，表达式中包括算术、逻辑、常数、函数、控件、字段名以及属性的值。如果表达式计算结果为假，将不会执行此操作，如果表达式计算结果为非假的其他任何值，将运行该操作。条件是一个可选项。

4. 组（Group）

由于宏功能的增强，它的结构越来越复杂，包含的操作也越来越多。为了使宏的结构更加清晰、可读性更好，Access 2010 引入了组（Group）的概念，允许把宏的若干操作，根据操作目的的相关性进行分组。注意：这里的组和 Access 以前版本的宏组相比，无论是概念还是目的都完全不同。

5. 子宏（Submacro）

子宏是共同存储在一个宏名下的一组宏操作的集合，在一个宏中可以含有一个或多个子宏，每个子宏中又可以包含多个宏操作。子宏有单独的名称并可独立运行，子宏在 Access 以前的版本中被称为宏组。

6. 注释（Comment）

注释是用文字对宏的整体或宏的一部分进行说明，便于用户理解和维护，为宏添加注释是个好的做法，一个宏中可以有多条注释。注释是可选项。

9.1.3　宏的设计视图

在创建或打开一个宏的时候，会出现宏的设计视图，如图 9.5 所示。

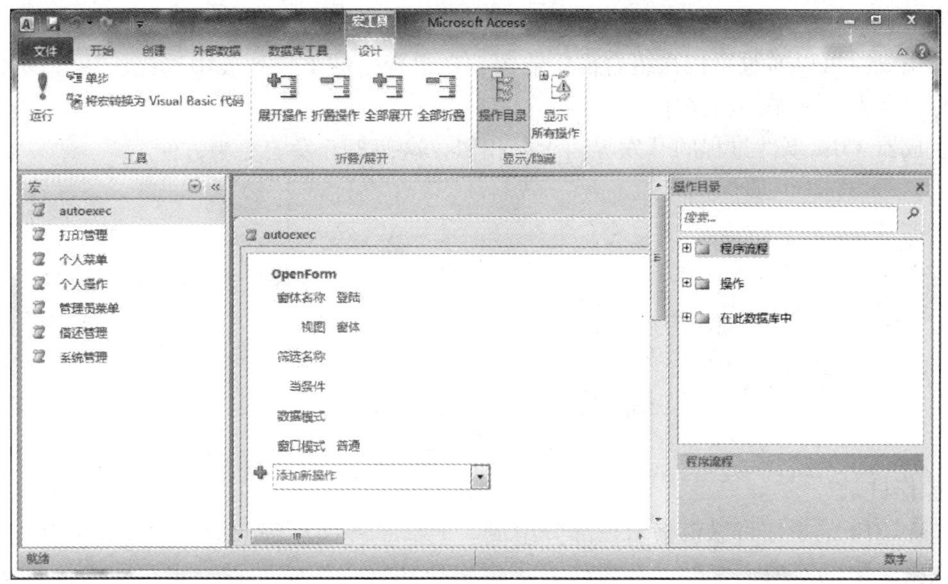

图 9.5 宏设计视图

宏设计视图由如下部分组成。

1. "宏工具设计" 选项卡

在 Access 的 "创建" 选项卡的 "宏与代码" 组中，单击 "宏" 按钮，打开 "宏工具/设计" 选项卡。该选项卡共有三个组，分别是 "工具"、"折叠/展开" 和 "显示/隐藏"，如图 9.6 所示。

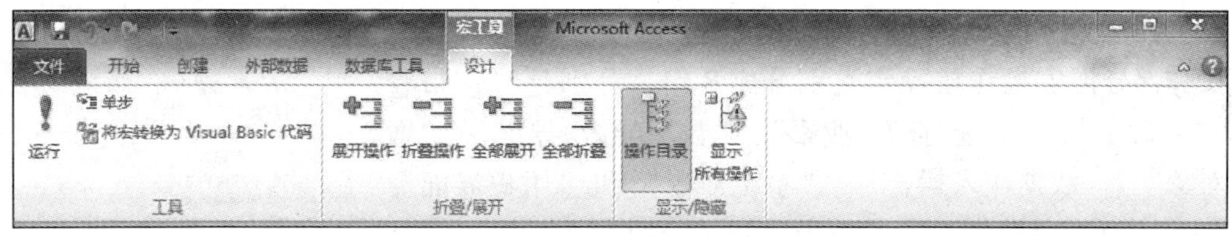

图 9.6 "宏工具设计" 选项卡

"工具" 组包括 "运行"、"调试宏" 以及 "将宏转换成 Visual Basic 代码" 三个按钮。

"折叠/展开" 组提供浏览宏代码的几种方式：展开操作、折叠操作、全部展开和全部折叠。展开操作可以详细地阅读每个操作的细节，包括每个参数的具体内容。折叠操作可以把宏操作收缩起来，不显示操作的参数，只显示操作名称。

"显示/隐藏" 组主要是对操作目录隐藏和显示。

2. 宏生成器

当进入 "宏设计" 选项卡后，在 Access 窗口的下部，分为三个窗格：左侧导航窗格显示宏对象，中间窗格是 "宏生成器"，右侧窗格是 "操作目录"，如图 9.5 所示。

通过宏生成器用户可以创建、编辑和管理宏操作。Access 2010 对宏生成器进行了改进，新的宏生成器使用智能感知，与以前的版本相比，能更加轻松快速地创建宏和减少错误。当创建一个宏后，在宏生成器中，出现一个组合框，组合框中显示添加新操作的占位符，如图9.7所示。宏生成器可以通过直接在组合框中输入、在组合框的下拉列表中选择、从“操作目录”窗格中拖曳等方式来添加新操作。

宏生成器VBA事件过程的开发界面十分相似，这使得开发宏更为方便。

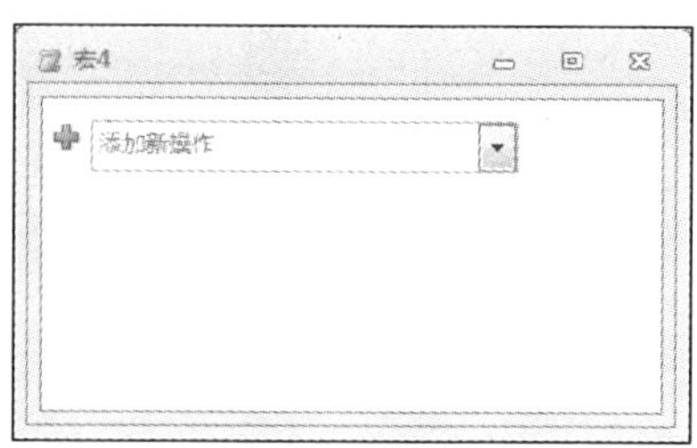

图9.7 宏生成器

3. 操作目录

Access 2010的操作目录窗格由三部分组成。上部是程序流程部分，中间是操作部分，下部是此数据库中的对象。此外，在操作目录窗格顶部有“搜索”框，当在框中输入文本时，将会在该窗格中搜索和筛选操作。如果选择了一个操作，则将在操作目录的底部显示该操作的帮助说明，如图9.8所示。

操作目录结构清晰，以这种方式管理宏命令，使得用户创建宏更为方便快捷。

(1) 程序流程

包括Comment（注释）、Group（组）、If（条件）和Submacro（子宏）。

(2) 操作

操作部分把宏操作按操作类别分成8组，分别是“窗口管理”、“宏命令”、“筛选/查询/搜索”、“数据导入/导出”、“数据库对象”、“数据输入操作”、“系统命令”和“用户界面命令”，一共有66个操作。当进一步展开每个组时，可以查看该组中包含的所有宏操作。

(3) 在此数据库中

“在此数据库中”列出了当前数据库中的所有宏，显示下一级列表“报表”、“窗体”和“宏”，进一步展开报列表，显示出在报表、窗体和宏中的事件过程或宏。如果表中包含数据宏，则显示中还会包含表对象。

“在此数据库中”可以方便用户重复使用已创建的宏和事件过程代码，从而提高工作效率。

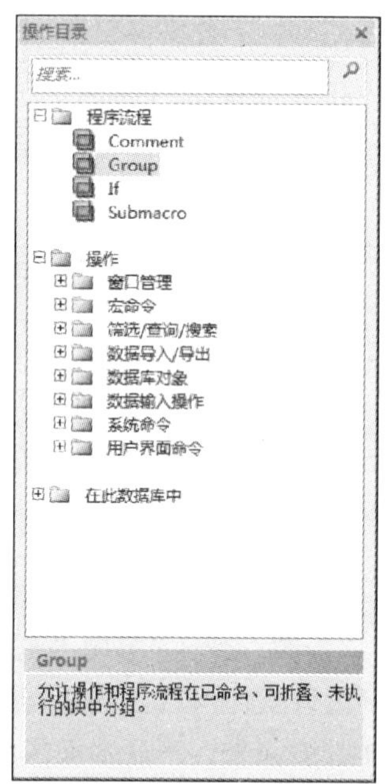

图9.8 操作目录

9.1.4 宏的常用操作

Access 2010为用户提供了66种宏操作。下面按用途分类介绍一些常用的宏操作，如

表9.1～表9.8所示。

表9.1 窗口管理

操作名称	功能说明
CloseWindow	关闭指定的窗口，如无指定则关闭当前活动的窗口
MaximizeWindow	最大化当前活动的窗口
MinimizeWindow	最小化当前活动的窗口
MoveAndSizeWindow	移动并调整激活窗口的大小
RestoreWindow	还原窗口

表9.2 宏命令

操作名称	功能说明
CancelEvent	取消之前由宏操作引发的一个事件
OnError	指定宏出现错误时的处理操作
RemoveAllTempVars	删除所有临时变量
RemoveTempVar	删除一个临时变量
RunCode	调用 Visual Basic 的函数过程
RunDataMacro	运行数据宏
RunMacro	运行指定的宏，该宏可以在宏中包含子宏
SetLocalVar	将本地变量设置为给定值
SetTempVar	将临时变量设置为给定值
StopAllMacros	终止当前所有宏的运行
StopMacros	停止当前正在运行的宏

表9.3 筛选/查询/搜索

操作名称	功能说明
ApplyFilter	对表、窗体或报表应用筛选、查询或 SQL WHERE 子句，以便限制或筛选记录
FindNextRecord	查找符合指定条件的下一条记录，通常与 FindRecord 搭配使用
FindRecord	查找符合指定条件的第一条记录
OpenQuery	打开或运行指定查询，可以为查询选择数据输入方式
Requery	对指定控件重新查询，刷新控件数据
RequeryRecord	刷新当前记录
ShowAllRecords	从当前活动的表、查询或窗体中删除所有应用的筛选。可显示表或结果集中的所有记录，或显示窗体的基本表或查询中的记录

表9.4 数据导入/导出

操作名称	功能说明
ExportWithFormating	将指定数据库对象中的数据输出为 . xls、. rtf、. txt、. htm 等格式文件

表9.5 数据库对象

操作名称	功能说明
GoToControl	把焦点移到打开的窗体、窗体数据表、表数据表、查询数据表中当前记录的特定字段或控件上
GoToPage	将焦点移到当前活动的窗体指定页的第一个控件上
GoToRecord	将指定记录作为当前记录
OpenForm	打开指定窗体，并通过选择窗体的数据输入与窗口方式来限制窗体所显示的记录
OpenReport	打开或打印指定报表，可限制需要在报表中打印的记录
OpenTable	打开指定表，可以选择表的数据输入方式
PrintObject	打印当前对象
SetProperty	设置控件属性

表9.6 数据输入操作

操作名称	功能说明
DeleteRecord	删除当前记录
SaveRecord	保存当前记录

表9.7 系统命令

操作名称	功能说明
Beep	使计算机的扬声器发出“嘟嘟”声
CloseDatabase	关闭当前数据库
QuitAccess	退出 Access

表9.8 用户界面命令

操作名称	功能说明
AddMenu	为窗体或报表添加自定义的菜单栏，菜单栏中的每个菜单都需要一个独立的 AddMenu 操作
MessageBox	显示含有警告或提示信息的消息框
SetMenuItem	用于设置活动窗口中自定义菜单栏中菜单项的状态

9.2　创　建　宏

9.2.1　创建独立宏

在 Access 2010 中，宏可以包含在宏对象（亦称为独立的宏）中，它们也可以嵌入在窗体、报表或控件的事件属性中。这里将先介绍独立宏的创建方法，用户可以创建宏来执行一系列特定的操作。

创建独立宏的方法是：打开一个数据库，在“创建”选项卡上的“宏与代码”组上单击“宏”按钮，在打开的宏生成器中，单击“添加新操作”下拉列表或操作目录中找到相应的操作并选择，根据宏操作的作用以及实际需要输入参数。

例 9.1：创建一个名为“简单独立宏”的宏，要求运行该宏时先运行一个已经建立好的窗体“登录”，然后将该窗体最大化。给该宏加上注释“这是一个宏的测试例子”。

操作步骤如下。

（1）打开一个数据库。

（2）在“创建”选项卡上的“宏与代码”组上单击“宏”按钮。

（3）在打开的宏生成器中，单击“添加新操作”下拉列表或操作目录中找到相应的操作并选择。这里先选择“Comment”后，在出现的框中输入注释语句“这是一个宏的测试例子”，再选择“OpenForm”操作，并在下半部的操作参数区设置相关参数，“窗体名称”框中选择“登录”，其他参数使用默认设置，最后选择“MaximizeWindow”操作对打开窗体进行最大化激活，参数设置默认，如图 9.9 所示。

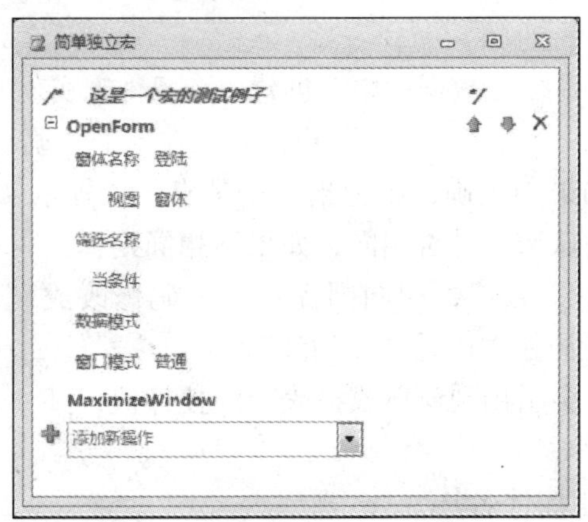

图 9.9　在“宏生成器”中的设置

（4）保存设计好的宏。单击快速访问工具栏中的“保存”按钮，在弹出“另存为”对话框中，在“宏名称”文本框中输入“简单独立宏”，单击“确定”按钮后，用户就可以在“导航”窗格中看到建立的宏了。

要想熟练地进行宏的创建，既要了解宏操作的具体含义（参考本书 9.1.4 节或按 F1 键获得帮助），又要掌握如何设置宏操作的参数，即告诉 Access 具体如何执行该操作。关于设置操作参数的一些提示如下。

（1）单击“添加新操作”下拉列表中的箭头，然后向下滚动找到操作。首先列出程序流程元素，然后按字母顺序列出宏操作。

（2）大部分宏操作都有具体的操作参数，其中某些参数是必需的，另外一些是可选的。

（3）可以在参数框中输入数值，也可以从列表中选择某个设置。

（4）假如操作中有调用数据库对象名的参数，则可以将对象从“导航”窗格中拖曳到参数框，从而设置参数及其对应的对象类型参数。

（5）可以用前面加等号的表达式来设置许多操作参数。

9.2.2 创建条件宏

在上一节中创建的宏是按顺序从第一个宏操作开始往下执行的。在某些情况下，一些操作需要按照给定的条件进行判断来决定是否执行，这时就要通过设置条件来控制宏的操作流程，通常可利用条件宏进行数据的有效性检查。

条件宏使用 If、Else If 和 Else 块，根据条件沿着不同的分支执行，条件是一个计算结果为 True 或 False 的逻辑表达式。类似于下一章将要介绍的 VBA 编程语言。

如果仅含有 If 块，当运行该宏时，如果 If 后的条件表达式为 True，则执行 Then 后面的操作，否则就不执行 Then 后的操作。

如果 If 中含有 Else 块，当运行该宏时，如果 If 后的条件表达式为 True，则执行 Then 后面的操作，否则就执行 Else 后的操作。

如果 If 中含有 Else If 块，当运行该宏时，如果 If 后的条件表达式为 True 便执行其 Then 后面的操作，否则当 Else If 后的表达式为 True，则执行其 Then 后面的操作。一个 If 块中可以含有多个 Else If 块。

例 9.2：在“图书管理系统”数据库中，创建一个条件宏实现密码修改的功能。具体要求是当运行如图 9.10 所示的“个人密码修改”窗体时，在单击“确认”命令按钮后，先检测输入的原始密码是否正确，如果不正确，则弹出一个消息框，提示“原密码不正确!”，如果正确，则继续检测新密码与确认密码是否相同，如果不相同则弹出一个消息框，提示“密码不一致!”，相同则提示“密码修改成功!”，并关闭该窗体。假设原始密码是“123456”。

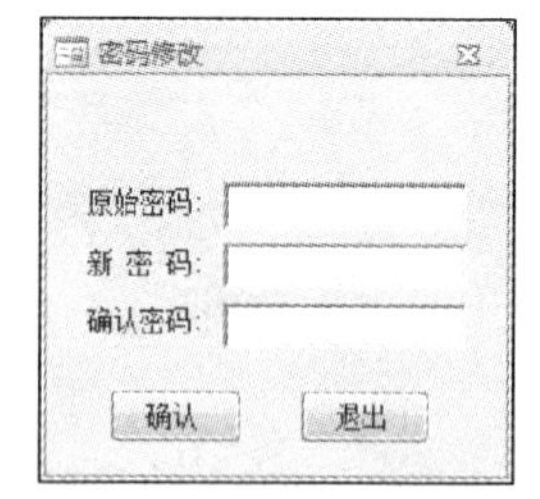

图 9.10 “个人密码修改”窗体

在输入条件表达式时，会引用到窗体或报表上的控件值，其语法结构如下。

[Forms]！[窗体名]！[控件名]

[Reports]！[报表名]！[控件名]

具体的操作步骤如下。

（1）新建一个宏，打开宏生成器。

（2）在“添加新操作”框的下拉列表中选择“If”，或将其从“操作目录”窗格拖动到宏窗格中。

(3) 单击条件表达式文本框右侧的按钮。打开“表达式生成器”对话框，在“表达式元素”窗格中，展开“图书管理系统/Forms/所有窗体”，双击“个人密码修改”窗体，在“表达式类别”窗格中，单击“txtYSMM”，“txtYSMM”是“个人密码修改”窗体中用来输入原始密码的文本框的名字，在表达式值中输入“ <>"123456"”，如图 9.11 所示。

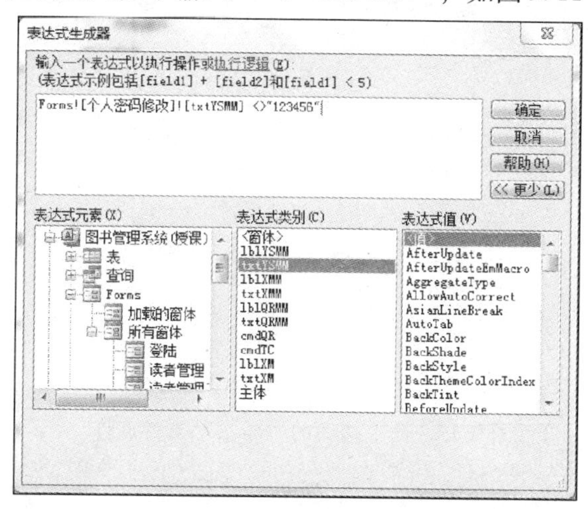

图 9.11　表达式生成器

(4) 在下一个“添加新操作”框的右边选择“MessageBox”，设置操作参数，消息为“原密码不正确!”。

(5) 在下一个“添加新操作”框的右边单击“添加 Else If”，就会出现一个 Else If 块并在其后设置条件表达式“[Forms]! [个人密码修改]! [txtXMM] < > [Forms]! [个人密码修改]! [txtQRMM]”，方法如 (3) 描述，其中“txtXMM”是“个人密码修改”窗体中用来输入新密码的文本框的名字，“txtQRMM”是“个人密码修改”窗体中用来输入确认密码的文本框的名字。

(6) 在下一个“添加新操作”框的右边选择“MessageBox”，设置操作参数，消息为“密码不一致!”。

(7) 在下一个“添加新操作”框的右边“添加 Else”，就会出现一个 Else 块。

(8) 继续在下一个“添加新操作”框的右边选择“MessageBox”，设置操作参数，消息为“密码修改成功!”。以上设置如图 9.12 所示。

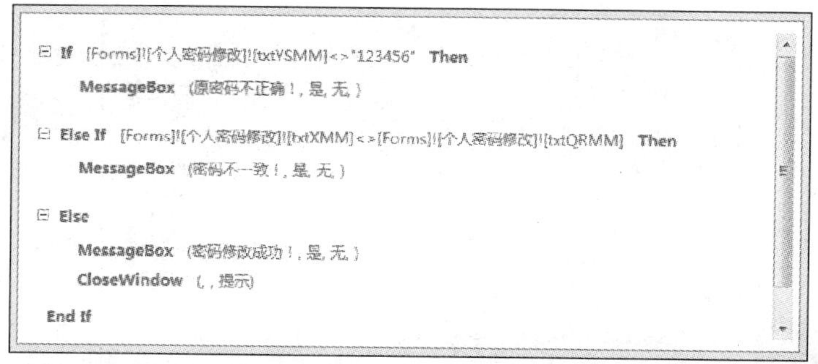

图 9.12　宏操作设置

(9) 以“条件宏例子”为名保存该宏。

(10) 以“设计”视图方式打开“个人密码修改”窗体，修改该窗体上的“确定”命令按钮的属性。在“确定”按钮的属性窗口中，单击“事件”选项卡，然后为“单击”事件选择要运行的宏名，这里选择“条件宏例子”，如图 9.13 所示。

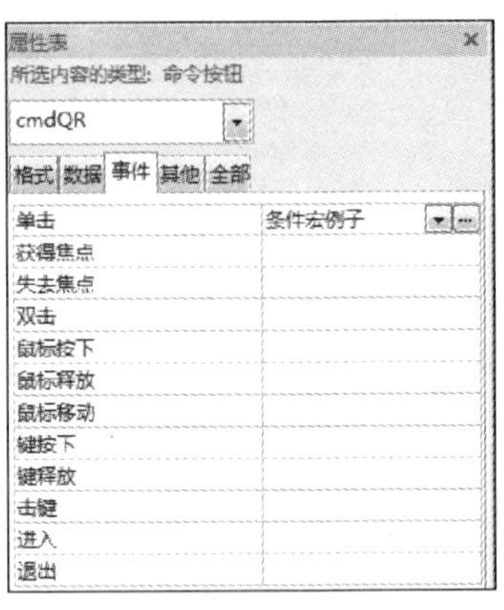

图 9.13　命令按钮的“单击”事件属性

(11) 运行“个人密码修改”窗体，观察效果。

9.2.3　创建子宏

在一个复杂的 Access 2010 数据库系统中，经常需要响应多种事件，甚至于一个复杂的数据库中很可能需要数百个宏协同工作。为了便于操作与管理，Access 2010 提供了一种方便的组织方法，即在一个宏中可以包含多个子宏，每个子宏又可以包含多个宏操作。

子宏是共同存储在一个宏名下的一组宏操作的集合，每个子宏拥有独立的名称，并分别调用。

例 9.3：创建一个如图 9.14 所示的宏，该宏名为“打印管理”，由宏名分别为“借书卡(正面)”、“借书卡（背面)”和“图书彩页”的 3 个子宏组成。其中，“借书卡（正面)”宏对应的操作是“OpenReport”，用于对“读者报表（正面)”报表进行打印预览，“借书卡（背面)”、“图书彩页”的设计方法也是如此，不再赘述。

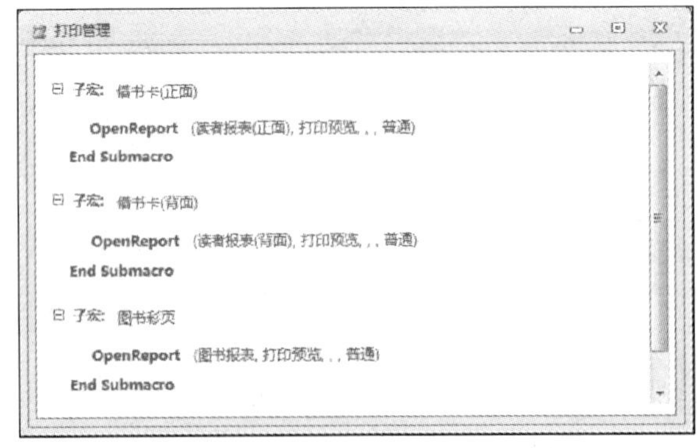

图 9.14　包含 3 个子宏的宏

具体操作步骤如下。

(1) 打开“图书管理系统”数据库，在“创建”选项的“宏与代码”组中，单击“宏”按钮，打开“宏生成器”。

(2) 在“添加新操作”框的下拉列表中，或“操作目录”窗格的“程序流程”中把“Submacro”添加进来，在子宏名称文本框中，默认名称为Sub1，把该名称修改为“借书卡(正面)”。在下一个“添加新操作”框中，选中“OpenReport”，查询名称设置为“读者报表(正面)”，视图设置为“打印预览”，这个操作就包含在第一个子宏里了。

(3) 继续添加第二和第三个子宏，方法同第一个子宏。

(4) 保存该宏，宏名为“打印管理”。

注意：

(1) 子宏必须始终是宏中最后的块；不能在子宏下添加任何操作（除非有更多子宏）。

(2) 创建子宏以后，如果需要调用子宏，可以使用如下的语法格式：宏名.子宏名。例如，要调用第三个子宏，需用“打印管理.图书彩页”。

(3) 如果调用时直接调用宏，而没有指定子宏，则只会执行第一个子宏。

9.2.4 创建嵌入宏

在Access 2010中，嵌入宏是存储在窗体、报表或其控件的事件属性中的宏。与独立宏不同的是，嵌入宏并不作为对象显示在“导航”窗格中。嵌入宏附着于窗体或报表，当对窗体或报表进行复制、导入或导出等操作时，嵌入宏也一并跟随。使用嵌入宏可以使数据库管理更加简单。

例9.4：在“图书管理系统”数据库中，事先已建好一个名为“登录”的窗体，该窗体包含一个“退出”命令按钮，如图9.15所示。对该命令按钮的单击事件创建嵌入宏，要求当窗体运行时，单击“退出”按钮，弹出一个消息框“真的要退出吗?”，如确认则关闭当前窗体，否则不做任何操作。

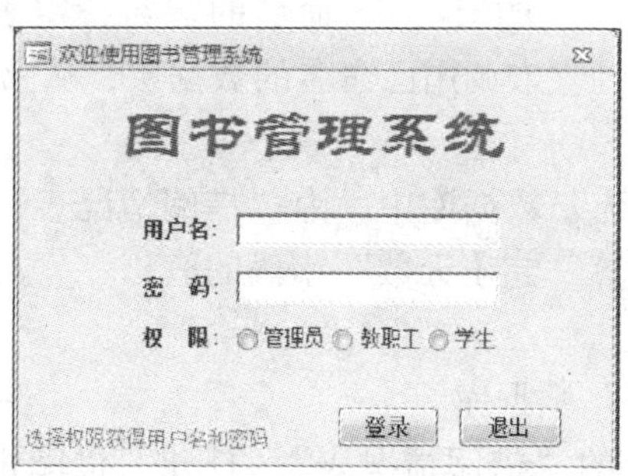

图9.15 “登录”的窗体

操作步骤如下。

(1) 打开“图书管理系统”数据库，打开“登录”窗体的设计视图。

(2) 打开“登录”窗体中包含的“退出”命令按钮的属性表，并单击“事件”选项卡中“单击”属性的“生成器”按钮。

(3) 在打开的“选择生成器”对话框中，选择“宏生成器”，并在打开的“宏生成器”中创建宏，如图9.16所示，创建方法同独立宏。

(4) 宏创建好后，回到窗体的属性表窗口，这时就可以看见“退出”命令按钮的“单击”事件属性显示为“[嵌入的宏]”，如图9.17所示。

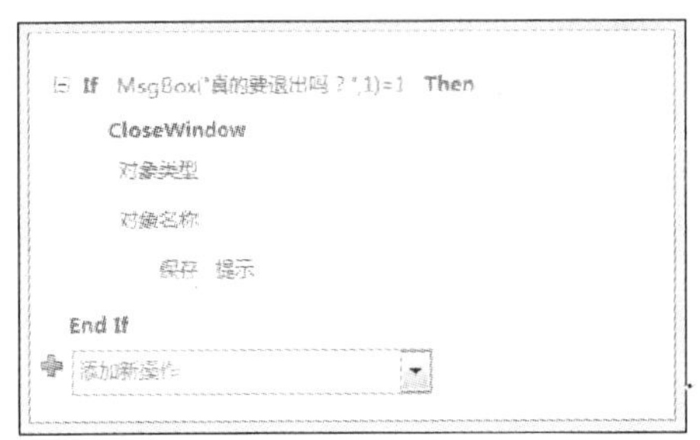

图9.16 宏操作设置

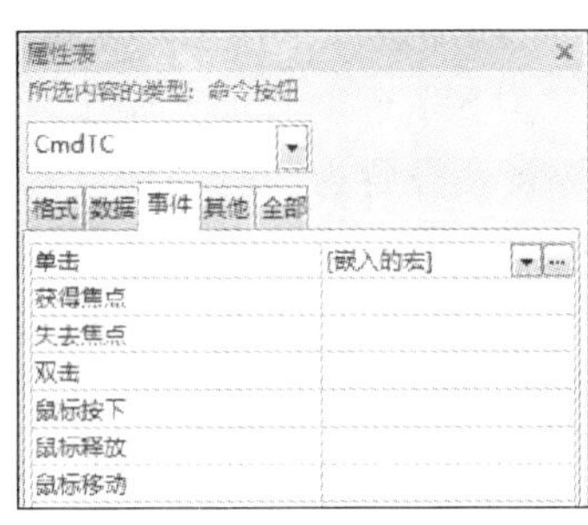

图9.17 嵌入宏

(5) 保存窗体。

9.2.5 创建数据宏

数据宏是Access 2010中新增的一项功能，可以在数据表的插入后、更新后、删除后、删除前、更改前事件中添加宏，数据宏会在发生这些事件时自动运行。

数据宏类似于Microsoft SQL Server中的“触发器”，当在数据表中输入的数据超出限定的范围时，数据宏则给出提示信息，因此数据宏可以用来验证和确保表数据的准确性。另外，数据宏可以实现插入记录、修改记录和删除记录，从而对数据进行更新，这种更新比使用查询更新的速度快很多。对于无法通过查询实现数据更新的Web数据库，数据宏尤其有用。

数据宏也不显示在导航窗格下，可以在数据表视图的表选项卡中编辑数据宏。

数据宏有两种主要的类型：一种是由5种表事件驱动的数据宏；另一种是为响应按名称调用而运行的数据宏，称为“已命名的宏”。已命名的宏与特定表有关，而不是与特定事件相关，可以从任何其他数据宏或独立宏调用已命名的数据宏，从另一个宏运行已命名的数据宏，用“RunDataMacro”操作。

例9.5：在“图书管理系统”数据库中，为“借阅情况表”的“更改前”事件创建数据宏，当对记录更新时，自动计算“超出天数”字段的值。

操作步骤如下。

(1) 打开“图书管理系统”数据库。

(2) 右击“导航”窗格上的“借阅情况表”，打开“借阅情况表”的设计视图，并在功能区上显示“表格工具”下的“设计”命令选项卡（或双击导航窗格中的“借阅情况表”，在“表”选项卡的“前期事件”组或“后期事件”组中，单击要向其中添加宏的事件）。

(3) 单击“表格工具”下的“设计”命令选项卡的“字段、记录和表格事件”组中的“创建数据宏”按钮，并在其弹出的下拉列表中选择“更改前”选项，如图9.18所示。

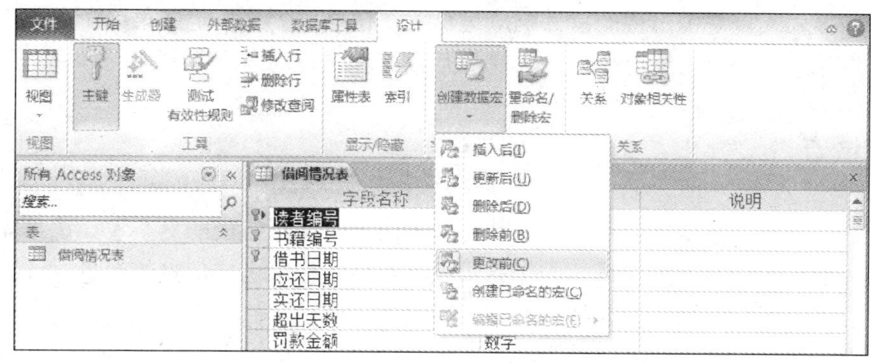

图 9.18 选择事件

（4）在打开的“借阅情况表”的“宏生成器”中，输入如图 9.19 所示的宏操作。

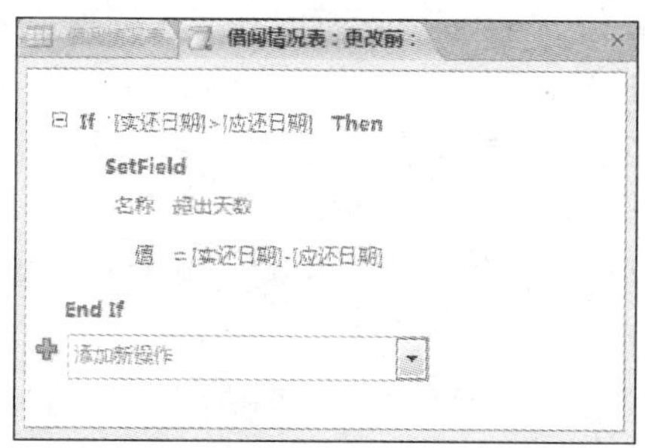

图 9.19 “更改前”数据宏

（5）保存并关闭数据宏。

（6）测试效果。在“借阅情况表”的数据表视图，将某条记录的“实还日期”改为“10－09－30”，自动计算出“超出天数”的值为“6”，如图 9.20 所示。

	读者编号	书籍编号	借书日期	应还日期	实还日期	超出天数	罚款金	单击以添加
	1402001	9787304903	13-07-26	13-09-24	13-09-29	10	0.00	
	1402001	9787304904	10-03-05	10-05-05		0	0.00	
	1402001	9787304906	10-03-05	10-05-05	10-05-22	17	0.00	
	1402001	9787304908	13-07-27	13-09-27	13-08-26	0	0.00	
	1402001	9787304909	10-07-27	10-09-27		0	0.00	
	1402002	9787304914	10-07-27	10-09-27		0	0.00	
	1402003	9787304913	13-07-27	13-09-27	13-09-30	3	0.00	
	1402004	9787304903	10-04-11	10-06-11	10-06-18	7	0.00	
	1402004	9787304909	10-04-11	10-06-11	10-06-01	0	0.00	
	1402005	9787304902	10-07-26	10-09-24	10-09-30	6	0.00	
	1402007	9787304907	10-07-26	10-09-24	10-07-14	0	0.00	
	5010007	9787304912	10-05-21	10-06-21	10-06-19	0	0.00	
	5010011	9787304904	10-05-13	10-07-13	13-07-02	0	0.00	
*						0	0.00	

图 9.20 数据表视图

9.3 调试和运行宏

在宏被创建好之后，开始使用宏之前，需要对它先进行调试，目的是保证宏运行与设计者的初衷一致。宏的运行方式有多种，可以直接运行宏，或者从其他宏或 VBA 中运行宏，也可以作为窗体、报表或控件中出现的事件响应运行宏，还可以创建自定义菜单命令或工具栏按钮来运行宏，将某个宏设定为组合键，或者在打开数据库时自动运行宏等。

9.3.1　调试宏

对宏进行调试是一项重要的工作，尤其是对于由多个操作组成的复杂宏，更是需要进行反复的调试。一般宏运行时，当执行的操作有错误时会显示相应出错信息的消息框，这时可以利用这些信息对宏进行调试修改。此外，Access 还提供了调试工具“单步执行”命令。

1. “单步”执行调试

“单步”执行一次只运行宏的一个操作，使用单步执行宏，可以观察宏的流程和每一个操作的结果，并找到导致错误或产生与预期结果不一致的原因，从而排除错误。对于独立宏可以直接在宏生成器中进行宏的调试，对于嵌入宏则要在嵌入的窗体或报表对象中进行调试。

“单步”执行的调试步骤如下。

(1) 打开某个数据库后，右击“导航”窗格上的宏对象列表中的某个宏名，在弹出快捷菜单中单击“设计视图”命令，显示宏设计视图。

(2) 单击“宏工具”下的设计命令选项卡的工具组中的“单步”按钮，使“单步”按钮处于选中的状态。

(3) 单击工具组中“运行”按钮，弹出“单步执行宏”的对话框。

(4) 若要执行“单步执行宏”对话框中所显示的操作，则单击“单步执行”按钮，若要停止宏的运行关闭单步执行宏对话框，则单击“停止所有宏”按钮，若要关闭单步执行宏对话框并继续执宏的未完成部分，则单击“继续”按钮，如图 9.21 所示。

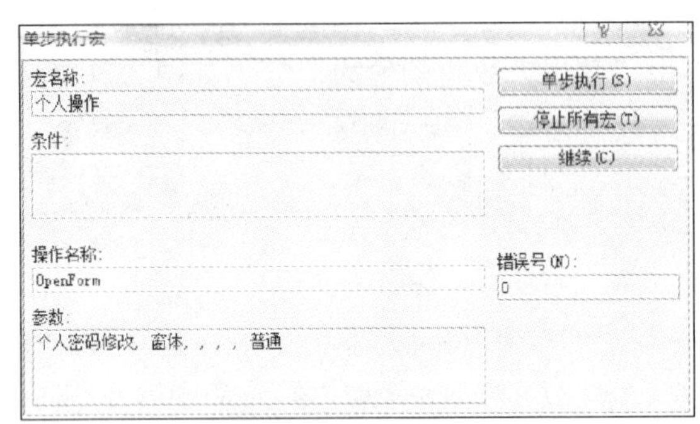

图 9.21　“单步执行宏”对话框

2. 数据宏的调试

对于数据宏，常见的宏调试工具“单步执行”命令和 MessageBox 宏操作等并不适用。如果在使用数据宏时出错，可以结合 OnError、RaiseError 和 LogEvent 宏操作来使用“应用程序日志表”帮助查找数据宏错误。

应用程序日志表是一种系统表（名为 USysApplicationLog），默认情况下，该表不显示在导航窗格中，使用以下步骤可以显示“应用程序日志表”。

(1) 单击“文件”打开 Microsoft Backstage 视图。

(2) 在“信息”选项卡上，单击“查看应用程序日志表”。

9.3.2 直接运行宏

一般来说，直接运行宏的目的是测试该宏是否正确无误，是否能完成预期的任务，因此直接运行宏主要用在 Access 应用程序的设计和调试阶段。

直接运行宏有如下几种方法。

1. 在“导航”窗格中，双击宏名，或右击宏名，在弹出快捷菜单上选择“运行”命令。

2. 在宏设计视图中，单击“宏工具”下的设计命令选项卡的工具组中的“运行”按钮。

3. 在“数据库工具”选项卡中的选择“运行宏”按钮，在打开的“执行宏”对话框中选择或输入相应的宏名。

9.3.3 通过触发窗体、报表或控件的事件运行宏

通常可以将宏附加到窗体、报表或控件的事件中，用以对事件做出响应。事件是发生在对象上的特定操作，是对象所能识别的动作，当此动作在某一对象上发生时，其对应的事件便会被触发。可以通过触发窗体、报表或控件上所发生的事件而运行宏。例如，打开窗体或报表、单击命令按钮、按任意键等。

在 Access 数据库中可以通过响应窗体、报表或控件上发生的事件来运行独立宏或嵌入宏，操作步骤如下。

(1) 在“导航”窗格中，以“设计视图”方式打开窗体或报表。

(2) 单击设计视图中的相应控件，在相应的属性对话框中选择“事件”选项卡的对应事件，然后在下拉列表框中选择当前数据库中的相应宏的宏名。

(3) 打开窗体或报表后，如果触发相应的事件，则会自动运行所设定的宏。

例 9.6：如图 9.22 所示的“个人操作界面”窗体上有一个“图书查询”按钮，当在窗体中单击“图书查询”按钮时，将打开“个人图书管理”窗体。

操作步骤如下。

(1) 建立一个名为“个人图书”的宏，执行操作“OpenForm”，如图 9.23 所示。

图 9.22 “个人操作界面”窗体

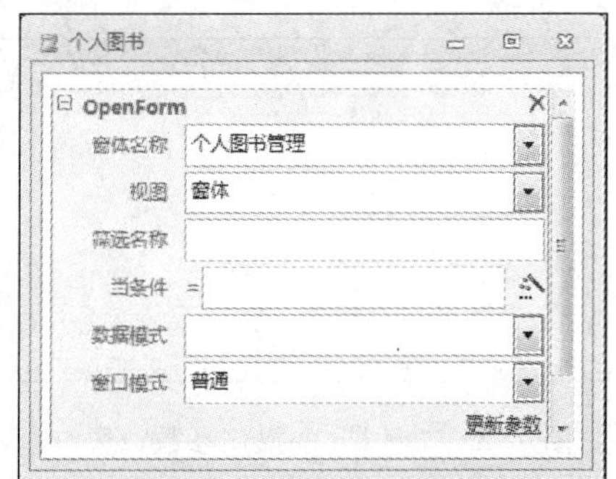

图 9.23 宏操作

（2）用设计视图打开“个人操作界面”窗体，如图9.24所示。

（3）右击“个人操作界面”窗体上的“图书查询”按钮，在出现的属性窗口中选择“事件”选项卡，在单击事件属性的下拉列表中选择宏“个人图书”，如图9.25所示。

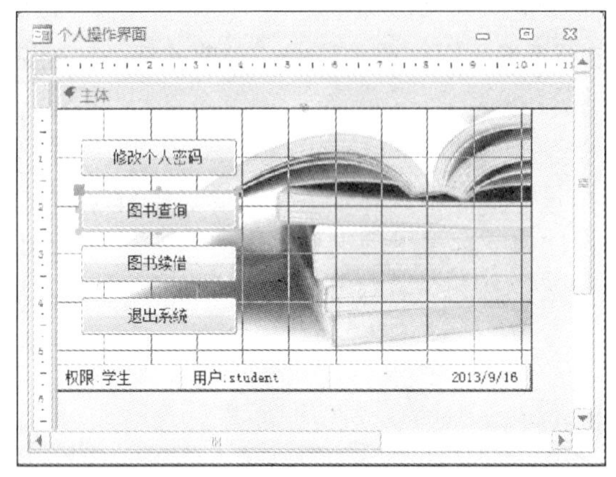

图9.24　“主界面”窗体的设计视图

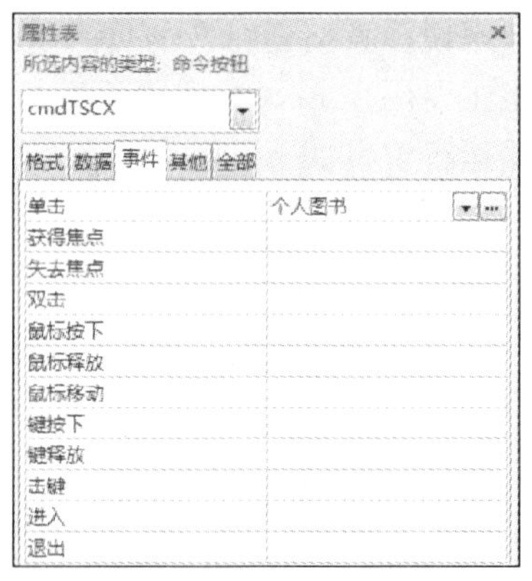

图9.25　命令按钮的“单击”事件属性

如此操作，就将“个人操作界面”窗体中的命令按钮的单击事件设置为运行一个宏，则当在窗体中单击此按钮时，将打开“个人图书管理”窗体。

9.3.4　从其他宏或VB程序中运行宏

如果要在一个宏中运行另一个宏，就要用到RunMacro操作，将另一个宏的宏名作为操作参数。

例9.7：创建两个宏，名字分别为“宏1”和“宏2”，在“宏1”中运行“宏2”，“宏2”包含一个打开“读者信息表”的操作，实现步骤如下。

（1）新建“宏1”，设置操作参数如图9.26所示。RunMacro操作的参数有三个：“宏名称”指出要运行的宏名；“重复次数”表示宏运行的最大次数，不填默认为1次；“重复表达式”表达式结果为真或假，如果为假，则宏停止运行。

（2）新建“宏2”，设置操作参数如图9.27所示。

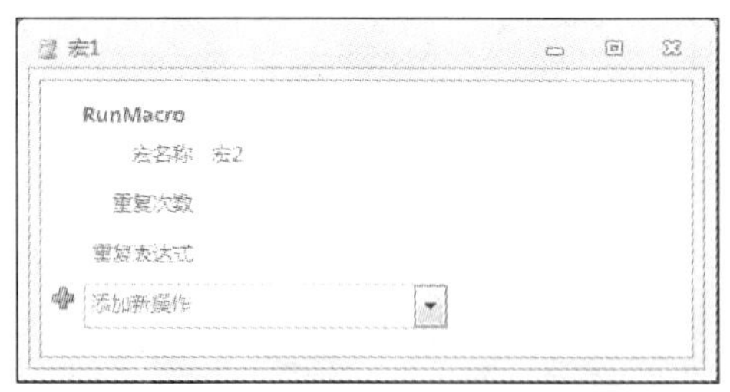

图9.26　“宏1”的操作参数设置

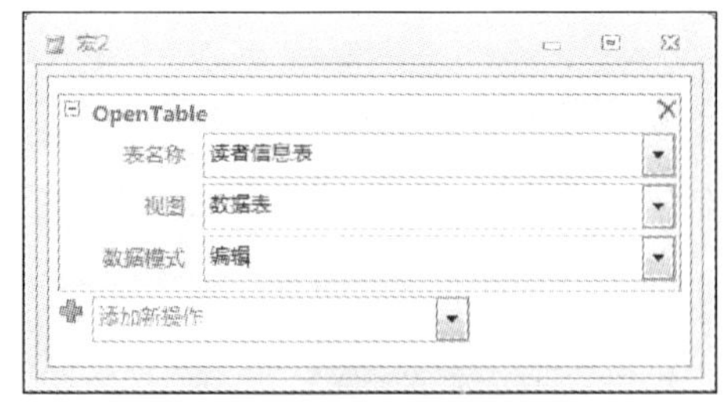

图9.27　“宏2”的操作参数设置

由此可见，如果要在一个宏中运行另一个宏，将RunMacro操作添加到此宏中，并且将“宏名称”参数设置为另一个宏的宏名即可。

在 VBA 中运行宏，则使用 DoCmd 对象中的 RunMacro 方法来运行宏。具体的做法是在过程中使用语句：DoCmd. RunMacro 宏名（详见下一章）。

9.3.5 在菜单或工具栏中运行宏

可以将宏添加到菜单或工具栏中，从而在菜单或工具栏中运行宏。实现的条件如下。

（1）需要先创建一个含有“AddMenu”操作的菜单栏宏。如图 9.28 所示，“管理员菜单”宏包含了 3 个“AddMenu”操作。

（2）需要设置一个窗体或报表的“菜单栏”（MenuBar）属性为菜单栏宏名称，或者一个窗体、报表或控件的“快捷菜单栏”（ShortcutMenuBar）属性为菜单栏宏名称。如图 9.29 所示，可以将某窗体的“菜单栏”属性值设置为“管理员菜单”。

图 9.28 菜单栏宏

图 9.29 “菜单栏”属性值设置

9.3.6 运行子宏

子宏的运行方式与宏的运行方式大致相同，可以直接运行，或者从其他宏或 VBA 中运行，也可以作为窗体、报表或控件中出现的事件响应运行。但需要注意的是，如果调用时直接引用包含子宏的宏名，将只运行宏中的第一个子宏。引用子宏的格式是：宏名.子宏名。

9.3.7 打开数据库时自动运行宏

如果需要在首次打开数据库时，能够自动执行一个或一系列操作，那就创建一个包含这些操作的宏，并把该宏的名字保存为“AutoExec”就可以了。这是因为每次打开一个 Access 数据库时，系统会自动查找该数据库内有没有名为 AutoExec 的宏，若有则执行该宏。如果要取消自动运行，在打开数据库时按住 Shift 键即可。

例 9.8：建立一个 AutoExec 宏，当打开数据库时出现一个“欢迎使用图书管理系统”消息框。

操作步骤如下。

（1）打开一个数据库，在“创建”选项卡上的“宏与代码”组上单击“宏”按钮。

（2）在打开的宏生成器中，单击“添加新操作”的组合框中输入“MessageBox”，在“消息”文本框中输入“欢迎使用图书管理系统”，如图9.30所示。

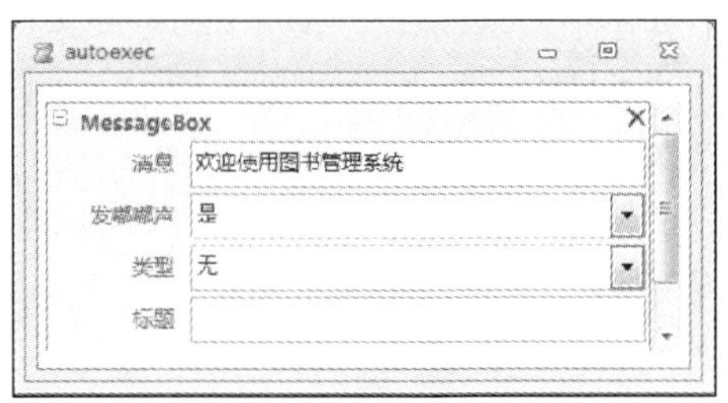

图9.30 AutoExec的宏窗口

（3）以AutoExec为宏名保存该宏，下一次打开数据库时，Access将首先自动运行该宏，弹出一个消息框。如图9.31所示。

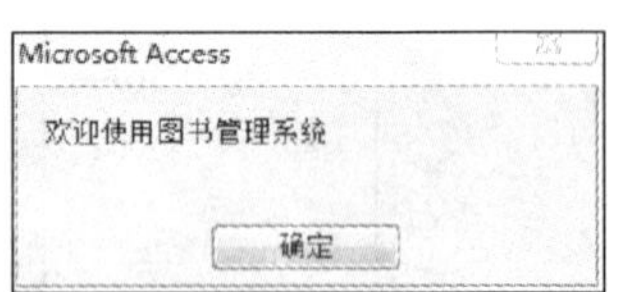

图9.31 自动运行宏

本章小结

本章主要介绍了宏的相关知识，包括宏、条件宏、子宏、嵌入宏和数据宏的相关概念，宏的创建与编辑的方法，宏的操作参数设置，常用的宏命令，以及使用宏的方法：直接运行宏或宏组、触发事件运行宏或子宏、用宏命令间接运行宏或子宏、打开数据库自动运行的宏AutoExec。

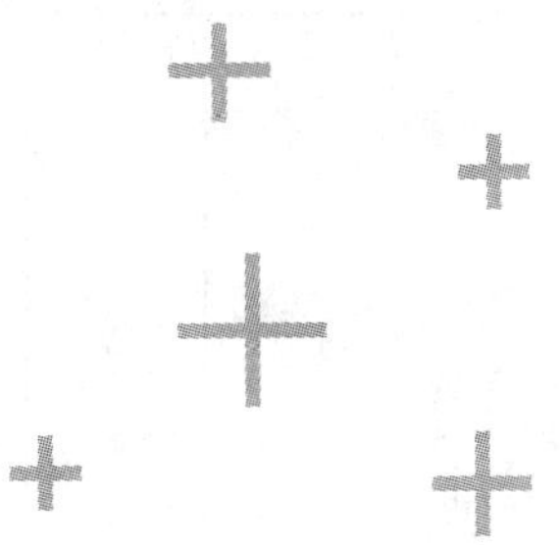

第 10 章　模块与 VBA 程序设计

通过上一个章节的学习可以知道，宏对象能很方便地完成一些简单的操作，如打开一个窗体、打开一个报表、输出一个消息框等。但对于自定义函数、带有循环判断的程序处理、数据库的事务处理等这些复杂问题，在实际开发中还需要用到模块对象来解决，而这些模块的功能则是使用 Access 自带的语言 VBA（Visual Basic for Applications）编写程序来实现的。

引例：

编写代码实现 “班级信息维护” 功能

使用“模块”对象，能够编写代码完成一些较为复杂的功能。如图 10.1 所示的是窗体“图书管理”的运行界面，在如图 10.2 所示的 VBA 编程环境中可以为窗体编写代码。

图 10.1 “图书管理”窗体

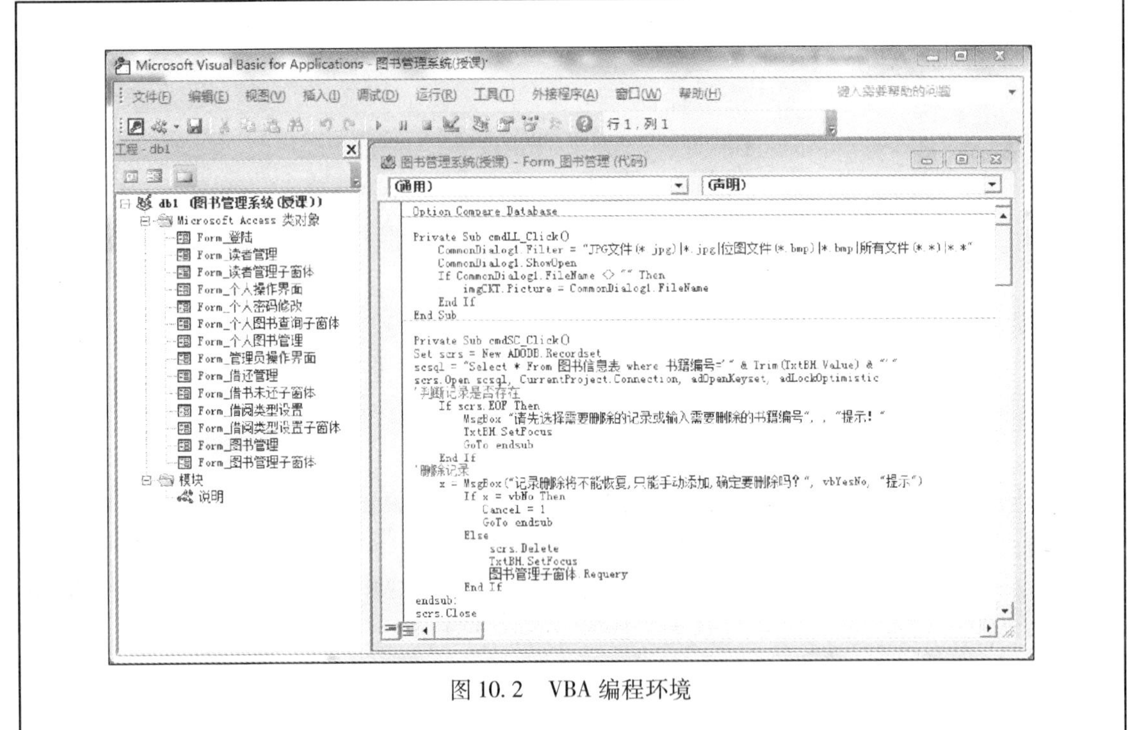

图 10.2　VBA 编程环境

10.1　模　　块

10.1.1　模块概述

模块是 Access 数据库的对象之一。模块由一个模块声明与若干个过程组成一个单元进行保存的。模块中的每一个过程既可以是函数过程（Function），也可以是子过程（Sub）。Access模块分为类模块和标准模块两种类型。

1. 标准模块

标准模块包含通用过程和常用过程。这些通用过程不与 Access 数据库文件中的任何对象相关联，常用过程可以在数据库中的任何位置运行。可以在数据库中的任何其他对象中引用标准模块中的公共变量和公共过程。

标准模块的创建方法是：在“创建”选项卡的“宏与代码”组中，单击“模块”按钮进入标准模块的设计和编辑窗口。

标准模块中公共变量和公共过程的作用范围在整个应用程序里，生命周期则是伴随着应用程序的运行而开始，关闭而结束。

2. 类模块

类模块是包含类的定义的模块，包含其属性和方法的定义。窗体和报表模块都是类模块，而且它们各自与某一窗体或报表相关联。类模块也可以脱离窗体和报表单独存在。窗体和报表模块通常都含有事件过程，该过程用于响应窗体或报表中的事件。可以使用事件过程来控制窗体或报表的行为，以及它们对用户操作的响应，例如，用鼠标单击某个命令按钮。

在窗体和报表的设计视图中，单击“窗体设计工具”选项卡中“工具”组的“查看代码”按钮或者创建窗体和报表的事件过程可以进入类模块的设计和编辑窗口。

窗体和报表模块具有局部特性，其作用范围局限在所属窗体和报表内部，而生命周期则是伴随着窗体和报表的打开而开始，关闭而结束。

模块内的过程一般可以被其他模块访问，可以在定义过程时加上 Private 关键字将过程局限在模块内部，当然，也可在声明过程时加上 Public 关键字，使它在全局范围内有效。窗体或报表模块中的过程可以调用标准模块中的过程。

10.1.2 宏和模块

在 Access 系统中，宏的每个基本操作在 VBA 中都有相应的等效语句，可以将设计好的宏对象转换为模块代码的形式，这些模块代码能执行与宏相同的操作，并且可以加速宏操作的执行速度。

将宏转换为 VBA 模块代码的方法是：在要转换的宏的设计视图中，单击“宏工具”下的“设计”选项卡的“工具”组中的“将宏转换为 Visual Basic 代码”按钮，弹出“转换宏”对话框，在如图 10.3 所示的对话框中选择“转换”按钮后，Access 就自动将这个宏转换为模块了。另外，也可以在窗体或报表的设计视图下，单击“窗体/报表的设计工具”选项卡中的“将窗体/报表的宏转换为 Visual Basic 代码”按钮实现这种转换。

图 10.3　宏转换为模块

使用 DoCmd 对象可以实现在模块的过程中运行宏操作。其调用格式如下。

DoCmd. 方法［参数］

说明：DoCmd 对象允许执行各种 Access 命令。这些命令在宏中使用时称为操作（具体见第 9.1.4 小节），在模块代码中执行时称为 DoCmd 对象的方法。

例如：

```
DoCmd.OpenForm "借还管理"          '打开一个名为“借还管理”窗体
DoCmd.CloseWindow                  '关闭当前窗口
DoCmd.RunMacro"个人操作"           '运行一个名为“个人操作”的宏
```

10.2 面向对象的程序设计基础

10.2.1 面向对象的基本概念

VBA（Visual Basic for Applications）是 VB 的子集，是一种面向对象的程序设计语言，面

向对象的程序设计语言的关键组成要素是对象，正确理解和掌握对象的概念，是学习 VBA 程序设计的基础，下面将从使用的角度简述对象的有关概念。

1. 对象和类

对象是面向对象程序设计方法中最基本的概念，它是现实世界中无处不在的。各种各样的实体，它可以是具体的，也可以是抽象的，如一个人、一个气球、一台电视等都是对象。Access中的表、查询、窗体、报表、页、宏和模块都是数据库的对象，而窗体和报表中的控件也是对象。此外 Access 还提供了一个重要的对象 DoCmd，它的主要功能是通过包含在内部的方法来实现 VBA 编程中对 Access 的操作，如打开窗体、打开报表、设置控件值、关闭窗口等。

每个对象都有自己的特征、行为和发生在该对象上的一切活动。如一个气球，该对象有颜色、材质、大小等特征，具有上升、下降、爆炸等行为，以及外界作用在该对象上的各种活动，如被打气、被放气、被刺破等。在面向对象程序设计中把对象的特征称为属性，对象自身的行为称为方法，外界作用在对象上的活动称为事件，每个对象具有属性、方法和事件，这就是构成对象的三要素。

具有相似性质、执行相同操作的对象称为同一类对象。所以类是同一种对象的集合与抽象。如“人”是一个类，每个具体的人是一个对象。Access 中的表、查询、窗体、报表、页、宏和模块对象也是类，称为对象类。在窗体或报表设计视图窗口中，工具箱中的每个控件就是一个类，称为控件类，而在窗体或报表中创建的具体控件则是这个类的对象。如图 10.4 所示，“确认”和“取消”是命令按钮类的两个对象。因此类可看做是对象的模板，每个对象由类来定义。

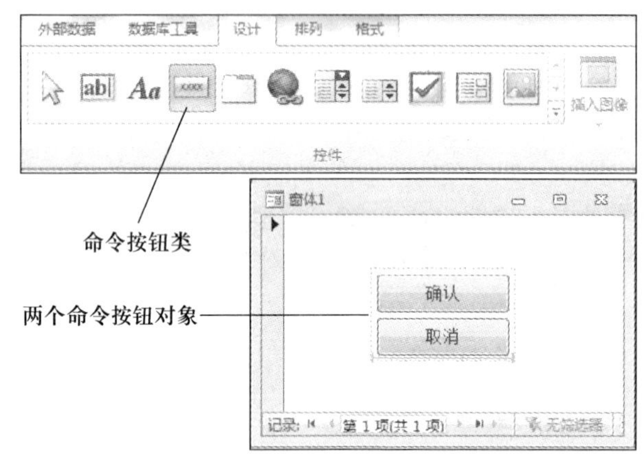

图 10.4 命令按钮类及两个对象

2. 属性和方法

对象的属性用来描述对象的静态特征。如窗体的 Name（名称）属性、Caption（标题）属性等。不同的属性值就决定了这个对象不同于其他对象。不同类的对象具有各自不同的属性，但有些属性是很多对象共有的，如 Name（名称）属性。

对象的方法用来描述对象的动态特征，即附属于对象自身的行为和动作。如窗体有Refresh 方法，Debug 对象有 Print 方法等。

引用对象的属性或方法时应该在属性名或方法名前加对象名，并用对象引用符“.”连接，即对象.属性或对象.方法。

例如：DoCmd.OpenReport"图书报表"，是指利用 DoCmd 对象的 OpenReport 方法打开报表“图书报表”。

3. 事件和事件过程

事件是外界作用在对象上的，可以为对象所识别和响应的动作。事件通常是由系统预定好了的操作。例如，单击、双击、按键、获得焦点、失去焦点等。同一事件，作用于不同的对象，会产生得到不同的响应。比如同样是单击事件，作用在“确定”按钮和“取消”按钮，可以产生不同的反应。

当在对象上发生了事件后，应用程序就要处理这个事件，而处理的步骤就是事件过程。也就是说，事件过程是对象在识别了所发生的事件后执行的程序。

事件过程的形式如下。

```
Sub 对象_事件([参数列表])
    事件过程代码
End Sub
```

例 10.1：下面的事件过程描述了单击按钮之后所发生的一系列动作。

```
Private Sub Command1_Click()
    Me!Label1.Caption = "Hello!"
    Me!Text1 = ""
End Sub
```

Access 的主要对象事件如表 10.1 所示。

表 10.1 Access 的主要对象事件

对象	事件	说明
窗体	Load	窗体加载时发生的事件
	UnLoad	窗体卸载时发生的事件
	Open	窗体打开时发生的事件
	Close	窗体关闭时发生的事件
	Click	窗体单击时发生的事件
	Dblclick	窗体双击时发生的事件
	MouseDown	在窗体上按下鼠标时发生的事件
	KeyPress	在窗体上键盘按键时发生的事件
	KeyDown	在窗体上键盘按下键时发生的事件
报表	Open	报表打开时发生的事件
	Close	报表关闭时发生的事件

续表

对　象	事　件	说　明
命令按钮	Click	命令按钮单击时发生的事件
	DblClick	命令按钮双击时发生的事件
	Enter	命令按钮获得焦点之前发生的事件
	GetFoucs	命令按钮获得焦点时发生的事件
	MouseDown	在命令按钮上鼠标按下时发生的事件
	KeyPress	在命令按钮上键盘按键时发生的事件
	KeyDown	在命令按钮上键盘按下键时发生的事件
标签	Click	标签单击时发生的事件
	DblClick	标签双击时发生的事件
	MouseDown	在标签上鼠标按下时发生的事件
文本框	BeforeUpdata	文本框内容更新前发生的事件
	AfterUpdata	文本框更新后发生的事件
	Enter	文本框获得焦点前发生的事件
	GetFocus	文本框获得焦点时发生的事件
	LostFoucs	文本框失去焦点时发生的事件
	Change	文本框内容更新时发生的事件
	KeyPress	在文本框内键盘按键时发生的事件
	MouseDown	在文本框内鼠标按下时发生的事件
组合框	BeforeUpdate	组合框内容更新前发生的事件
	AfterUpdate	组合框内容更新后发生的事件
	Enter	组合框获得焦点之前发生的事件
	GetFocus	组合框获得焦点时发生的事件
	LostFoucs	组合框失去焦点时发生的事件
	Click	组合框单击时发生的事件
	DblClick	组合框双击时发生的事件
	KeyPress	组合框内键盘按键时发生的事件
选项组	BeforeUpdate	选项组内容更新前发生的事件
	AfterUpdate	选项组内容更新后发生的事件
	Enter	选项组获得焦点前发生的事件
	Click	选项组单击时发生的事件
	DblClick	选项组双击时发生的事件

续表

对　象	事　件	说　明
单选按钮	Enter	单选按钮内键盘按键时发生的事件
	Click	单选按钮获得焦点时发生的事件
	DblClick	单选按钮失去焦点时发生的事件
复选框	BeforeUpdate	复选框更新前发生的事件
	AfterUpdate	复选框更新后发生的事件
	Enter	复选框获得焦点之前发生的事件
	Click	复选框单击时发生的事件
	DblClick	复选框双击时发生的事件
	GetFocus	复选框获得焦点时发生的事件

除事件过程外，Access 系统还可以使用宏对象设置事件属性的方法，来处理窗体、报表或控件的事件响应。

10.2.2　VBE 编程环境

VBE（Visual Basic Editor）是 VBA 程序的开发环境。实际上，它就是开发 VBA 程序相应的“设计器”。它是集应用程序的设计、编辑、运行、调试等多种功能于一体的环境。

1. 进入 VBE 编程环境

Access 模块有类模块和标准模块两种类型。它们进入 VBE 环境的方法有所不同。

对于类模块，可以直接定位到窗体或报表，然后单击工具栏上的“窗体设计工具”选项卡中的“查看代码”按钮进入，或定位到窗体、报表和控件上通过指定对象事件处理过程进入。其方法有如下两种。

（1）右击控件对象，单击快捷菜单上的“事件生成器”命令，打开“事件生成器”对话框，选择其中的“代码生成器”，单击“确定”按钮即可进入。

（2）单击属性窗口的“事件”选项卡，选中某个事件直接单击属性右侧的“…”按钮，打开“事件生成器”对话框，选择其中的“代码生成器”，单击“确定”按钮即可进入。

对于标准模块，可以用以下方法进入。

（1）对于已存在的标准模块，只需在“导航”窗格列表上找到要查看的模块对象，双击它即可进入。

（2）要创建新的标准模块，需要单击“创建”选项卡中的“宏与代码”组的“模块”按钮即可进入，或者单击“数据库工具”选项卡中的“宏”组的“Visual Basic”按钮即可进入。

2. VBE 的窗口组成

VBE 是编辑 VBA 代码时使用的界面。VBE 窗口主要由主窗口、工程资源管理、属性窗口、代码窗口等组成，如图 10.5 所示。

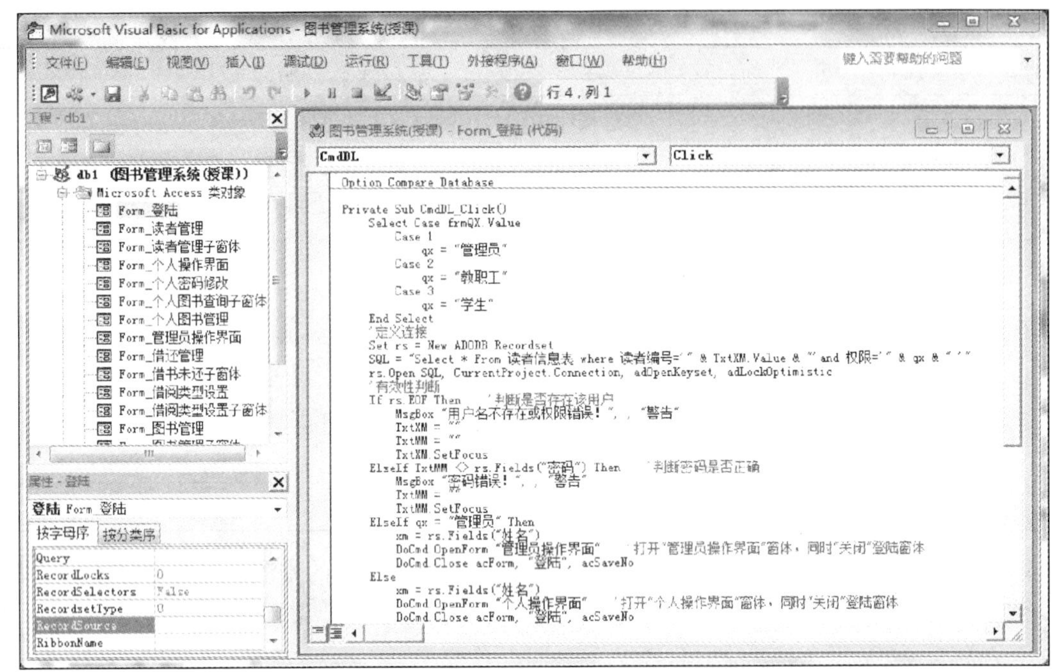

图 10.5　VBE 窗口组成

(1) 主窗口

主窗口由标题栏、菜单栏和工具栏等组成。其中标准工具栏可以迅速地访问常用的菜单命令，如图 10.6 所示。

图 10.6　标准工具栏

Access 标准工具栏中的常用按钮及功能如表 10.2 所示。

表 10.2　标准工具栏中的常用按钮

按 钮 图 标	按 钮 名 称	作　　用
	Access 视图	切换 Access 数据库窗口
	插入模块	用于插入新模块
	运行子过程/用户窗体	运行模块程序
	中断运行	中断正在运行的程序
	终止运行/重新设计	结束正在运行的程序，重新进入模块设计状态
	设计模式	设计模式和非设计模式切换

续表

按钮图标	按钮名称	作　用
	工程项目管理器	打开工程项目管理器窗口
	属性窗体	打开属性窗体
	对象浏览器	打开对象浏览器窗口

（2）工程资源管理器窗口

如图 10.7 所示，工程资源管理器中列了应用程序中所有的文件，并且以层叠的方式显示，该窗口有三个按钮，说明如下。

"查看代码"按钮：可以切换到相应代码窗口，显示和编辑代码。

"查看对象"按钮：可以切换到相应的对象窗口，显示和编辑对象。

"切换文件夹"按钮：可以隐藏或显示对象分类文件夹。

（3）属性窗口

属性窗口用于显示和设置所选对象的各个属性，如图 10.8 所示。属性窗口由三部分组成。

对象列表框：单击其右侧的下拉按钮，可以选择所需对象。

属性排列方式：有"按字母序"和"按分类序"两种排列方式。

属性列表框：列出所选对象在设计模式下可更改的属性及默认值。属性列表左边是属性名，右边是相应的属性值。可以先选定某一属性，然后对其属性值进行设置，此外，也可以在 VBA 代码中设置对象的属性。

图 10.7　工程资源管理器窗口

图 10.8　属性窗口

（4）代码窗口

代码窗口是专门用来进行 VBA 代码设计的窗口，各种事件过程、用户自定义过程等源程序代码的编写和修改均在此窗口中进行，如图 10.9 所示。代码窗口由三部分组成。

对象列表框：显示所选对象的名称，可单击其右侧的下拉按钮进行选择。

过程列表框：在选择好一个对象后，过程列表框中就会列出该对象的所有事件。

代码编辑区：在对象和事件都选择好后，系统会自动在代码编辑区生成相应事件过程的模板，用户可以向模板中添加代码。

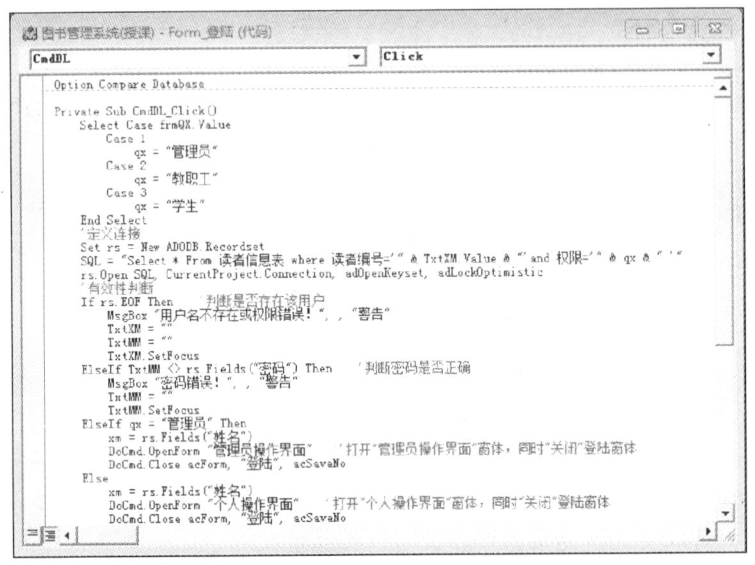

图 10.9　代码窗口

在 VBA 中，由于在编写代码的过程中会出现各种各样的问题，所以编写的代码很难一次通过，并正确地实现既定功能。这时就需要一个专用的调试工具，帮助我们快速找到程序中的问题，以便消除代码中的错误。“VBA”开发环境中的“本地窗口”、“立即窗口”和“监视窗口”就是专门用来调试“VBA”的（具体参阅第 10.6 小节），如图 10.10 所示。

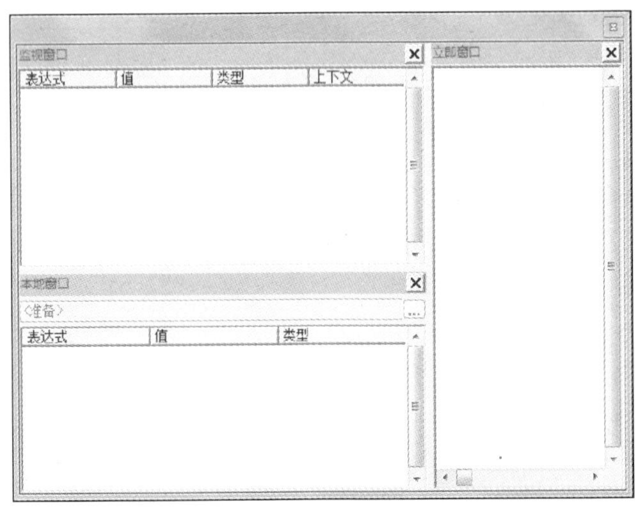

图 10.10　调试窗口

10.3 VBA 编程基础

VBA 是 Microsoft Office 内置的编程语言，VBA 由 Visual Basic 发展而来的，VBA 继承了 VB 的开发机制，是一个与 VB 相似的语言结构、同样用 Basic 语言来作为语法基础的可视化的高级语言。与 Visual Basic 不同的是，VBA 不是一个独立的开发工具，一般被嵌入到像 Word、Excel、Access 这样的软件中，与其配套使用，从而实现在其中的程序开发功能。

10.3.1 数据类型

在 VBA 应用程序中，也需要对变量的数据类型进行说明。VBA 支持多种数据类型。Access数据表中的字段使用的数据类型（OLE 对象和备注字段数据类型除外）在 VBA 中都有对应的类型。

1. 基本数据类型

常用的基本数据类型有：数值型 、字符型、货币型、日期型、逻辑型、对象型、变体型、字节型和用户自定义数据类型，基本数据类型的功能见表 10.3。

表 10.3 VBA 的基本数据类型

数据类型	关键字	类型说明符	占用字节数	范围
字节型	Byte	无	1	$0 \sim 2^8-1$（0 ~ 255）
整型	Integer	%	2	$-2^{15} \sim 2^{15}-1$（-32768 ~ 32767）
长整型	Long	&	4	$-2^{31} \sim 2^{31}-1$
单精度型	Single	!	4	$-3.4 \times 10^{38} \sim 3.4 \times 10^{38}$
双精度型	Double	#	8	$-1.7 \times 10^{308} \sim 1.7 \times 10^{308}$
货币型	Currency	@	8	$-2^{96} \sim 2^{96}-1$
字符型	String	$	不定	0 ~ 65535 个字符
日期型	Date	无	8	01/01/100 ~ 12/31/9999
逻辑型	Boolean	无	2	True False
对象型	Object	无	4	任何对象引用
变体型	Variant	无	不定	

（1）布尔型数据

布尔型数据只有两个值 True 或 False。布尔型数据转换为其他类型数据时，Ture 转换为 -1，False 转换为 0；其他类型数据转换为布尔型数据时，0 转换为 False，其他类型转换为 Ture。

（2）日期型数据

"日期/时间"类型数据必须前后用"#"符号括起来。

例如：#2012 - 1 - 1#、#2013 - 5 - 4 14:30:00 PM#。

(3) 变体类型数据

变体类型数据是特殊的数据类型。VBA 规定，如果没有显示声明或使用符号来定义变量的数据类型，则默认为变体类型。

2. 用户自定义数据类型

除了上述系统提供的基本数据类型外，VBA 还支持用户自定义数据类型。自定义数据类型实质上是由基本数据类型构造而成的一种数据类型，可以根据需要来定义一个或多个自定义数据类型。用户自定义的数据类型可以通过 Type 语句来实现。

形式如下：

```
Type [自定义数据类型名]
<域名 1 > As　数据类型名
...
<域名 n >　As　数据类型名
End Type
```

其中元素名表示自定义类型中的一个成员，可以是简单变量，也可以是数组说明符。数据类型名可以是 VBA 的基本数据类型，也可以是已经定义的自定义类型，若为字符串类型，必须使用定长字符串。

例如：以下定义了一个有关读者信息的自定义数据类型。

```
Type RD
    No As string  * 6
    Name As String * 4
    Sex As string  * 1
End Type
```

上述例子定义了由三个分量组成的名为 RD 的类型。用户自定义的数据类型在使用时，先要定义用户数据类型，然后再定义此类型的变量。

例如：定义一个 RD 类型的变量 r1。

```
Dim r1 As RD
r1. No = "1402001"
r1. Name = "吴奇"
r1. Sex = "男"
```

在上例中，用户自定义数据类型一般用来建立一个变量来保存包含不同数据类型字段的数据表的记录。用户自定义类型变量的赋值，需指明变量名及域名，两者之间用句点分隔。

3. 对象数据类型

对象型数据用来表示引用应用程序中的对象。数据库中的对象，如数据库、表、查询、窗体和报表等，也有对应的 VBA 对象数据类型，这些对象数据类型由引用的对象类所定义。VBA 支持的数据库对象类型如表 10.4 所示。

表 10.4　VBA 支持的数据库对象类型

对象数据类型	对　象　库	对应的数据库对象类型
Database（数据库）	DAO3.6	使用 DAO 时用 Jet 数据库引擎打开的数据库
Connection（连接）	ADO2.1	ADO 取代了 DAO 的数据库连接对象
Form（窗体）	Access9.0	窗体，包括子窗体
Report（报表）	Access9.0	报表，包括子报表
Control（控件）	Access9.0	窗体和报表上的控件
QueryDef（查询）	DAO3.6	查询
TableDef（表）	DAO3.6	数据表
Command（命令）	ADO2.1	ADO 取代 DAO Query　Def 对象
DAO.Recordset（结果集）	DAO3.6	表的虚拟表示或 DAO 创建的查询结果
ADO.Recordset（结果集）	ADO2.1	ADO 取代了 DAO.Recordset 对象

10.3.2　常量、变量与数组

1. 变量与常量

计算机在处理数据时，必须将其装入内存。在高级语言中，通过内存单元名称来访问内存中的数据。被命名的内存单元称为变量，这个内存单元的名字就是变量名。变量中存放的数据称为变量的值。变量中的值在程序运行过程中可以发生变化。变量名、变量的数据类型和变量的值构成了变量的三要素。

变量的命名规则如下。

（1）必须以字母或汉字开头，由字母、数字或下划线组成。

（2）变量名的长度应小于或等于 255 个字符。

（3）不区分变量名的字母大小写，不能使用关键字。

以下是合法的变量名：

　　x，　x1，　No_02，　xy

以下是非法的变量名：

　　3a，　Li　Ming，　Txt.1，　Dim

常量是在程序中可以直接引用的实际值，其值在程序运行过程中不变。在 VBA 中，常量可分为直接常量、用户声明的符号常量、系统提供的常量。

（1）直接常量

直接常量就是常数，其取值直接反映了其类型。如 100、“100”分别是整型和字符串常量。

（2）用户声明的符号常量

如果程序中经常反复用到某个常量，或者某常量代表一些具有特定意义的数字或字符串，将其定义成符号常量可增加代码的可读性和可维护性。

符号常量使用 Const 语句来创建。创建符号常量时需给出常量值，在程序中运行过程中对符号常量只能作读取操作，而不允许修改或为其重新赋值，也不允许创建与固有常量同名的符号常量。

形式如下：

Const 符号常量名 = 表达式

例如：Const PI = 3.1415926　　　　'可以使用 PI 来代替常用的 π 值

（3）系统提供的常量

除了用 Const 语句声明常量之外，Microsoft Access 还提供了许多系统定义的常量，并且可以使用 VBA 常量和 ActiveX Data Objects（ADO）常量。还可以在其他引用对象库中使用常量。

通常，系统提供的常量前两个字母前缀指明了定义该常量的对象库。来自 Microsoft Access 库的常量以“ac”开头，如 acForm，它们主要作为 DoCmd 命令语句中的参数；来自 ADO 的常量以“ad”开头，如 adAddNew；而来自 Visual Basic 库的常量则以“vb”开头，如 vbRed。

可以在任何允许使用符号常量或用户定义常量的地方（包括表达式中）使用固有常量。因为系统提供的常量所代表的值在 Microsoft Access 的以后版本中可能改变，所以应该尽可能使用常量而不用常量的实际值。

可以通过在“视图”菜单中打开“对象浏览器”窗口来选择常量或在“立即”窗口中输入“？固有常量名”来显示常量的实际值，如图 10.11 所示。

图 10.11　显示固有常量的值

2. 变量的声明

使用变量前，一般必须先声明变量名及其类型，以决定系统为它分配的存储单元和运算规则。VBA 变量声明有两种方法。

（1）显式声明

可以用 Dim 语句对变量进行显式声明，其格式如下。

Dim 变量名 ［AS 类型］

其中 Dim 是一个 VBA 命令，此处用于定义变量；As 用于指定变量的数据类型，为了方便，可以在变量名后面加类型符来代替“As 类型”。若未指明，变量默认为变体型。

例如：Dim i as Integer 'x 为整型变量

等价于：Dim i%

（2）隐式声明

在 VBA 中，允许用户不声明变量而直接使用，这就是变量的隐式声明。所有隐式声明的变量都是 Variant 数据类型。

例如：

Dim x1 as string *3 'x1 为字符型变量

X2 =345 'x2 未声明直接赋值，类型变量为 Variant，值为 345

（3）强制声明

在默认情况下，VBA 允许在代码中使用未声明的变量，但如果在模块设计窗口的顶部“通用声明”区域中，加入语句“Option Explicit”，那么所有变量就被强制要求必须先声明后使用。

这种方法只能为当前模块设置了自动变量声明功能，如果想为所有模块都启用此功能，可以单击“工具”菜单下“选项”命令，在打开的对话框中，选中“要求变量声明”选项即可。

3. 变量的作用域

变量由于声明的位置不同以及用不同的关键字声明，可被访问的范围不同，变量的可被访问的范围通常称为变量的作用域。

（1）局部变量

局部变量是在模块的过程内部，使用 Dim、Static 声明的变量或没有声明直接使用的变量，只能在本过程中使用，别的过程不可以访问。局部变量在过程被调用时分配存储空间，过程结束时释放空间。

（2）模块级变量

用 Dim、Static、Private 关键字，在模块的通用声明段进行定义的变量都是模块级变量。模块级变量定义在模块的所有过程之外的起始位置，可以被声明它所在模块中所包含的所有过程访问。

（3）全局变量

变量定义在标准模块的所有过程之外的起始位置，运行时在类模块和标准模块的所有过程都可访问。在标准模块的变量定义区域，全局变量用 Public 关键字说明进行声明。

4. 变量的生命周期

变量的生命周期（持续时间）与作用域是两个不同的概念，它是指变量从首次出现（变量声明，分配存储单元），到程序代码执行完毕并将控制权交回调用它的过程为止的时间。

按照变量的生命周期，局部变量分为两类。

（1）动态局部变量：以 Dim 关键字声明的局部变量，动态变量在定义它的过程被调用时分配存储单元，调用结束时释放占用的存储空间，变量的值也被丢失。

（2）静态局部变量：以 Static 关键字声明的局部变量，静态变量在程序的运行中可以保留变量的值，不被丢失。静态变量可以用来计算事件发生的次数或者是函数与过程被调用的次数。

5. 数据库对象变量

Access 建立的数据库对象及其属性，均可被看成是 VBA 程序代码中的变量及其指定的值来加以引用。Access 中窗体和报表对象的引用格式为：

Forms！窗体名称 ！ 控件名称［. 属性名称］

或　Reports ！报表名称 ！ 控件名称［. 属性名称］

关键字 Forms 或 Reports 分别表示窗体或报表对象集合。感叹号“！”分隔开对象名称和控件名称。“属性名称”部分省略，则为控件默认属性。

如果对象名称中含有空格或标点符号，就要用方括号把名称括起来。

例如：是对“登录”窗体中“txtXM”文本框的引用。

Forms！登录！txtXM. Text = " "

或 Forms ！登录！txtXM = " "

Text 是文本框的默认属性，可以省略不写。

6. 数组

数组是由一组具有相同数据类型的变量构成的集合。数组使用统一的名称作为标识，这个名称就是数组名，数组中的每个数据称为数组元素。数组元素在内存中占用连续的内存空间，它们互相之间以下标区分。如 a(1)、a(2)、a(3)表示数组 a 的三个元素。

数组必须先声明后使用，并且要声明数组名、类型、维数和大小。

(1) 定长数组的声明

一维数组的声明格式为：

Dim 数组名(［数组下标下界 to］数组下标上界)［As 数据类型］

其中：

数组名的命名规则与变量名的命名规则相同。

下标不能使用变量，必须是常量且一般是整型常量。

下标下界省略时，默认为 0。若希望下标从 1 开始，可在模块的通用声明段使用 Option Base 语句声明。其使用格式为

Option Base 0|1　　　'后面的参数只能取 0 或 1

如果省略 As 子句，则数组的类型为 Varient 变体型。

例如：Dim b (99) As Integer

这条语句声明了一个有 100 个元素的数组，每个数组元素为一个整型变量。数组元素为 b(0)至 b(99)。

多维数组的声明格式为：

Dim 数组名(［ <下界> to］ <上界> ,［ <下界> to］ <上界> ,…)［As <数据类型> ］

例如：

Dim X(1 To 3, 1 To 4) As Single 声明了一个有 12 个元素的数组，数组元素为。

X(1, 1) X(1, 2) X(1, 3) X(1, 4)

X(2, 1) X(2, 2) X(2, 3) X(2, 4)

X(3, 1)X(3, 2)X(3, 3)X(3, 4)

(2) 动态（不定长）数组

在应用程序开发时，如果事先无法得知数组中元素的个数，可以使用动态数组，即不定长数组。

动态数组的声明和使用分两步。

① 用 Dim 语句声明数组，但不能指定数组的大小，形式为：

Dim 数组名 () As 数据类型

② 用 ReDim 语句动态地分配元素个数，并且可以在 ReDim 后加保留字 Preserve 来保留以前的值否则使用 ReDim 后，数组元素的值会被重新初始化为默认值。形式为：

ReDim 数组名([<下界>to] <上界>,[<下界>to] <上界>,…)[As <数据类型>]

下面的例子说明了动态数组的声明和使用方法。

```
Dim Score ( ) As Integer        '声明部分
ReDim Score (10)                '在过程中重定义
```

同样，数组也可以使用 Public、Private 或 Static 来说明数组的作用域和生命周期。

10.3.3 运算符和表达式

VBA 提供了丰富运算符来完成各种形式的运算和处理。根据运算不同，可以分成 4 种类型的运算符：算术运算符、字符串运算符、关系运算符和逻辑运算符。

1. 算术运算符

算术运算符用于数值的算术运算，是常用的运算符。表 10.5 为 VBA 提供的 8 个算术运算符。其中，负号（-）是单目运算符，其他均为双目运算符，优先级为 1 的级别最高。

表 10.5 算术运算符

运 算 符	含 义	优 先 级	举 例
^	乘方	1	2^3 结果为 8
-	负号	2	-5
*	乘	3	10 * 12 结果为 120
/	除	3	9/5 结果为 1.8
\	整除	4	9\5 结果为 1
MOD	求余	5	10 MOD 4 结果为 2
+	加	6	2+3 结果为 5
-	减	6	5-3 结果为 2

在算术运算中，如果操作数具有不同的数据精度，则 VB 规定运算结果的数据类型采用精度相对高的数据类型。即：

Integer > Long > Single > Double > Currency

2. 字符串运算符

字符串运算有两个："&" 和 " + "，它们的功能都是将两个字符串连接起来，但存在着区别。

"&" 运算符：无论进行连接的两个操作数是字符串型还是数值型，在进行连接之前，系统都要强制将它们转换成字符串型，然后再连接。使用 "&" 运算符时应注意，变量与运算符 "&" 之间应加一个空格。

" + " 运算符：只有当运算符两边的操作数均为字符串型时，才将两个字符串连接成一个新字符串。若两边均为数值型，则进行算术加法运算；若一边为数值型，另一边为数字字符串，则将自动将数字字符串转换成数值型后，进行加法运算；若一边为数值型，另一边为非数字字符串，则无法运算。

例如：表达式"100" & "10" +5 的运算结果是 1005。

3. 关系运算符

关系运算符的作用是比较两个操作数的大小，两个操作数必须是相同的数据类型。关系运算的结果为逻辑值：真（True）和假（False）。关系运算符的优先级相同，各运算符含义如表 10.6所示。

表 10.6　关系运算符

运　算　符	含　　义	举　　例
>	大于	3 +4 >6　　(True)
<	小于	"a" < "A"　　(False)
=	等于	4 +3 =6　　(False)
>=	大于或等于	35 >=5　　(True)
<=	小于或等于	"35" <= "5"　　(True)
< >	不等于	"AB" < > "ab"　　(True)

4. 逻辑运算符

逻辑运算符用于逻辑运算，运算结果为逻辑型。VBA 的常用逻辑运算如表所示（表中 T 表示 True，F 表示 False）。其中 Not 是单目运算符，其他均为双目运算符，逻辑运算符及说明见表 10.7。

表 10.7　逻辑运算符

运　算　符	含　　义	优　先　级	说　　明	举　　例
Not	非	1	与操作数原来的值相反	Not T 结果 F Not F 结果 T
And	与	2	当且仅当两个操作数同时为真时，结果才为真，否则结果为假。	T And T 结果 T T And F 结果 F F And T 结果 F F And F 结果 F
Or	或	3	当两个操作数同时为假时，结果才为假，否则结果为真。	T Or T 结果 T T Or F 结果 T F Or T 结果 T F Or F 结果 F

续表

运算符	含义	优先级	说明	举例
Xor	异或	3	当两个操作的值相同时，结果为假，不相同时结果为真。	T Xor T 结果 F T Xor F 结果 T F Xor T 结果 T F Xor F 结果 F

用括号和运算符将常量、变量、函数按一定的规则连接起来的式子称为表达式。表达式的数据类型取决于表达式的运算结果。对于多种运算符并存的表达式，运算进行的先后顺序是：有括号的先运算，无括号的由运算符的优先级决定的，优先级高的先进行，优先级相同的运算依照从左向右的顺序进行。

不同种的运算之间的优先级如下。

算术运算符 > 字符串运算符 > 关系运算符 > 逻辑运算符

10.3.4 常用内部函数

在 VBA 中，函数有两类：内部函数（标准函数）和用户自定义函数。其中内部函数由系统提供，有几百个之多，这里介绍常用内部函数。

标准函数一般用于表达式中，有的能和语句一样使用，其调用形式如下。

函数名[（ <参数列表> ）]

其中，函数名必不可少，函数的参数放在函数名后的圆括号中，用逗号隔开。参数可以是常量、变量、表达式或另一个函数，参数可以有一个或多个，也可以没有，没有参数的函数为无参函数。大部分函数被调用时会有一个返回值。表 10.8 – 表 10.12 描述了各类常用函数的功能，其中 N 表示数值表达式，C 表示字符表达式，D 表示日期表达式，E 表示任意类型表达式等。

1. 数学函数

表 10.8 常用数学函数

函数	功能	举例	返回值
Abs(N)	取绝对值	Abs(-4.8)	4.8
Fix(N)	截取整数部分	Fix(7.6)	7
Int(N)	取不大于 N 的最大整数	Int(-3.7)	-3
Log(N)	求以 e 为底的自然对数	Log(2.72)	1
Exp(N)	求 e 的 N 次幂	Exp(1)	2.72
Sgn(N)	符号函数	Sgn(-11) Sgn(0) Sgn(11)	-1 0 1
Sqr(N)	平方根	Sqr(16)	4
Rnd(N)	产生[0,1)随机数		

续表

函　数	功　能	举　例	返 回 值
Sin(N)	正弦函数	Sin(90 * 3.14/180)	1
Cos(N)	余弦函数	Cos(0)	1
Tan(N)	正切函数	Tan(0)	0

说明：

要生成［a，b］区间范围内（包括 a 和 b）的随机整数，其中 a 是下限，b 是上限，a < b，可以使用如下表达式：

Int((b - a + 1) * Rnd + a)

例如：Int（51 * Rnd + 50）表示产生［50，100］之间的随机整数。

2. 字符串函数

表 10.9　常用字符串函数

函　数	功　能	举　例	返 回 值
Instr(C1,C2)	查找 C2 在 C1 中的起始位置，若找不到，结果为 0	InStr("10abc","ab") InStr("ab","abc")	3 0
Len(C)	返回字符串的长度	Len("你好")	2
Left(C,N)	取字符串左边 N 个字符	Left("abcd",2)	"ab"
Right(C,N)	取字符串右边 N 个字符	Right("abcd",2)	"cd"
Mid(C,N1,N2)	在字符串从第 N1 个字符开始向右取 N2 个字符，N2 省略时取到字符串最后一个字符	Mid("abcd",2,1) Mid("abcd",2)	"b" "bcd"
Space(N)	产生 N 个空格	"ab"&Space(2)& "cd"	"ab　cd"
Ucase(C)	小写字母转大写	UCase("like")	"LIKE"
Lcase(C)	大写字母转小写	LCase("LIKE")	"like"
Ltrim(C)	删除字符串左空格	LTrim("ab cd ")	"ab cd "
Rtrim(C)	删除字符串尾部空格	RTrim("ab cd ")	"ab cd"
Trim(C)	删除字符串两头空格	Trim("ab cd ")	"ab cd"
Replace(C,C1,C2)	在 C 字符串中用 C2 代替 C1	? Replace("祖国我爱你","祖国","中国")	"中国我爱你"

3. 日期/时间函数

表 10.10　常用日期/时间函数

函　数	功　能	举　例	返 回 值
Date()	返回系统日期	DATE()	2013 - 9 - 18
Time()	返回系统时间	TIME()	16:23:30
Now()	返回系统当前日期时间	NOW()	2013 - 9 - 18　16:23:30

续表

函　数	功　能	举　例	返 回 值
Year(CD)	返回年	Year(Date)	2013
Month(CD)	返回月	Month(Date)	9
Day(CD)	返回日	Day(Date)	18
Weekday(CD)	返回星期 1~7	Weekday(Date)	4
Hour(T)	返回小时数	Hour(Time())	16
Minute(T)	返回分钟数(0~59)	Minute(Time())	23
Second(T)	返回秒数(0~59)	Second(Time())	30
DateAdd	返回加上或减去间隔值后的日期时间	DateAdd("m",2,now)	2013/11/18 16:23:30 注：m 表示月，在当前时间上加 2 个月
DateDiff	返回两个日期之间的间隔值	DateDiff("d", #2013-9-30#, now)	12 注：d 表示天，两个日期之间相隔 12 天

4. 转换函数

表 10.11　常用转换函数

函　数	功　能	举　例	返 回 值
Asc(C)	返回 C 的首字母的 ASCII 码值	Asc("abc")	97
Chr(N)	返回 ASCII 字符的十进制数	Chr(65)	A
Str(N)	数值型转字符型	"202"&Str(101)	"202　101"
Val(C)	字符型转数值型	10 + Val("2.35")	12.35

5. 测试函数

测试函数可以对数据进行校验，这类函数的返回值都是逻辑型的。

表 10.12　常用测试函数

函　数	功　能
IsArray(E)	测试是否为数组,是数组返回 True
IsNumeric(E)	测试是否为数值型,是数值型返回 True
IsDate(E)	测试是否为日期型,是日期型返回 True
IsNull(E)	测试是否为无效数据,是无效数据返回 True
IsEmpty(E)	测试是否已初始化,未初始化返回 True
IsError(E)	测试是否为一个错误值,有错误返回 True
IsObject(E)	测试是否为对象类型
Eof	测试文件是否到了文件尾,到了文件尾返回 True

10.4　VBA 程序语句

VBA 程序是由若干的命令语句构成，每条语句都能够完成某项操作的命令。VBA 提供传统的结构化程序设计思想，还提供面向对象的程序设计方法。

在代码窗口，最上面的是通用声明段，主要书写模块级以上的变量声明、对 Option 选项的设置，不能书写控制结构等语句。

VBA 程序代码是块结构，构成程序的主体的事件过程或自定义过程，块的先后次序与程序执行的先后次序无关。

VBA 程序语句按照其功能不同分成两大类型。

（1）声明语句，用于给变量、常量或过程定义命名。

（2）执行语句，用于执行赋值操作，调用过程，实现各种流程控制。

执行语句分为三种结构。

（1）顺序结构：按照语句顺序顺次执行。

（2）条件结构：又称为选择结构，根据条件选择执行路径。

（3）循环结构：重复执行某一段程序语句。

10.4.1　程序语句的书写

任何一种程序设计语言都有自己的语法规则和编码书写规则，如果不遵循这些规则，程序编译的时候就会出现错误。

VBA 程序语句书写规则如下。

（1）程序中的英文字母不区分大小。

（2）通常是一条语句写一行。

（3）若语句太长，一行写不下，可以分成若干行书写，但必须在行末加上续行符“_”。

（4）多条语句可以写在同一行，语句之间要用冒号“:”分隔，一行最多可有 255 个字符。

（5）增加注释语句有助于程序的阅读、调试和维护。

10.4.2　顺序结构

顺序结构是按照程序中语句出现的先后次序依次执行。图 10.12 表示一个顺序结构的流程图，它有一个入口和一个出口。语句 1、语句 2 和语句 3 依顺序执行。

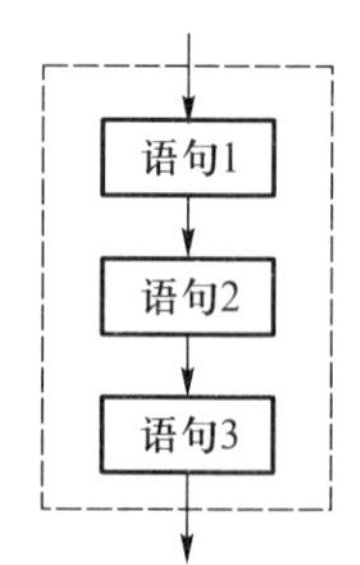

图 10.12　顺序结构

一般的，顺序结构的语句主要是赋值语句、输入/输出语句、注释语句等。

1. 注释语句

在程序的适当位置对编写的程序添加注释是很有好处的。注释语句默认以绿色文本显示。注释语句有以下两种。

Rem 注释内容或'注释内容

2. 声明语句

声明语句用于命名和定义常量、变量、数组和过程，同时也定义了它们的作用域与生命周期。

3. 赋值语句

赋值语句是最基本的语句。它的功能是给变量或对象的属性赋值。其格式为

<变量名>=<表达式>或　<对象名.属性>=<表达式>。

例如：

```
x = 1                                '给变量 x 赋值 1
x = x + 1                            '将表达式 x + 1 的计算结果赋值给变量 x
Me!Text1.Value = "欢迎使用本系统!"     '给某文本框控件的属性赋值
```

4. 输入输出语句

在 VBA 程序中，经常需要接收用户输入的数据和将操作的结果显示给用户，因此 VBA 提供了输入输出语句，即调用 InputBox 函数实现输入功能，调用 MsgBox 函数实现输出功能。

(1) 输入对话框函数 InputBox

InputBox 函数用于产生一个能接收用户输入数据的对话框，并返回输入的值，函数返回值的类型为字符串类型。每执行一次 InputBox 函数只能输入一个值。

函数格式：

InputBox(提示信息[,标题][,默认值][,x 坐标][,y 坐标])

参数说明如下。

提示信息：必选、字符串表达式。是对话框内要显示的提示信息。如果要显示多行信息，则可在每行行末用回车符 Chr(13)、换行符 Chr(10)、回车换行的组合 Chr(13)&Chr(10)或系统常量 vbCrLf 来换行。

标题：可选、字符串表达式。运行时该参数显示在对话框的标题栏中。如果省略，则在标题栏中显示当前的应用程序名。

默认值：可选、字符串表达式，可选项。显示在对话框上的文本框中，在没有其他输入时作为默认值。如果省略，则文本框为空。

x 坐标、y 坐标：可选、整型表达式。成对出现，用于确定对话框左上角在屏幕的坐标位置，单位为 Twip。

各项参数的次序要一一对应，如果中间某项需要省略，则必须要用逗号占位符跳过。

例如：GJ = InputBox("请输入你的国籍:","国籍","中国")，执行后弹出如图 10.13 所示的数据输入对话框。

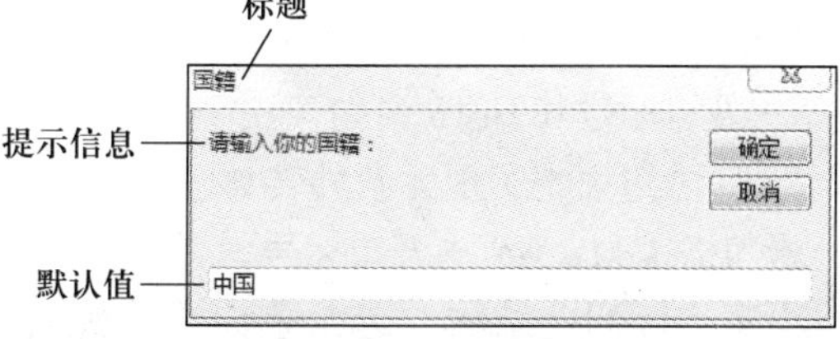

图 10.13　数据输入对话框

(2) 消息对话框函数 MsgBox

MsgBox 函数用来产生一个对话框来显示消息，等待用户选择一个按钮，并返回用户所选按钮的整数值。

函数格式：

MsgBox(提示信息[,按钮类型][,标题])

参数说明：

提示信息：含义和用法与 InputBox 相同。

按钮类型：可选、整型表达式。由按钮类型、图标类型和默认按钮三部分组成，该参数的值是由这三类数值相加产生，参见表 10. 13 – 表 10. 14。

标题：含义和用法与 InputBox 相同。

表 10. 13　按钮设置值及含义

分　类	系统定义符号常量	按 钮 值	含　义
按钮类型	vbOKOnly	0	只显示“确定”按钮
	vbOKCancel	1	显示“确定”、“取消”按钮
	vbAbortRetryIgnore	2	显示“终止”、“重试”、“忽略”按钮
	vbYesNoCancel	3	显示“是”、“否”、“取消”按钮
	vbYesNo	4	显示“是”、“否”按钮
	vbRetryCancel	5	显示“重试”、“取消”按钮
图标类型	vbCritical	16	显示停止图标 x
	vbQuestion	32	显示询问图标 ?
	vbExclamation	48	显示警告图标 !
	vbInformation	64	显示信息图标 i
默认按钮	vbDefaultButton1	0	第一个按钮是默认按钮
	vbDefaultButton2	256	第二个按钮是默认按钮
	vbDefaultButton3	512	第三个按钮是默认按钮

表 10. 14　MsgBox 函数的返回值

系统符号常量	返 回 值	被选的按钮
vbOK	1	确定
vbCancel	2	取消
vbAbort	3	终止
vbRetry	4	重试
vbIgnore	5	忽略
vbYes	6	是
vbNo	7	否

例如：x = MsgBox("表达式不合法",5 + vbExclamation,"警告")，执行后弹出如图 10. 14 所示的消息对话框。

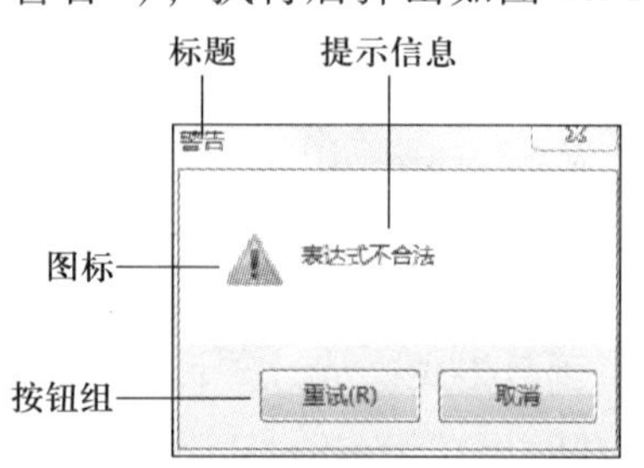

图 10. 14　消息对话框

5. 语句标号和 GoTo 语句

GoTo 语句用于实现无条件转移。

语句格式为：GoTo 语句标号。

程序运行到此结构，会无条件转移到其后的“标号”位置，并从那里继续执行。GoTo 语句使用时，“标号”位置必须首先在程序中定义好，否则转移无法实现。

10.4.3 选择结构

选择结构也称分支结构，是指在程序的执行中，通过对条件进行判断，选择执行不同的程序语句，用来解决有选择、有转移的问题。选择结构是程序的基本结构之一，下面介绍构成选择结构的语句。

1. If…Then 语句（单分支结构）

语句格式如下。

格式一：

If <表达式> Then
  <语句序列>
End If

格式二：

If <表达式> Then <语句>

说明：

语句序列指一条或多条语句。当只有一条语句或语句间用冒号分隔，并且在一行上书写时，可以采用格式二。

该语句的作用是当表达式的值为非零（True）时，执行语句序列或语句，否则不执行。然后执行 End If 后面的语句，其流程图如图 10.15 所示。

例 10.2：输入学生成绩，如不及格则输出。

```
Dim x As Integer
x = InputBox("请输入学生的成绩：")
If x < 60 Then
    MsgBox"不及格"
End If
```

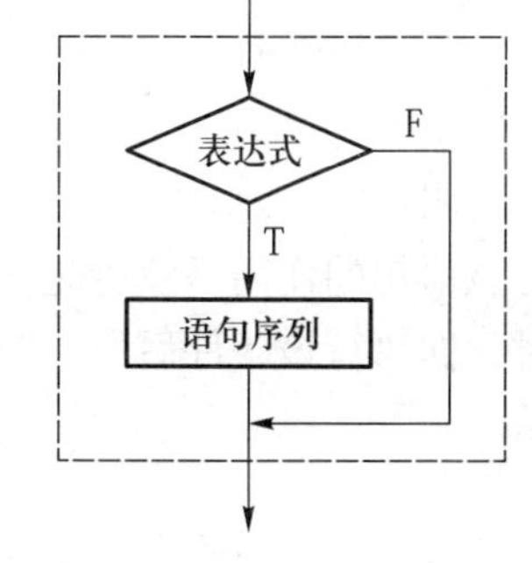

图 10.15 If…Then 单分支结构

2. If…Then…Else 语句（双分支结构）

语句格式如下。

格式一：

If <表达式> Then
  <语句序列 1>
Else
  <语句序列 2>
End If

格式二：

If <表达式> Then <语句序列 1> Else <语句序列 2>

说明：

该语句的作用是当执行时，先判断表达式的值，如值非零（True）则执行语句序列 1，否则执行语句序列 2。然后执行 End If 后面的语句，其流程图如图 10.16 所示。

例 10.3：输入学生成绩并判断输出。

```
Dim x As Integer
x = InputBox("输入学生的成绩：")
If x >=60 Then
    MsgBox "及格"
Else
    MsgBox "不及格"
End If
```

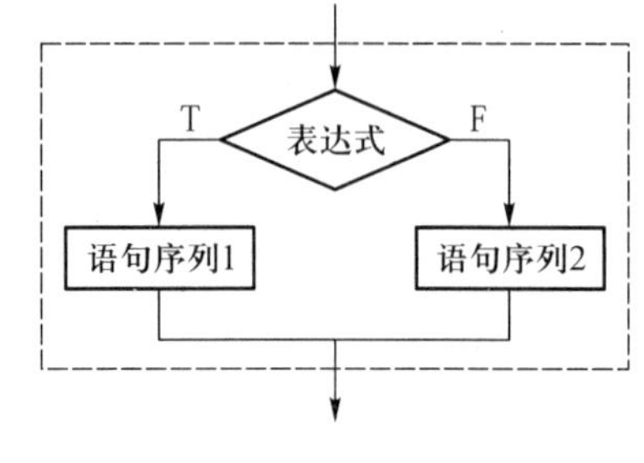

图 10.16　If…Then…Else 双分支结构

3. If…Then…ElseIf 语句（多分支结构）

语句格式为：

```
If <表达式 1 > Then
  <语句序列 1 >
ElseIf <表达式 2 > Then
  <语句序列 2 >
…
[ElseIf <表达式 n > Then
  <语句序列 n >
Else
  <语句序列 n+1 >   ]
End If
```

说明：

该语句的作用是执行时，从表达式 1 开始逐个测试条件，一旦遇到值为非零（True）的条件时，即执行该条件后所对应的语句序列，然后执行 End If 后面的语句，其流程图如图 10.17 所示。

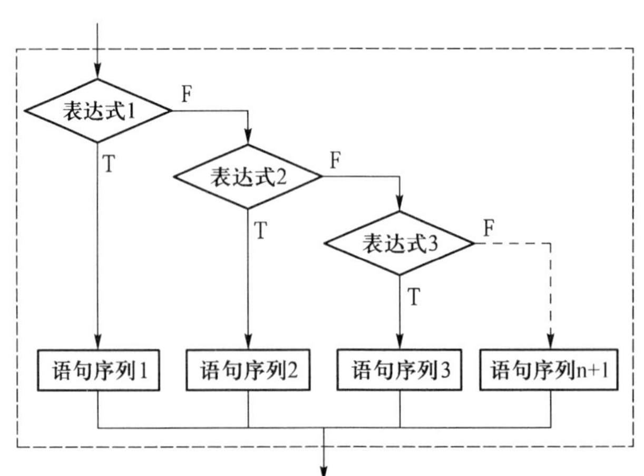

图 10.17　If…Then…ElseIf 多分支结构

例 10.4：下面代码利用 If…Then…ElseIf 语句实现对 Text1 文本框中输入的成绩进行分段，并在标签 label1 中显示。

```
x = Text1
If   x >= 90
    Label1.Caption = "优秀"
ElseIf   x >= 80
    Label1.Caption = "良好"
ElseIf   x >= 60
    Label1.Caption = "及格"
Else
    Label1.Caption = "不及格"
End If
```

4. Select Case…End Select 语句（多分支结构）

语句格式为：

```
Select Case <变量或表达式>
  Case <表达式列表 1>
      <语句序列 1>
  Case <表达式列表 2>
      <语句序列 2>
      …
  [Case Else
      <语句序列 n+1>]
End Select
```

说明：

（1）Select Case 后的变量或表达式只能是数值型或字符型表达式。

（2）各个表达式列表应与 Select Case 后的变量或表达式数据类型相同，可以是如表 10.15 所示的几种形式之一。

表 10.15　表达式列表的形式

形　式	举　例	说　明
单一表达式	Case　2	和某一个值比较
用逗号分隔的一组枚举值	Case　10，20，30	与 10、20、30 三个数比较
表达式 1　To　表达式 2	Case　60 to 100	表示 60 ~ 100 之间的范围
Is 关系运算符表达式	Case　Is < 60	表示小于 60 的范围

（3）该语句的作用是，在执行过程中将 Select Case 后的变量或表达式的值，从上至下与各个 Case 后的表达式列表依次比较，并执行第一个符合 Case 条件的语句序列。如果有多个 Case 后的表达式列表与其相匹配，则只执行第一个与之匹配的语句序列，如果没有匹配的，且有

Case Else 语句，则执行 Case Else 后的语句，其流程图如图 10. 18 所示。

例 10. 5：下面代码利用 Select…End Select 语句实现对 Text1 文本框中输入的成绩进行分段，并在标签 label1 中显示。

```
x = Text1
Select Case x
Case Is >= 90
    Label1. Caption = "优秀"
Case Is >= 80
    Label1. Caption = "良好"
Case Is >= 60
    Label1. Caption = "及格"
Case Else
    Label1. Caption = "不及格"
End Select
```

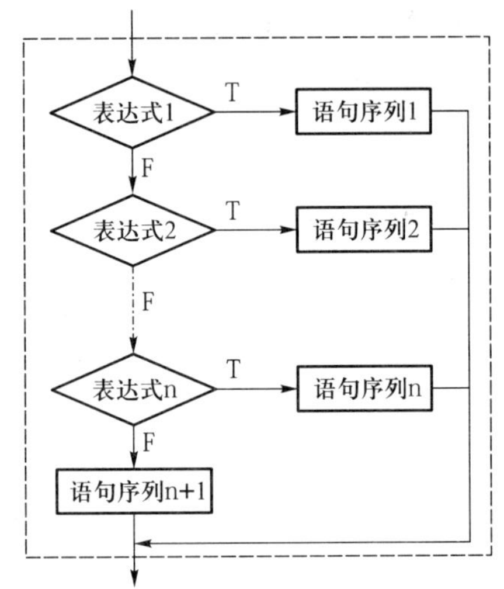

图 10. 18　Select Case…End Select 多分支结构

5. 条件函数

除了上述条件语句外，VBA 还提供了 3 个函数来完成相应选择操作。

（1）IIf 函数：IIf（条件表达式，表达式 1，表达式 2）。

该函数根据“条件表达式”的值来决定函数返回值。若“条件表达式”值为真，则函数返回“表达式 1”的值；若“条件表达式”值为假，则函数返回“表达式 2”的值。

如 IIf（x > y，x，y）将返回 x 和 y 两数中的较大值。

（2）Switch 函数：Switch（条件表达式 1，表达式 1[，条件式 2，表达式 2][，条件式 3，表达式 3]…[，条件式 n，表达式 n]）

该函数是从左至右依次对“条件表达式 1”，“条件表达式 2”直至“条件表达式 n”的值进行计算判断，直到第一个条件表达式值为真时，其后的表达式就是该函数的返回值。

如 Swith(x < 0，-1，x = 0，0，x > 0，1)，假设 x 的值为 4，函数的返回值为 1

（3）Choose 函数：Choose（整数表达式，选项 1[，选项 2]…[，选项 n]）

该函数根据整数表达式的值来返回选项列表中的某个值。如果整数表达式的值为 1，则返回选项 1 的值，如果整数表达式的值为 2，则返回选项 2 的值，依此类推。整数表达式的值应在 1 ~ n 之间，当超出这个范围时，函数返回 Null。

如 Choose(2，23，51，48，3)的返回值为 51。

10. 4. 4　循环结构

循环控制结构是程序执行时，根据判断条件，该语句中的一部分操作即循环体被重复执行多次。

1. For 语句

语句格式为

```
For <循环变量>=<初值> to <终值> [Step    <步长>]
        <循环体>
    [Exit For]
Next <循环变量>
```

说明：

（1）循环控制变量的类型必须是数值型。

（2）步长可以是正数，初值应小于或等于终值，步长也可以是负数，初值应大于或等于终值。步长默认为 1。

（3）循环的次数 $=\text{Int}\left(\frac{\text{终值}-\text{初值}}{\text{步长}}+1\right)$，For 语句一般用于循环次数已知的情况。

（4）使用 Exit For 语句可以提前退出循环。

For 语句的流程图如图 10.19 所示。

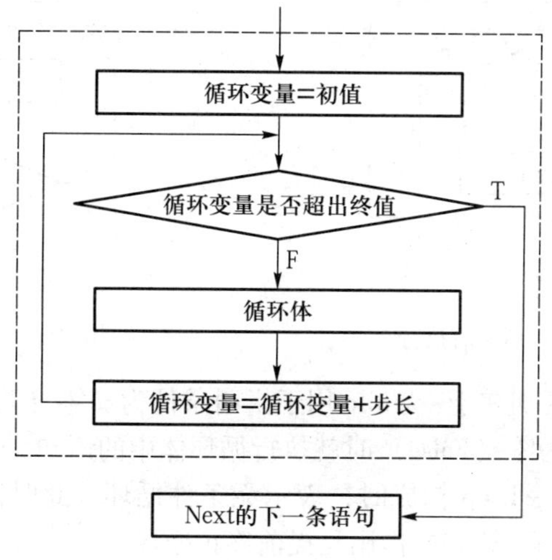

图 10.19　For 循环结构

例 10.6：编程用 For 语句求 1+2+3+…+100 之和。

```
Dim s As Integer,i As Integer
s=0
For i=1 To 100 Step 1
    s=s+i
Next i
MsgBox " 1+2+3+…+100=" & s
```

2. Do…Loop 语句

Do 是另一种常用的循环结构。它一般用于控制循环次数未知的循环结构，形式如下。

形式一：

```
Do [While | Until ] [条件表达式]
   <循环体>
  [Exit  Do]
Loop
```

形式二：

```
Do
   <循环体>
  [Exit  Do]
Loop [While | Until ] [条件表达式]
```

说明：

(1) 两种形式的区别在于 [While | Until] [条件表达式] 的位置，当它放在Do后面时，先判断后执行，循环体有可能一次都不执行。当它放在Loop后面时，先执行后判断，至少执行循环体一次。两种形式的流程图分别如图10.20和图10.21所示。

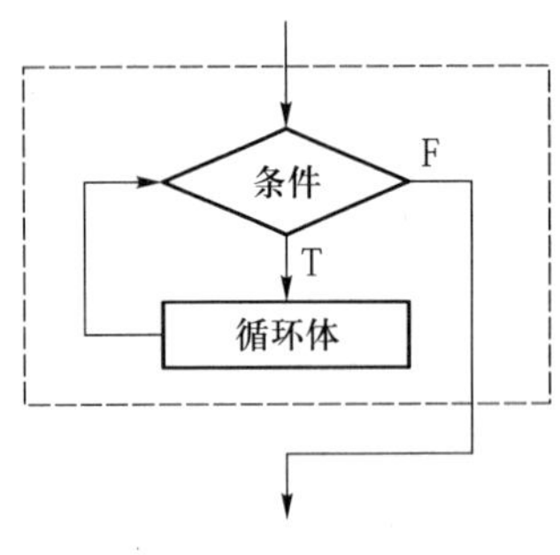

图10.20 先判断后执行

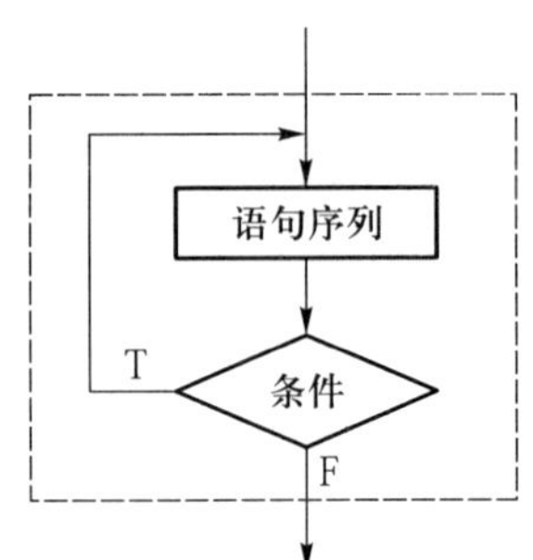

图10.21 先执行后判断

(2) While和Until的区别在于：While用于指明条件为非零（True）时就执行循环体中的语句；Until用于指明条件为零（False）时就执行循环体中的语句。

(3) 当循环结构由Do…Loop构成时，表示无条件循环，此时循环体内应有Exit Do语句，否则就是死循环。Exit Do语句的作用是提前终止循环。

例10.7：下面的程序用Do While…Loop语句求1+2+3+…+100之和。

```
Dim s As Integer,i As Integer
s=0
i=1
Do While i<=100
s=s+i
  i=i+1
Loop
Debug.Print s
```

例10.8：下面的程序用Do Until…Loop语句求1+2+3+…+100之和。

```
Dim s As Integer,i As Integer
s=0
```

```
i = 1
Do Until i > 10
  s = s + i
  i = i + 1
Loop
Debug. Print s
```

3. While…Wend 语句

格式如下：

```
While   <条件表达式>
      <循环体>
Wend
```

说明：

While…Wend 循环与 Do While …Loop 结构类似，但不能在 While…Wend 循环中使用 Exit Do 语句。

10.4.5　过程调用和参数传递

随着程序功能的复杂化，往往有一些程序段落需要重复使用。通常把这样的程序段落定义为一个过程。过程是一段可以实现某个具体功能的程序代码。这里的过程指用户自定义的过程，它有 Function 函数过程和 Sub 子过程两类。

1. Function 函数过程的定义和调用

Function 函数过程也称用户自定义函数，其定义格式如下。

```
[Public | Private][Static]Function 函数过程名([<形参列表>])[As 数据类型]
      [局部变量或常数定义]
[<函数过程语句>]
      [Exit Function]
      [<函数过程语句>
      [函数过程名 = <表达式> ]
End Function
```

说明：

（1）Public 定义的函数过程是公有过程，可被程序中任何模块调用，Private 定义的函数是局部过程，仅供本模块中的其他过程调用。Public 为默认。

（2）Static 表示在调用之后保留过程中声明的局部变量的值。

（3）函数过程名的命名规则与变量命名相同。

（4）形参列表中形参定义时是无值的，用来接收调用过程时由实参传递过来的参数。也可以无形参，但形参两旁的括号不能省略。

（5）AS 类型用于指出函数返回值的类型。

（6）函数过程名 = <表达式>用来指出函数的返回值，至少要对函数过程名赋值一次。

函数过程是一个通用过程，创建的方法是：在窗体、标准模块或类模块的代码窗口把插入点放在所有现有的过程之外，直接输入函数过程；或通过选择“插入”菜单中的“过程”命令建立自定义函数过程框架。如图 10.22 和图 10.23 所示。

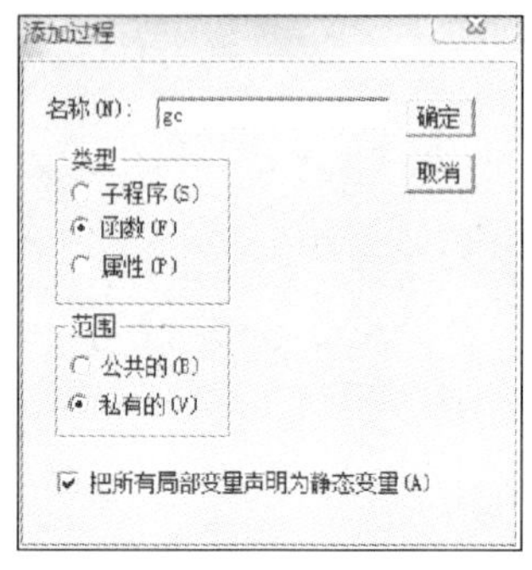

图 10.22　添加过程

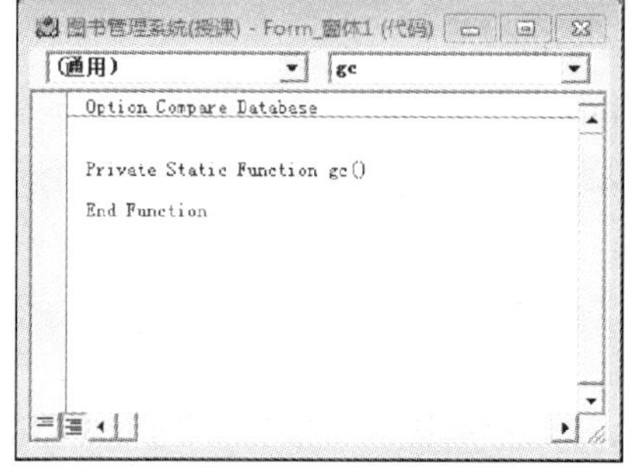

图 10.23　过程代码窗口

函数过程的调用与内部函数的调用相同，格式如下。

函数过程名(<实参列表>)

说明：

（1）实参列表中的实参与函数过程定义时的形参类型、位置和数目要一一对应。

（2）由于函数过程返回一个值，因此函数过程不能作为单独的语句来调用，只能出现在表达式中。

例 10.9：下面代码定义了一个求任意整数的阶乘的函数过程 Fac，并在命令按钮的单击事件中调用了该函数过程。

```
Private Function Fac(n as Integer) As Long
Dim i As Integer
Fac = 1
For i = 1 to n
    Fac = Fac * i
Next i
End Function
Private Sub Command1_Click()
Dim x As Integer, f as Long
x = Val(InputBox("输入任意一个整数:"))
f = Fac(x)
MsbBox"它的阶乘是:" & f
End Sub
```

2. Sub 子过程的定义和调用

Sub 子过程的定义方法同函数过程。其定义格式为如下。

[Public|Private][Static] Sub 子过程名([<形参列表>])

```
    [局部变量或常数定义]
    [<子过程语句>]
    [Exit Sub]
    <子过程语句>
End Sub
```

说明：

(1) 关键字 Public、Private 和 Static 的意义同函数过程。

(2) Sub 子过程没有返回值，所以过程名后面不需说明类型，子过程体内也不需对子过程名赋值。

Sub 子过程的创建方法同函数过程。

子过程的调用有以下两种格式。

格式 1：Call 子过程名（[实参列表]）

格式 2：子过程名 [实参列表]

说明：

用 Call 调用子过程时，有实参必须写在括号内，无实参时括号可不写。用子过程名调用时，括号可加可不加。

例 10.10：下面代码定义了一个能使 Label1 标签向左移动 50Twip 的子过程 Move，并在命令按钮的单击事件中调用了该过程。

```
Private Sub Move()
  Label1.left = Label1.left - 50
End Function
Private Sub Command1_Click()
  Call Move
End Sub
```

3. 参数传递

如前所述，形式参数（形参）是在定义 Function 函数过程、Sub 子过程时，过程名后圆括号中出现的变量名，多个形参之间用逗号分隔。实际参数（实参）是在调用过程时，在过程名后的参数，其作用是将它们的值或地址传送给被调过程对应的形参。

形参可以是变量和带空括号的数组名，实参可以是常量、变量、数组元素、带空括号的数组名和表达式。

(1) 传地址

如果在定义子过程或函数时，形参的变量名前不加任何前缀或加 ByRef，即为传地址。传地址方式要求实参必须是变量名。

传递过程是：调用过程时，将实参的地址传给形参。此时，实参与形参变量共用同一个存储单元，因此如果在被调过程或函数中修改了形参的值，则主调过程或函数中实参的值也跟着变化。

例 10.11：在下面程序中，如果单击命令后输入 10 和 20，观察立即窗口会显示的结果。

```
Public Sub swap(x As Integer,y As Integer)
```

```
    Dim t As Integer
    t = x: x = y: y = t
End Sub
```

按钮的单击事件如下：

```
Private Sub Command0_Click( )
    Dim x As Integer,y As Integer
    x = InputBox("x =")
    y = InputBox("y =")
    Debug. Print x,y             '显示：10   20
    swap x,y
    Debug. Print x,y             '显示：20   10
End Sub
```

（2）传值

如果在定义过程或函数时，形参的变量名前加 ByVal 前缀，即为传值。

传递过程是：这时主调过程将实参的值传给被调过程的形参后，实参和形参断开了联系，因此如果在被调过程或函数中修改了形参的值，则主调过程或函数中实参的值不会跟着变化。

例 10.12：在下面程序中，如果单击命令后输入 10 和 20，观察立即窗口会显示的结果。

```
Public Sub swap1(ByVal x As Integer,ByVal y As Integer)
    Dim t As Integer
    t = x: x = y: y = t
End Sub
```

按钮的单击事件如下。

```
Private Sub Command0_Click( )
    Dim x As Integer,y As Integer
    x = InputBox("x =")
    y = InputBox("y =")
    Debug. Print x,y             '显示：10   20
    swap1 x,y
    Debug. Print x,y             '显示：10   20
End Sub
```

10.5 VBA 的数据库编程

为了在 VBA 代码中方便地实现对数据库中数据的访问，并开发出更实用的 Access 数据库应用程序，还需要学习 VBA 的数据库编程方法。

10.5.1 VBA 数据库引擎及其接口

数据库引擎是一组动态链接库 DLL（Dynamic Link Library），在程序运行时被连接到 VBA，以实现对数据库的数据访问功能。数据库引擎是应用程序与物理数据库之间的桥梁。

VBA 数据库访问接口是指 VBA 与后台数据库的连接部分，也就是 VBA 与 Access 数据库连接的方法。通过数据访问接口，可以在 VBA 程序代码中访问数据库。

VBA 中，提供了三种基本的数据库访问接口。

1. ODBC（Open Database Connectivity）

ODBC 称为"开放式数据库互联"，它是微软公司开放服务结构中有关数据库的一个组成部分，它建立了一组规范，并提供了一组对数据库访问的标准 API（应用程序编程接口）。ODBC 基于 SQL（Structured Qurey Language），把 SQL 作为访问数据库的标准，用户可以直接将 SQL 语句送给 ODBC。一个基于 ODBC 的应用程序对数据库的操作不依赖任何 DBMS，不直接与 DBMS 打交道，ODBC 可以为不同的数据库提供相应的驱动程序。

2. DAO（Data Access Objects）

DAO 称为"数据访问对象"，是一个面向对象的界面接口，提供一个访问数据库的对象模型，用其中定义的一系列数据访问对象，实现对数据库的各种操作。DAO 基于 Microsoft Jet 引擎，允许直接连接到 Access 表。使用 DAO 编程简单。

3. ADO（ActiveX Data Objects）

ADO 称为"Active 数据对象"，是基于组件的数据库编程接口。ADO 实际是一种提供访问各种数据类型的连接机制，是一个与编程语言无关的 COM（Component Object Model）组件系统。ADO 通过其内部的属性和方法，提供一个能够访问不同数据库的统一接口。

VBA 可以访问的有三类数据库。

1. 本地数据库：即 Access 数据库。

2. 外部数据库：所有索引顺序访问方法（ISAM）数据库，如 VFP。也可以访问文本文件数据库和 Microsoft Excel 或 Lotus1.2.3 电子表格。

3. ODBC 数据库：符合 ODBC 标准的数据库，如 SQL Server、Oracle、SyBase 等。

10.5.2 用 ADO 访问数据库

ADO 是目前 Microsoft 通用的数据访问技术。在 Access 2000 以后的版本中增加了 ADO。ADO 为开发者提供了一个强大的逻辑对象模型。

1. ADO 模型结构

ADO 对象模型定义了一个可编程的分层对象集合，如图 10.24 所示。

ADO 的 3 个成员对象如下。

（1）Connection 对象：建立到数据源的连接。通过"连接"可从应用程序访问数据源，连接是交换数据所必需的环境。

（2）Command 对象：该对象定义了对数据源执行的指定命令。主要作用是在 VBA 中通过

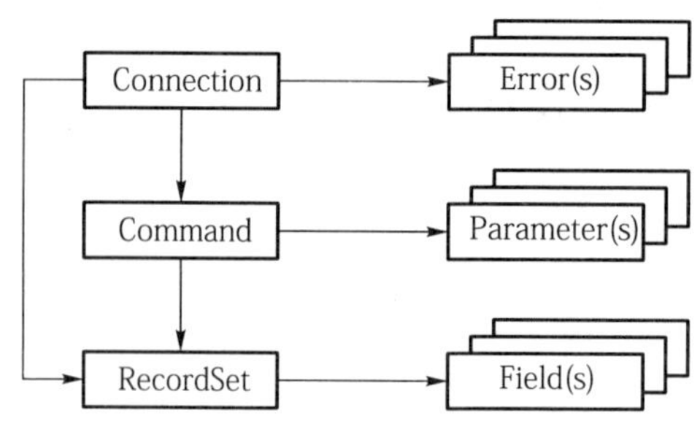

图 10.24　ADO 对象模型

SQL 命令访问、查询数据库中的数据。可以实现 RecordSet 对象不能完成的操作，如创建数据表、修改数表结构、删除表等。

（3）RecordSet 对象：由一组记录组成的记录集合。表示数据操作返回的动态记录集，被缓存在内存中。RecordSet 对象是功能最常用、最重要的接口，可执行的操作有对表中的数据进行查询和统计，在表中添加、更新或删除记录等。

ADO 的 3 个集合对象如下。

（1）Field 对象：表示记录集中的字段。RecordSet 对象具有 Fields 集合。

（2）Error 对象：表示访问数据源时所返回的错误信息。Connection 对象具有 Errors 集合。

（3）Parameters 对象：表示与命令对象有关的参数。Command 对象具有 Parameters 集合。

2. 在 VBA 中引用 ADO 对象

在 VBA 程序中想要使用 ADO 对象来访问数据库，首先应该增加一个对 ADO 对象库的引用。操作如下。

（1）打开 VBE 窗口，选择“工具”菜单下的“引用”命令，弹出对话框。

（2）从对话框列表中选择“Microsoft Active Data Objects 2.1 Library”选项。

3. 用 ADO 访问数据库

利用 ADO 访问数据库时，首先要创建对象变量，然后通过调用对象的方法和设置对象的属性来访问数据库。

声明对象变量的格式如下。

Dim 对象变量名称 as　ADODB. 对象类型

其中 ADODB 是 ADO 类型库的短名称，在 ADO 中声明对象变量时，一般都要加上前缀“ADODB”。如 ADODB. RecordSet 指记录集对象。

用 ADO 访问数据库的一般语句和步骤如下。

（1）建立连接

使用 ADO 编程的第一步，就是建立应用程序和数据源之间的连接。通过使用 Connection 对象来建立连接，方法是：

```
Dim 连接对象 As ADODB.Connection                  '定义连接对象
连接对象.Provider = "Microsoft.Jet.OLEDB.4.0"     '设置数据提供者
连接对象.Open 连接字符串                           '打开数据库
```

说明：

对于当前数据库，VBA 也可以将设置数据提供者和打开数据库两条语句用下面一条语句代替。

Set 连接对象 = CurrentProject. Connection

(2) 建立 RecordSet 对象

与数据库的建立连接后，定义并初始化一个 RecordSet 对象，然后打开该记录集。

```
Dim 记录集对象 As ADODB. RecordSet              '定义记录集对象
Set 记录集对象 = NEW ADODB. RecordSet            '初始化记录集
记录集对象名 . Open 查询字符串                     '打开记录集
```

说明：定义和初始化记录集对象，可以下面一条语句代替。

Dim 记录集对象 as new ADOBD. RecordSet

(3) 引用记录字段

记录集打开时，第一条记录为默认的当前记录，任何对记录集的操作都是对当前记录进行的。引用记录字段的方法有：

```
记录集对象! 字段名称                '直接在记录集对象中引用字段名称
记录集对象("字段名称")
记录集对象 . Fields("字段名称")     '利用记录集对象的 Fields 属性
记录集对象 . Fields(n)              'n 代表记录集中从左至右字段的序号，如第一个字段序
                                    号为 0。
记录集对象 . Fields                 '引用记录集对象的全部字段
```

(4) RecordSet 对象的常用方法

```
MoveFirst                           '记录指针移到第一条记录
MoveNext                            '记录指针移到当前记录的下一条记录
MovePrevious                        '记录指针移到当前记录的上一条记录
MoveLast                            '记录指针移到最后一条记录
AddNew                              '添加一个新记录
Update                              '更新记录
Delete                              '删除记录
```

(5) 关闭记录集

```
记录集对象 . Close                  '关闭记录集
```

(6) 断开连接

```
连接对象 . Close                    '关闭连接
```

(7) 释放空间

ADO 对象被关闭后，仍在内存中，释放对象变量的方法是：

Set 对象变量 = Nothing

例 10.13：用 ADO 访问数据库

在窗体上建 3 个文本框 t1、t2 和 t3，分别显示“课程编号”、“课程名称”和“开课系别”，6 个命令按钮 c1，c2，c3，c4，c5，c6，分别表示“首记录”、“末记录”、“上一条”、“下一条”、“增加”和“退出”，如图 10.25 所示。

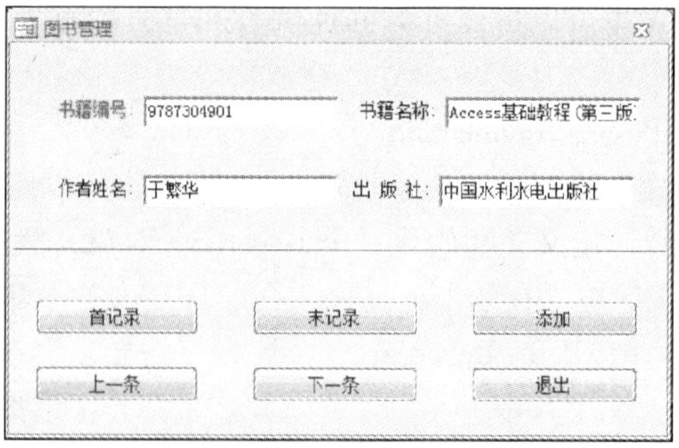

图 10.25　窗体界面

（1）窗体的声明部分代码：

```
Dim cn As ADODB. Connection        '定义连接对象
Dim rs1 As ADODB. Recordset        '定义记录集对象
Dim rs2 As ADODB. Recordset        '定义记录集对象
Dim strsql As String
```

（2）Form 的 Load 事件代码：

```
Set cn = CurrentProject. Connection   '设置本地数据库
Set rs1 = New ADODB. Recordset        '初始化记录集对象 rs1
rs1. Open "图书信息表",cn,adOpenDynamic,adLockOptimistic,adCmdTable
                                      '打开记录集 rs1
TxtBH = rs1. Fields("书籍编号")
TxtMC = rs1. Fields("书籍名称")
TxtXM = rs1. Fields("作者姓名")
TxtCBS = rs1. Fields("出版社")
```

（3）命令按钮 c1 的单击事件代码（首记录）：

```
rs1. MoveFirst                        '记录指针移到首记录
TxtBH = rs1. Fields("书籍编号")
TxtMC = rs1. Fields("书籍名称")
TxtXM = rs1. Fields("作者姓名")
TxtCBS = rs1. Fields("出版社")
```

（4）命令按钮 c2 的单击事件代码（末记录）：

```
rs1. MoveLast                         '记录指针移到末记录
TxtBH = rs1. Fields("书籍编号")
TxtMC = rs1. Fields("书籍名称")
TxtXM = rs1. Fields("作者姓名")
TxtCBS = rs1. Fields("出版社")
```

（5）命令按钮 c3 的单击事件代码（上一条）：

```
rs1. MovePrevious                     '指针移到上一条记录
```

```
If Not rs1. BOF Then                    '判断指针是否到达首记录之前
  TxtBH = rs1. Fields("书籍编号")
  TxtMC = rs1. Fields("书籍名称")
  TxtXM = rs1. Fields("作者姓名")
  TxtCBS = rs1. Fields("出版社")
End If
```

(6) 命令按钮 c4 的单击事件代码（下一条）:

```
rs1. MoveNext                           '指针移到下一条记录
If Not rs1. EOF Then                    '判断指针是否到达末记录之后
  TxtBH = rs1. Fields("书籍编号")
  TxtMC = rs1. Fields("书籍名称")
  TxtXM = rs1. Fields("作者姓名")
  TxtCBS = rs1. Fields("出版社")
End If
```

(7) 命令按钮 c5 的单击事件代码:（增加）

```
Set rs2 = New ADODB. Recordset          '初始化记录集对象 rs2
rs2. Open "select 书籍编号,书籍名称,作者姓名,出版社 from 图书信息表 Where 书籍编号
 ='" + TxtBH + " '",cn,adOpenDynamic,adLockOptimistic,adCmdText '打开记录集 rs2
If rs2. EOF = False Then
    MsgBox "该书籍编号已存在,不能追加!"
Else
    strsql = "Insert Into 图书信息表(书籍编号,书籍名称,作者姓名,出版社) "
    strsql = strsql + "Values('" + TxtBH + "','" + TxtMC + "','" + TxtXM + " ','" + TxtCBS + "') "
    cn. Execute strsql                  '执行指定的 SQL 语句
    MsgBox "添加成功,请继续!"
End If
    rs2. Close                          '关闭记录集 rs2
    Set rs2 = Nothing                   '释放记录集对象变量所占内存空间
```

(8) 命令按钮 c6 的单击事件代码:（退出）

```
rs1. Close                              '关闭记录集 rs1
cn. Close                               '关闭连接
Set rs1 = Nothing                       '释放记录集对象变量所占内存空间
Set cn = Nothing                        '释放连接对象变量所占内存空间
DoCmd. Close
```

说明:

在程序中，用“ + t1 + ”取得文本框 t1 中的值，原来用双引号定界的地方改为单引号。两个相同的引号不能连着写。

Execute 是 Command 对象和 Connection 对象的方法，执行指定的查询，并将执行产生的结

果存储在 Recordset 对象中。

例 10.14： 编写一个使用 ADO 访问数据库的程序，来完成对默认目录下“图书管理系统.mdb”文件中“借阅类型表”的借阅时长都增加 30 天的操作。代码如下。

```
Dim cn As New ADODB. Connection                         '建立连接对象
Dim rs As New ADODB. Recordset                          '建立记录集对象
Dim fd As ADODB. Field                                  '定义字段对象
Dim strSQL As String                                    '查询字符串
cn. Provider = "Microsoft. jet. oledb. 4. 0"            '设置数据提供者
cn. Open"图书管理系统 . mdb"                              '打开与数据源的连接
strSQL = "select 借阅时长 from 借阅类型表"                  '设置查询语句
rs. Open strSQL,cn,adOpenDynamic,adLockOptimistic,adCmdText
                                                        '打开记录集
Set fd = rs. Fields("借阅时长")
Do While Not rs. EOF                                    '对记录集用循环结构进行遍历
    fd = fd  +30                                        '借阅时长加 30 天
    rs. Update                                          '更新记录，并保存
    rs. MoveNext                                        '记录指针移动至下一条
Loop
rs. Close                                               '以下语句为关闭并释放对象变量
cn. Close
Set rs = Nothing
Set cn = Nothing
```

10.5.3　数据库访问的几个重要函数

1. DCount（表达式，记录集［，条件式］）

说明：返回指定记录集中记录的个数。

例如:DCount("学号","读者信息表","性别 ='女'")　'返回女生的人数

2. DAvg（表达式，记录集［，条件式］）

说明：返回指定记录集中某字段数据的平均值。

例如：DAvg("书籍价格","图书信息表")　'返回平均书籍价格

3. DSum（表达式，记录集［，条件式］）

说明：返回指定记录集中某字段数据的和。

例如：DSum("罚款金额"," 借阅情况表")　'返回罚款金额总数

4. DLookUp（表达式，记录集［，条件式］）

说明：返回指定记录集中某字段的值，如果条件返回多个记录，则返回第一个记录相应字段的值。

例如：DLookUp("作者姓名","图书信息表"," 书籍名称 ='计算机网络基础'")'返回书籍

名称为计算机网络基础'的作者姓名

5. Nz（表达式或字段属性值[,指定值]）

说明：将 Null 值转换为 0，空字符串，或其他指定值，无指定值时，将数值型字段中的 NULL 转换为 0，将字符型字段的 Null 转换为空字符串。

10.6 VBA 程序的调试

调试就是在程序的运行过程的某一阶段，利用各种工具观察程序的状态。程序的调试是应用程序开发过程中必不可少的环节，在编写的程序投入实际运行前，需要对其进行调试，以便找到其中的错误并修正错误。VBA 的编程环境 VBE 提供了丰富的调试工具。常用的调试手段有设置断点、单步跟踪和设置监视点等。

1. 设置断点

在代码窗口程序中可能存在问题的语句上人为地设置断点，当程序运行到设置了断点的语句时，会自动暂停程序的运行，此时程序员可以查看程序此时的状态，如变量、属性、表达式的值等情况。

设置/取消断点的方法是，先选择断点所在的语句行，然后按如下步骤操作

（1）单击“调试”菜单（或工具栏）中的“切换断点”命令，可以设置和取消断点。

（2）按 F9 键设置或取消断点。

（3）单击断点所在语句行左侧的灰色边界标识条，再次单击边界标识条可取消断点。

断点可以设置多个，设置好“断点”的语句行亮条显示，如图 10.26 所示。

2. 单步跟踪

如果要调试的程序比较复杂，人工模拟很困难，这时可以单步跟踪程序的运行，即每执行一条语句后都自动进入中断状态，直到找到问题所在。设置断点和单步跟踪相结合，是最简单有效的程序调试方法。

单步跟踪程序的方法是将光标置于要执行的过程内，然后按如下步骤进行。

（1）单击“调试”菜单（或工具栏）中的“逐语句”命令。

（2）或按 F8 键设置。

3. 设置监视点

即设置监视表达式。一旦监视表达式的值为真或改变，程序也会自动进入中断模式。

设置监视点的方法如下。

（1）选择“调试”菜单中的“添加监视”命令，弹出“添加监视”对话框，如图 10.27 所示。

（2）在“模块”下拉列表框中选择被监视过程所在的模块，在“过程”下拉列表框中选择要监视的过程，在“表达式”文本框中输入要监视的表达式。

（3）最后在“监视类型”栏中选择监视类型。

4. 调试窗口

VBA 为调试提供了“立即”窗口、“本地”窗口和“监视”窗口，在这些窗口中可以观

察有关变量、属性的值。借助这些窗口，再加上设置断点等调试手段，可以帮助程序员查找和排除错误，如图 10.28 所示。

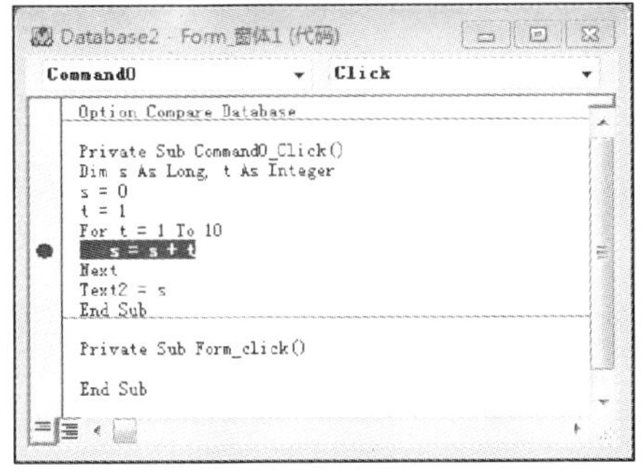

图 10.26 设置断点

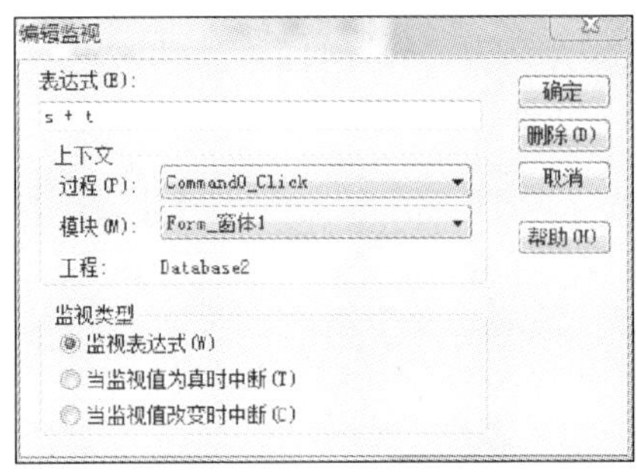

图 10.27 添加监视图

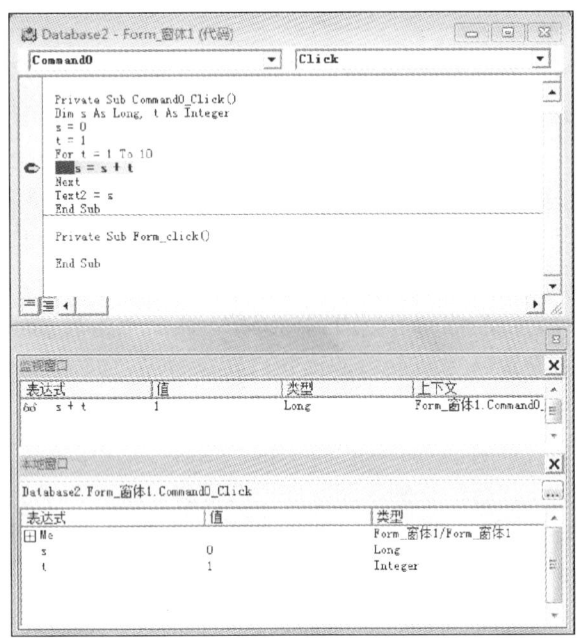

图 10.28 程序运行到断点处时的界面及调试窗口

（1）“立即” 窗口

在立即窗口输入程序语句，按回车键后该语句会立即执行。可利用立即窗口直接赋值或直接使用 Print 方法显示表达式的值。

（2）“本地” 窗口

在中断模式下，本地窗口会自动显示出所有在当前过程中所有变量的说明和值。

（3）“监视” 窗口

在中断模式下，监视窗口会自动显示当前的监视表达式及其值。监视表达式是程序中某些关键变量或表达式，需要事先设置好监视点。

利用以上调试工具来查找程序错误原因，一般的操作步骤如下。

（1）在代码窗口中设置断点。如图所示，为了解循环过程中变量 s 和 t 的变化情况，可在语句 s = s + t 处设置断点。

（2）重新运行程序，程序在断点处中断运行，进入中断模式，断点处高亮显示。

（3）打开本地窗口，查看此时各个变量及属性值的变化情况。同时也可打开监视窗口查看“监视表达式”的值及变化，如图 10.28 所示。

（4）按 F5 键运行下一个断点，或者按 F8 键让程序逐语句单步跟踪。

（5）重复第（4）步操作。

10.7 VBA 程序运行错误处理

在编写程序代码中，程序错误是不可避免的。VBA 中提供 On Error 语句来控制当有错误发生时程序应如何处理。On Error 指令有三种语法结构。

格式 1：On Error GoTo 标号

语句在遇到错误发生时程序转移到标号所指定位置的代码处执行。

格式 2：On Error Resume Next

语句在遇到错误发生时会忽略错误，并继续执行下一条语句。

格式 3：On Error GoTo 0

语句用于关闭错误处理。

本章小结

本章主要介绍了模块有标准模块和类模块两种类型。讲述了面向对象程序设计的基本概念、VBA 编程基础、程序控制、过程调用、VBA 数据库编程等。其中对象、事件和方法的概念、程序流程控制、过程调用、ADO 的使用是本章的难点，读者应重点理解。

第 11 章　数据库管理与安全

除了在前面章节中讲到的数据库设计和数据库工作程序的知识，还需要学习有关数据库的安全与管理方面的知识。通过本章的学习，了解如何保证数据库系统安全可靠的运行，在创建了数据库之后如何对数据库进行安全管理和保护。Access 2010 提供了一些对数据库进行安全管理的保护措施。本章介绍 Access 2010 提供的安全功能和使用 Access 2010 提供的工具来实现数据库安全的操作。

引例：

利用链接表导入数据

所谓链接，就是在源文件和要建立的目标文件间建立一个映射，当源文件被修改以后，修改后的结果也会同步显示到目标文件中。利用链接表向新建的“导入导出示例 . accdb”数据库中导入 Access 数据。

（1）启动 Access 2010，打开“数据导入导出示例 . accdb”数据库。

（2）单击“外部数据”选项卡下“导入”组中的 Access 按钮，弹出“获取外部数据—Access数据库”对话框，并选中“通过创建链接表来链接到数据源”选项，如图 11.1 所示。

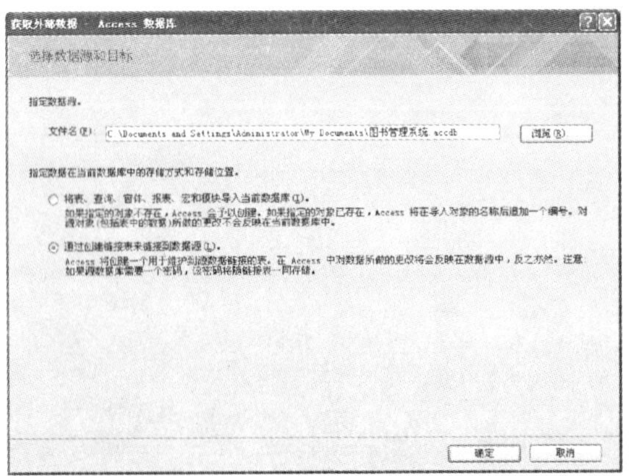

图 11.1　获取外部数据对话框

(3) 单击“浏览”按钮，在“打开”对话框中选择“C：\ Documents and Settings \ Administrator \ My Documents \ 图书管理系统 . accdb”数据库，单击“确定”按钮，弹出“链接表”对话框，如图 11.2 所示。

(4) 在对话框中选择“图书细类表”，单击“确定”按钮，完成数据的导入。用户可以在导航窗格中看到该链接表，该表前面有一个小箭头，如图 11.3 所示。

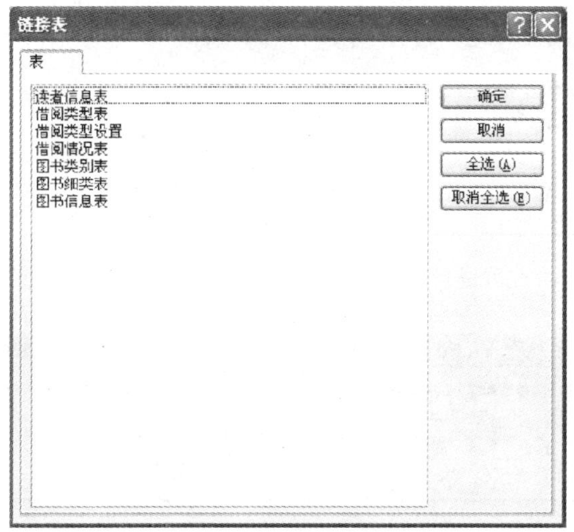

图 11.2　链接表对话框

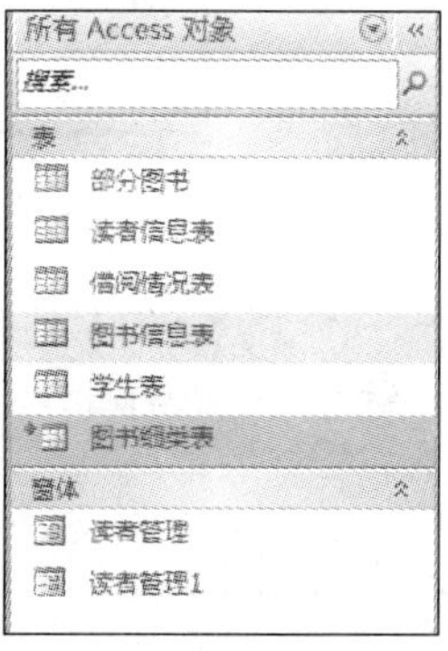

图 11.3　导航窗格

双击打开“图书细类表”，可以看到数据表中各条记录，如图 11.4 所示。

图书细类表

类别代码	细类代	书籍细类
A	A1	马克思、恩格斯著作
A	A2	列宁著作
A	A3	斯大林著作
A	A4	毛泽东著作
A	A5	马克思、恩格斯、列宁、斯大林、毛泽东著作
A	A7	马克思、恩格斯、列宁、斯大林、毛泽东的生
A	A8	马克思主义、列宁主义、毛泽东思想的学习和
B	B0	哲学理论
B	B1	世界哲学
B	B2	中国哲学
B	B3	亚洲哲学
B	B4	非洲哲学
B	B5	欧洲哲学
B	B6	大洋洲哲学
B	B7	美洲哲学
B	B8	逻辑科学总论
B	B9	无神论、宗教
B	BA	逻辑学
B	BB	伦理学
B	BC	美学
B	BD	心理学
C	C0	社会科学理论与方法论

记录：第 1 项(共 180 项)　无筛选器　搜索

图 11.4　数据表视图

链接表和一般的数据表还有一些不同之处，在使用时要特别注意以下两点。一是在导航窗格中选定链接表，按下 Delete 键，系统会弹出如图 11.5 所示的确认删除对话框。对话框中提示，用户删除的是数据的链接信息，而不是数据表本身。二是建立了链接表，那么当在表的“设计视图”中对表的设计进行修改时，就会破坏这种链接，导致数据记录的丢失。在导航窗格右击链接表，在弹出的右键菜单中选择“设计视图”选项，则会弹出如图 11.6 所示的提示框。

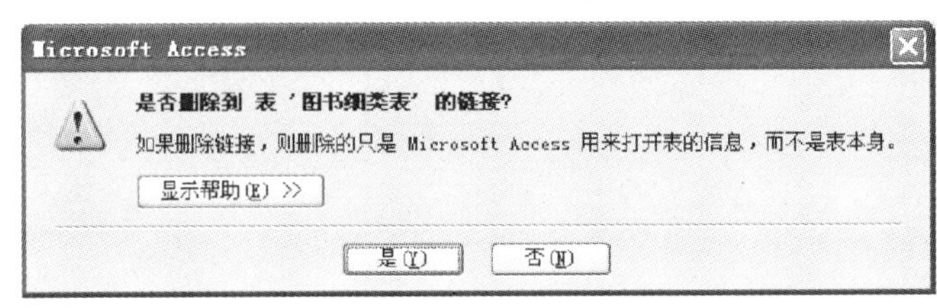

图 11.5　删除链接表对话框

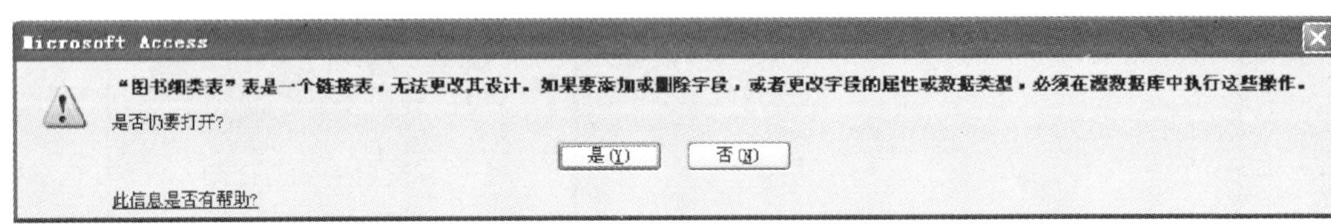

图 11.6　设计表结构对话框

11.1　不同版本 Access 数据库的转换

不同版本的 Access 数据库的数据结构是不同的，为了使不同版本的 Access 建立的数据库在其他版本的 Access 中也可以使用，就需要将不同版本之间的数据库文件进行转化。在创建新的空白数据库时，Access 会要求为数据库文件命名。默认情况下，文件扩展名为“. accdb”，这种文件是采用 Access 2007—2010 文件格式创建的，在早期版本的 Access 中无法打开。在实际应用当中，不同的用户安装的 Access 版本也不同，但是要使用同一个数据库，这时就出现了版本之间的兼容性问题。兼容性规则是新版本对旧版本的兼容，高版本向低版本的兼容，是不可逆向兼容的。在 Access 2010 中，可以选择采用 Access 2000 格式或 Access 2002—2003 格式（扩展名均为：“. mdb”）创建文件。在成功创建新的数据库文件时，生成的文件将采用目前的版本。

首先介绍更改默认文件格式。

(1) 启动 Access 2010。

(2) 在“文件”选项卡下，单击“选项”命令，打开“Access 选项”对话框，如图 11.7 所示。

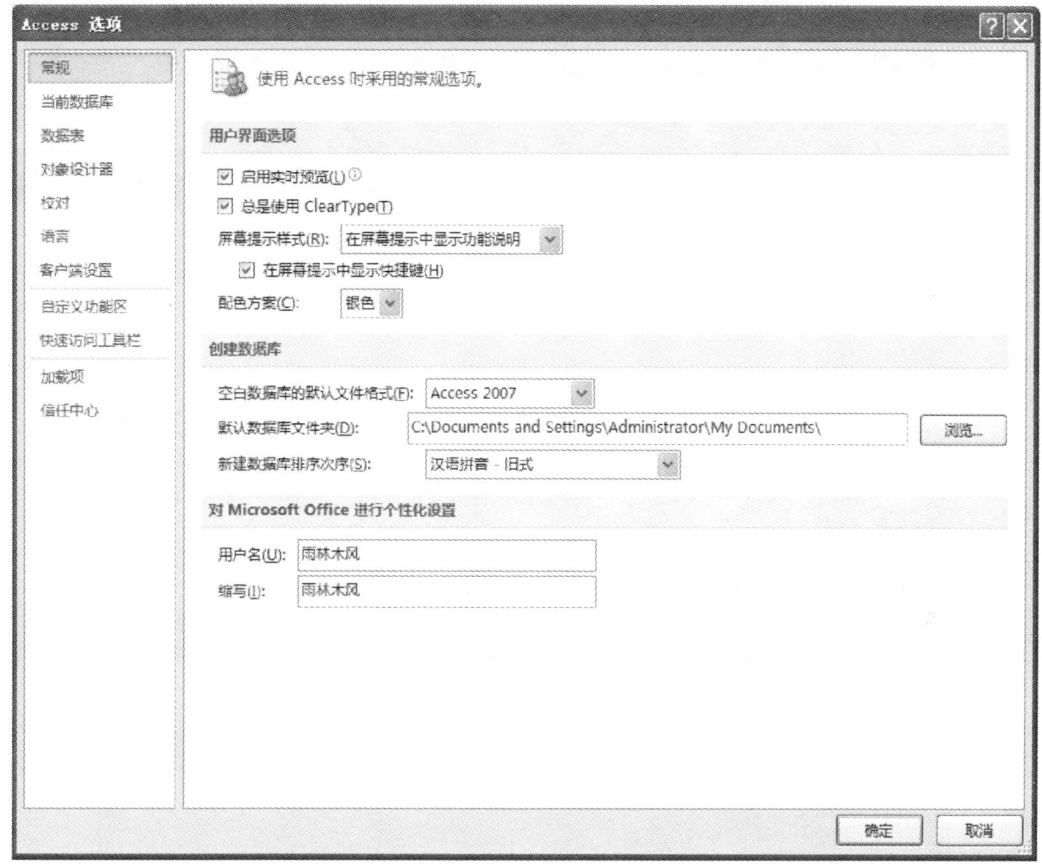

图 11.7 “Access 选项”对话框。

(3) 在“Access 选项”对话框左侧窗格中，单击“常规”选项。

(4) 在“创建数据库”下的“默认文件格式”框中，选择要作为默认设置的文件格式，单击“确定”按钮，如图 11.7 所示。

(5) 设置完“创建数据库”的默认格式后，创建的就是该版本格式的数据库。

下面再介绍转换数据库的格式。如果要将现有的 . accdb 数据库转换为其他格式（例如早期的数据库 2000—2003 版本的 . mdb 格式，或者是模板 . accdt 格式），那么可以在“将数据库另存为”命令下选择格式。

(1) 单击“文件”选项卡，在对话框左侧窗体中，单击“保存并发布”选项。

(2) 在“数据库文件类型”中选择要保存的格式即可，这里选择另存为“2002—2003 版本的 . mdb 格式”，如图 11.8 所示。

(3) 在另存为的对话框中的“保存类型”中可以看到此时的文件格式为 2002—2003 版本的 . mdb 格式，如图 11.9 所示。

此命令除了保留数据库原来的格式之外，还按照用户指定格式创建一个数据库副本。

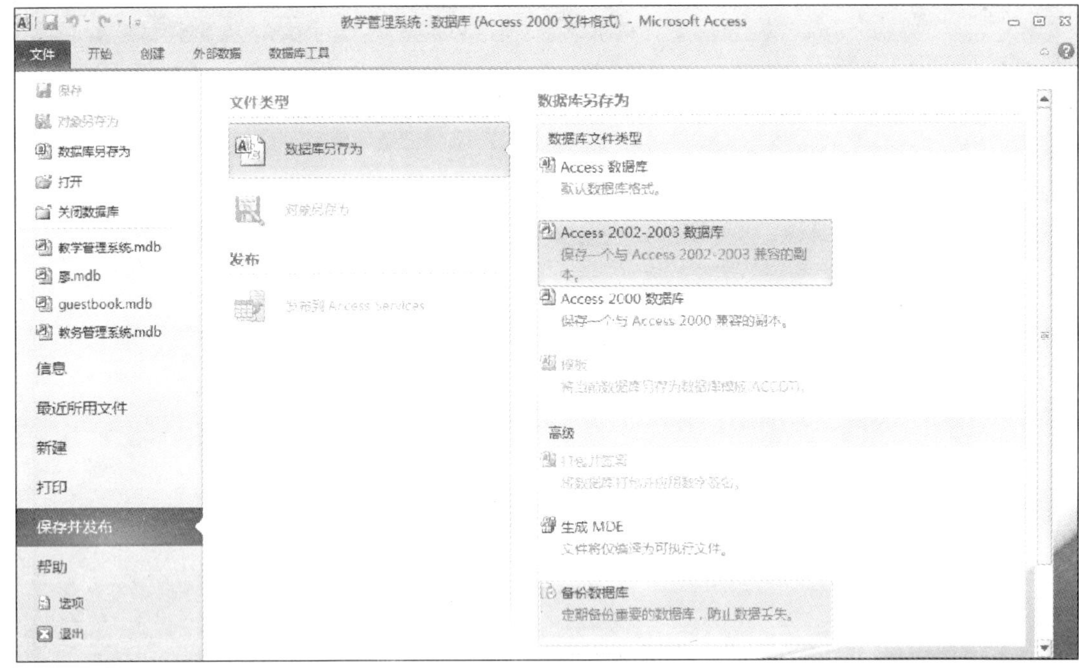

图 11.8　数据库另存为

图 11.9　另存为对话框

11.2　数据的导入、导出

Access 作为一种典型的开放型数据库，支持与其他类型的数据库文件进行数据的交换和共享，同时也支持与其他类型的 Windows 程序创建的数据文件进行交换。数据的导入、导出及链接是指将 Access 当前数据库与其他数据库或外部数据源之间的数据相互复制的过程。其他数据库可以是 Access 数据库或非 Access 数据库，外部数据源可以是电子表格、文本格式的文件或是网页文档。这个功能可以在很大程度上增加数据的共享性，提高数据的处理能力。

11.2.1 数据的导入

1. 导入 Access 数据

例 11.1：新建一个数据库，并向里面导入“图书管理系统.accdb”数据库中的数据。

（1）启动 Access 2010，选择“空白数据库”选项，并在屏幕右下角输入数据库名称为“导入示例.accdb”，如图 11.10 所示。

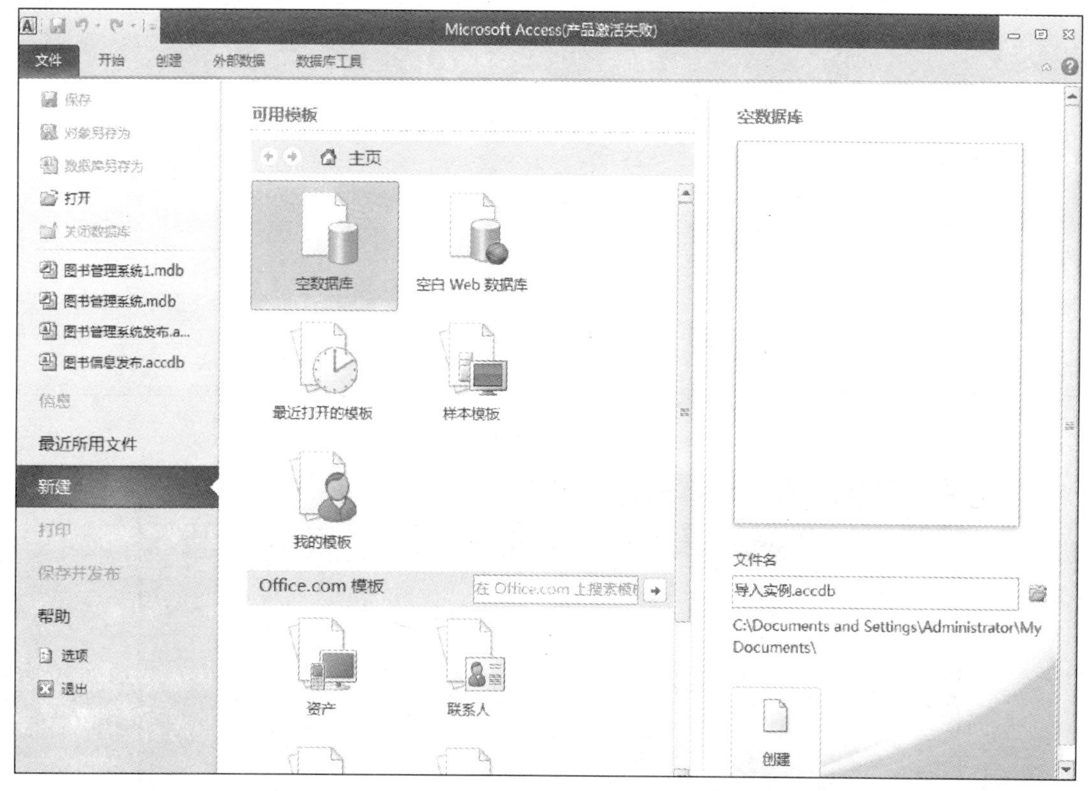

图 11.10 新建数据库窗口

（2）单击“创建”按钮，建立一个空白数据库，并自动新建了一个数据表，如图 11.11 所示。

（3）关闭该空白表，单击“外部数据”选项卡下“导入”组中的 按钮，弹出“获取外部数据 - Access 数据库”对话框，如图 11.12 所示。

（4）在对话框中单击“浏览”按钮，在“打开”对话框中选择“C:\Documents and Settings\Administrator\My Documents\图书管理系统.accdb”数据库，并且在下面选择“将表、查询、窗体、报表、宏和模块导入当前数据库”单选按钮，单击“确定”按钮，进入“导入对象”对话框，如图 11.13 所示。

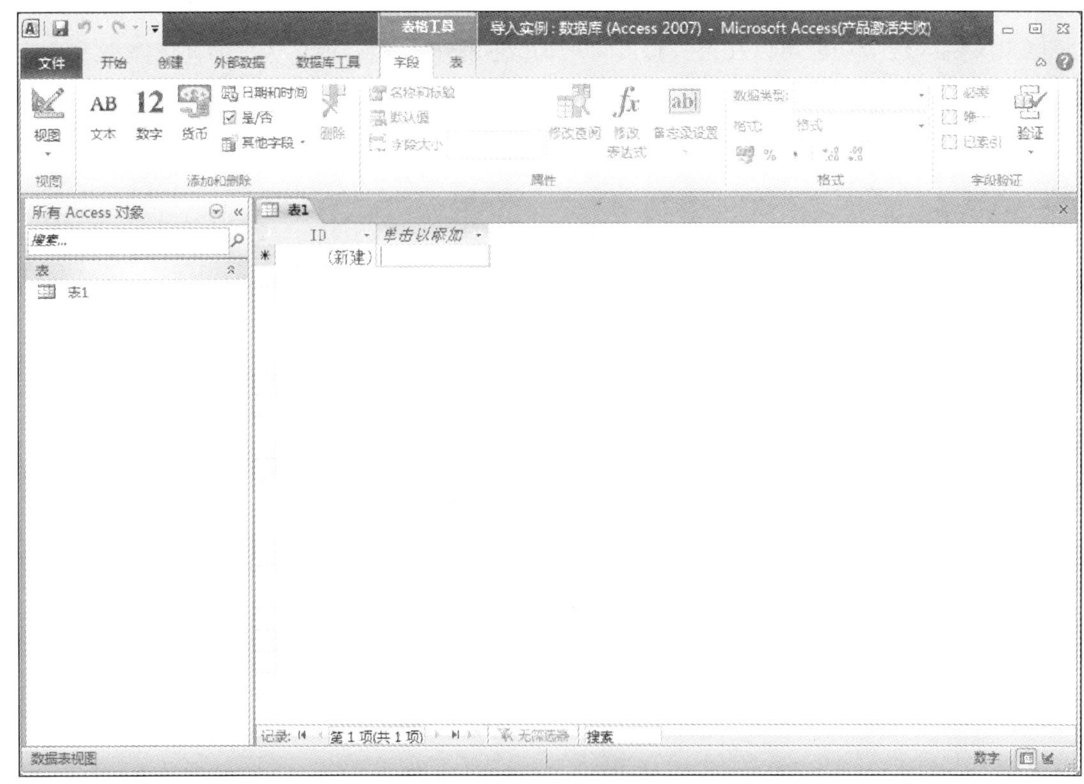

图 11.11　数据库窗口

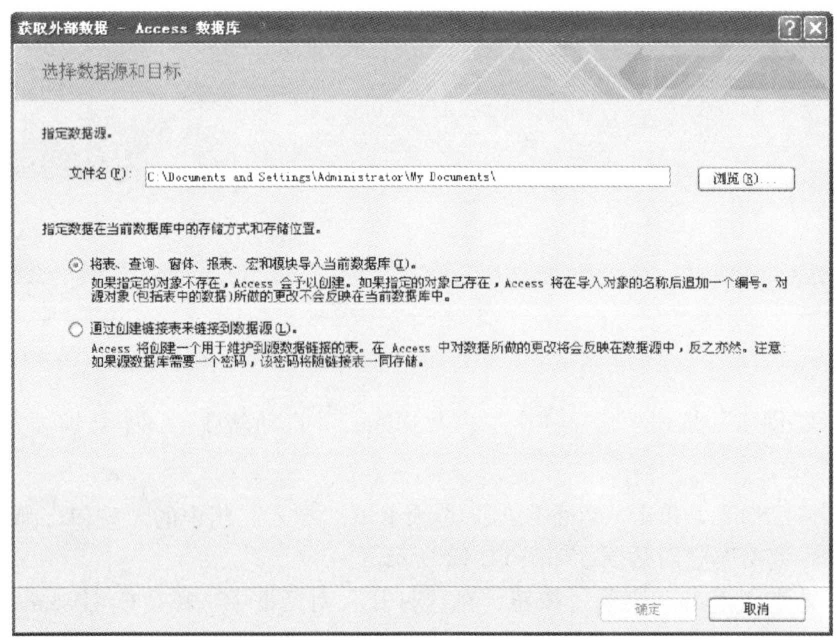

图 11.12　“获取外部数据 - Access 数据库”对话框

(5) 在“导入对象”对话框中选择要导入的数据库对象。在本例中，选择“读者信息表”和“借阅情况表”，在“窗体”选项卡下选择“读者管理”窗体。单击“选项”按钮，则在“导入对象”对话框中显示关于导入数据的选项，如图 11.14 所示。

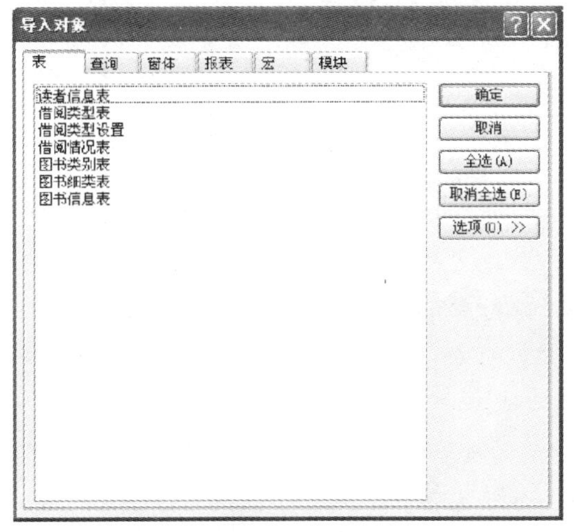

图 11.13　导入对象对话框（1）

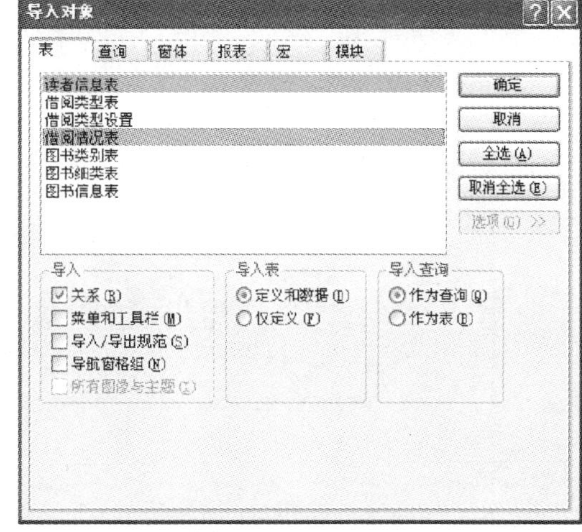

图 11.14　导入对象对话框（2）

(6) 单击“确定”按钮，即可向当前数据库中导入选定的数据库对象。

(7) 在导入数据以后，Access 会继续弹出“获取外部数据”对话框，询问是否要保存该导入步骤，如图 11.15 所示。

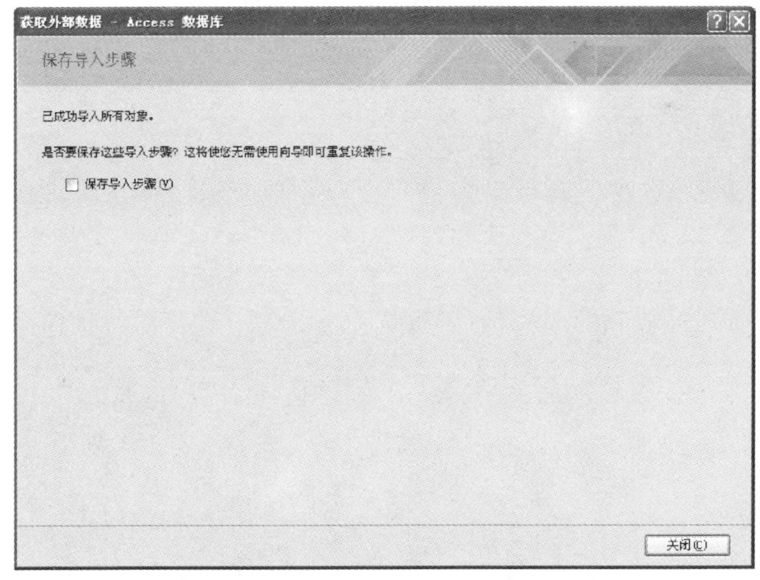

图 11.15　获取外部数据对话框（1）

(8) 选中“保存导入步骤”复选框，则会显示保存步骤信息框，要求用户输入必要的信息，如“另存为”、“说明”等，并且在对话框的下方，会询问是否要建立一个 Outlook 任务，如图 11.16 所示。

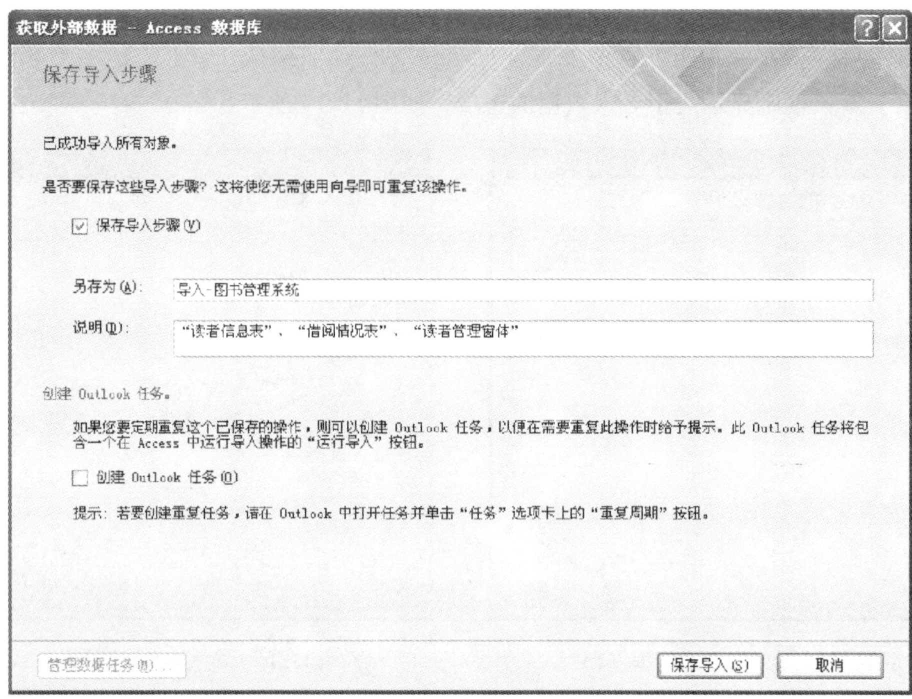

图 11.16　获取外部数据对话框（2）

（9）单击“保存导入”按钮，保存该导入步骤。这样就完成了从外部数据库导入数据的操作。在导航窗格中，可以看到已经导入的数据对象，如图 11.17 所示。

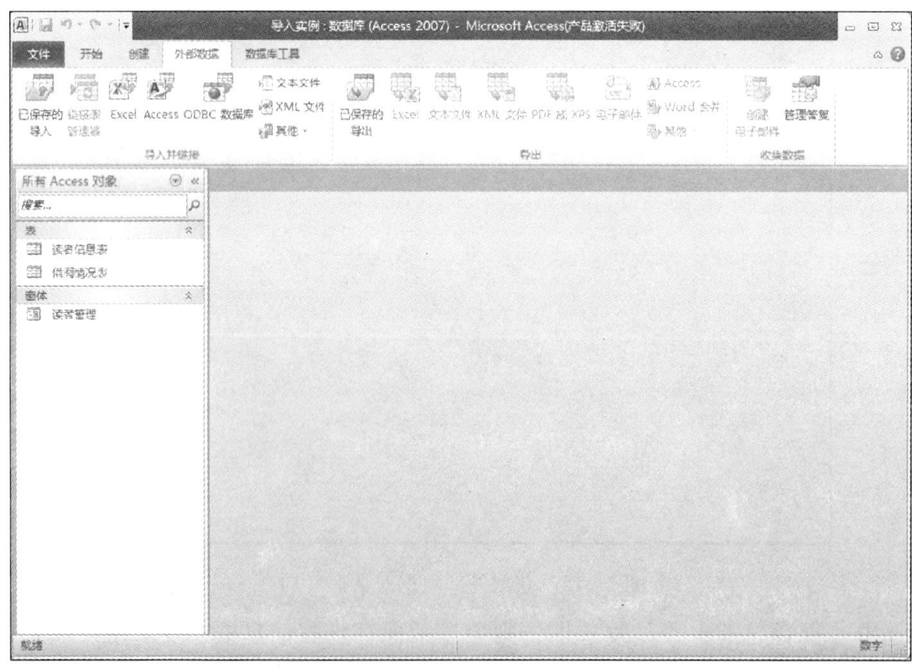

图 11.17　数据库窗口

导入完成以后，在上面选定的各个数据对象就会成为当前数据库中的内容，与在本数据库中创建的对象完全相同。并且如果在“导入”选项组中选中了“关系”复选框，表关系也会一起导入。但是由于以下两个原因，导入的数据也可能无法正常使用，原因一是查询、窗体等数据对象导入以后，如果当前的数据库中没有它们的源数据表，将无法正常使用。二是当宏和VBA模块导入以后，如果没有相应的窗体、报表等对象，也可能无法正常使用。

2. 导入Excel数据

例11.2： 向新建的“数据导入导出示例.accdb”数据库中导入Excel电子表格数据。

（1）启动Access 2010，打开“数据导入导出示例.accdb”数据库。

（2）单击“外部数据”选项卡下“导入”组中的Excel按钮，弹出“获取外部数据 - Excel电子表格”对话框，如图11.18所示。

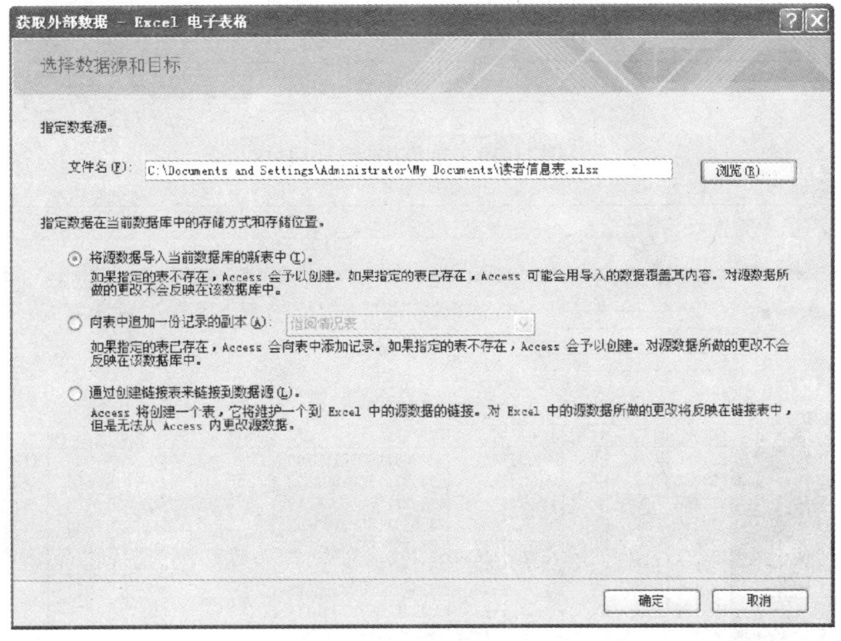

图11.18　获取外部数据电子表格对话框

（3）单击对话框中的“浏览”按钮，在“打开”对话框中选择“C:\Documents and Settings\Administrator\My Documents\读者信息表.xlsx”文件，并且在下面选择“将源数据导入到数据库的新表中”单选按钮，单击“确定”按钮，弹出“导入数据表向导”对话框。可以看到该Excel电子表格中共有3张Sheet表，选择“显示工作表”单选按钮和Sheet1选项，单击“下一步”按钮，弹出选定字段名称的对话框，如图11.19所示。

（4）选中“第一行包含列标题”复选框，单击“下一步”按钮，弹出指定字段对话框，单击下面预览窗口中的各个列，则可以在上面显示相应的字段信息，设置字段名称、数据类型等信息，如图11.20所示。

（5）单击“下一步”按钮，弹出设置主键对话框，选中“我自己选择主键”单选按钮，并选择“学号”字段，如图11.21所示。

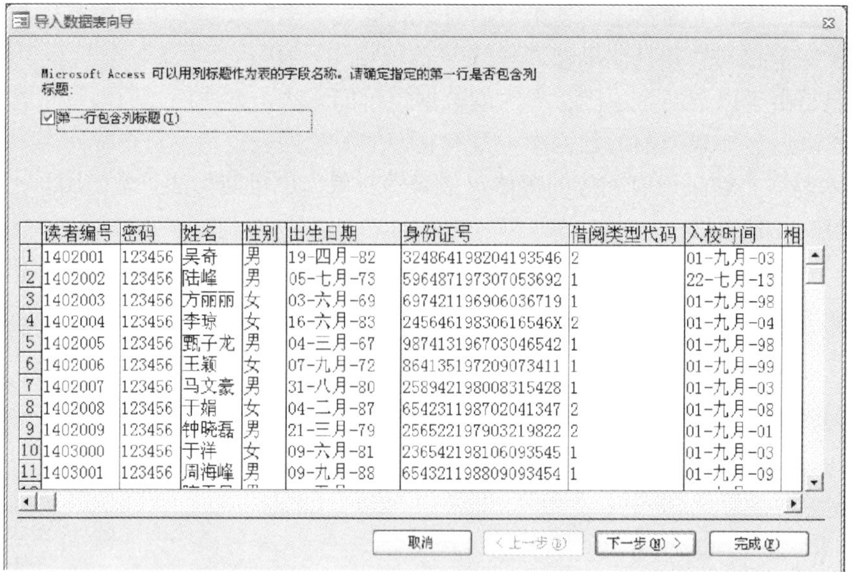

图 11.19　导入表向导（1）

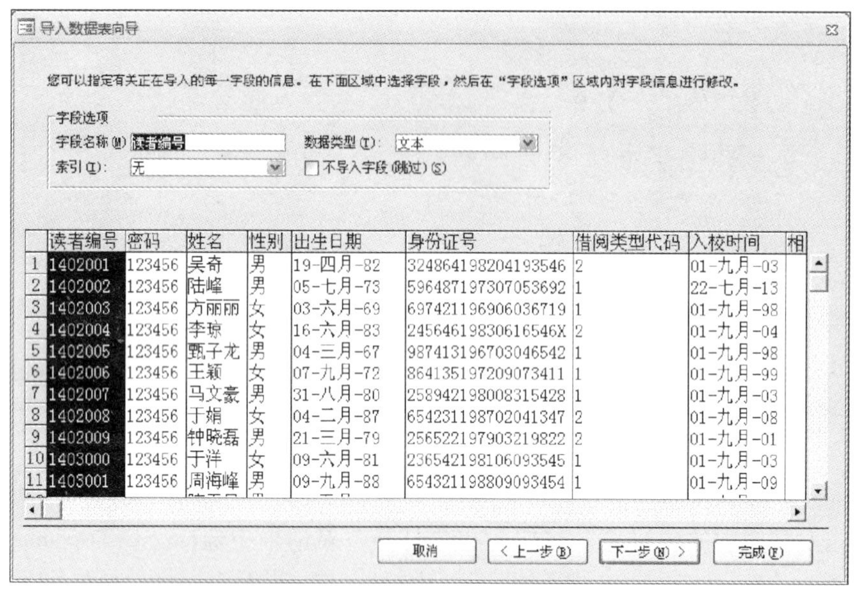

图 11.20　导入表向导（2）

（6）单击“下一步”按钮，在弹出的对话框中输入数据表名称为“学生名单表”，单击“完成”按钮，弹出是否要保存导入步骤的对话框，如图 11.22 所示。

（7）和例 11.1 一样，输入必要的说明信息，单击“保存导入”按钮，完成导入数据和保存导入步骤。在导航窗格中可以看到，“学生表”已经导入。

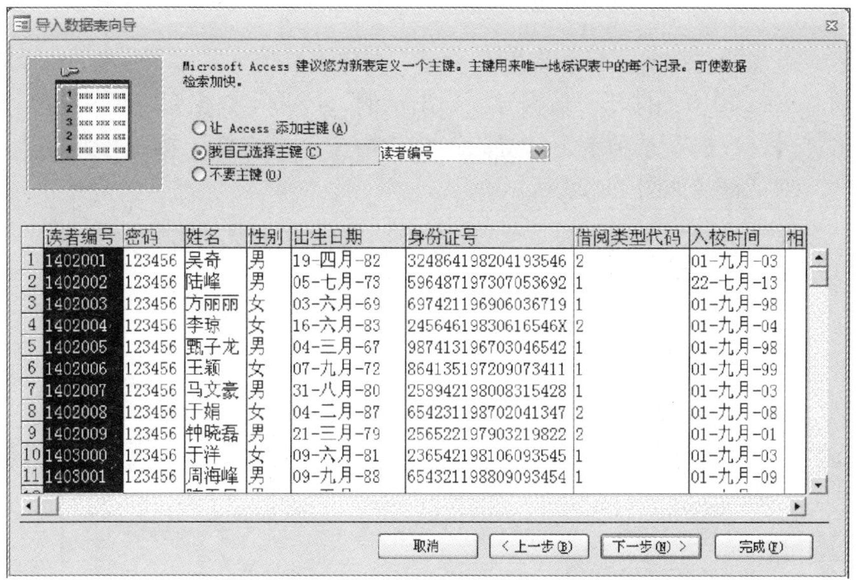

	读者编号	密码	姓名	性别	出生日期	身份证号	借阅类型代码	入校时间
1	1402001	123456	吴奇	男	19-四月-82	324864198204193546	2	01-九月-03
2	1402002	123456	陆峰	男	05-七月-73	596487197307053692	1	22-七月-13
3	1402003	123456	方丽丽	女	03-六月-69	697421196906036719	1	01-九月-98
4	1402004	123456	李琼	女	16-六月-83	24564619830616546X	2	01-九月-04
5	1402005	123456	甄子龙	男	04-三月-67	987413196703046542	1	01-九月-98
6	1402006	123456	王颖	女	07-九月-72	864135197209073411	1	01-九月-99
7	1402007	123456	马文豪	男	31-八月-80	258942198008315428	1	01-九月-03
8	1402008	123456	于娟	女	04-二月-87	654231198702041347	2	01-九月-08
9	1402009	123456	钟晓磊	男	21-三月-79	256522197903219822	2	01-九月-01
10	1403000	123456	于洋	女	09-六月-81	236542198106093545	1	01-九月-03
11	1403001	123456	周海峰	男	09-九月-88	654321198809093454	1	01-九月-09

图 11.21 导入表向导（3）

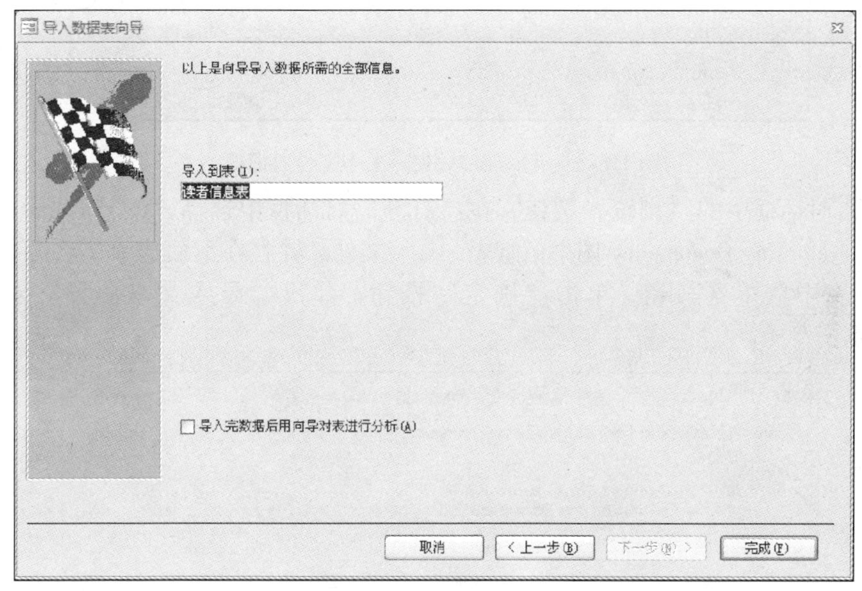

图 11.22 导入表向导（4）

3. 导入 TXT 文本数据

将文本数据导入 Access 的原因通常有以下两种，一是有些数据格式是无法被 Access 直接识别的，但是希望在数据库中使用这些数据。可以首先将源数据导出为文本文件，然后将文本文件的内容导入到 Access 表中。二是使用 Access 来管理数据，但是定期从其他程序中接收文本格式的数据。

导入文本数据的方式，就是按照一定的数据分隔符号或数据宽度，将文本中的数据自动分配到数据表中。

例 11.3：向新建的“数据导入导出示例 . accdb”数据库中导入“读者信息 . txt”文本数据。

(1) 启动 Access 2010，打开“数据导入导出示例 . accdb”数据库。

(2) 单击“外部数据”选项卡下“导入”组中的“文本文件”按钮，弹出“获取外部数据 - 文本文件”对话框，如图 11.23 所示。

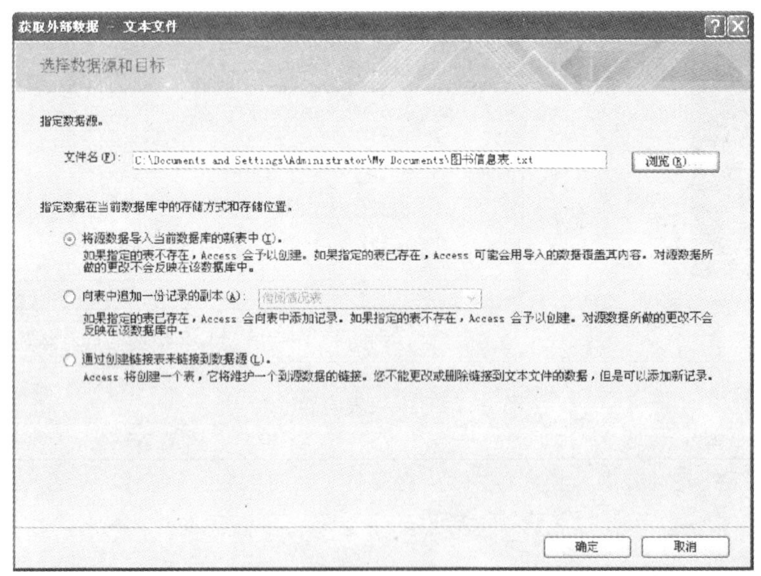

图 11.23　获取外部数据 - 文本文件对话框

(3) 单击对话框中的“浏览”按钮，在“打开”对话框中选择“C:\Documents and Settings\Administrator\My Documents\图书信息表 . txt”文件，并且在下面选中“将源数据导入到数据库的新表中”单选按钮，单击“确定”按钮，弹出“导入文本向导”对话框，如图 11.24所示。

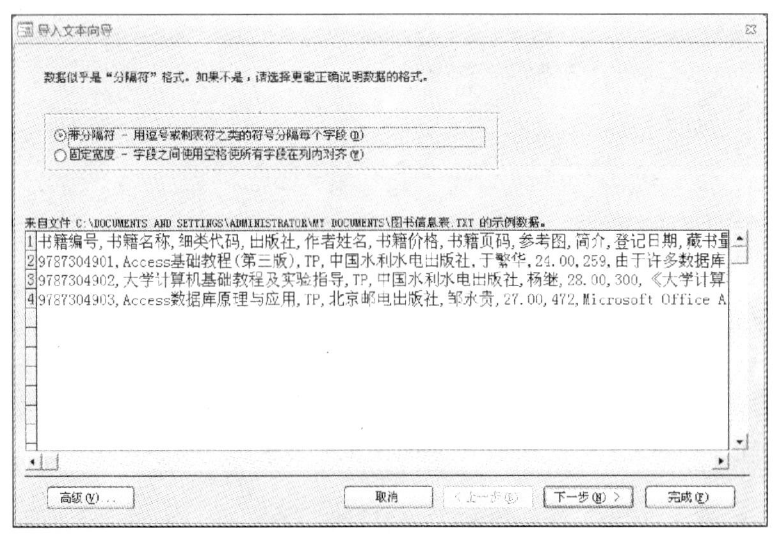

图 11.24　导入文本向导 (1)

（4）可以看到数据出现乱码。单击“高级”按钮，弹出导入规格对话框，用户可以在该对话框中对文本的文件格式、编码类型等进行设置，将“代码页”下拉列表框中的“土耳其文（Windows）”选项更改为“简体中文（GB2312）”，单击“确定”按钮，即可正确显示数据文件，如图 11.25 所示。

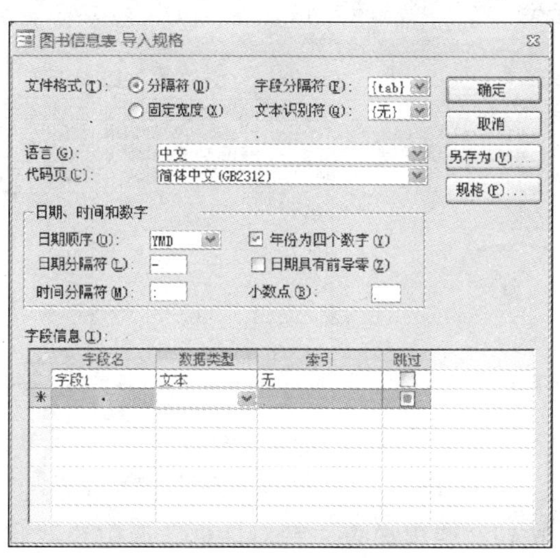

图 11.25　导入文本向导（2）

（5）使用“分隔符”选项，单击“下一步”按钮，弹出选择分隔符对话框，用户在对话框中选择数据的分隔符，在对话框的下方是预览页面，如图 11.26 所示。

导入文本向导

请确定所需的字段分隔符。选择适当的字段分隔符并在下面的预览窗口中查看文本效果。

请选择字段分隔符：○制表符(T)　○分号(S)　⊙逗号(C)　○空格(P)　○其他(O)：

□第一行包含字段名称(R)　　文本识别符(Q)：{无}

书籍编号	书籍名称	细类代码	出版社	作者姓名	书籍价格	书
9787304901	Access基础教程(第三版)	TP	中国水利水电出版社	于繁华	24.00	25
9787304902	大学计算机基础教程及实验指导	TP	中国水利水电出版社	杨继	28.00	30
9787304903	Access数据库原理与应用	TP	北京邮电出版社	邹永贵	27.00	47

高级(V)...　取消　< 上一步(B)　下一步(N) >　完成(F)

图 11.26　导入文本向导（3）

（6）单击“下一步”按钮，弹出设置字段对话框。用户在对话框中设置每一个列的字段名称、数据类型等，如图 11.27 所示。

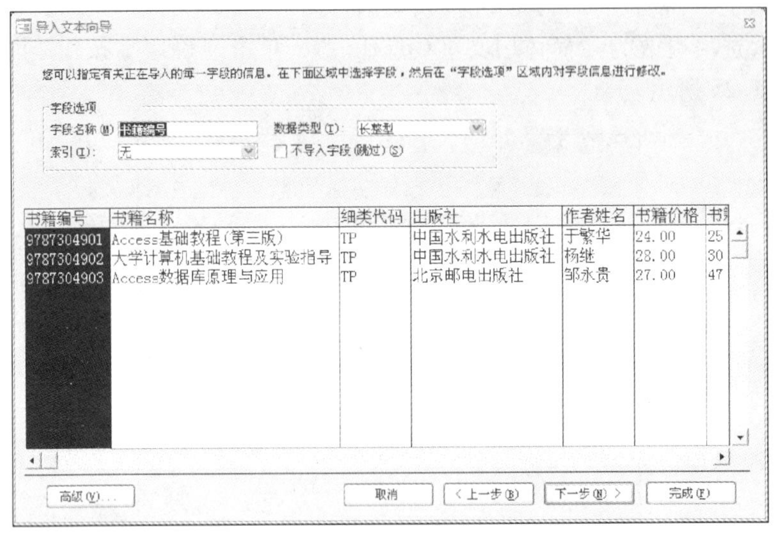

图 11.27　导入文本向导（4）

（7）单击“下一步”按钮，弹出设置主键对话框，选中“我自己选择主键”单选按钮，并选择“读者编号”字段，如图 11.28 所示。

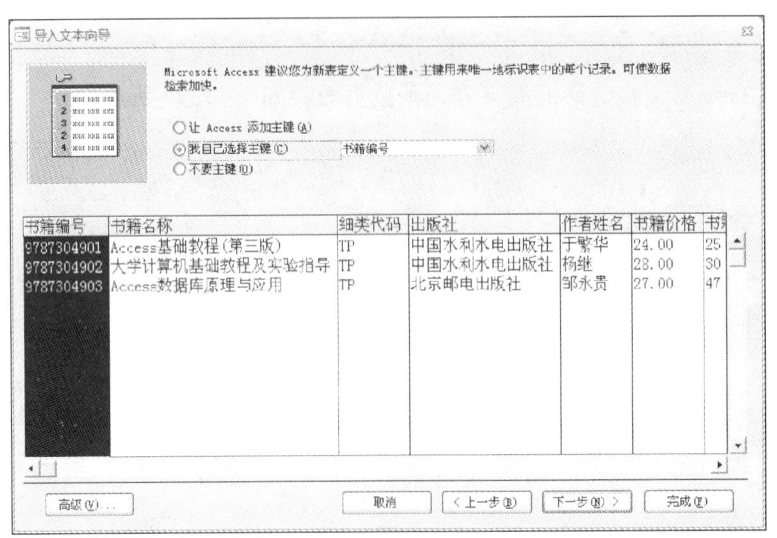

图 11.28　导入文本向导（5）

（8）单击“下一步”按钮，在弹出的对话框中输入数据表名称为“部分图书信息”。单击“完成”按钮，弹出是否要保存导入步骤的对话框，如图 11.29 所示。

（9）单击“下一步”按钮，在弹出的对话框中输入数据表名称为“工科混合班学生名单”。单击“完成”按钮，弹出是否要保存导入步骤的对话框，如图 11.30 所示。

（10）输入必要的说明信息，单击“保存导入”按钮，完成导入数据和保存导入步骤。在导航窗格中可以看到，“图书信息 . txt”文件已经被导入。

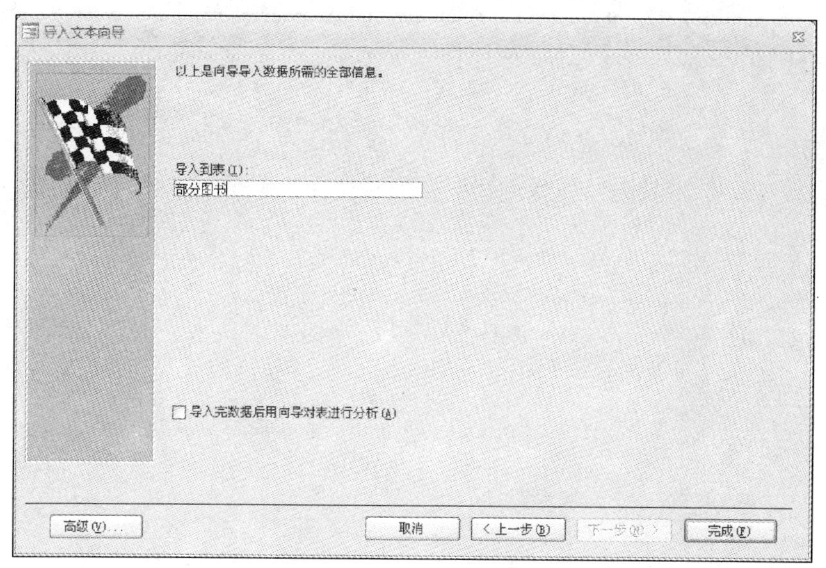

图 11.29 导入文本向导（6）

获取外部数据 - 文本文件

保存导入步骤

完成向表“部分图书”导入文件“C:\Documents and Settings\Administrator\My Documents\图书信息表.txt”。未能成功地导入所有数据。带有失败记录相关行号的错误说明可在 Microsoft Access 表“图书信息表_输入错误”中找到。

是否要保存这些导入步骤？这将使您无需使用向导即可重复该操作。

保存导入步骤(V)

另存为(A): 导入-图书信息表

说明(D): 部分图书信息

创建 Outlook 任务。

如果您要定期重复这个已保存的操作，则可以创建 Outlook 任务，以便在需要重复此操作时给予提示。此 Outlook 任务将包含一个在 Access 中运行导入操作的“运行导入”按钮。

创建 Outlook 任务(O)

提示：若要创建重复任务，请在 Outlook 中打开任务并单击“任务”选项卡上的“重复周期”按钮。

管理数据任务(M)... 保存导入(S) 取消

图 11.30 导入文本向导（7）

双击打开“工科混合班学生名单”数据表，可以看到导入的数据记录，如图 11.31 所示。

4. 按照保存的导入步骤导入数据

在上面示例的各个步骤中，最后一步都是提示用户是否要保存导入的步骤。单击“保存导入”按钮以后，输入必要的说明信息，完成导入步骤的保存。那么保存的导入步骤有什么作用呢？保存的导入或导出操作在 Access 中称之为规格。运用规格，用户能够随时重复该导入或导出操作。用户不必提供任何额外的信息，就能够完成导入操作。

例 11.4：用户可以在再次运行规格之前更改源文件或目标文件的名称，这样一来，便可

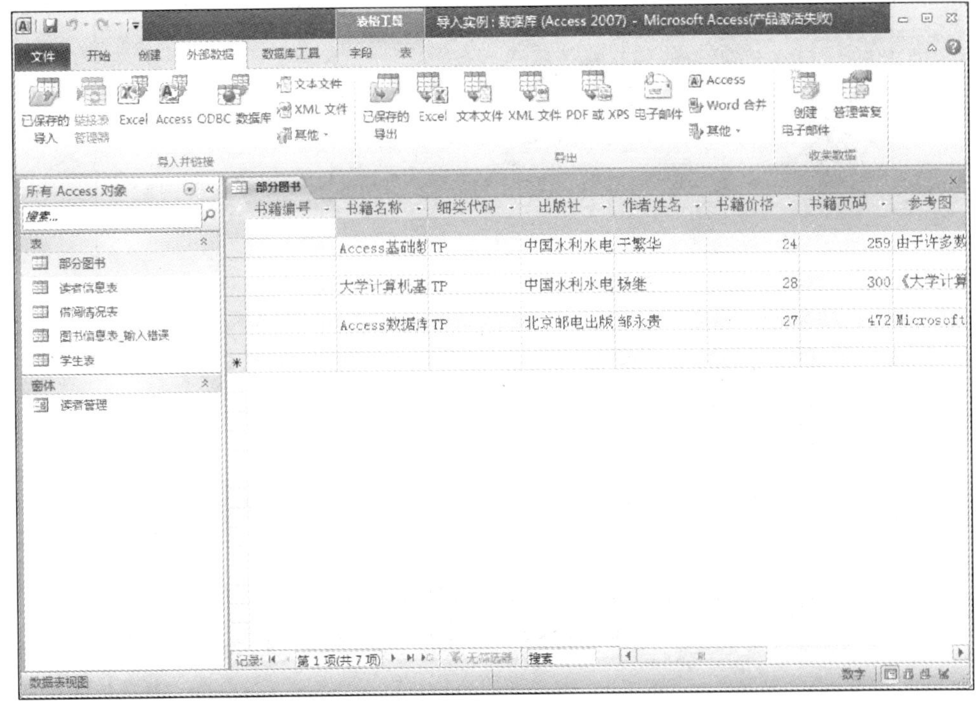

图 11.31 数据库窗口

以将一个规格用于多个不同的源文件或目标文件。

（1）单击“外部数据”选项卡下“导入”组中的“已保存的导入”按钮，即可看到前面保存的各个导入步骤，如图 11.32 所示。

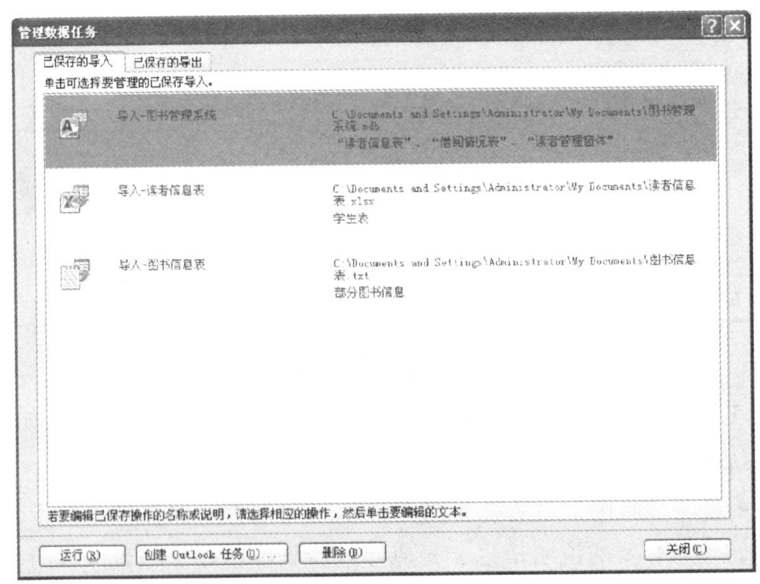

图 11.32 管理数据任务对话框

（2）选定要执行的导入操作，然后单击对话框下面的“运行”按钮，将弹出确认替代对话框，如图 11.33 所示。

（3）单击“是”按钮后，Access 将自动运行上次保存的导入步骤，并按照曾经设定的参数导入数据，导入完成后，弹出如图 11.34 所示的对话框。如果用户要更改源文件或者目标文件，只要在选定的项目中双击，即可显示可编辑文本框，用户可以在该文本框中输入目标文件或源文件等信息。如图 11.35 所示，如果用户想更改源文件，只需要在原来的文件路径上双击，即可打开如图 11.35 所示的文本框。

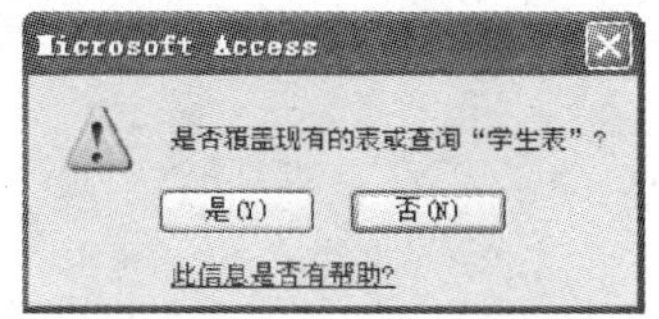

图 11.33　管理数据任务对话框（1）

图 11.34　管理数据任务对话框（2）

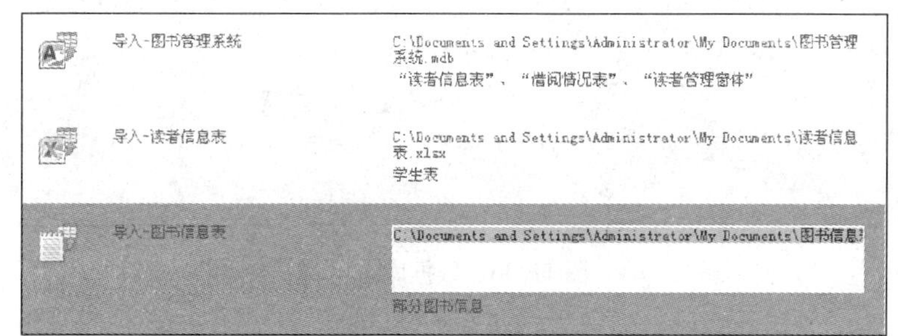

图 11.35　更改文件位置或文件名

11.2.2　数据的导出

数据的导出是指将 Access 数据库中的数据（包括：表、查询、窗体或报表等）输出到其他数据库或外部数据源。Access 2010 数据导出功能在选项卡“外部数据”导出组中，该组中包含以下几个导出文件类型按钮：查看和运行以前保存的导出操作、将所选对象导出到 Microsoft Excel 文件的 Excel 工作表中、将所选对象导出到文本文件中、将所选对象导出到 XML 文件中、将所选对象导出到 PDF 或 WPS 文档文件中、将所选对象发送电子邮件、将所选对象导出到 Access 数据库中、将表或查询指定为 Microsoft Word 中邮件合并向导的数据源、其他等按钮。数据导出与复制和粘贴的功能相同，所以也可以用复制和粘贴的方法将一个数据库对象导出。

1. 导出到其他 Access 数据库

例 11.5：将“图书管理系统 . accdb”数据库中的“图书信息表”导出到“导入导出实例 . accdb”数据库中。

（1）打开图书管理系统数据库如图 11.36 所示。

（2）单击“外部数据”选项卡下“导出”组中的 Access 按钮，弹出选择目标数据库对话框，如图 11.37 所示。

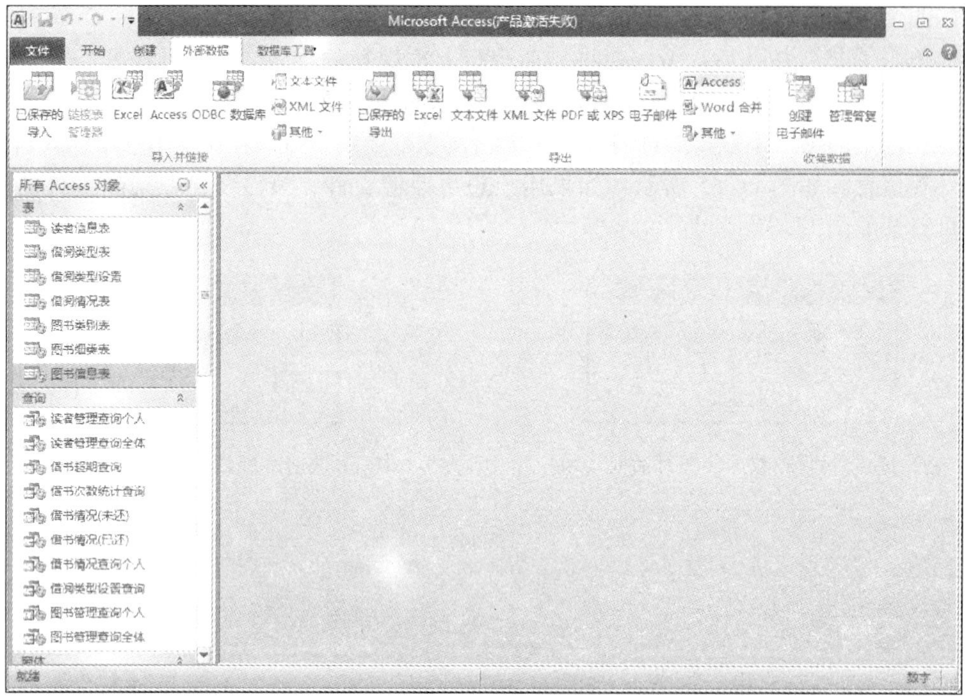

图 11.36　数据库窗口

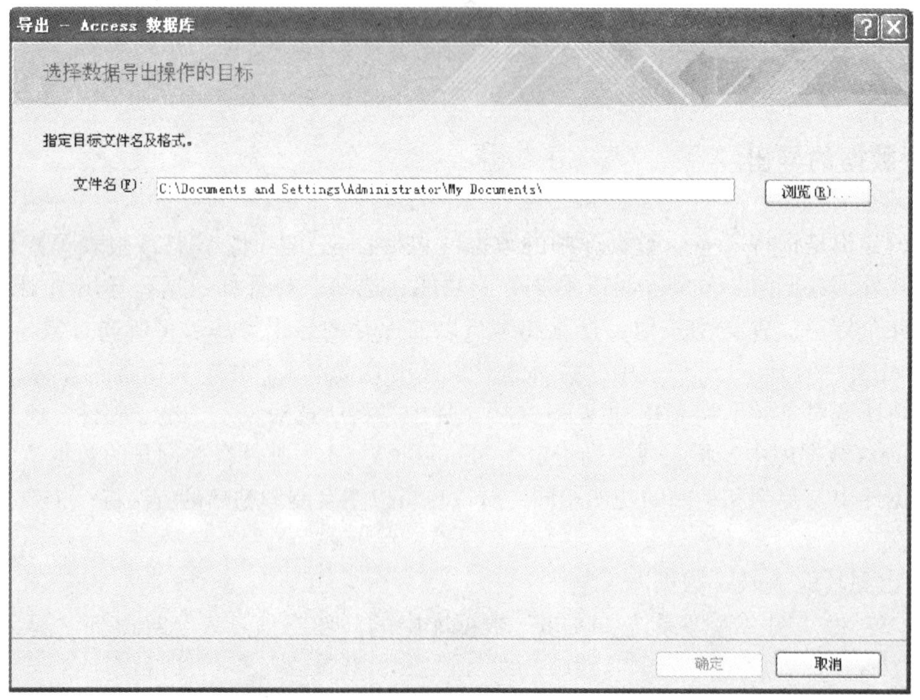

图 11.37　导出 Access 数据库对话框

（3）在对话框中单击“浏览”按钮，在弹出的“保存文件”对话框中选择“C:\Documents and Settings\Administrator\My Documents\导入导出实例.accdb”数据库，单击“确定”按钮，弹出“导出”对话框，如图11.38所示。

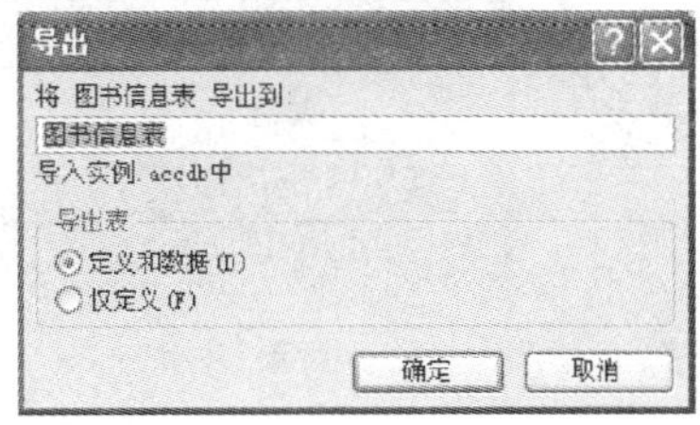

图11.38　导出对话框

（4）输入要导出的数据表名称，设定表的导出类型，单击“确定”按钮，即可完成数据的导出。

（5）选中“保存导出步骤”复选框，输入保存的名称和必要的说明信息，单击“保存导出”按钮，保存该导出步骤，如图11.39所示。

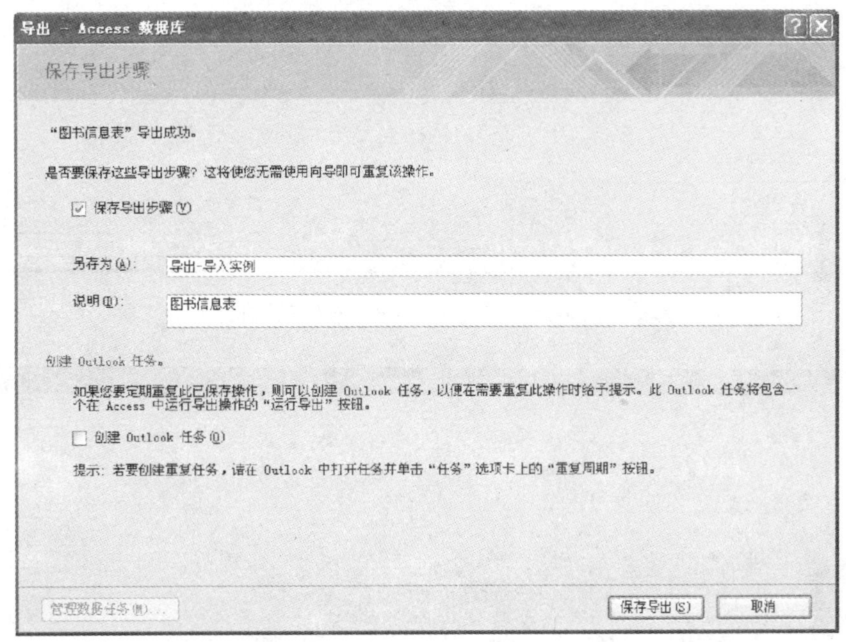

图11.39　导出Access数据库对话框

2. 导出到Excel电子表格

例11.6：将“导入导出示例.accdb”数据库中的“图书信息表”导出到Excel中。

（1）启动Access 2010，打开“导入导出示例.accdb”数据库。

（2）单击“外部数据”选项卡下“导出”组中的Excel按钮，弹出选择操作目标的对话框，如图11.40所示。

（3）单击对话框中的“浏览”按钮，在“另存为”对话框中选择存储地址，在下面的“文件格式”下拉列表框中选择“Excel97—2003（.xls）”，选中“导出数据时包含格式和布局”复选框和“完成导出操作后打开目标文件”复选框。

（4）单击“确定”按钮，即可完成导出，打开Excel显示导出的数据，如图11.41所示。

（5）在弹出的对话框中保存该导出步骤。

3. 导出为TXT文本数据

例11.7：将“导入导出示例.accdb”数据库中的“图书信息表”导出为TXT文本文件。

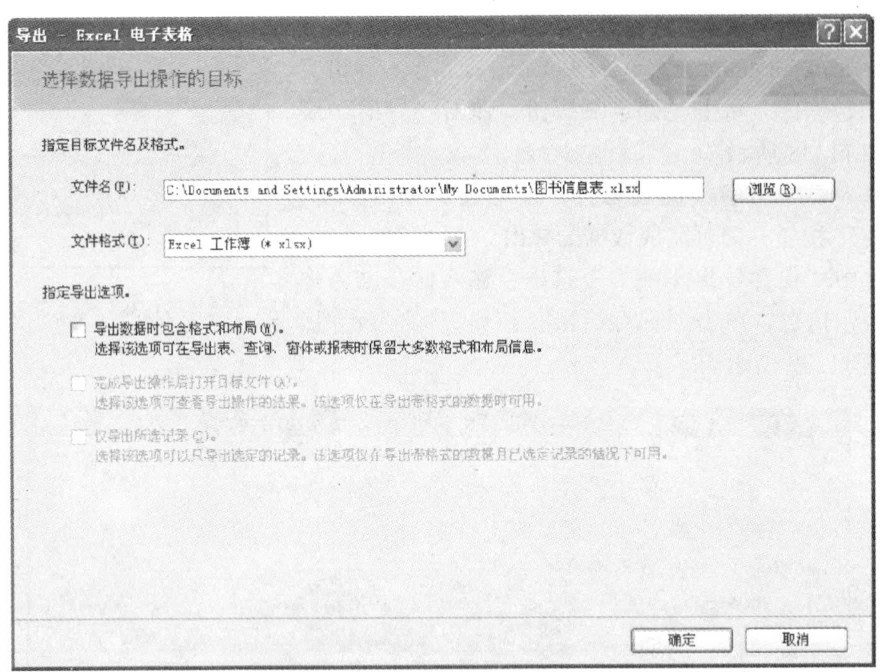

图 11.40　导出 Excel 电子表格对话框

图 11.41　导出的 Excel 表格

（1）启动 Access 2010，打开“导入导出示例 . accdb”数据库。

（2）单击“外部数据”选项卡下“导出”组中的“文本文件”按钮，弹出选择操作目标的对话框，如图 11.42 所示。

（3）单击“浏览”按钮，在“另存为”对话框中选择存储地址，单击“确定”按钮，弹出选择导出格式的对话框，如图 11.43 所示。

图 11.42 导出文本文件对话框

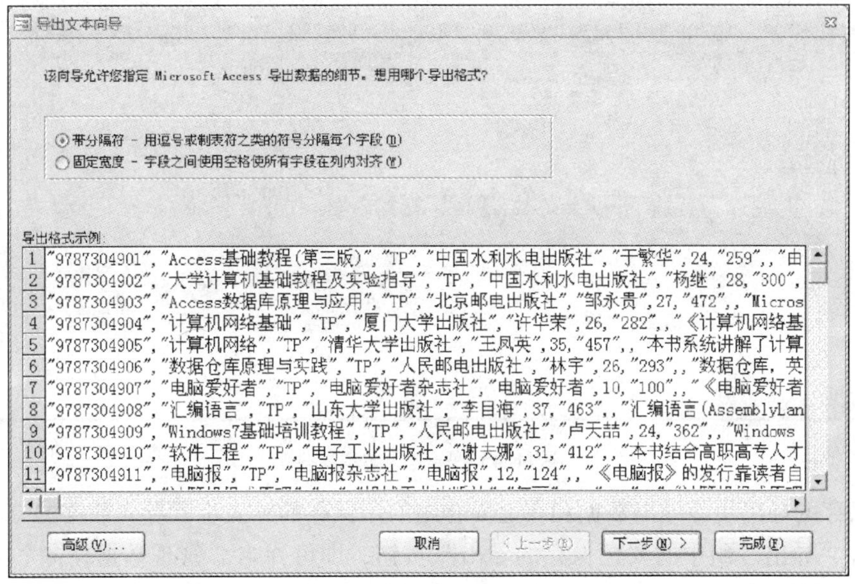

图 11.43 导出文本文件向导(1)

(4) 单击“下一步”按钮,弹出设置分隔符的对话框,设置分隔符为“逗号”,如图 11.44 所示。

(5) 单击“下一步”按钮,选择好存储地址和文件名称,单击“确定”按钮,完成导出。进入目标文件夹,打开该文件,可以看到数据的导出结果,如图 11.45 所示。

按照相似的方法,可以将数据表保存为 HTML 文件、XML 文件等各种类型的导出文件。

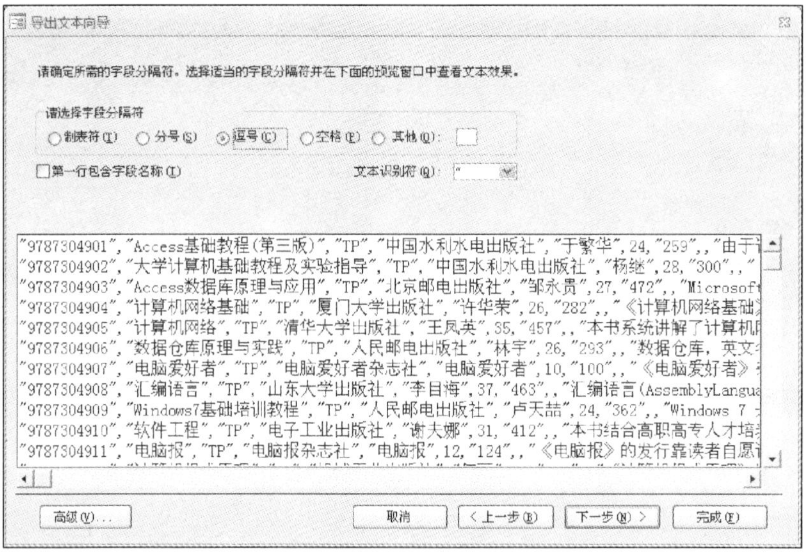

图 11.44　导出文本文件向导（2）

图 11.45　导出的文本文件

按照保存的导出步骤导出数据和在上面介绍的用保存的导入步骤导入数据的方法是完全相似的。单击“导出”组中的“已保存的导出”按钮，即可弹出“管理数据任务”对话框，用户可以在该对话框的“已保存的导出”选项卡中看到保存的导出任务。

11.3　数据库的备份、压缩和修复

在使用数据库的过程中，可能会有很多原因导致数据库文件的损坏，可能导致数据无法读取和使用。为防止 Access 数据库受损，可以采取对数据库文件进行备份、压缩和修复等操作

对数据进行保护。

11.3.1　数据库的备份

数据库的备份是指将整个数据库所有对象进行备份，可以保证当数据库被损坏时可以使用备份对数据库进行恢复。为确保数据库使用时的安全，经常需要对数据库进行备份，同时在需要的时候就用备份数据库对系统进行恢复。

例 11.8：在 Access2010 中实现备份数据库。

(1) 打开要备份的数据库“教学管理系统”数据库，单击“文件”选项卡。选中该选项卡中的“保存并发布”选项，如图 11.46 所示。

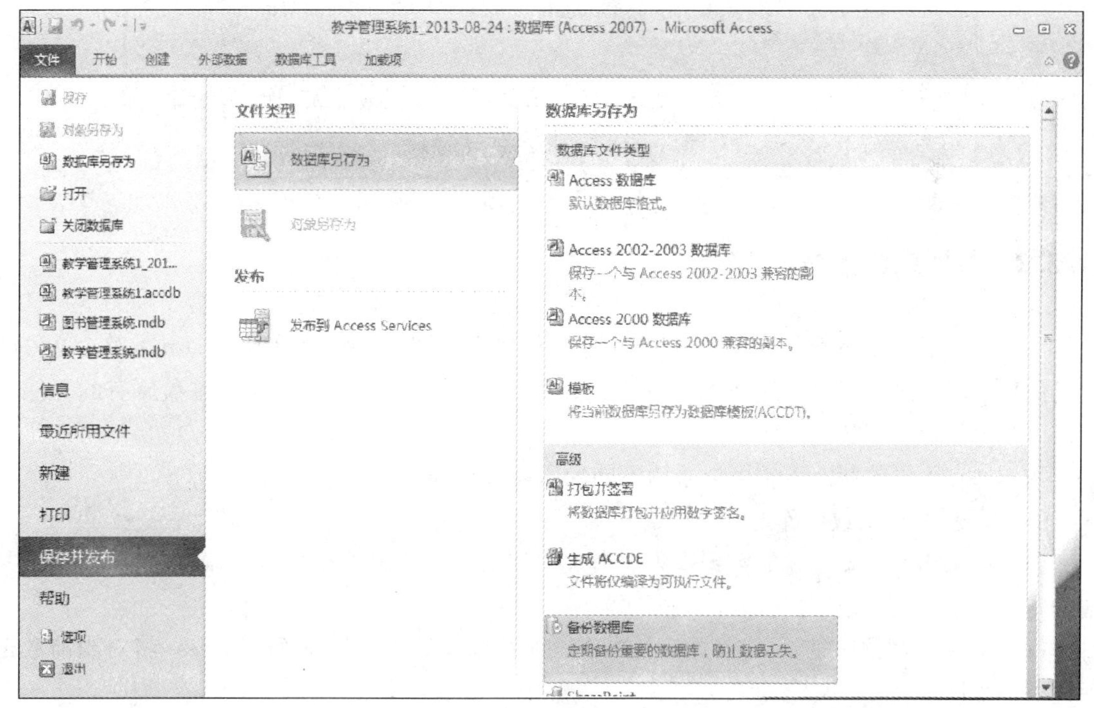

图 11.46　数据备份界面

(2) 单击“保存并发布”右边文件类型下的“数据库另存为”选项。

(3) 再单击“数据库另存为”右边级联菜单中的“备份数据库”选项。

(4) 弹出另存为对话框，Access 会自动将用户备份时间作为文件名的一部分，如图 11.47 所示，在这个对话框中选择备份数据库要存放的位置和文件类型，输入文件名就可以了。

数据库备份也可以关闭数据库中的所有对象，然后选择“文件”选项卡中的“数据库另存为”命令。在弹出的“另存为”对话框中指定备份数据库保存位置和名字。

图 11.47　“另存为”对话框

11.3.2　数据库的压缩与修复

由于长期对数据库不断进行增加和删除操作，数据库中可能会出现碎片，导致整个文件的使用效率有所下降。通过压缩数据库的操作，可以将新安排数据库文件在磁盘原有的存储位置，以增加磁盘的有效空间。

数据库在不同的状态下，可以采用不同的压缩方法。

例 11.9：对当前数据库的压缩

（1）如果当前需要压缩的数据库为一个共享数据库，即位于某个服务器或共享文件夹中，请确定网络中没有其他用户打开该数据库。

（2）执行“数据库工具”选项卡中的“压缩和修复数据库”命令，Access 将对当前数据库进行压缩即可。

例 11.10：压缩未打开的数据库

（1）关闭打开的 Access 数据库。

（2）选择“数据库工具”选项卡中的“压缩和修复数据库”命令，弹出“压缩数据库来源”对话框，如图 11.48 所示。

（3）在“压缩数据库来源”对话框选择想要压缩的数据库，并单击“压缩”按钮，系统将对选定的数据文件进行检查，检查无误后出现“压缩数据库为”对话框，如图 11.49 所示。

（4）在“将数据库压缩为”对话框中指定压缩数据库的名称、驱动器以及文件夹。如果使用相同的名称、驱动器和文件夹，Access 将以压缩后的版本替换原始的文件。

（5）单击“保存”按钮。

例 11.11：关闭数据库时自动压缩

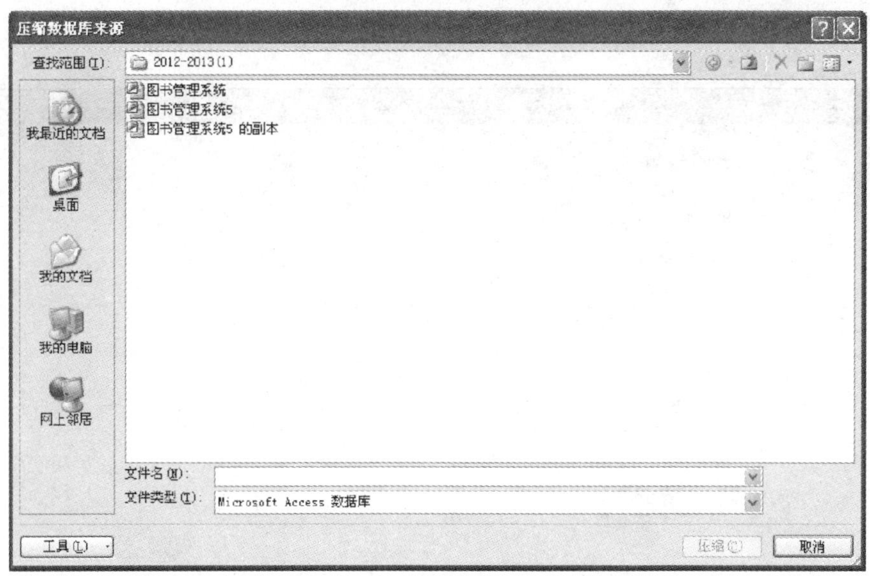

图 11.48 “压缩数据库来源”对话框

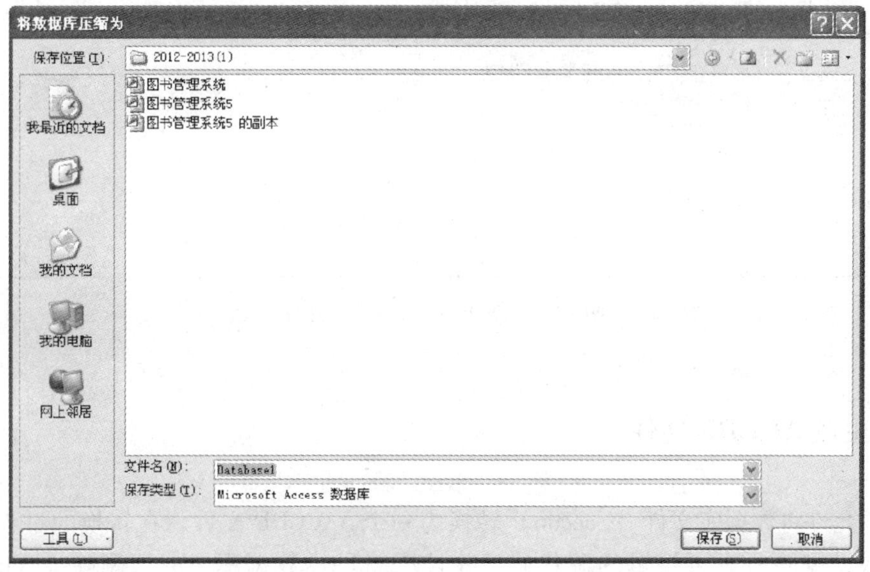

图 11.49 “将数据库压缩为”对话框

使用 Access 2010 提供的“关闭时自动压缩”功能，可以在关闭任何数据库文件时自动压缩数据库，而不必每次关闭数据库时考虑手动进行压缩。

如果要启用“关闭时自动压缩”功能，可以按照下述步骤进行操作。

(1) 打开任何一个 Access 数据库文件。

(2) 选择“文件”选项可中的“选项”命令，出现“选项”对话框。

(3) 单击“选项”对话框中的“当前数据库”命令。

(4) 选中“当前数据库”对话框中的“关闭时压缩”复选框。

（5）单击“确定”按钮，如图 11.50 所示。

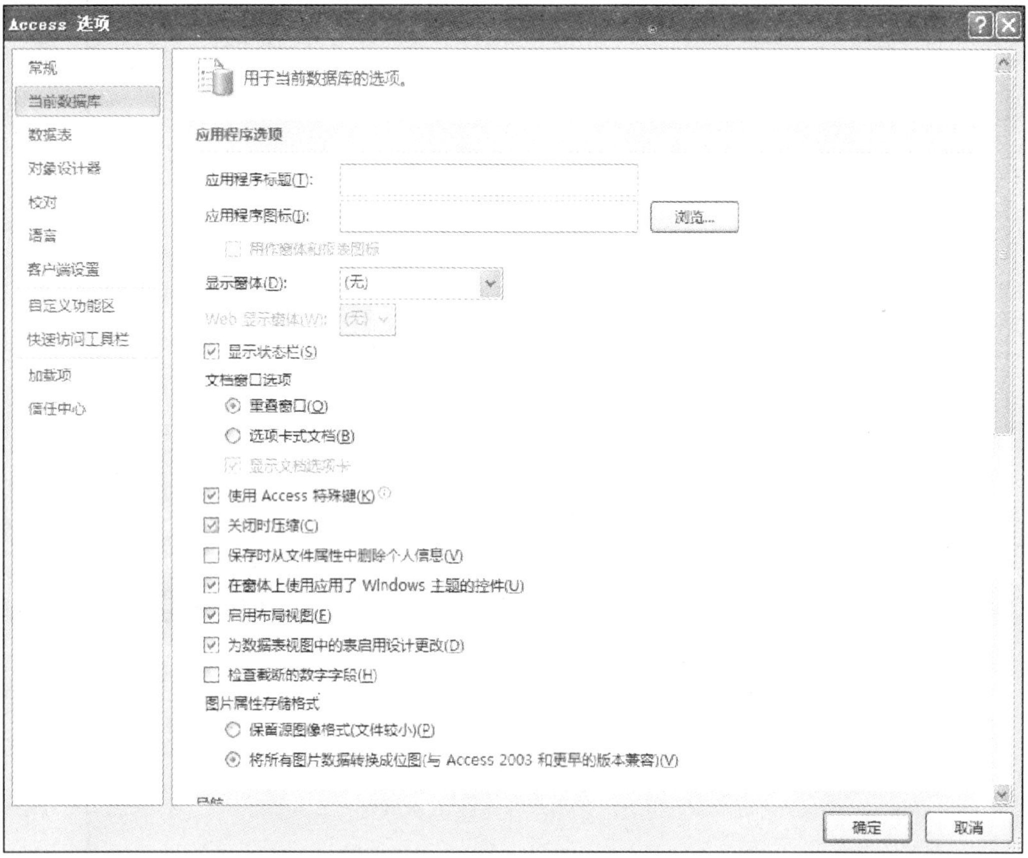

图 11.50　“当前数据库”对话框

11.3.3　生成 ACCDE 文件

Access 允许将数据库文件（.accdb）转换为一个 .ACCDE 文件。在转换的过程中，将编译所有模块，删除所有可编辑的源代码，并且压缩目标数据库。由于删除了 VBA 源代码（VBA 代码将继续执行），因此其他用户不能查看或编辑数据库的对象，同时也使数据库因代码的删除而变小，使内存得到了优化，从而提高了数据库的性能。

如果要将数据库文件（.accdb）转换为 .ACCDE 文件，则应保存原始数据库的副本。因为转换后的数据库文件只能打开和运行，而不能对其中的窗体、报表和模块等进行修改，所以，当需要改变这些对象的设计时，必须在原来的数据库中进行，然后再一次转换为 .ACCDE 文件。

例 11.12：将数据库文件转换为 .ACCDE 文件。

（1）打开“教学管理系统”数据库文件，单击“文件”选项卡，再选择“保存并发布”

→“数据另存为”→“生成 ACCDE”命令，如图 11.51 所示。

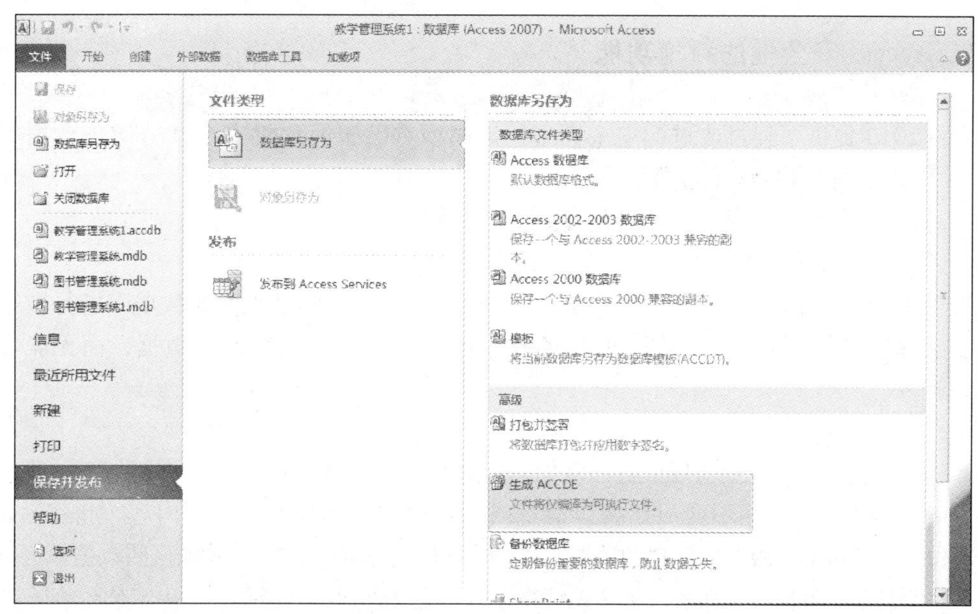

图 11.51　保存并发布窗口

（2）在弹出的另存为窗口中对文件进行重命名，如图 11.52 所示。

图 11.52　生成 ACCDE 文件对话框

11.4　数据库的安全机制

Access 提供了多种措施来保护数据库的安全按照安全级别由高到低可以分为：编码/解码、在数据库窗口中显示或隐藏对象、使用启动项、使用密码、使用用户安全机制等。本节只介绍关于密码设置以及用户和组的安全权限管理的方法。

11.4.1　Access 安全性的新增功能

Access 2010 提供了经过改进的安全模型，该模型有助于简化将安全性应用于数据库以及打开已启用安全性的数据库的过程。

Access 2010 中的新增安全性功能包括如下几方面。

（1）不启用数据库内容时也能查看数据的功能

在以前的 Access 版本中，如果将安全级别设置为“高”，则必须先对数据库进行数字签名并信任数据库，然后才能查看数据，现在使用 Access 2010 可以直接查看数据，而无需决定是否信任数据库。

（2）更高的易用性

如果将数据库文件放在受信任位置（例如，指定为安全位置的文件夹或网络共享），那么这些文件将直接打开并运行，而不会显示警告消息或要求用户启用任何禁用的内容。此外，如果在 Access 2010中打开由早期版本所创建的数据库（如 .mdb 或 .mde 文件），并且这些数据库已进行了数字签名，而且已选择信任发布者，那么系统将运行这些文件而不再需要用户决定是否信任它们。

（3）信任中心

信任中心是一个对话框，是保证 Access 2010 安全的工具，它为设置和更改 Access 2010 的安全设置提供了一个集中的管理位置。使用信任中心可以为 Access 2010 创建或更改受信任位置设置安全选项。在 Access 2010 中打开新的和现有的数据库时，这些设置将影响它们的行为。信任中心包含的逻辑还可以评估数据库中的组件，确定打开数据库是否安全，或者信任中心是否应禁用数据库，并让用户判断是否启用它。

（4）更少的警告消息

早期版本的 Access 强制用户处理各种警告消息，宏安全性和沙盒模式就是其中的两个例子。在 Access 2010 中默认情况下，如果打开一个非信任的 .accdb 文件，将只看到一个称为“消息栏”的工具，如果要信任该数据库，可以使用消息栏来启用任何这样的数据库内容，如图 11.53 所示。

图 11.53　安全警告消息栏

（5）使用更强的算法来加密那些使用数据库密码功能的 .accdb 文件格式的数据库。加密数据库将打乱表中的数据排列顺序，有助于防止非法用户读取数据。

（6）新增了一个在禁用数据库运行的宏操作子类。

这些更安全的宏还包含错误处理功能，用户还可以直接将宏（即使宏中包含 Access 禁止的操作）嵌入任何窗体、报表或控件属性。

11.4.2　Access 和用户级安全

对于以新文件格式（.accdb 和 .accde 文件）创建的数据库，Access 不提供用户级安全。

但是，如果在 Access 2010 中打开由早期版本的 Access 创建的数据库，并且该数据库应用了用户级安全，那么这些设置仍有效。如果将具有用户级安全的早期版本 Access 数据库转换为新的文件格式，则 Access 将自动剔除所有安全设置，并应用保护 . accdb 或 . accde 文件的规则。

使用用户级安全功能创建的权限不会有效地阻止具有恶意的用户访问数据库，因此不应作为数据库的安全屏障。此功能适用于提高受信任用户对数据库的使用。若要保护数据安全，请使用 Windows 文件系统权限仅允许受信任用户访问数据库文件或关联的用户级安全文件。

11.4.3　使用受信任位置中的 Access 数据库

将 Access 数据库放在受信任位置时，所有 VBA 代码、宏和安全表达式都会在数据库打开时直接运行，用户不必在数据库打开时做出信任决定。

使用受信任位置中的 Access 数据库的过程大致分为下面几个步骤。

（1）使用信任中心查找或创建受信任位置。

（2）将 Access 数据库保存、移动或复制到受信任位置。

（3）打开并使用数据库。

例 11.13： 打开信任中心。

（1）在“文件”选项卡上，单击“选项”。这时打开“Access 选项”对话框。

（2）在左侧窗格中，单击“信任中心”，然后在“Microsoft Access 信任中心”栏下，单击“信任中心设置”按钮，如图 11.54 所示。

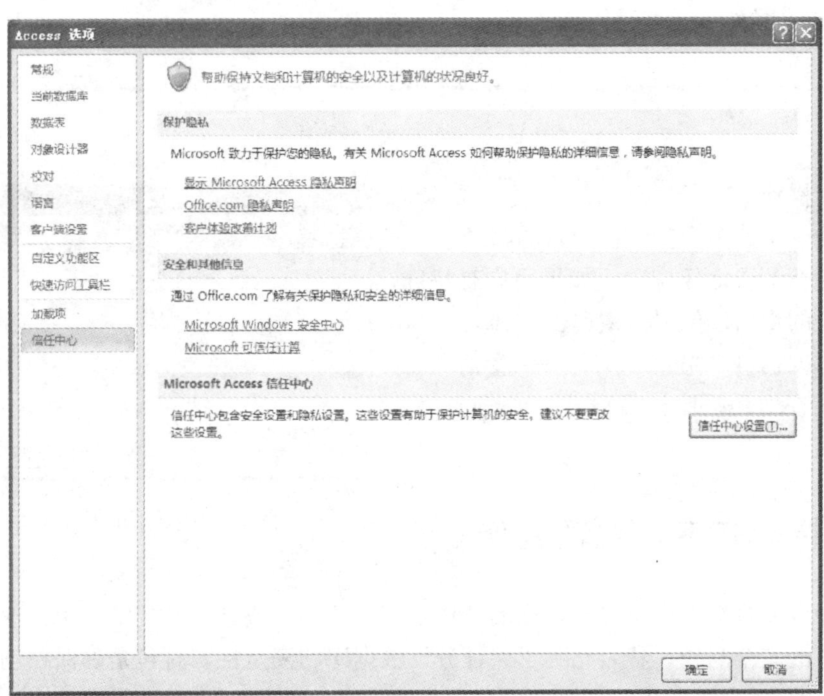

图 11.54　信任中心

(3) 在打开的“信任中心”对话框中，在左侧窗格中，单击“受信任位置”，如图 11.55 所示。

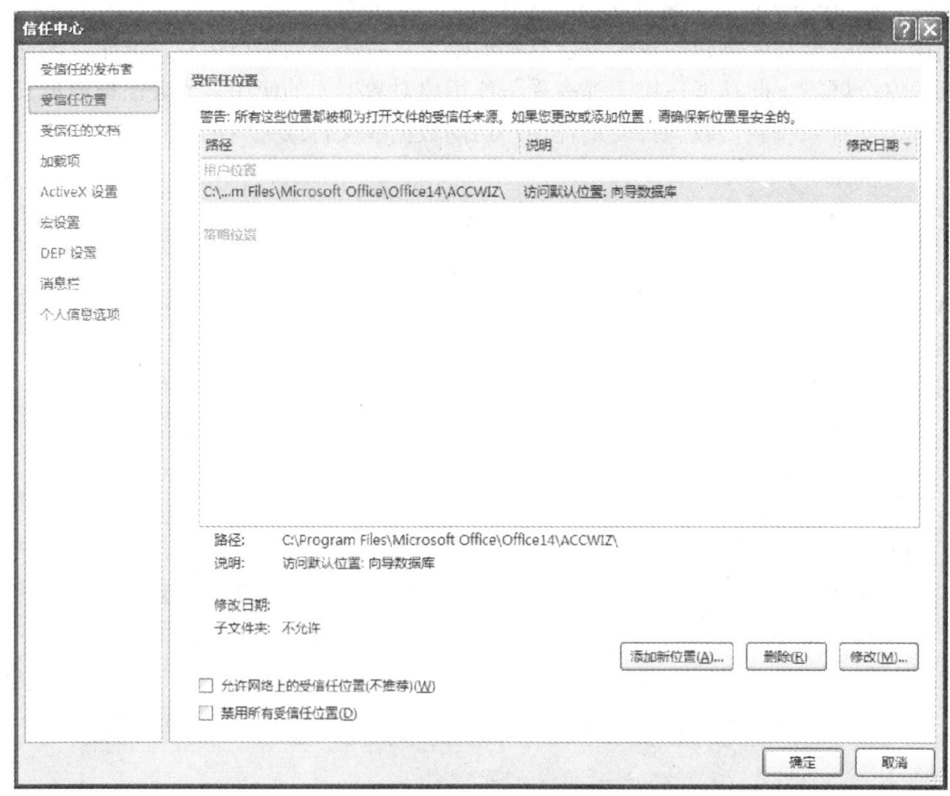

图 11.55　信任中心对话框

执行下列操作。

(1) 记录一个或多个受信任位置的路径。

(2) 创建新的受信任位置。如果用户有特殊的需要创建新的受信任位置，请单击“添加新位置”按钮，这时打开“Microsoft Access 受信任位置”对话框，在对话框中进行设置，如图 11.56 所示。

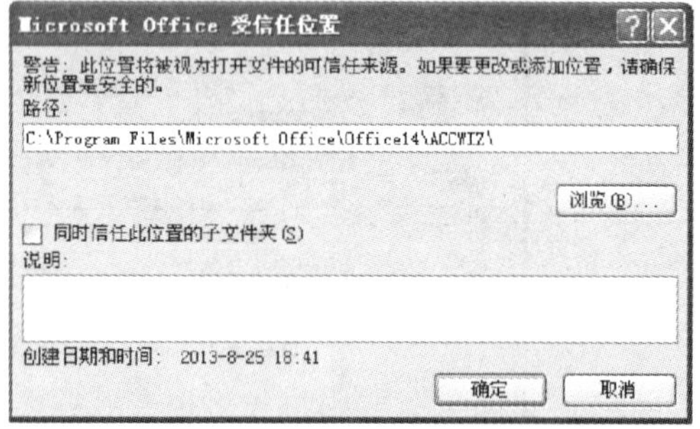

图 11.56　受信任位置对话框

11.4.4　数据库的打包、签名和发布

数据库开发者将数据库分发给不同的计算机用户使用，或是局域网中使用，这时需要考虑数据库分发时的安全问题。签名是为了保证分发数据库的安全性。打包是确保在创建该包后数据库没有被修改。

使用 Access 可以方便而快速地对数据库进行签名和分发。在创建 .accdb 文件或 .accde 文件后，可以将该文件打包，对该包应用数字签名，然后将签名包分发给其他用户。“打包并签署”工具会将该数据库放置在 Access 部署（.accdc）文件中，对其进行签名，然后将签名包放在开发者确定的位置，以后，其他用户可以从该包中提取数据，并直接在该数据库中工作，而不是在包文件中工作。

在操作过程中需要注意以下事项。

（1）将数据库打包并对包进行签名是一种传达信任的方式。在对数据库打包并签名后，数字签名会确认在创建该包之后数据库未进行过更改。

（2）从包中提取数据库后，签名包与提取的数据库之间将不再有关系。

（3）仅可以在以.accdb、.accdc 或.accde 文件格式保存的数据库中使用“打包并签署”工具。Access 还提供了用于对以早期版本的文件格式创建的数据库进行签名和分发的工具。所使用的数字签名工具必须适合于所使用的数据库文件格式。

（4）一个包中只能添加一个数据。

（5）该过程将对包含整个数据库的包（而不仅仅是宏或模块）进行签名。

（6）该过程将对压缩包文件，以便缩短下载时间。

（7）对于局域网，可以从安装了 SharePoint Services 3.0 服务器上的包文件中提取数据库。

例 11.14：创建签名包。

（1）打开要打包和签名的数据库。

（2）在“文件”选项卡上，单击“保存并发布”，然后在“高级”选项下双击“打包并签署”，如图 11.57 所示。

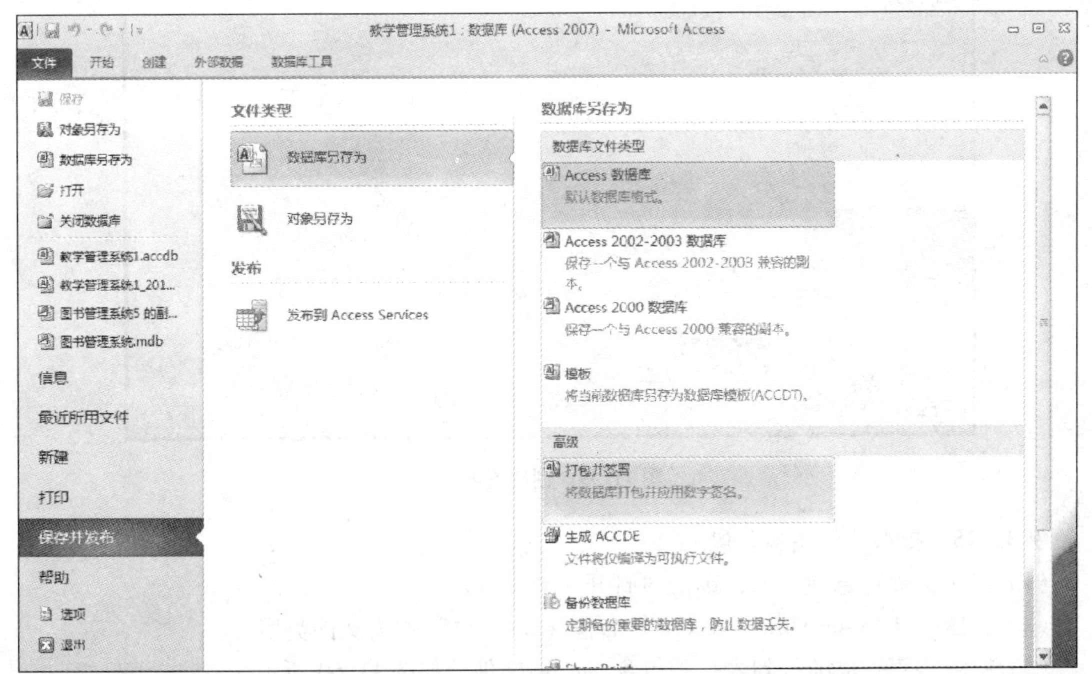

图 11.57　打包并签署

（3）将出现“选择证书”对话框或者出现“创建 Microsoft Office Access 签名包”对话框。

1）出现“选择证书”对话框，选择数字证书然后单击“确定”，如图 11.58 所示。

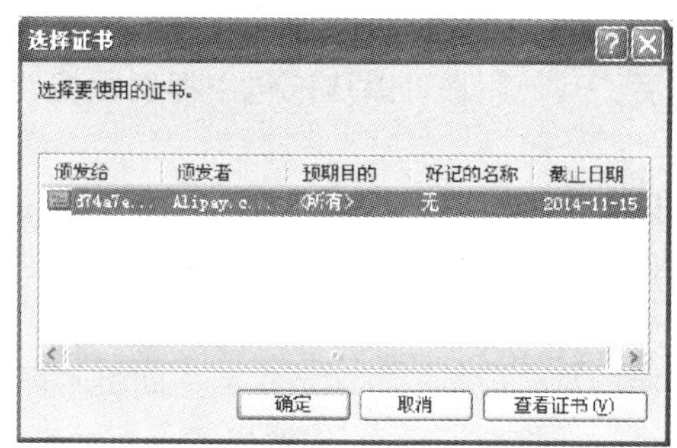

图 11.58　选择证书对话框

2）出现“创建 Microsoft Office Access 签名包”对话框。

① 在“保存位置”列表中，为签名的数据库包选择一个位置。

② 在“文件名”框中为签名包输入名称，然后单击“创建”按钮。

Access 2010 将创建“图书管理 . accdc”文件并将其放置在用户选择的位置，如图 11.59 所示。

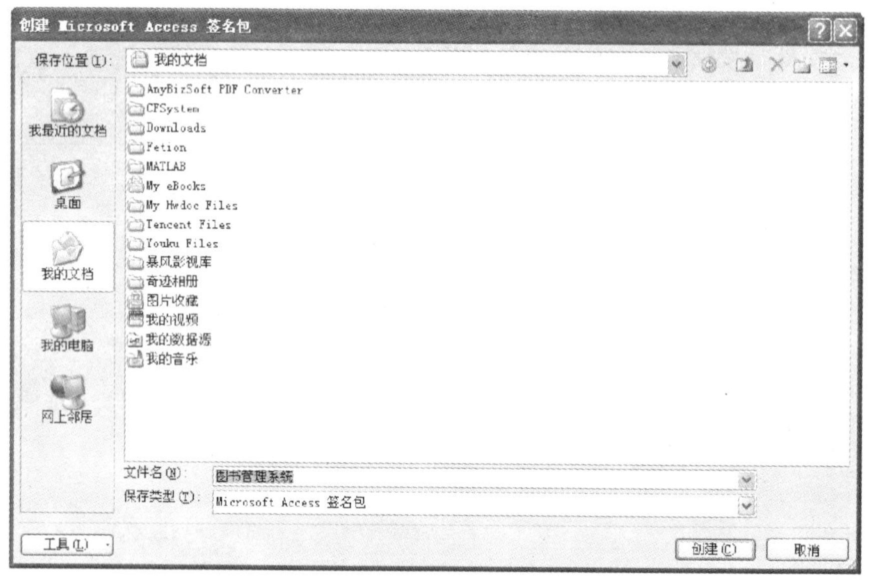

图 11.59　创建签名包

例 11.15：提取并使用签名包。

（1）在“文件”选项卡上，单击“打开”对话框。

（2）选择“Microsoft Office Access 签名包（. accdc）”作为文件类型。

（3）使用“查找范围”列表找到包含 . accdc 文件，如图 11.60 所示。

（4）执行下列操作之一。

① 如果选择了信任用于对部署包进行签名的安全证书，则会出现“将数据库提取到”对话框。此时转到下一步，如图 11.61 所示。

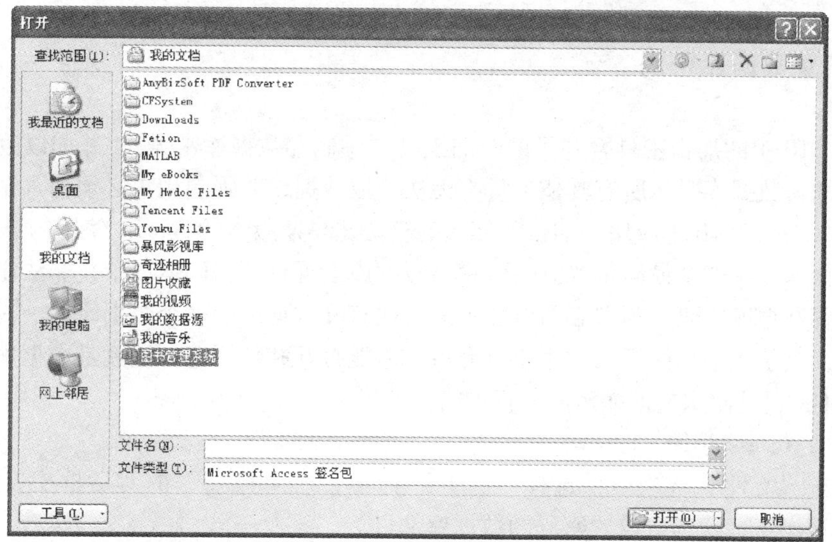

图 11.60　打开签名包

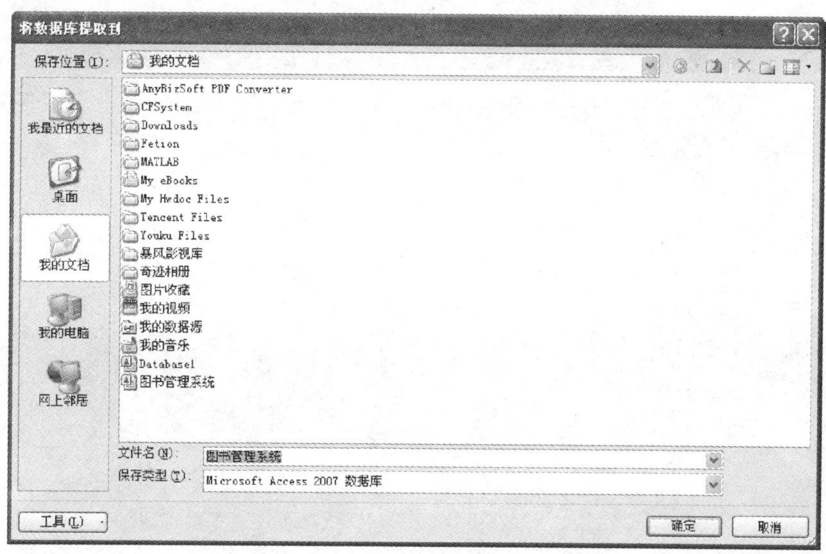

图 11.61　“将数据库提取到”对话框

② 如果尚未选择信任安全证书，则会出现下面一条消息，如图 11.62 所示。如果信任该数据库，单击“打开”按钮。如果信任来自提供者的任何证书，单击“信任来自发布者的所有内容”按钮。随后将出现“数据提取到”对话框，如图 11.61 所示。

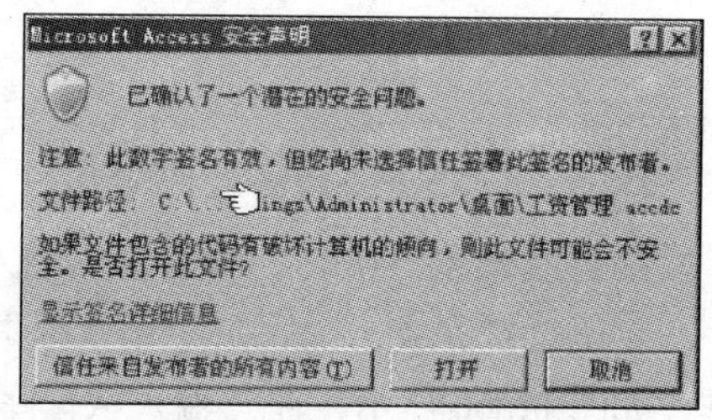

图 11.62　安全声明

(5) 另外，还可以在“保存位置”列表中为提取的数据库选择一个位置，然后在“文件名”框中为提取的数据库输入其他名称。

(6) 单击“确定”按钮。

11.4.5 设置数据库密码

Access 2010 中的加密工具合并了两个旧工具（编码和数据库密码），并加以改进。使用数据库密码来加密数据库时，所有其他工具都无法读取数据，并强制用户必须输入密码才能使用数据库。在 Access 2010 中应用的加密所使用的算法比早期版本的 Access 使用的算法更强。

实现数据库系统安全最简单的方法就是给数据库设置打开密码，以禁止非法用户进入数据库。为了设置数据库密码，要求必须以独占的方式打开数据库。一个数据库同一时刻只能被一个用户打开，其他用户只能等待此用户放弃后，才能打开和使用它，这就是数据库独占。

例 11.16：通过使用数据库密码进行加密。

（1）启动 Access 2010。

（2）单击“文件”选项卡，选择“打开”命令，在“打开”的对话框中，在“查找范围”内，通过浏览，找到要设置密码的数据库文件。

（3）单击“打开”按钮旁边的箭头，然后单击“以独占方式打开”选项，如图 11.63 所示。

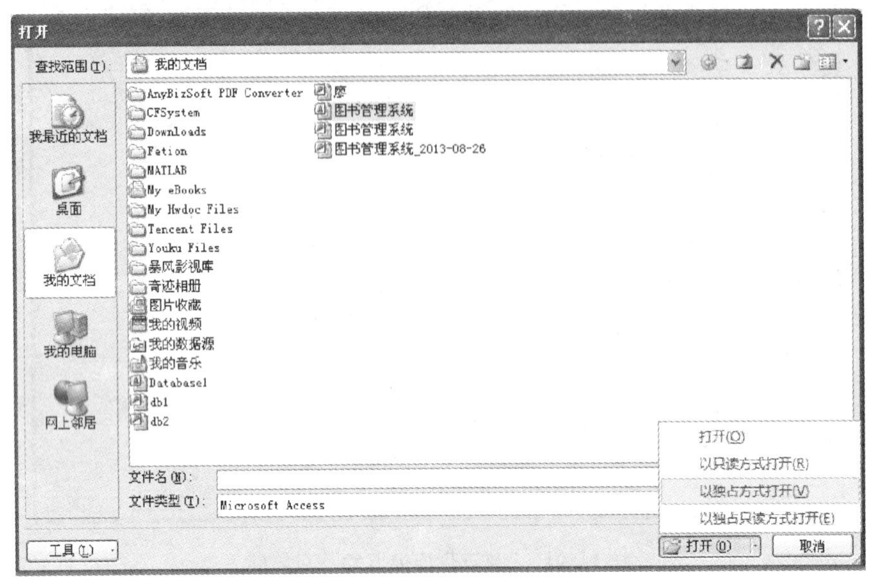

图 11.63 以独占方式打开数据库

（4）在“文件”选项卡上，单击“信息”，再单击“用密码进行加密”按钮，如图 11.64 所示。

（5）在打开“设置数据库密码”对话框中，在“密码”框中键入密码，然后在“验证”字段中再次键入该密码，两次密码输入完成后单击“确定”按钮，如图 11.65 所示。

密码设置完成，以后在打开“图书管理”数据库时，系统随即弹出“要求输入密码”对话框，如图 11.66 所示。在“输入数据库密码”框中输入正确密码才能打开“图书管理”数据库。

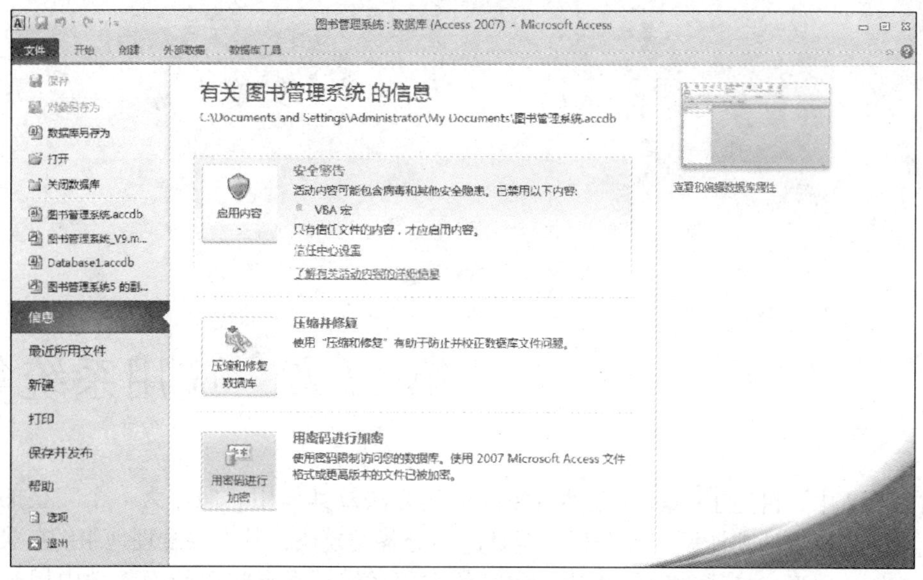

图 11.64　信息窗口

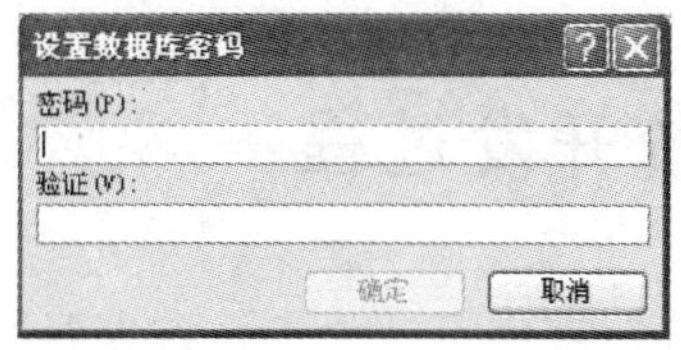

图 11.65　设置密码对话框

图 11.66　“要求输入密码”对话框

例 11.17：取消对数据库的加密

(1) 在取消数据库加密功能时，同样必须以“独占”方式打开数据库。打开已加密的“图书管理”数据库。

(2) 在“文件”选项卡上，单击“信息”，再单击“解密数据库”，弹出“撤消数据库密码”对话框，如图 11.67 所示。

(3) 在“密码”框中输入先前设置的密码，然后单击“确定”按钮撤消数据库密码，下次再打开数据库时就不用再输入密码了。

图 11.67　“撤消数据库密码”对话框

本章小结

本章对数据库的安全与管理做了详细的介绍，对每种操作都给出了具体的步骤，希望读者通过实践练习，掌握各种操作方法，熟练地运用到实践中。数据的导入、导出及链接，数据库的备份、压缩和修复等。这些内容很基础但比较重要，也比较通用，所以希望读者认真掌握本章内容。

第12章　应用系统集成

在前面章节中，讲述了Access七种对象的创建方法及其作用。但作为一个完整的应用系统，首先要进行系统的功能设计和分析，合理的划分各类模块，其次要合理地组织各类功能模块及相关文件，以形成性能稳定、能独立运行的应用系统。本章将以前面教学中用到的“图书管理系统”为例讲述Access开发应用系统的基本方法和流程。

12.1　数据库应用系统开发过程

与开发其他软件的应用系统一样，在使用Access进行程序设计之前，首先要明确用户的需求和程序设计的目标、要处理的数据和系统应该具备的功能。

按照软件工程的方法，数据库应用系统的开发过程包括可行性分析、需求分析、数据库和应用程序设计、系统测试、系统运行和维护等阶段。

1. 可行性分析

在可行性分析阶段，要明确开发应用系统的总体目标，给出它的功能、性能、可靠性以及数据接口方面的设想；研究完成系统开发的可行性分析，探讨技术关键和解决问题的技术路线；对可供使用的资源、成本、可取得的效益和开发进度做出评估，制定项目的实施计划。

2. 需求分析

需求分析包括数据的分析和功能分析，这一阶段的主要任务有如下几项。

(1) 确认用户需求、确定设计范围。了解用户单位的组织、经营方针、管理模式、各部门的职责范围和主要业务活动等情况，明确系统处理的范围和功能。

(2) 收集和分析需求数据。对收集到的资料进行加工、抽取、归并和分析，采用一定的方法建立数据流图、数据字典等设计文档。

(3) 建立需求说明书。对所开发的系统进行全面的描述，包括任务目标、具体需求说明、系统功能结构、性能、运行环境和系统配置等。

3. 数据设计

需求分析结束后，就可以进行数据设计，一般先进行概念设计，然后再作逻辑设计。概念设计独立于具体的计算机系统，把需求分析所得的数据转化为相应的实体模型。

逻辑设计与具体的 DBMS 相关，将上面得到的概念模型转化为 Access 所支持的关系模型，进行性能评价和规范化处理，并对数据的安全性和完整性方面做出设计。

4. 应用程序设计

开发数据库应用系统中的应用程序一般可按照总体设计、模块设计、编码、调试4 个步骤进行。在总体设计中，可以采用层次图的方法，按功能需求，自顶向下划分若干子系统，子系统再划分若干功能模块。划分模块时应该遵守高类聚低耦合的原则。

5. 测试

应用程序设计完成后，应对系统进行测试，以检查系统各个组成部分的正确性，这也是保证系统质量的重要手段。

6. 维护

在系统投入正常运行之后，就进入了维护阶段，由于多方面原因，系统在运行中可能会出现一些错误，需要及时跟踪修改。另外，由于外部环境或用户需求的变化，也可能要对系统进行必要的修改。

12.2 系统的分析与设计

12.2.1 系统功能分析

图书管理系统主要包括以下几个功能。

(1) 读者管理：包括读者信息的设置、修改和查询。

(2) 图书管理：包括图书信息的添加、修改和查询。

(3) 借阅管理：包括图书借阅系统及图书借阅统计和查询。

(4) 打印管理：主要实现对图书的打印处理。

(5) 员工管理：对图书管理员工信息的管理。

根据上述系统的要求，可以将系统的主要功能分解成以下几个模块，基本设计结构如图 12.1所示。

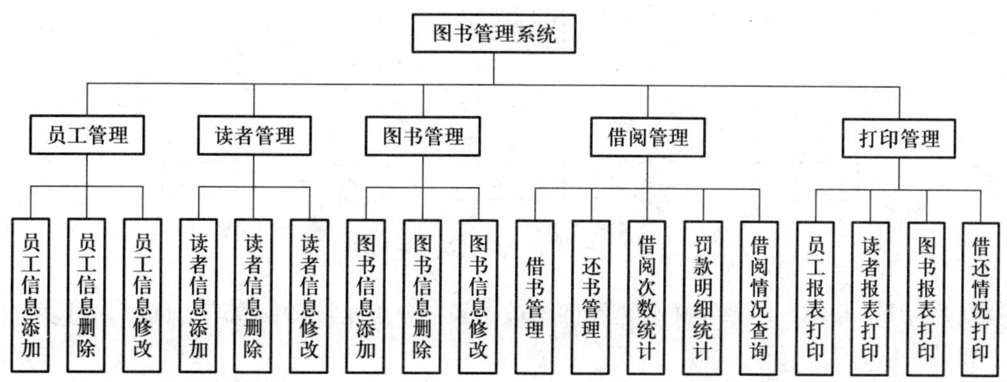

图 12.1 图书管理系统功能模块图

根据上面分析可以了解一下这个系统的大致功能。首先出现的是登录窗体，如图 12.2 所示。

输入用户名和密码，并选择相应的身份后单击“登录”按钮，登录进系统，出现如图 12.3 所示的窗口。

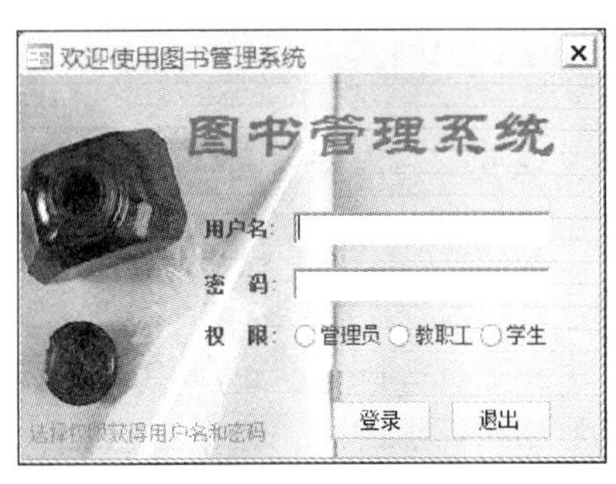

图 12.2 登录窗体

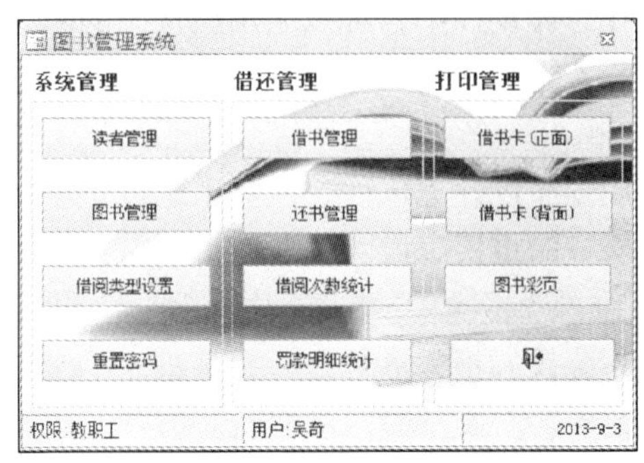

图 12.3 图书管理系统主窗体

在图书管理主窗体中可以实现系统管理、借还管理、打印管理等功能之间的切换。通过其中按钮可以打开相应的窗体。

12.2.2 数据库设计

根据图书管理系统的功能分析，需要设计如下数据信息。

(1) 读者信息：包括读者编号、密码、权限、姓名、性别、出生日期、身份证号等信息。

(2) 图书信息：包括书籍编号、书籍名称、类别代码、出版社、作者姓名、书籍价格、书籍页数、简介等信息。

(3) 借阅情况：包括读者编号、书籍编号、应还日期、实还日期、超出天数和罚款金额信息。

(4) 图书类别：包括图书的类别代码和数据类别名称等信息。

根据上面的分析可以给出图书管理系统的 E－R 图（属性略），如图 12.4 所示。

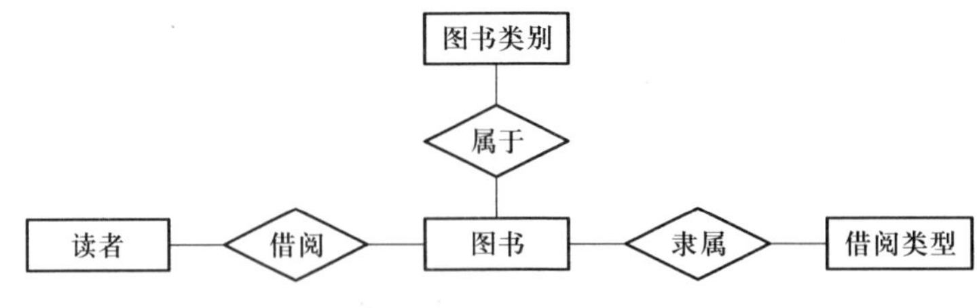

图 12.4 图书管理系统 E－R 图

根据系统 E－R 图，本系统主要需要四个数据表，分别是读者信息表、图书信息表、图书类别表和借阅信息表。

(1) 读者信息表所包含的字段及数据类型如表 12.1 所示。

表 12.1　读者信息表

字段名称	数据类型	字段大小	备　注
读者编号	文本	15	主键
读者姓名	文本	10	
读者性别	文本	3	
办证日期	日期/时间	短日期	
联系电话	文本	30	
工作单位	文本	50	
家庭地址	文本	50	
相片	OLE 对象		

（2）图书信息表所包含的字段和数据类型如表 12.2 所示。

表 12.2　图书信息表

字段名称	数据类型	字段大小	备　注
书籍编号	文本	20	主键
书籍名称	文本	50	
类别代码	文本	5	
出版社	文本	50	
作者姓名	文本	30	
书籍价格	数字	单精度	固定，2 位小数
书籍页码	文本	10	
登记日期	日期/时间	短日期	
是否借出	是/否		是/否

（3）图书类别表所包含的字段和数据类型如表 12.3 所示。

表 12.3　图书类别表

字段名称	数据类型	字段大小	备　注
类别代码	文本	5	主键
书籍类别	文本	20	
借出天数	数字	整型	
罚款	数字	单精度	固定，2 位小数

（4）借阅信息表所包含的字段及数据类型如表 12.4 所示。

表 12.4　借阅信息表

字段名称	数据类型	字段大小	备　注
读者编号	文本	15	主键
书籍编号	文本	20	主键
借书日期	日期/时间	短日期	主键
还书日期	日期/时间	短日期	
超出天数	数字	整型	
罚款金额	数字	单精度	固定，2 位小数

12.3　窗 体 设 计

在前面章节中创建的窗体都是一个个独立的窗体，对一个完整的应用系统而言需要将这些窗体集成在一个主窗体中供用户选择和切换，这个主窗体称为“切换面板”。切换面板管理器可以用来管理现有的窗体，使各窗体组成一个应用系统的用户界面。切换面板上的内容成为“切换面板上的项目”。

12.3.1　创建切换面板

本节创建一个多层次的切换窗体，通过切换面板来组织管理系统的功能和内容，以方便地在各个窗体之间进行切换。

1. 添加切换面板工具

（1）在功能区“文件”选项卡下，单击“选项”按钮，打开如图 12.5 所示的“Access 选项”对话框。

图 12.5　“Access 选项”对话框

（2）在左侧窗格中单击“自定义功能区”，在右侧窗格中单击“新建选项卡”按钮，在

"主选项卡"列表中出现"新建选项卡"，如图 12.6 所示。

图 12.6　添加"新建选项卡"后的对话框

（3）选中"新建选项卡"，单击"重命名"按钮，在打开的"重命名"对话框中，把新建选项卡的名称修改为"切换面板"，如图 12.7 所示。

（4）选中"新建组"，单击"重命名"按钮，把"新建组"的名称修改为"工具"，选择一个合适的图标，单击"确定"按钮，结果如图 12.8 所示。

图 12.7　"重命名"对话框

图 12.8　"重命名"对话框

（5）单击"从下列位置选择命令"组合框右侧的下拉箭头，从列表中选择"所有命令"。在其下方的列表框中，选中"切换面板管理器"，单击"添加"按钮，如图 12.9 所示。

图 12.9　添加了“切换面板管理器”的对话框

（6）单击“确定”按钮关闭“Access 选项”对话框。此时在功能区出现“切换面板”选项卡，该选项卡下有“工具”组，组中有“切换面板管理器”按钮，如图 12.10 所示。

图 12.10　“切换面板”选项卡

2. 创建切换面板

（1）在功能区“切换面板”选项卡下“工具”组中的“切换面板管理器”按钮。由于系统中从未创建过切换面板，因此弹出如图 12.11 所示的“切换面板管理器”提示框，单击“是”按钮，打开第一级切换面板管理器，如图 12.12 所示。

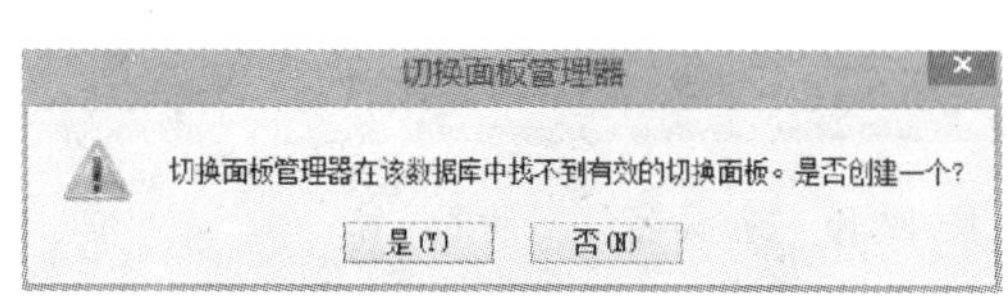

图 12.11　“切换面板管理器”提示框

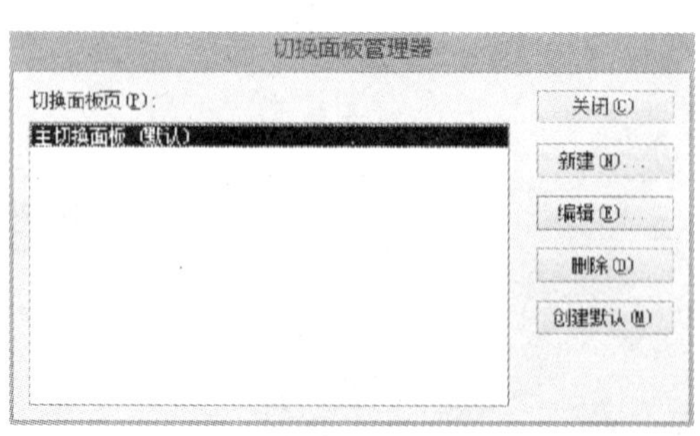

图 12.12　“切换面板管理器”对话框

(2) 单击“新建”按钮，在新建对话框中，把切换面板页命名为“图书管理系统”并单击“确定”按钮，选择“图书管理系统”切换面板页后，单击“创建默认”按钮，如图 12.13所示。

(3) 选择“主切换面板”选项，单击“删除”按钮，再单击“新建”按钮分别创建“基础数据管理”、“教学管理”和“报表统计”切换面板页，如图 12.14 所示。

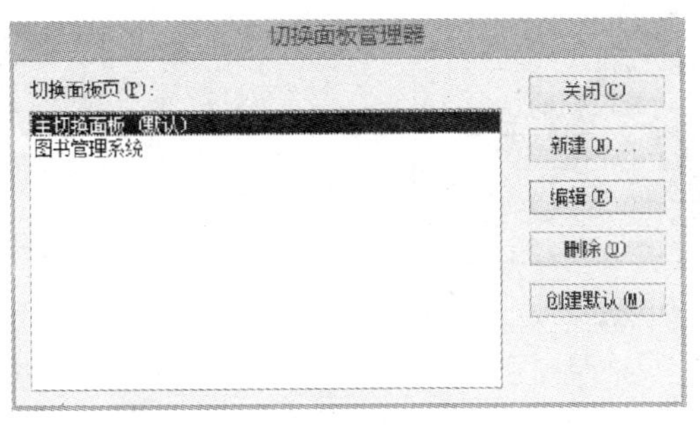

图 12.13 创建默认切换面板

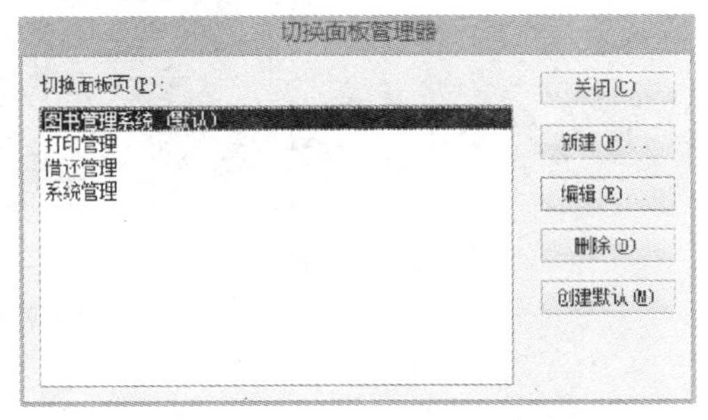

图 12.14 修改后的切换面板管理器

(4) 选择“图书管理系统”切换面板页后，单击“编辑”按钮，打开“编辑切换面板页”对话框。

(5) 在对话框中单击“新建”按钮，在打开的对话框中按照图 12.15 所示输入相应内容。

(6) 按照同样的方法创建“打印管理”和“借还管理”各项内容。按照图 12.16 所示设计“退出”项目。

图 12.15 编辑切换面板项目

图 12.16 编辑退出项目

(7) 采用同样的方法创建二级切换面板，让它们运行相应的宏。这部分工作留给读者自己完成。

读者按照以上方法设计完成后，系统会自动创建一个“Switchboard Items”表和“切换面板”窗体。可以通过窗体的设计视图给窗体插入一张读者喜欢的照片，并放置在合适位置。

12.3.2 创建登录窗体

登录窗体是启动“图书管理系统”后出现的第一个窗体，用来检测用户的使用权限。

(1) 在功能区“创建”选项卡下“窗体”组中，单击“窗体设计”按钮窗体设计，按照如图 12.17所示创建窗体界面。

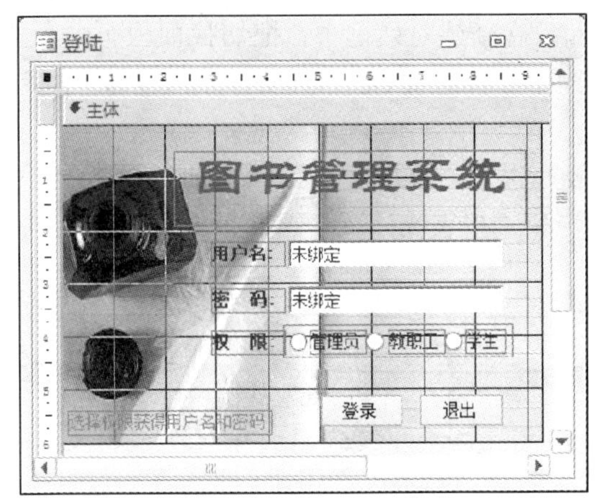

图 12.17 “登录”窗体界面

(2) 添加“登录”按钮单击事件，主要代码如下。

```
'定义连接
Set rs = New ADODB.Recordset
SQL = "Select * From 读者信息表 where 读者编号 ='" & TxtXM.Value & "'and 权限 ='" &
qx & " '"
rs.Open SQL,CurrentProject.Connection,adOpenKeyset,adLockOptimistic
If rs.EOF Then                                   '判断是否存在该用户，为真用户不存在
MsgBox "用户名不存在或权限错误!", "警告"
   ElseIf TxtMM < > rs.Fields("密码") Then      '判断密码是否正确
        MsgBox "密码错误!", "警告"
        TxtMM.SetFocus
ElseIf qx = "管理员" Then
        xm = rs.Fields("姓名")
        DoCmd.OpenForm "管理员操作界面" '打开"管理员操作界面"窗体，同时"关闭"
                                        登录窗体
        DoCmd.Close acForm,"登录",acSaveNo
   Else
        xm  = rs.Fields("姓名")
        DoCmd.OpenForm "个人操作界面"    '打开"个人操作界面"窗体，同时"关闭"登
                                        录窗体
        DoCmd.Close acForm,"登录",acSaveNo
   End If
```

(3) 添加“退出”按钮单击事件，主要代码如下。

```
DoCmd.Close acForm,"登录",acSaveNo
```

12.3.3 创建数据录入窗体

1. 图书管理页面

图书管理页面如图 12.18 所示，可以实现对选择的图书信息进行编辑、添加新的图书信息以及删除图书信息功能。该窗体上端为一个子窗体，通过父子窗体实现界面设计。

图 12.18 “图书管理”页面运行效果

2. 读者管理页面

读者管理页面如图 12.19 所示，该页面同“图书管理页面”一样，都实现对读者信息的添加、编辑、删除等功能。

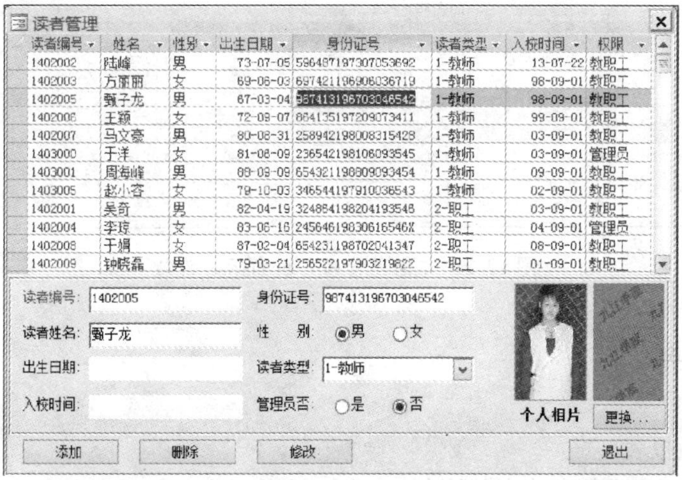

图 12.19 “读者管理”页面运行效果

3. 借阅类型设置

借阅类型设置主要用来设置读者图书借阅的类型，包括读者类型、图书类别、最多借阅册书、最长借阅时间、是否能够续借等信息，并能够实现这些数据的添加、删除和修改，如图 12.20 所示。

图 12.20 “借阅类型设置”页面运行效果

4. 借还管理

借还管理包括图书的借书信息、还书信息、借阅次数统计和罚款明细统计功能，如图 12.21 所示。在借书管理中，需要选择读者和所借的图书以及借书的日期，同样在还书管理中也需要输入相应的信息。

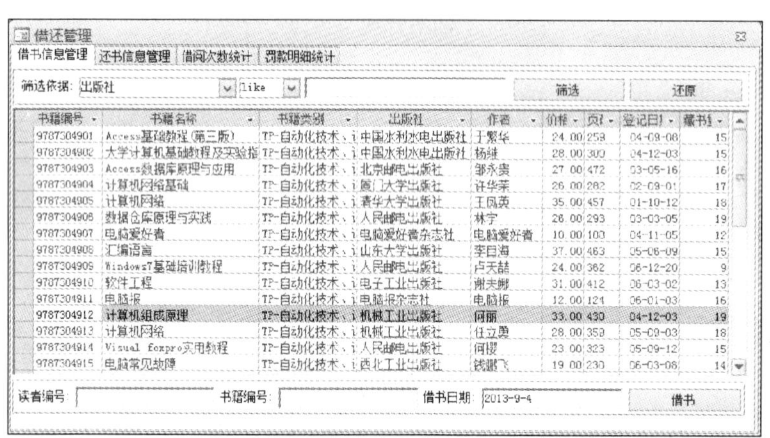

图 12.21 “借还管理”页面运行效果

12.3.4 创建报表

1. 借书卡正面报表

在借书卡的正面主要打印读者的姓名、性别、出生日期、权限、身份证号信息，其设计界面如图 12.22 所示。

2. 借书卡反面报表

在借书卡的反面用来显示图书的名称、签证机关和说明信息以及电子公章，具体设计界面如图 12.23 所示。

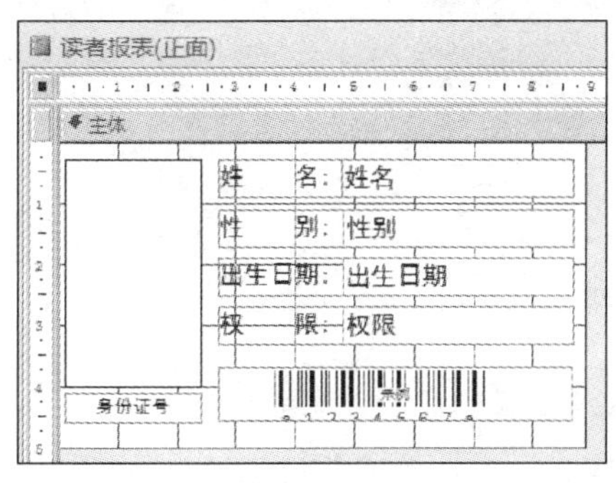

图 12.22　借书卡报表设计界面

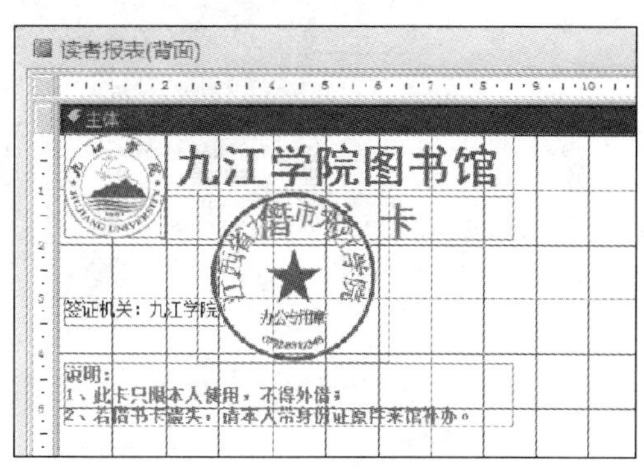

图 12.23　“图书管理”页面运行效果

借书卡打印预览的效果如图 12.24 所示。

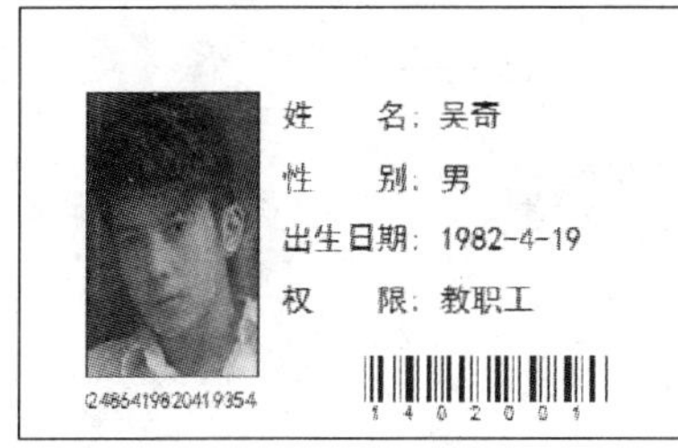

图 12.24　借书卡打印预览效果

12.4　系统的调试及发布

12.4.1　系统的分析与调试

完成数据库的设计后，需要对它进行性能分析，并且根据分析结果对数据库进行优化。在功能区“数据库工具”选项卡下“分析”组中，系统提供了“数据库文档”管理器、“分析性能”和“分析表”三个工具，用户可以根据需要进行选择，本例仅以“分析性能”为例说明分析过程。

（1）在功能区“数据库工具”选项卡下“分析”组中，单击“分析性能”按钮，打开如图 12.25 所示的“性能分析器”对话框。

（2）可以选择某个表、查询或者其他对象，也可单击“全部对象类型”选项卡，然后单击“全部选定”按钮选定所有的对象，单击“确定”按钮进行性能分析。最后系统会返回性能分析的结果，如图 12.26 所示。

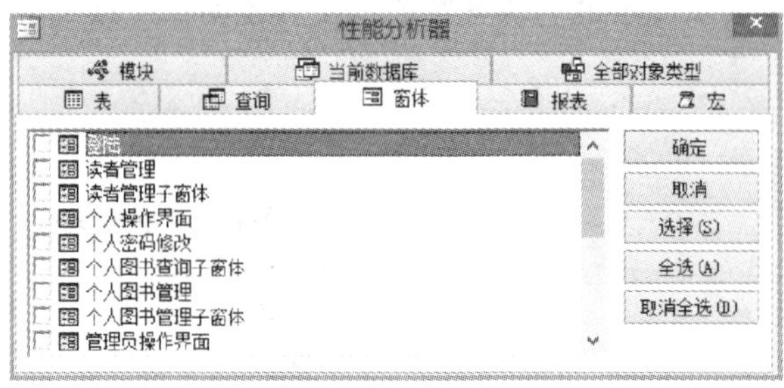

图 12.25　性能分析器

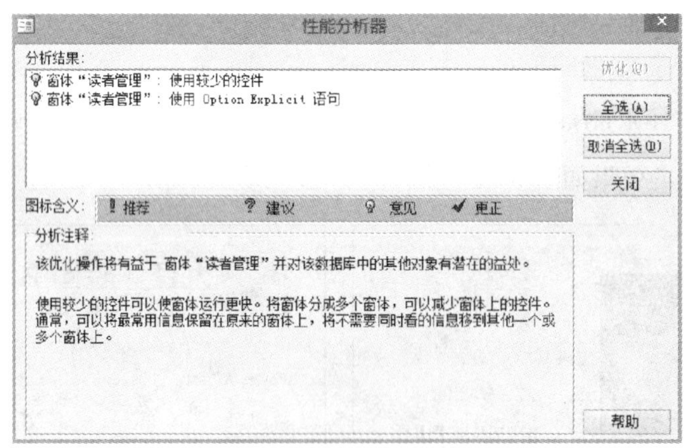

图 12.26　性能分析结果

性能分析器将列出三种分析结果：推荐、建议和意见。当单击“分析结果”列表中的任何一个项目时，在列表下的“分析注释”框中会显示建议优化的相关信息。在执行建议优化之前，应该先考虑潜在的权衡。要查看关于权衡的说明，单击列表中的“建议”然后阅读“分析注释”框中的相关信息。Access 能执行“推荐”和“建议”的优化，但“意见”优化必须要用户自己执行。

最后在进行一次全部编译，确保所有的程序无误。在 Visual Basic 编辑器中选择“调试”菜单下的“编译图书管理系统”命令，就会编译所有代码。

12.4.2　数据库启动选项设置

为了防止错误操作而导致的数据和对象损坏，在数据库创建完成后，通常开发者都是把数据库窗口、系统内置的菜单栏和工具栏隐藏起来。另外，在启动“图书管理系统”后，通过设置要求自动启动“登录窗体”。要完成以上设置，可以使用“Access 选项”设置。

（1）在功能区“文件”选项卡下，单击“选项”按钮，打开“Access 选项”对话框，在左侧窗格中选择“当前数据库”，如图 12.27 所示。

图 12.27　Access 选项对话框

(2) 在“应用程序标题”属性框中输入“图书管理系统”，在“应用程序图标”属性框的右侧，单击“浏览”按钮，打开“图标浏览器”对话框，选择预先准备好的图标文件，然后单击“确定”按钮。

(3) 选中“用作窗体和报表图标”复选框，在“显示窗体”组合框中，选择“登录窗体”，同时选中“关闭时压缩”复选框。

(4) 在“导航”组中，取消“显示导航窗格”复选框的选中；在“功能区和工具栏选项”组中，取消“允许全部菜单”和“允许默认快捷菜单”复选框的选中。

(5) 单击“确定”按钮，提示用户必须关闭并重新打开当前数据，指定选项才能生效，单击“确定”按钮。

(6) 在“自定义功能区”窗格中，把自定义的“切换面板”选项卡删除掉，切换面板选项卡已经完成了自己的工作，现在没有必要保留了。

(7) 关闭数据库后，重新打开“图书管理系统”数据库，系统设置生效。

12.4.3　生成 ACCDE 文件

为了保护 Access 数据库系统中所创建的各类对象，可以把设计好并完成测试的 Access 数据库转换成 ACCDE 格式，以提高数据库系统的安全性。生成 ACCDE 文件的操作也称为数据库打包。注意：生成 ACCDE 文件的操作应当在上一节中“Access 选项”设置之前进行，否则因用户设置，“文件”选项卡下的内容会有变化。

(1) 在功能区“文件”选项卡下，单击左侧窗格中的“保存并发布”，打开“保存并发布”窗格，如图 12.28 所示。

图 12.28 保存并发布

(2) 在右侧窗格中，双击“生成 ACCDE”命令，打开“另存为”对话框，指定存盘位置及文件名。

(3) 单击“保存”按钮，完成生成 ACCDE 文件过程。注意：在生成 ACCDE 文件过程中，Access 2010 将原来的 ACCDB 文件保持不变；另外，在这一过程中也可能会弹出消息框，原因是“无法从被禁用的（不受信任的）数据库创建 . accde 或 . mde 文件”，单击“确定”按钮即可，然后在“消息栏”中，单击“启用内容”按钮。

本章小结

本章介绍了如何使用 Access 2010 实现图书管理系统的设计。使用 Access 2010 编写数据库处理方面的应用程序十分简单，但是也要求编程人员做好编程的准备工作，只有在编写程序之前做好详细的分析工作，才能在编写程序的过程中有的放矢，避免反复修改。

参考文献

[1] 何胜利．Access 数据应用技术教程[M]．2 版．北京：中国铁道出版社，2008.

[2] 于繁华．Access 基础教程[M]．3 版．北京：中国水利水电出版社，2008.

[3] 龚沛曾，杨志强，陆慰民．Visual Basic 程序设计教程[M]．3 版．北京：高等教育出版社，2007.